ZHONGGUO WENHUA WENWU
TONGJI NIANJIAN

中国文化文物统计年鉴

中华人民共和国文化部 编

2017

國家圖書館出版社
National Library of China Publishing House

图书在版编目（CIP）数据

中国文化文物统计年鉴. 2017 / 中华人民共和国文化部编.
-- 北京 : 国家图书馆出版社, 2017.12
ISBN 978-7-5013-6331-5

Ⅰ. ①中… Ⅱ. ①中… Ⅲ. ①文化事业－统计资料－中国－2017－年鉴②文物工作－统计资料－中国－2017－年鉴 Ⅳ. ①G12-66 ②K87-66

中国版本图书馆 CIP 数据核字(2017)第 298710 号

书　　名　中国文化文物统计年鉴 2017
著　　者　中华人民共和国文化部　编
责任编辑　于春媚

出　　版　国家图书馆出版社（100034　北京市西城区文津街 7 号）
（原书目文献出版社 北京图书馆出版社）
发　　行　010-66114536　66126153　66151313　66175620
66121706（传真）　66126156（门市部）
E-mail　nlcpress@nlc. cn（邮购）
Website　www.nlcpress.com ——► 投稿中心
经　　销　新华书店
印　　装　北京华艺斋古籍印务有限公司
版　　次　2017 年 12 月第 1 版　2017 年 12 月第 1 次印刷

开　　本　880×1230（毫米）　1/16
印　　张　31.25
字　　数　1000 千字

书　　号　ISBN 978-7-5013-6331-5
定　　价　220.00 元

《中国文化文物统计年鉴 2017》

编者说明

一、《中国文化文物统计年鉴 2017》系统收录了全国和各省、自治区、直辖市 2016 年文化发展各方面的统计数据，以及其他重要历史年份的全国统计数据，是一部全面反映我国文化发展情况的综合性统计资料。

二、本年鉴正文内容共分为七个部分：一、综合；二、图书馆业；三、群众文化业；四、艺术业；五、文化市场；六、文物业；七、教育、科技、动漫及其他。为方便读者使用，多数篇末附有《主要统计指标解释》。

三、本资料尚缺香港、澳门特别行政区及台湾省的资料。

四、符号使用说明：资料中的“空格”表示该项统计指标数据不足本表最小单位数、数据不详或无该项数据，“#”表示主要项。

五、因时间仓促，年鉴中若有遗漏和不足之处，请读者批评指正，以便在内容上不断完善和充实。

编　　者

2017 年 9 月

目　录

一、综合

二、图书馆业

三、群众文化业

四、艺术业

五、文化市场

六、文物业

七、教育、科技、动漫及其他

附录资料

1 综　合

2016年全国文化发展主要统计数据

指　　标	单位	总量指标		增长速度(%)
		2015年	2016年	
机构和人员				
机构数	个	299149	310641	3.8
从业人员数	人	2294445	2348021	2.3
文化投入				
文化事业费	亿元	682.97	770.69	12.8
人均文化事业费	元	49.68	55.74	12.2
公共图书馆				
机构数	个	3139	3153	0.4
总藏量	万册	83844	90163	7.5
总流通人次	万人次	58892	66037	12.1
群众文化				
机构数	个	44291	44497	0.5
#文化站	个	40976	41175	0.5
提供文化服务次数	万次	166.39	183.97	10.6
举办展览	万次	13.98	15.01	7.4
组织文艺活动	万次	95.99	106.53	11.0
组织公益性讲座	万次	2.79	3.38	21.1
举办训练班	万次	53.63	59.05	10.1
文化服务惠及人次	万人次	54826	57896	5.6
艺术表演团体				
机构数	个	10787	12301	14.0
演出场次	万场次	210.78	230.60	9.4
#农村演出场次	万场次	139.08	151.60	9.0
国内演出观众人次	万人次	95798.99	118137.67	23.3
#农村观众人次	万人次	58453.69	62052	6.2
演出收入	万元	939310	1308590	39.3
艺术表演场馆				
机构数	个	2143	2285	6.6
艺术演出场次	万场次	13.68	19.09	39.5
艺术演出观众人次	万人次	2853.63	3098.05	8.6
艺术演出收入	万元	277653	273060	-1.7
文化市场				
机构数	个	231709	242686	4.7
从业人员数	个	1564660	1609329	2.9
营业收入	万元	29656347	44989191	51.7
营业利润	万元	10020910	10345244	3.2
文物业				
机构数	个	8676	8954	3.2
总藏品	万件/套	4139.19	4455.91	7.7
参观人次	万人次	92508	101269	9.5

按年份全国主要文化机构数

单位：个

年 份	公共图书馆	文化馆	文化站	博物馆	艺术表演团体	艺术表演场馆
1949年	55	896		21	1000	891
1952年	83	2430		35	2084	1510
1957年	400	2748		72	2884	2296
1962年	541	2575	1192	230	3320	2249
1965年	562	2660	2125	214	3458	2943
1970年	323	2332	1794	182	2541	1432
1975年	629	2670	2717	242	2836	1464
1978年	1218	2840	4053	349	3150	1095
1980年	1732	3130	5609	365	3533	1444
1985年	2344	3295	5281	711	3317	1377
1986年	2406	3330	5583	777	3195	2058
1987年	2440	3321	5653	827	3094	2148
1988年	2485	3333	5712	903	2985	2081
1989年	2512	3321	5716	967	2850	2050
1990年	2527	3321	5895	1013	2805	1955
1991年	2535	3265	7242	1075	2772	2068
1992年	2558	3272	6292	1106	2753	2037
1993年	2572	3256	6899	1130	2707	2024
1994年	2589	3261	8015	1161	2698	1998
1995年	2615	3259	10228	1194	2682	1958
1996年	2620	3284	41969	1219	2664	1934
1997年	2628	3286	42163	1282	2663	1947
1998年	2662	3287	42547	1339	2652	1929
1999年	2669	3294	42543	1363	2632	1911
2000年	2675	3297	42024	1392	2619	1900
2001年	2696	3241	40138	1461	2605	1854
2002年	2697	3243	39273	1511	2587	1829
2003年	2709	3228	38588	1515	2601	1900
2004年	2720	3221	38181	1548	2759	1928
2005年	2762	3226	38362	1581	2805	1866
2006年	2778	3214	36874	1617	2866	1839
2007年	2799	3217	37384	1722	4512	1732
2008年	2820	3218	37938	1893	5114	1662
2009年	2850	3223	38736	2252	6139	1499
2010年	2884	3264	40118	2435	6864	1461
2011年	2952	3285	40390	2650	7055	1429
2012年	3076	3301	40575	3069	7321	1279
2013年	3112	3315	40945	3473	8180	1344
2014年	3117	3313	41110	3658	8769	1338
2015年	3139	3315	40976	3852	10787	2143
2016年	3153	3322	41175	4109	12301	2285

注：2007年以前艺术表演团体为文化部门系统内数据，2007年起含非文化部门单位。1996年以前文化站数据未包括其他部门所属乡镇综合文化站，1996—1998年文化站数据包括其他部门所属单位，1999年以后，其他部门所属文化站归文化部门管理。

按年份全国文化事业费基本情况

单位：亿元、%

	文化事业费	国家财政总支出	文化事业费总支出占国家财政比重
1978年	4.44	1122.09	0.40
1979年	5.84	1281.79	0.46
1980年	5.61	1228.83	0.46
六五时期	**36.03**	**7483.18**	**0.48**
1985年	9.32	2004.25	0.47
七五时期	**62.45**	**12865.67**	**0.49**
1986年	10.74	2204.91	0.49
1987年	10.77	2262.18	0.48
1988年	12.18	2491.21	0.49
1989年	13.57	2823.78	0.48
1990年	15.19	3083.59	0.49
八五时期	**121.33**	**24387.46**	**0.50**
1991年	17.28	3386.62	0.51
1992年	19.46	3742.20	0.52
1993年	22.37	4642.30	0.48
1994年	28.83	5792.62	0.50
1995年	33.39	6823.72	0.49
九五时期	**254.51**	**57043.46**	**0.45**
1996年	38.77	7937.55	0.49
1997年	46.19	9233.56	0.50
1998年	50.78	10798.18	0.47
1999年	55.61	13187.67	0.42
2000年	63.16	15886.50	0.40
十五时期	**496.13**	**128022.85**	**0.39**
2001年	70.99	18902.58	0.38
2002年	83.66	22053.15	0.38
2003年	94.03	24649.95	0.38
2004年	113.63	28486.89	0.40
2005年	133.82	33930.28	0.39
十一五时期	**1220.40**	**318970.83**	**0.38**
2006年	158.03	40422.73	0.39
2007年	198.96	49781.35	0.40
2008年	248.04	62592.66	0.40
2009年	292.31	76299.93	0.38
2010年	323.06	89874.16	0.36
十二五时期	**2669.62**	**703076.19**	**0.38**
2011年	392.62	109247.79	0.36
2012年	480.10	125952.97	0.38
2013年	530.49	140212.10	0.38
2014年	583.44	151785.56	0.38
2015年	682.97	175877.77	0.39
2016年	770.69	187755.21	0.41

注：①国家财政总支出系国家财政决算数。
②文化事业费：1953年~1980年系国家财政决算数(“一五”至“四五”时期含文物、出版经费，“五五”时期不含文物、出版经费)；1981年以后系文化事业统计年报数(不含文物、出版及科学研究费；不含基本建设的财政拨款和行政运行经费，以下各表同)

按年份全国文化事业基本建设情况

单位：万元、个、万平方米

年　份	本年计划投资		本年完成投资	竣工使用	
		国家投资		项　目	面　积
1982年	46244		37090	1187	
1983年	53170	18063	42381	1292	
1984年	58589	22517	48479	1024	
1985年	73267	32150	64460	986	
七五时期	**320139**	**152369**	**290873**	**2961**	**520.6**
1986年	69939	32864	63197	740	117.6
1987年	69692	34951	61383	622	121.0
1988年	69918	31594	64186	581	97.0
1989年	51964	24680	48124	542	97.9
1990年	58626	28280	53983	476	87.1
八五时期	**627173**	**180715**	**531210**	**1540**	**299.3**
1991年	67112	23214	57781	325	62.8
1992年	89707	28348	78488	358	65.6
1993年	110843	28170	91766	314	56.3
1994年	154649	48912	142171	268	48.1
1995年	204862	52071	161004	275	66.5
九五时期	**1255378**	**497573**	**988048**	**1174**	**413.2**
1996年	187692	58225	144433	287	94.1
1997年	223963	98845	204774	285	74.1
1998年	230649	119561	170079	176	73.0
1999年	280005	112130	239269	217	78.4
2000年	333069	108812	229493	209	93.6
十五时期	**1678383**	**918246**	**1392666**	**1087**	**338.8**
2001年	251075	171729	198397	160	77.2
2002年	346381	159999	240023	150	73.9
2003年	335434	180416	255359	217	115.0
2004年	395208	207739	371204	286	44.4
2005年	350285	198363	327683	274	28.3
十一五时期	**4179930**	**2320025**	**2785294**	**12313**	**1001.5**
2006年	451099	317046	371736	253	139.0
2007年	578655	355023	400798	783	137.3
2008年	665375	297124	444627	1175	125.6
2009年	1208917	692040	816741	4842	284.1
2010年	1275884	658792	751392	5260	315.5
十二五时期	**6195014**	**3201826**	**3936279**	**7646**	**955.4**
2011年	1083654	599390	777189	4954	296.9
2012年	1360223	710584	784726	982	170.7
2013年	1221647	603400	805750	693	162.7
2014年	1188629	625458	741041	533	182.1
2015年	1340861	662994	827573	484	143.0
2016年	1683237	863994	936530	708	121.1

按年份各地区文化事业费

单位：万元

地 区	1995年	2000年	2005年	2010年	2014年	2015年	2016年
全 国	**333853**	**631591**	**1338193**	**3230646**	**5834377**	**6829708**	**7706876**
中 央	20973	55498	113028	152788	358420	369620	341006
北 京	8427	24008	64587	161693	249386	275832	352798
天 津	5098	9796	31592	56348	122666	153744	158048
河 北	11393	18984	39626	70307	143751	185348	184922
山 西	9215	12347	29832	78000	140919	182007	197818
内蒙古	8624	14515	30543	112982	189673	228905	259572
辽 宁	17525	26790	47578	113430	148061	165405	194196
吉 林	10613	15711	26566	90327	136021	156425	159929
黑龙江	10722	16598	33742	74631	125077	152601	175482
上 海	15431	42608	79201	186266	332623	365523	422148
江 苏	18234	38527	77658	163123	343980	403417	470804
浙 江	14764	35334	110397	242002	379174	488225	544516
安 徽	8836	15849	30541	76813	119933	146252	175603
福 建	11023	22174	42949	101855	148123	187522	215770
江 西	7404	10696	23398	73401	103717	127094	128944
山 东	16315	30944	61687	138876	253539	299770	320980
河 南	12447	20948	37708	95143	173942	206034	222776
湖 北	11268	19367	43585	114389	168048	235648	290408
湖 南	10525	16564	34771	86133	162613	193798	241901
广 东	27486	58321	128095	269940	452260	539257	656969
广 西	8617	14608	28089	80097	144457	172230	199327
海 南	2965	3468	6007	27356	60611	57512	70204
重 庆		9151	17505	77350	133289	169727	204828
四 川	16905	20500	44523	143902	349146	395788	403685
贵 州	4785	9131	18731	53676	105913	119936	151128
云 南	14563	23945	42036	86881	174862	191211	218728
西 藏	2124	4264	8003	21050	50826	57816	72824
陕 西	8583	13976	23462	89457	193209	205168	216685
甘 肃	6935	9130	20882	55563	110710	113802	143170
青 海	2574	3696	7349	41114	63784	65393	78467
宁 夏	2108	3625	9646	24483	46671	58611	67681
新 疆	7371	10518	24877	71273	148975	160088	165558

按年份各地区文化事业费占财政支出比重

单位：%

地　区	1995年		2000年		2005年		2010年		2014年		2015年		2016年	
	比重	位次	比重	位次	比重	位次	比重	位次	比重	位次	比重	位次	比重	位次
全　国	**0.49**		**0.40**		**0.39**		**0.36**		**0.38**		**0.39**		**0.41**	
北　京	0.55	28	0.54	14	0.61	4	0.60	4	0.55	3	0.48	8	0.55	5
天　津	0.55	28	0.53	15	0.71	3	0.53	7	0.43	16	0.48	9	0.43	20
河　北	0.60	23	0.46	28	0.40	24	0.29	30	0.31	26	0.33	27	0.31	28
山　西	0.82	7	0.55	11	0.44	14	0.44	14	0.46	12	0.53	4	0.58	3
内蒙古	0.84	5	0.59	8	0.44	15	0.47	11	0.49	6	0.54	3	0.58	4
辽　宁	0.64	15	0.52	17	0.39	25	0.39	19	0.29	28	0.37	24	0.42	21
吉　林	0.88	3	0.90	1	0.42	18	0.55	6	0.47	9	0.49	7	0.45	18
黑龙江	0.61	18	0.45	30	0.42	19	0.35	26	0.36	22	0.38	21	0.42	22
上　海	0.59	25	0.68	5	0.48	9	0.62	3	0.68	2	0.59	2	0.61	2
江　苏	0.72	10	0.61	6	0.46	12	0.39	20	0.41	19	0.42	15	0.47	14
浙　江	0.82	7	0.82	2	0.87	1	0.79	1	0.73	1	0.73	1	0.78	1
安　徽	0.65	14	0.49	23	0.42	20	0.32	28	0.26	31	0.28	31	0.32	27
福　建	0.64	15	0.69	4	0.72	2	0.63	2	0.45	13	0.47	10	0.50	10
江　西	0.67	13	0.48	26	0.41	22	0.43	15	0.27	30	0.29	30	0.28	30
山　东	0.59	25	0.51	18	0.42	21	0.39	21	0.35	23	0.36	25	0.37	25
河　南	0.60	23	0.47	27	0.33	31	0.32	29	0.29	29	0.30	28	0.30	29
湖　北	0.69	12	0.53	15	0.55	6	0.47	12	0.34	24	0.38	22	0.45	16
湖　南	0.61	18	0.49	23	0.39	26	0.40	17	0.32	25	0.34	26	0.38	24
广　东	0.52	30	0.55	11	0.55	7	0.52	10	0.49	7	0.42	16	0.49	13
广　西	0.61	18	0.57	10	0.45	13	0.42	16	0.42	18	0.42	17	0.45	17
海　南	0.70	11	0.51	18	0.39	27	0.53	8	0.55	4	0.46	12	0.51	9
重　庆			0.49	23	0.35	29	0.40	18	0.40	20	0.45	13	0.51	8
四　川	0.61	18	0.45	30	0.41	23	0.33	27	0.51	5	0.53	5	0.50	11
贵　州	0.56	27	0.46	28	0.35	30	0.39	22	0.30	27	0.30	29	0.35	26
云　南	0.62	17	0.58	9	0.54	8	0.39	23	0.39	21	0.41	20	0.44	19
西　藏	0.61	18	0.71	3	0.43	16	0.27	31	0.43	17	0.42	18	0.46	15
陕　西	0.84	5	0.51	18	0.36	28	0.39	24	0.49	8	0.47	11	0.49	12
甘　肃	0.85	4	0.50	22	0.48	10	0.38	25	0.44	15	0.38	23	0.28	31
青　海	0.89	2	0.55	11	0.43	17	0.53	9	0.47	10	0.43	14	0.51	7
宁　夏	0.92	1	0.60	7	0.60	5	0.57	5	0.47	11	0.51	6	0.54	6
新　疆	0.76	9	0.51	18	0.47	11	0.45	13	0.45	14	0.42	19	0.40	23

按年份各地区人均文化事业费及位次

单位：元

地区	1995年		2000年		2005年		2010年		2014年		2015年		2016年	
	人均经费	位次	人均经费	位次	人均经费	位次	人均经费	位次	人均经费	位次	人均经费	位次	人均经费	位次
全　国	**2.75**		**4.99**		**10.23**		**24.11**		**42.65**		**49.68**		**55.74**	
北　京	8.74	2	17.37	2	41.99	2	82.44	1	115.91	3	127.08	3	162.36	3
天　津	7.56	3	9.79	4	30.29	3	43.55	7	80.87	5	99.39	5	101.18	6
河　北	1.78	25	2.81	25	5.78	25	9.78	31	19.47	30	24.96	29	24.76	30
山　西	3.12	15	3.74	19	8.89	16	21.84	17	38.63	19	49.67	16	53.73	18
内蒙古	4.13	9	6.11	11	12.80	9	45.73	5	75.72	6	91.16	6	103.00	5
辽　宁	4.31	6	6.32	10	11.27	12	25.93	14	33.72	21	37.74	23	44.36	23
吉　林	4.21	8	5.76	12	9.78	14	32.89	9	49.42	12	56.81	11	58.52	14
黑龙江	2.95	16	4.50	16	8.83	17	19.84	21	32.63	22	40.03	22	46.19	21
上　海	13.10	1	25.45	1	44.54	1	80.92	2	137.13	2	151.34	2	174.44	2
江　苏	2.62	8	5.18	15	10.39	13	20.74	19	43.21	14	50.58	14	58.86	13
浙　江	3.26	13	7.55	5	22.54	5	44.46	6	68.84	8	88.14	7	97.41	8
安　徽	1.48	28	2.65	26	4.99	30	12.91	29	19.72	29	23.81	30	28.34	28
福　建	3.27	12	6.39	9	12.15	11	27.61	12	38.92	18	48.85	17	55.70	16
江　西	1.94	22	2.58	28	5.43	27	16.47	25	22.83	28	27.84	28	28.08	29
山　东	1.93	23	3.41	21	6.67	21	14.50	27	25.90	26	30.44	26	32.27	27
河　南	1.34	30	2.26	31	4.02	31	10.12	30	18.43	31	21.73	31	23.37	31
湖　北	2.04	21	3.21	23	7.63	19	19.98	20	28.89	258	40.27	21	49.35	19
湖　南	1.67	26	2.57	29	5.50	26	13.11	28	24.14	27	28.57	27	35.46	26
广　东	3.93	10	6.75	7	13.93	7	25.88	15	42.17	17	49.71	15	59.73	12
广　西	1.93	24	3.25	22	6.03	24	17.40	24	30.39	23	35.91	24	41.20	25
海　南	2.50	19	4.41	17	7.25	20	31.55	11	67.09	9	63.14	10	76.56	9
重　庆			2.96	24	6.09	23	26.81	13	44.56	13	56.27	12	67.20	11
四　川	1.56	27	2.46	30	5.42	28	17.89	23	42.89	15	48.24	18	48.86	20
贵　州	1.36	29	2.59	27	5.02	29	15.45	26	30.19	24	33.98	25	42.51	24
云　南	3.47	11	5.58	13	9.45	15	18.90	22	37.09	20	40.32	20	45.85	22
西　藏	3.22	14	16.27	3	28.89	4	70.12	4	160.06	1	178.46	1	220.01	1
陕　西	2.42	20	3.88	18	6.31	22	23.97	16	51.18	11	54.09	13	56.83	15
甘　肃	2.93	17	3.56	20	8.05	18	21.73	18	42.73	16	43.78	19	54.85	17
青　海	5.30	5	7.14	6	13.53	8	73.07	3	109.33	4	111.13	4	132.32	4
宁　夏	4.23	7	6.45	8	16.18	6	38.85	8	70.55	7	87.76	8	100.27	7
新　疆	5.39	4	5.46	14	12.38	10	32.67	10	64.81	10	67.84	9	69.04	10

按年份各地区文化事业实际完成基建投资

单位：万元

地　区	1995年	2000年	2005年	2010年	2014年	2015年	2016年
总　计	**161004**	**229493**	**327683**	**751392**	**741041**	**827573**	**936530**
中　央	17876	46781	24842	23395	4483	22554	10281
北　京	2646	6679		767	62478	33628	115125
天　津	1167	328	5940	21957	2799	3325	11544
河　北	1904	6235	8841	30647	4648	33720	39907
山　西	640	3730	2255	18624	26686	21354	34490
内蒙古	1587	392	9713	59702	34897	26009	42138
辽　宁	2807	11835	12645	9275	18372	21118	16758
吉　林	1207	1643	9850	11932	17170	4685	10952
黑龙江	1008	2270	2747	19659	7698	1964	12655
上　海	18635	5943	522	4931	21870	24122	6123
江　苏	12241	36346	30069	42282	131946	148761	63051
浙　江	12759	34259	48511	54873	65091	54842	91296
安　徽	1762	1168	2005	19565	5470	3785	726
福　建	4598	3339	11173	40563	13041	9102	13171
江　西	4279	947	2875	56580	4877	2410	465
山　东	7173	3086	18689	26305	34740	21669	14358
河　南	4018	1570	26997	52948	7082	11098	30924
湖　北	8590	21835		24094	39263	17955	25945
湖　南	4755	5410	9249	18104	25659	58728	96226
广　东	18800	18881	52786	58894	39452	40948	51514
广　西	2722	411	1666	14573	45414	112038	54208
海　南	1967	110	14334	13254	12197	11034	16660
重　庆		254	4800	13548	1349	7898	7652
四　川	18240	6996	6547	60288	34032	49045	19680
贵　州	1429	1635	2387	3061	99	922	18036
云　南	3678	3220	4562	16483	8319	18597	30184
西　藏	125		2716	1217			1000
陕　西	1059	183	607	7145	10803	10451	17442
甘　肃	406	2908	4866	16227	22929	7873	37401
青　海	838	120	548	1592	1987	25306	74
宁　夏	270	279	113	1631	12710	7256	13295
新　疆	1818	700	4828	7276	23483	15377	33249

2016年全国文化文物机构数和

	总计					
	机构数（个）	从业人员数（人）	专业技术人才	正高级职称	副高级职称	中级职称
总　　计	**310641**	**2348021**	**364365**	**11227**	**35587**	**99324**
一、文化合计	**301687**	**2196591**	**316470**	**8927**	**29417**	**80395**
艺术表演团体	12301	332920	149165	4737	12922	28532
其中：公有制艺术表演团体	2111	119469	81566	4737	12922	28532
艺术表演场馆	2285	51296	13970	245	660	2588
其中：公有制艺术表演场馆	1362	25830	7371	245	660	2588
公共图书馆	3153	57208	41098	812	5341	18699
文化馆	3322	55491	40852	1006	5020	17133
文化站	41175	126539	34137			
其中：乡镇综合文化站	34240	101970	29836			
艺术展览创作机构	651	5891	3837	397	697	1351
其中：美术馆	463	4597	2796	256	465	974
艺术教育业	125	12907	8870	384	1993	3639
文化科研机构	232	5482	4054	438	860	1682
文化市场经营机构(不包括非公有制院团和场馆)	231573	1370412				
文化行政主管部门	3248	80315				
其他文化机构	3622	98130	20487	908	1924	6771
其中：文化市场执法机构	1523	16613	3403	29	139	1274
二、文物合计	**8954**	**151430**	**47895**	**2300**	**6170**	**18929**
博物馆	4109	93431	34177	1680	4465	13404
文物保护管理机构	3318	33407	9226	175	916	3814
文物科研机构	122	4763	2734	342	586	1021
文物商店	68	1364	558	3	50	262
其他文物机构	1337	18465	1200	100	153	428

续表

				按单位所属部门分		
				文化部门		
	正高级职称	副高级职称	中级职称	机构数（个）	从业人员数（人）	专业技术人才
总　　计	**2315**	**4980**	**12207**	**66029**	**660842**	**273151**
一、文化合计	**2262**	**4852**	**11696**	**58292**	**530886**	**231376**
艺术表演团体	1519	3732	8103	2031	115235	79738
其中：公有制艺术表演团体	1519	3732	8103	2031	115235	79738
艺术表演场馆	114	269	890	1265	21628	5983
其中：公有制艺术表演场馆	114	269	890	1265	21628	5983
公共图书馆				3150	57103	41035
文化馆				3322	55491	40852
文化站				41175	126539	34137
其中：乡镇综合文化站				34240	101970	29836
艺术展览创作机构				643	5765	3762
其中：美术馆				456	4485	2723
艺术教育业				125	12907	8870
文化科研机构				232	5482	4054
文化市场经营机构(不包括非公有制院团和场馆)						
文化行政主管部门				3248	80315	
其他文化机构	629	851	2703	3101	50421	12945
其中：文化市场执法机构				1511	16519	3394
二、文物合计	**53**	**128**	**511**	**7737**	**129956**	**41775**
博物馆				3024	76125	28932
文物保护管理机构				3246	30218	8795
文物科研机构				122	4763	2734
文物商店	3	50	262	62	1118	504
其他文物机构	50	78	249	1283	17732	810

从业人员数(按管理部门分)

按执行会计制度分类								
事业						企业		
机构数(个)	从业人员数(人)	专业技术人才	正高级职称	副高级职称	中级职称	机构数(个)	从业人员数(人)	专业技术人才
65761	**619694**	**250334**	**8912**	**30607**	**87117**	**244880**	**1728327**	**114031**
56942	**471679**	**203700**	**6665**	**24565**	**68699**	**244745**	**1724912**	**112770**
1534	82075	56515	3218	9190	20429	10767	250845	92650
1534	82075	56515	3218	9190	20429	577	37394	25051
964	15028	4335	131	391	1698	1321	36268	9635
964	15028	4335	131	391	1698	398	10802	3036
3153	57208	41098	812	5341	18699			
3322	55491	40852	1006	5020	17133			
41175	126539	34137						
34240	101970	29836						
651	5891	3837	397	697	1351			
463	4597	2796	256	465	974			
125	12907	8870	384	1993	3639			
232	5482	4054	438	860	1682			
						231573	1370412	
3248	80315							
2538	30743	10002	279	1073	4068	1084	67387	10485
1523	16613	3403	29	139	1274			
8819	**148015**	**46634**	**2247**	**6042**	**18418**	**135**	**3415**	**1261**
4109	93431	34177	1680	4465	13404			
3318	33407	9226	175	916	3814			
122	4763	2734	342	586	1021			
						68	1364	558
1270	16414	497	50	75	179	67	2051	703

按单位所属部门分								
			其他部门					
正高级职称	副高级职称	中级职称	机构数(个)	从业人员数(人)	专业技术人才	正高级职称	副高级职称	中级职称
10087	**34048**	**94283**	**244612**	**1687179**	**91214**	**1140**	**1539**	**5041**
8360	**28696**	**77622**	**243395**	**1665705**	**85094**	**567**	**721**	**2773**
4648	12724	27921	10270	217685	69427	89	198	611
4648	12724	27921	80	4234	1828	89	198	611
178	561	2202	1020	29668	7987	67	99	386
178	561	2202	97	4202	1388	67	99	386
811	5333	18665	3	105	63	1	8	34
1006	5020	17133						
391	684	1347	8	126	75	6	13	4
250	454	970	7	112	73	6	11	4
384	1993	3639						
438	860	1682						
			231573	1370412				
504	1521	5033	521	47709	7542	404	403	1738
28	138	1271	12	94	9	1	1	3
1727	**5352**	**16661**	**1217**	**21474**	**6120**	**573**	**818**	**2268**
1158	3759	11480	1085	17306	5245	522	706	1924
160	841	3635	72	3189	431	15	75	179
342	586	1021						
2	49	225	6	246	54	1	1	37
65	117	300	54	733	390	35	36	128

2016年全国民族自治地区主要

	总计					
	机构数(个)	从业人员数(人)	专业技术人才	正高级职称	副高级职称	中级职称
总计	**46708**	**265647**	**52361**	**1012**	**4889**	**14548**
一、文化合计	**44367**	**250684**	**47304**	**855**	**4305**	**12557**
艺术表演团体	1101	37238	18879	509	1877	4554
其中：公有制艺术表演团体	494	21614	14546	509	1877	4554
艺术表演场馆	173	3906	1144	15	29	123
其中：公有制艺术表演场馆	107	976	382	15	29	123
公共图书馆	766	8171	6307	67	848	2808
文化馆	801	11287	8738	124	1034	3577
文化站	8789	25127	8286			
其中：乡镇综合文化站	8247	23531	7991			
艺术展览创作机构	124	644	452	27	61	164
其中：美术馆	104	528	356	10	44	125
艺术教育业	10	806	576	16	122	198
文化科研机构	39	501	428	40	90	188
文化市场经营机构(不包括非公有制院团和场馆)	31214	137102				
文化行政主管部门	788	18480				
其他文化机构	562	7422	2494	57	244	945
其中：文化市场执法机构	335	2948	626	3	27	204
二、文物合计	**2341**	**14963**	**5057**	**157**	**584**	**1991**
博物馆	520	8279	3265	92	393	1274
文物保护管理机构	1523	4315	1427	14	150	581
文物科研机构	12	365	259	38	34	106
文物商店	7	67	29		1	13
其他文物机构	279	1937	77	13	6	17

续表

				按单位所属部门分		
				文化部门		
	正高级职称	副高级职称	中级职称	机构数(个)	从业人员数(人)	专业技术人才
总计	**73**	**200**	**437**	**14673**	**109309**	**47162**
一、文化合计	**73**	**199**	**424**	**12442**	**94613**	**42164**
艺术表演团体	71	187	411	478	21400	14515
其中：公有制艺术表演团体	71	187	411	478	21400	14515
艺术表演场馆			1	100	946	373
其中：公有制艺术表演场馆			1	100	946	373
公共图书馆				766	8171	6307
文化馆				801	11287	8738
文化站				8789	25127	8286
其中：乡镇综合文化站				8247	23531	7991
艺术展览创作机构				123	641	449
其中：美术馆				103	525	353
艺术教育业				10	806	576
文化科研机构				39	501	428
文化市场经营机构(不包括非公有制院团和场馆)						
文化行政主管部门				788	18480	
其他文化机构	2	12	12	548	7254	2492
其中：文化市场执法机构				332	2934	626
二、文物合计		**1**	**13**	**2231**	**14696**	**4998**
博物馆				505	8024	3210
文物保护管理机构				1473	4310	1423
文物科研机构				12	365	259
文物商店		1	13	7	67	29
其他文物机构				234	1930	77

文化文物机构数和从业人员数

按执行会计制度分类								
事业						企业		
机构数（个）	从业人员数（人）	专业技术人才	正高级职称	副高级职称	中级职称	机构数（个）	从业人员数（人）	专业技术人才
14696	**105441**	**45551**	**939**	**4689**	**14111**	**32012**	**160206**	**6810**
12368	**90545**	**40523**	**782**	**4106**	**12133**	**31999**	**160139**	**6781**
436	18872	12968	438	1690	4143	665	18366	5911
436	18872	12968	438	1690	4143	58	2742	1578
96	823	350	15	29	122	77	3083	794
96	823	350	15	29	122	11	153	32
766	8171	6307	67	848	2808			
801	11287	8738	124	1034	3577			
8789	25127	8286						
8247	23531	7991						
124	644	452	27	61	164			
104	528	356	10	44	125			
10	806	576	16	122	198			
39	501	428	40	90	188			
						31214	137102	
788	18480							
519	5834	2418	55	232	933	43	1588	76
335	2948	626	3	27	204			
2328	**14896**	**5028**	**157**	**583**	**1978**	**13**	**67**	**29**
520	8279	3265	92	393	1274			
1523	4315	1427	14	150	581			
12	365	259	38	34	106			
						7	67	29
273	1937	77	13	6	17	6		

按单位所属部门分								
			其他部门					
正高级职称	副高级职称	中级职称	机构数（个）	从业人员数（人）	专业技术人才	正高级职称	副高级职称	中级职称
1011	**4888**	**14534**	**32035**	**156338**	**5199**	**1**	**1**	**14**
855	**4305**	**12556**	**31925**	**156071**	**5140**			**1**
509	1877	4554	623	15838	4364			
509	1877	4554	16	214	31			
15	29	122	73	2960	771			1
15	29	122	7	30	9			1
67	848	2808						
124	1034	3577						
27	61	164	1	3	3			
10	44	125	1	3	3			
16	122	198						
40	90	188						
			31214	137102				
57	244	945	14	168	2			
3	27	204	3	14				
156	**583**	**1978**	**110**	**267**	**59**	**1**	**1**	**13**
91	392	1264	15	255	55	1	1	10
14	150	578	50	5	4			3
38	34	106						
	1	13						
13	6	17	45	7				

2016年全国文化文物部门所属

	本年收入合计(千元)	财政补贴收入	上级补助收入	事业收入
总　　计	**177966239**	**113089216**	**3986530**	**7399651**
一、文化合计	**135192166**	**79983346**	**2354239**	**3404927**
艺术表演团体	17591476	12885844	668984	1538812
艺术表演场馆	3056842	1173000	74589	417498
公共图书馆	14939650	14146343	221082	338517
文化馆	11381125	10607221	386137	112214
文化站	11341764	10259236	769965	
其中：乡镇综合文化站	8556145	7737681	593828	
艺术展览创作机构	2069823	1800823	34301	171496
其中：美术馆	1765461	1507799	30811	169620
艺术教育业	3868058	3184237	22452	484087
文化科研机构	1392671	1205368	26732	68805
文化行政主管部门	50318096	19097635		
其他文化机构	19232661	5623639	149997	273498
其中：文化市场执法机构	1887003	1818465	19655	17285
二、文物合计	**42774073**	**33105870**	**1632291**	**3994724**
博物馆	20594413	17464156	594730	1412465
文物保护管理机构	8970374	5151461	987915	1382789
文物科研机构	2924636	1754246	40208	1021801
文物商店	470717	9734		
其他文物机构	9813933	8726273	9438	177669

续表

	工资福利支出	在支出合计中：商品和服务支出	差旅费	劳务费
总　　计	**42448409**	**57117404**	**1570938**	**4921541**
一、文化合计	**34066327**	**40444756**	**1180852**	**3207230**
艺术表演团体	5969371	3590271	276543	738737
艺术表演场馆	549953	750573	7279	53272
公共图书馆	4941731	3837439	84522	284445
文化馆	4305977	3506835	132336	419923
文化站	4415101	3507895		
其中：乡镇综合文化站	3596783	2480491		
艺术展览创作机构	521164	992105	28549	62074
其中：美术馆	399806	881826	22352	53673
艺术教育业	1283147	927193	32387	166209
文化科研机构	463186	475140	36614	59379
文化行政主管部门	9367527	21191685	499504	1277917
其他文化机构	2249170	1665620	83118	145274
其中：文化市场执法机构	1211097	383094	38500	28953
二、文物合计	**8382082**	**16672648**	**390086**	**1714311**
博物馆	4796116	8557614	220499	833863
文物保护管理机构	2124115	2947010	35882	262748
文物科研机构	404885	1598764	71458	414966
文物商店				
其他文物机构	1056966	3569260	62247	202734

机构经费收支基本情况

经营收入	附属单位上缴收入	其他收入	本年支出合计(千元)	基本支出	项目支出	经营支出
1551830	**35745**	**51903267**	**168220108**	**71808827**	**76711541**	**1538944**
577925	**13068**	**48858661**	**129261210**	**57739800**	**53747185**	**870709**
13671	1932	2482233	16848676	8253944	3762827	175451
256209	2405	1133141	2979570	1025943	369987	234324
37380	1580	194748	14501225	8163349	6305915	21750
19780	5590	250183	10711146	7340920	3328760	30147
		312563	11126064	6911483	3806666	206908
		224636	8402040	5536749	2558257	166890
30306	10	32887	2134021	952275	1163095	17986
30224	10	26997	1816826	742433	1055824	17904
17008		160274	3702810	2123064	1563146	15944
56566		35200	1369916	867131	445551	57233
		31220461	49498267	18256975	30935959	
147005	1551	13036971	16389515	3844716	2065279	110966
	185	31413	1869610	1631903	225593	7030
973905	**22677**	**3044606**	**38958898**	**14069027**	**22964356**	**668235**
542790	4767	575505	19478850	7781206	11128878	368669
376890	17910	1053409	7470048	3409930	3706061	255462
51282		57099	2450580	822048	1586189	42278
		460983	444253			
2943		897610	9115167	2055843	6543228	1826

福利费	各种税金支出	对个人和家庭补助支出	抚恤金和生活补助	其他资本性支出	各种设备购置费
387696	**419772**	**13610500**	**782568**	**30745918**	**6370560**
282734	**237625**	**11486423**	**665107**	**22179811**	**5558575**
55533	56023	1750515	116554	810141	326501
11593	42210	116396	11299	178734	53093
44836	27375	1601737	64394	3937225	2950620
44541	28538	1717996	93146	1067046	241620
		401323	35467	2205460	563230
		323958	30272	1534396	413231
9064	6235	195523	5962	283861	47994
8411	5627	131113	3876	263656	47088
12506	3938	565246	16447	902974	186585
2184	2427	308191	12235	118924	20906
82508	47320	3748051	275355	12394082	1064507
19969	23559	1081445	34248	281364	103519
9686	496	203929	5281	69811	16785
104962	**182147**	**2124077**	**117461**	**8566107**	**811985**
62331	58176	1316720	65410	4318284	547859
28164	83206	361315	16738	1591476	40102
4689	21076	141315	5939	296501	100239
9778	19689	304727	29374	2359846	123785

2016年全国执行事业会计制度的文化文物

	机构数（个）	从业人员（人）	本年收入合计（千元）	财政补贴收入	上级补助收入
总　计	**65761**	**619706**	**163218880**	**112826977**	**4317489**
文化艺术服务	**59052**	**486025**	**95301457**	**77892642**	**4217566**
文艺创作与表演	1750	83590	13818554	10904950	726030
其中：艺术表演团体	1534	82075	13456399	10556267	721959
艺术表演场馆	964	15028	2538982	1200393	75244
文物及非物质文化遗产保护	3578	37442	10805001	6578743	1057643
博物馆、纪念馆	4109	93431	23485213	19020416	829724
图书馆	3153	57208	14949984	14156677	221082
群众文化	44497	182030	22722889	20866457	1156102
美术馆	463	4597	1795825	1537400	31310
社会人文科学研究	354	10245	4317307	2959614	66940
文化社会团体	5	21	52140	51804	330
其他文化艺术	179	2433	815562	616188	53161
艺术教育	**125**	**12907**	**3868058**	**3184237**	**22452**
文化、文物行政主管部门	**4383**	**95093**	**59181062**	**27522592**	
文化文物行政执法机构	**1524**	**16621**	**1906622**	**1836744**	**20900**
其他	**677**	**9060**	**2961681**	**2390762**	**56571**

续表

	在支出合计中：				
	工资福利支出	商品和服务支出	差旅费	劳务费	福利费
总　计	**43812085**	**59722999**	**1615818**	**5118905**	**416982**
文化艺术服务	**30299402**	**33049230**	**960560**	**3419903**	**296817**
文艺创作与表演	6284594	3940206	287282	812256	57377
其中：艺术表演团体	6141301	3815973	280258	802314	56590
艺术表演场馆	681394	1301281	7783	96865	15414
文物及非物质文化遗产保护	2539267	3858132	56032	325185	33263
博物馆、纪念馆	5649448	9738405	256775	912778	83810
图书馆	4947173	3839184	84587	284500	44836
群众文化	8721078	7014730	132336	419923	44541
美术馆	406566	894480	22577	54548	8411
社会人文科学研究	868071	2073904	108072	474345	6873
文化社会团体	1456	31370	131	486	
其他文化艺术	200355	357538	4985	39017	2292
艺术教育	**1283147**	**927193**	**32387**	**166209**	**12506**
文化、文物行政主管部门	**10307917**	**24490692**	**553820**	**1415887**	**90410**
文化文物行政执法机构	**1218174**	**391826**	**38931**	**29080**	**9919**
其他	**703445**	**864058**	**30120**	**87826**	**7330**

机构主要财务指标(按国民经济行业分)

事业收入	经营收入	附属单位上缴收入	其他收入	本年支出合计(千元)	基本支出	项目支出	经营支出
8315631	**2108528**	**55890**	**35594365**	**157001046**	**74226370**	**79671339**	**2061098**
7474005	**2036047**	**54371**	**3626826**	**90523467**	**48714896**	**39209228**	**2003257**
1678278	22482	1967	484847	13156530	8891118	4041352	185092
1675812	22400	1967	477994	12782848	8640220	3918719	184941
807526	281816	2405	171598	2506169	1227549	1033708	243451
1550377	462863	32910	1122465	9164267	4177714	4558536	317254
1623220	1058451	9877	943525	22869509	9179900	12610892	865835
338517	37380	1580	194748	14514687	8169919	6312445	22112
112214	19780	5590	562746	21837210	14252403	7135426	237055
169620	30224	10	27261	1845259	753310	1073380	17904
1090606	107848		92299	3820496	1689179	2031740	99511
			6	33340	2042	31298	
103647	15203	32	27331	776000	371762	380451	15043
484087	**17008**		**160274**	**3702810**	**2123064**	**1563146**	**15944**
			31658470	**57712185**	**20092471**	**37180959**	
17285		**185**	**31508**	**1887675**	**1644503**	**231058**	**7030**
340254	**55473**	**1334**	**117287**	**3174909**	**1651436**	**1486948**	**34867**

各种税金支出	对个人和家庭补助支出	抚恤金和生活补助	其他资本性支出	各种设备购置费	资产总计(千元)	固定资产原价
488308	**13950092**	**803952**	**31924265**	**6519689**	**358849633**	**226664209**
409464	**8471169**	**453994**	**16077102**	**5075056**	**277164613**	**188143484**
62514	1961019	122642	878090	365146	19393226	11765001
61838	1881848	120291	852050	363142	18921431	11460020
49694	140789	12588	228481	59293	14228494	9403086
113525	539775	26786	1705866	73169	20183379	7957031
95664	1434660	74805	5329138	639883	99563699	61240045
27375	1601737	64394	3943500	2956216	53517626	42722850
28538	2119319	128613	3272506	804850	56694619	48245280
5627	134262	3876	269526	48105	5062386	3525400
23503	449506	18174	415425	121145	7387639	2601015
	214		300		891	852
3024	89888	2116	34270	7249	1132654	682924
3938	**565246**	**16447**	**902974**	**186585**	**8242525**	**3831433**
61351	**4031960**	**303703**	**14652402**	**1178039**	**67748346**	**31252984**
496	**204774**	**5467**	**71222**	**17024**	**687209**	**498472**
13059	**676943**	**24341**	**220565**	**62985**	**5006940**	**2937836**

2016年全国执行企业会计制度的文化文物

	机构数(个)	从业人员(人)	资产、负债、所有者权益(千元)		
			资产总计	固定资产原价	当年提取的折旧总额
总　计	**244880**	**1728327**	**843464511**	**35768066**	**2325619**
文化艺术业	**12088**	**287113**	**66020369**	**10159440**	**865328**
文艺创作与表演	10767	250845	37399404	5192291	552084
艺术表演场馆	1321	36268	28620965	4967149	313244
文化休闲娱乐服务	**231573**	**1370412**	**622642128**		
娱乐场所	77071	632527	105101022		
互联网上网服务营业场所(网吧)	141587	488209	74849794		
动漫企业服务	**600**	**28528**	**23879798**	**3065802**	**464641**
文化用品、设备及相关文化产品的生产与销售	**134**	**14635**	**13071177**	**5217749**	**272195**
其中：文物商店	68	1364	2320753	367607	12344
其他	**485**	**27639**	**117851039**	**17325075**	**723455**

续表

	养老、医疗、失业等各种社会保险费	住房公积金和住房补贴	差旅费	工会经费	营业利润
总　计	**10078284**	**2050759**	**5329378**	**1825479**	**104117846**
文化艺术业	**917061**	**171456**	**85714**	**17728**	**1909438**
文艺创作与表演	656350	136705	77690	14334	995670
艺术表演场馆	260711	34751	8024	3394	913768
文化休闲娱乐服务	**8597786**	**1676118**	**5043381**	**1750052**	**98540405**
娱乐场所	1784239				12579260
互联网上网服务营业场所(网吧)	1152475				13129162
动漫企业服务	**232069**	**60096**	**117871**	**33044**	**947707**
文化用品、设备及相关文化产品的生产与销售	**71612**	**34701**	**35672**	**6816**	**365198**
其中：文物商店	32257	14001	5286	2539	18997
其他	**259756**	**108388**	**46740**	**17839**	**2355098**

机构主要财务指标(按国民经济行业分)

				损益(千元)		
负债合计	所有者权益总计	实收资本	国家资本金	营业收入	主营业务收入	营业成本
89142855	86714760	53843438	28782046	490795118	292586325	386746508
8739466	12316135	8364020	7768301	20038498	13993628	18226901
2857767	6301129	3235871	2913589	13988936	11695696	12993940
5881699	6015006	5128149	4854712	6049562	2297932	5232961
				432936423	267573520	334367413
				53872539		41293754
				43231601		30106162
9360554	14519244	18381637	1054558	9976516	9719842	9028809
7644747	5426430	1241301	868771	3868950	486046	3503752
465792	1854961	221860	198430	527773	475282	508776
63398088	54452951	25856480	19090416	23974731	813289	21619633

				工资、福利费、税金(千元)		
营业外收入	政府补助	营业外支出	利润总额	本年发放工资总额	本年支付的职工福利费	本年应交税金总额
11580841	6709090	884675	114798777	84028746	1825564	22171518
4749744	3883956	466726	6177221	7380529	100018	1700757
3692657	3207253	440645	4232447	5874085	70430	1148396
1057087	676703	26081	1944774	1506444	29588	552361
4279407	1579516		102819812	71928598	1502997	14866120
			12579260	15475616		2525287
			13129162	11423464		1228025
1203368	370306	54334	2096741	2047499	76140	4540389
62631	48470	136816	291013	469870	21338	135710
16053	9734	2951	32099	128420	5665	28694
1285691	826842	226799	3413990	2202250	125071	928542

2016年各地区主要文化机构数

单位：个

地　区	公共图书馆	群众艺术馆	文化馆	文化站	博物馆	艺术表演团体	艺术表演场馆
总　计	**3153**	**389**	**2933**	**41175**	**4109**	**12301**	**2285**
北　京	24	1	20	331	41	485	69
天　津	31	1	18	235	22	84	51
河　北	172	13	167	2236	111	712	112
山　西	127	12	119	1409	105	546	127
内蒙古	117	13	107	1106	87	186	31
辽　宁	130	23	102	1431	65	246	123
吉　林	66	14	64	901	77	54	50
黑龙江	108	17	131	1517	176	57	48
上　海	24	1	23	213	99	205	47
江　苏	114	14	99	1282	317	444	223
浙　江	102	12	90	1364	275	1245	326
安　徽	123	16	105	1438	171	1879	88
福　建	90	10	87	1125	98	429	58
江　西	113	14	104	1751	138	304	57
山　东	154	18	139	1816	393	567	100
河　南	158	19	187	2340	270	1006	150
湖　北	112	13	110	1279	183	308	58
湖　南	137	16	127	2536	115	452	86
广　东	142	24	122	1602	177	357	75
广　西	114	15	109	1168	125	100	34
海　南	23	4	19	220	18	74	16
重　庆	43	1	40	1021	82	770	22
四　川	203	22	185	4574	239	621	88
贵　州	98	10	89	1567	73	113	12
云　南	151	17	132	1434	90	221	30
西　藏	81	8	74	692	7	87	14
陕　西	110	12	110	1459	274	281	92
甘　肃	103	17	86	1355	152	227	48
青　海	49	9	46	359	23	60	20
宁　夏	26	6	20	244	13	34	6
新　疆	107	17	102	1170	90	131	17

2016年各地区主要文化机构从业人员数

单位：人

地　区	公共图书馆	群众艺术馆	文化馆	文化站	博物馆	艺术表演团体	艺术表演场馆
总　计	**57208**	**12427**	**43064**	**126539**	**93431**	**332920**	**51296**
北　京	1249	56	849	1843	1196	10523	4152
天　津	969	57	514	837	760	3019	760
河　北	1875	521	1848	5148	3764	16581	1586
山　西	1676	369	1429	2684	3303	17619	1929
内蒙古	1944	560	1476	2980	1625	7226	395
辽　宁	2761	794	1557	3416	2159	4937	3316
吉　林	1620	536	1785	4418	1218	2601	853
黑龙江	1664	417	1891	3160	2867	3520	773
上　海	2091	65	853	4057	3096	7102	2086
江　苏	3439	501	1643	5071	6524	11163	5796
浙　江	3616	497	1727	5194	4960	39071	5811
安　徽	1559	324	1149	4491	2641	34932	1780
福　建	1409	196	796	2997	2259	13004	1160
江　西	1379	521	1452	4031	3007	8164	846
山　东	2828	617	2389	5262	7152	13637	1674
河　南	2955	543	2946	7507	6209	29462	3443
湖　北	2198	498	1722	2725	3556	8699	1270
湖　南	2094	536	1646	5964	3035	11763	2510
广　东	4360	629	1793	9301	3615	11532	2756
广　西	1589	543	1596	3399	2013	4716	1136
海　南	323	97	187	517	285	3232	905
重　庆	920	74	865	4428	2232	10015	451
四　川	2371	722	2332	7969	6452	12406	1584
贵　州	1078	424	1091	4855	1465	3687	170
云　南	1874	517	1967	4939	1139	8725	994
西　藏	189	190	272	4004	226	2376	28
陕　西	2123	450	2098	4706	8947	12516	1564
甘　肃	1450	401	1249	4692	3371	7224	763
青　海	425	175	493	489	281	1676	147
宁　夏	555	273	372	648	324	1278	93
新　疆	1092	324	1077	4807	1162	5547	290

2016年各地区文化文物部门

地　区	本年收入合计(千元)	财政补贴收入	上级补助收入	事业收入	经营收入	附属单位上缴收入	其他收入	本年支出合计(千元)	基本支出	项目支出
总　计	**177966239**	**113089216**	**3986530**	**7399651**	**1551830**	**35745**	**51903267**	**168220108**	**71808827**	**76711541**
北　京	8219617	6339567	66827	615816	330272		867135	7758132	2134549	5032865
天　津	2716841	1853401	27536	135406	90632	3190	606676	2609189	1345777	995181
河　北	5188583	2998909	8736	524724	23942		1632272	4977044	2429216	2251667
山　西	5079908	3766113	87096	293707	21444	10021	901527	4865329	1918484	2400504
内蒙古	4435495	3384660	21117	25203	7659		996856	4329530	2559934	1717898
辽　宁	3985952	2585019	119282	82894	24807	5000	1168950	3563138	1897478	1345112
吉　林	3088908	2097455	5526	39525	4277		942125	2578390	1348035	989831
黑龙江	2859960	2216515	43535	14005	2954	19	582932	2679132	1523290	991552
上　海	8967452	5009188	429378	894709	11097	844	2622236	7814650	2949601	3936845
江　苏	16451615	6421050	104596	240728	36990	906	9647345	14272840	4126772	3388483
浙　江	12948922	8267789	572157	579621	80124	1954	3447277	11727667	4529121	6076887
安　徽	3872855	2218195	121514	100344	6065	5	1426732	3635726	1647731	1196829
福　建	5502600	2886588	170362	115268	26857	15	2303510	4109652	1718152	2284539
江　西	3162812	2024448	179899	61698	21683	1358	873726	2747095	1555976	769787
山　东	6545128	4452689	188745	378998	43397	2420	1478879	6168639	3336713	2194791
河　南	5325190	3686949	71111	458273	39233	175	1069449	4876124	2895867	1689258
湖　北	5881332	4179113	215344	166370	53671	6299	1260535	5700431	2182588	2784287
湖　南	5696134	3830587	132051	146926	21109	331	1565130	5181483	2410526	2168251
广　东	12486206	8575007	235295	265860	60327	181	3349536	14998252	7550478	6348122
广　西	4536912	2678714	166206	34793	35182	229	1621788	4064842	1591364	2205383
海　南	1557972	982484	16331	45327	2379	5	511446	1419802	344873	974031
重　庆	3709555	2711857	84030	112728	6805	90	794045	3521095	1311275	1954059
四　川	8742619	5670746	135296	364831	22754		2548992	8393772	3491882	4665900
贵　州	3544266	2000307	92360	38087	35	401	1413076	3196408	1680169	1313690
云　南	4098587	2669082	77924	79295	10941	31	1261314	4206740	2197949	1857554
西　藏	2246148	1753957	40159	88311	13569	495	349657	2316054	971699	1063225
陕　西	7630232	5244373	354111	195826	428175	1479	1406268	7068752	2955054	3298139
甘　肃	4847343	3022340	64891	187713	46394	24	1525981	4547325	2066817	2095627
青　海	1672702	1108973	31647	28273	105	50	503654	1376651	529064	754665
宁　夏	1558568	1027598	29178	12488	6487	200	482617	1923984	446948	1323870
新　疆	3643455	2183148	85820	22327	16494	23	1335643	3677792	1871636	1492054

所属机构机构收支基本情况

经营支出	工资福利支出	在支出合计中：								
		商品和服务支出	差旅费	劳务费	福利费	各种税金支出	对个人和家庭补助支出	抚恤金和生活补助	其他资本性支出	各种设备购置费
1538944	**42448409**	**57117404**	**1570938**	**4921541**	**387696**	**419772**	**13610500**	**782568**	**30745918**	**6370560**
147062	1264351	3111432	14398	85060	19892	6667	396913	20089	1461057	251514
64335	698519	956913	9623	82131	8941	20237	319658	8956	280434	124394
26841	1434397	1698605	28630	149944	8023	10062	413605	32484	1083100	123899
50012	1307800	1544519	40936	179739	7391	9905	299064	14108	1014151	164819
10497	1359750	1435270	66000	206607	8601	15243	449745	29434	1011782	160633
16760	1013439	1102535	25088	156914	2101	4445	495916	44318	606360	162004
4756	711329	834118	26998	56173	788	12876	409568	15902	366161	109727
7933	819503	742558	25387	45708	1917	786	491031	21112	468017	95973
27633	1777844	3508357	17089	88672	26298	22704	180585	13828	1400755	360745
31734	2193363	3306207	72575	243238	15173	6553	856383	23475	1154637	350778
100899	2777423	4597067	69866	419655	80034	34190	666526	23518	2260304	507940
15675	817585	949774	30406	69852	5311	2866	420719	22188	545546	118740
47840	1053394	1630533	36278	113742	5639	13474	256913	16870	1016033	269218
33221	852715	698928	31495	61813	14976	4434	357910	29532	397090	89745
106427	1976680	1970220	35835	152133	8252	19031	544644	24806	1106513	344811
70359	1639215	1808353	55418	268360	12668	11760	409442	36208	767031	190316
50635	1288463	2128216	84719	305875	17612	11561	536531	19668	1196077	186267
40518	1365041	1919945	74153	139414	18787	8278	363586	37913	936355	172731
66937	4980843	4794854	108639	449429	25323	34276	1512113	70415	1946050	583320
30766	972155	1328273	66735	83929	5279	10304	394942	23505	1003003	170359
33830	244370	555584	18067	52053	2748	2785	48773	8542	465325	101168
19002	651445	1485192	75958	153241	5304	9145	352620	16308	727754	121248
45072	2373020	3511931	126756	346807	21199	8745	460309	47772	1510357	383265
21146	863896	998269	49920	116913	6400	2302	386468	21025	458337	81450
24022	1418930	1446904	62237	109212	6427	5072	352028	18626	834328	137103
36442	721290	310785	17823	8539	950	230	79002	6986	399226	86152
306618	1727876	2891067	51005	263550	26793	30154	372435	38369	1355120	190258
40081	1100611	1217057	44497	88630	7842	58556	392119	28416	1334043	153117
1597	276695	367876	10714	29523	806	9604	94052	5274	419007	53206
9480	264051	295619	9670	33050	248	1003	84020	6699	1089596	60295
28375	1146245	1068067	54779	118593	5173	4877	257489	24617	1130618	107349

2016年各地区文化部门

地　区	本年收入合计(千元)	财政补贴收入	上级补助收入	事业收入	经营收入	附属单位上缴收入	其他收入	本年支出合计(千元)	基本支出	项目支出
总　计	**135192166**	**79983346**	**2354239**	**3404927**	**577925**	**13068**	**48858661**	**129261210**	**57739800**	**53747185**
北　京	4569008	3648707	65351	120457	26332		708161	4388369	1295445	2682361
天　津	2391192	1607643	26331	105658	88040	2120	561400	2288406	1145521	919907
河　北	3660368	1958906	7806	84714	15866		1593076	3553391	1761839	1517455
山　西	3111049	2128918	37553	117901	8877		817800	3055074	1373968	1175046
内蒙古	3628468	2615700	13470	16002	7659		975637	3512266	2284215	1177103
辽　宁	3279476	1973029	71514	59073	24707	5000	1146153	2846802	1510201	1033168
吉　林	2615510	1650693	4481	24124	4277		931935	2156594	1195534	729298
黑龙江	2442796	1826515	28462	12845	2864	19	572091	2314011	1370508	781053
上　海	7735899	4282075	425412	508778	10472	844	2508318	6738458	2574607	3287497
江　苏	14796731	5070861	74047	170434	16123	906	9464360	12726192	3444780	2682253
浙　江	8832101	5811691	235676	235915	74793	926	2473100	8539455	3299316	4175248
安　徽	3293503	1765469	80980	54247	519	5	1392283	3109899	1434668	900920
福　建	4748362	2221751	144277	102086	24459	15	2255774	3483420	1518911	1867083
江　西	2215207	1312788	28261	47112	12580	1358	813108	2024458	1243969	397460
山　东	4701361	3258190	110290	86152	9928		1236801	4436527	2515889	1549174
河　南	3534591	2302898	30474	163573	15813	145	1021688	3288262	2107959	928290
湖　北	4334788	2975503	73491	70630	26119	59	1188986	4157358	1812463	1833866
湖　南	4280981	2607444	96154	105373	16183	271	1455556	3972435	2034665	1377361
广　东	10400716	6673535	207986	179570	56668	180	3282777	13013238	6829151	5138011
广　西	3792417	2029613	144829	7373	10980	224	1599398	3509221	1434688	1826922
海　南	1280911	714262	13562	40800	1264		511023	1137072	259615	778133
重　庆	2980703	2127710	10642	68164	417	90	773680	2914514	1144115	1528843
四　川	6740230	4131113	88243	106251	13696		2400927	6583118	2928837	3457222
贵　州	3019057	1574683	48103	16369	35	401	1379466	2755381	1527148	1031244
云　南	3592554	2249682	57034	39049	10492	31	1236266	3592800	1988972	1461741
西　藏	1098982	749767	36569	5464	3	20	307159	1026084	727744	252588
陕　西	3565624	2271488	58114	48233	7307	160	1180322	3578161	1564721	1475860
甘　肃	3111803	1499765	33070	28838	29783	24	1520323	2882043	1346965	1164188
青　海	1378742	833409	30380	22766	105	50	492032	1132580	466788	575318
宁　夏	1180349	678753	13691	10654	338	200	476713	1689083	379133	1163566
新　疆	3080710	1747987	49516	17430	16336	20	1249421	3098313	1714317	1080215

所属机构收支基本情况

经营支出	工资福利支出	在支出合计中：商品和服务支出	差旅费	劳务费	福利费	各种税金支出	对个人和家庭补助支出	抚恤金和生活补助	其他资本性支出	各种设备购置费
870709	**34066327**	**40444756**	**1180852**	**3207230**	**282734**	**237625**	**11486423**	**665107**	**22179811**	**5558575**
23027	774237	1572646	10740	64209	9553	4963	286829	13516	673145	214329
62088	605959	822347	8178	77968	7599	19491	281049	8558	268392	120555
19215	1040199	1064646	22646	65135	4960	2385	328629	30100	796218	112515
25883	923927	818850	29029	98317	5766	3671	223132	10434	569843	118336
10146	1200320	1214324	53259	158501	7911	15081	412205	26739	622296	118836
15740	817978	744347	17519	65865	1829	4119	422843	33738	548970	135194
4561	619691	638008	22585	28808	760	10509	369137	14365	296093	96755
6398	729911	612569	21838	27564	1770	680	446269	20189	368167	90728
26775	1557578	2965321	14079	82736	22560	22012	168515	13262	1156954	342439
22907	1777215	2617345	51427	173587	11714	4481	733264	21449	1006225	320515
95328	2112404	3021775	54151	300736	57321	10900	500026	20045	1635635	460930
9538	697802	694589	23381	42498	3777	2043	374170	17494	462850	112930
45280	906919	1352583	27074	91213	5204	13152	229795	15470	881617	260815
25081	671176	405349	21252	31854	11277	3824	303183	26502	243629	79552
32699	1504340	1358145	23882	106399	5009	4568	446529	21652	759672	313318
37102	1199211	1044415	34888	79566	8550	5606	326252	32499	478189	149921
32163	1034953	1437054	30701	98543	13893	7130	461062	17527	735244	170265
31482	1134337	1348830	55263	84190	15402	7429	311488	32935	617279	147245
60387	4581845	3923028	98784	400185	19318	20796	1296204	46255	1646420	549552
13944	845529	1107377	55446	70614	4449	2861	365790	22216	855741	150241
32256	205451	470527	14629	45378	2526	2601	40969	7052	315364	69181
10795	535500	1173515	62189	113010	4410	7839	318104	15272	600285	116194
26750	1920669	2711550	97093	244923	15003	4177	407264	43985	1109318	309549
19380	758063	829829	43031	103826	6020	1536	360101	19827	374435	76643
21418	1291737	1195585	53434	80213	5940	4637	330605	18206	643034	130874
28038	480507	197027	14819	7396	558	230	67922	6302	258988	85889
54564	917492	1025477	25043	123299	11094	2680	254426	24282	791369	142084
28725	745309	701079	25725	36013	3513	11795	298453	22000	686402	92328
1540	237016	328741	8719	25364	338	9374	83679	5083	345739	44818
2698	217171	237939	6434	21054	215	862	75031	6216	995972	59680
23186	1036060	854312	45173	84506	4493	3866	239436	24179	907459	94640

2016年各地区文物部门

地　区	本年收入合计(千元)	财政补贴收入	上级补助收入	事业收入	经营收入	附属单位上缴收入	其他收入	本年支出合计(千元)	基本支出	项目支出
总　计	**42774073**	**33105870**	**1632291**	**3994724**	**973905**	**22677**	**3044606**	**38958898**	**14069027**	**22964356**
北　京	3650609	2690860	1476	495359	303940		158974	3369763	839104	2350504
天　津	325649	245758	1205	29748	2592	1070	45276	320783	200256	75274
河　北	1528215	1040003	930	440010	8076		39196	1423653	667377	734212
山　西	1968859	1637195	49543	175806	12567	10021	83727	1810255	544516	1225458
内蒙古	807027	768960	7647	9201			21219	817264	275719	540795
辽　宁	706476	611990	47768	23821	100		22797	716336	387277	311944
吉　林	473398	446762	1045	15401			10190	421796	152501	260533
黑龙江	417164	390000	15073	1160	90		10841	365121	152782	210499
上　海	1231553	727113	3966	385931	625		113918	1076192	374994	649348
江　苏	1654884	1350189	30549	70294	20867		182985	1546648	681992	706230
浙　江	4116821	2456098	336481	343706	5331	1028	974177	3188212	1229805	1901639
安　徽	579352	452726	40534	46097	5546		34449	525827	213063	295909
福　建	754238	664837	26085	13182	2398		47736	626232	199241	417456
江　西	947605	711660	151638	14586	9103		60618	722637	312007	372327
山　东	1843767	1194499	78455	292846	33469	2420	242078	1732112	820824	645617
河　南	1790599	1384051	40637	294700	23420	30	47761	1587862	787908	760968
湖　北	1546544	1203610	141853	95740	27552	6240	71549	1543073	370125	950421
湖　南	1415153	1223143	35897	41553	4926	60	109574	1209048	375861	790890
广　东	2085490	1901472	27309	86290	3659	1	66759	1985014	721327	1210111
广　西	744495	649101	21377	27420	24202	5	22390	555621	156676	378461
海　南	277061	268222	2769	4527	1115	5	423	282730	85258	195898
重　庆	728852	584147	73388	44564	6388		20365	606581	167160	425216
四　川	2002389	1539633	47053	258580	9058		148065	1810654	563045	1208678
贵　州	525209	425624	44257	21718			33610	441027	153021	282446
云　南	506033	419400	20890	40246	449		25048	613940	208977	395813
西　藏	1147166	1004190	3590	82847	13566	475	42498	1289970	243955	810637
陕　西	4064608	2972885	295997	147593	420868	1319	225946	3490591	1390333	1822279
甘　肃	1735540	1522575	31821	158875	16611		5658	1665282	719852	931439
青　海	293960	275564	1267	5507			11622	244071	62276	179347
宁　夏	378219	348845	15487	1834	6149		5904	234901	67815	160304
新　疆	562745	435161	36304	4897	158	3	86222	579479	157319	411839

所属机构收支基本情况

经营支出	工资福利支出	在支出合计中：商品和服务支出	差旅费	劳务费	福利费	各种税金支出	对个人和家庭补助支出	抚恤金和生活补助	其他资本性支出	各种设备购置费
668235	**8382082**	**16672648**	**390086**	**1714311**	**104962**	**182147**	**2124077**	**117461**	**8566107**	**811985**
124035	490114	1538786	3658	20851	10339	1704	110084	6573	787912	37185
2247	92560	134566	1445	4163	1342	746	38609	398	12042	3839
7626	394198	633959	5984	84809	3063	7677	84976	2384	286882	11384
24129	383873	725669	11907	81422	1625	6234	75932	3674	444308	46483
351	159430	220946	12741	48106	690	162	37540	2695	389486	41797
1020	195461	358188	7569	91049	272	326	73073	10580	57390	26810
195	91638	196110	4413	27365	28	2367	40431	1537	70068	12972
1535	89592	129989	3549	18144	147	106	44762	923	99850	5245
858	220266	543036	3010	5936	3738	692	12070	566	243801	18306
8827	416148	688862	21148	69651	3459	2072	123119	2026	148412	30263
5571	665019	1575292	15715	118919	22713	23290	166500	3473	624669	47010
6137	119783	255185	7025	27354	1534	823	46549	4694	82696	5810
2560	146475	277950	9204	22529	435	322	27118	1400	134416	8403
8140	181539	293579	10243	29959	3699	610	54727	3030	153461	10193
73728	472340	612075	11953	45734	3243	14463	98115	3154	346841	31493
33257	440004	763938	20530	188794	4118	6154	83190	3709	288842	40395
18472	253510	691162	54018	207332	3719	4431	75469	2141	460833	16002
9036	230704	571115	18890	55224	3385	849	52098	4978	319076	25486
6550	398998	871826	9855	49244	6005	13480	215909	24160	299630	33768
16822	126626	220896	11289	13315	830	7443	29152	1289	147262	20118
1574	38919	85057	3438	6675	222	184	7804	1490	149961	31987
8207	115945	311677	13769	40231	894	1306	34516	1036	127469	5054
18322	452351	800381	29663	101884	6196	4568	53045	3787	401039	73716
1766	105833	168440	6889	13087	380	766	26367	1198	83902	4807
2604	127193	251319	8803	28999	487	435	21423	420	191294	6229
8404	240783	113758	3004	1143	392		11080	684	140238	263
252054	810384	1865590	25962	140251	15699	27474	118009	14087	563751	48174
11356	355302	515978	18772	52617	4329	46761	93666	6416	647641	60789
57	39679	39135	1995	4159	468	230	10373	191	73268	8388
6782	46880	57680	3236	11996	33	141	8989	483	93624	615
5189	110185	213755	9606	34087	680	1011	18053	438	223159	12709

2016年各地区分类型文化文物部门所属机构总收入

单位：千元

地　区	总　计	文化合计	艺术表演团体	艺术表演场馆	图书馆	群众文化	文物合计	文物科研机构	文物保护管理机构	博物馆	其他文物机构
总　计	**177966239**	**135192166**	**17591476**	**3056842**	**14939650**	**22722889**	**42774073**	**2924636**	**8970374**	**20594413**	**10284650**
北　京	8219617	4569008	751149	24059	610899	735567	3650609	362250	1046115	774802	1467442
天　津	2716841	2391192	489583	63005	402716	266931	325649		57479	225080	43090
河　北	5188583	3660368	420495	119802	306657	528466	1528215	112498	624694	444572	346451
山　西	5079908	3111049	559458	176606	351188	356810	1968859	148484	319423	550765	950187
内蒙古	4435495	3628468	855149	36675	360029	520526	807027	33983	176144	574257	22643
辽　宁	3985952	3279476	463059	97225	528258	703882	706476	57100	127588	471139	50649
吉　林	3088908	2615510	326813	59543	308100	504937	473398	44842	56047	328056	44453
黑龙江	2859960	2442796	449760	18311	347566	450705	417164	13461	54825	347646	1232
上　海	8967452	7735899	1257880	264113	1099779	1695015	1231553		28275	1099168	104110
江　苏	16451615	14796731	888647	396531	1022375	1406701	1654884	35512	132936	1157687	328749
浙　江	12948922	8832101	927497	392668	1124115	2155986	4116821	103786	2023602	1268720	720713
安　徽	3872855	3293503	395252	79531	300884	536242	579352	45872	112736	366849	53895
福　建	5502600	4748362	597959	131364	411011	490796	754238	4988	80182	548899	120169
江　西	3162812	2215207	237484	59102	272444	469536	947605	29091	148896	618913	150705
山　东	6545128	4701361	807804	145641	600155	908741	1843767	168072	491920	752479	431296
河　南	5325190	3534591	724125	119117	358994	635981	1790599	321253	438490	625701	405155
湖　北	5881332	4334788	744654	114201	530704	694803	1546544	128683	152218	928367	337276
湖　南	5696134	4280981	536148	74905	415441	723152	1415153	101884	293591	799002	220676
广　东	12486206	10400716	753944	281900	1605697	2435388	2085490	103974	100503	1340384	540629
广　西	4536912	3792417	308804	19643	332146	570320	744495	88985	132903	439132	83475
海　南	1557972	1280911	151492	7579	128072	124573	277061		16645	72900	187516
重　庆	3709555	2980703	291240	540	287940	697399	728852	70556	109605	517391	31300
四　川	8742619	6740230	510888	58397	548755	1348460	2002389	68407	376678	1445519	111785
贵　州	3544266	3019057	172422	8403	200964	577416	525209	16975	99656	252893	155685
云　南	4098587	3592554	455754	26647	360636	899742	506033	52601	198333	242466	12633
西　藏	2246148	1098982	212353	3115	64980	357620	1147166	13279	168627	36666	928594
陕　西	7630232	3565624	674126	142695	341434	582999	4064608	317548	797983	1895876	1053201
甘　肃	4847343	3111803	389335	45317	284139	452229	1735540	305723	189414	623984	616419
青　海	1672702	1378742	84522	1631	130552	208669	293960	11223	57399	96602	128736
宁　夏	1558568	1180349	107685	14530	123149	174028	378219	23820	256032	94047	4320
新　疆	3643455	3080710	701119	33578	312601	509269	562745	39355	101435	222165	199790

2016年各地区分类型文化文物部门所属机构财政拨款

单位：千元

地　区	总　计	文化合计	艺术表演团体	艺术表演场馆	图书馆	群众文化	文物合计	文物科研机构	文物保护管理机构	博物馆	其他文物机构
总　计	**113089216**	**79983346**	**12885844**	**1173000**	**14146343**	**20866457**	**33105870**	**1754246**	**5151461**	**17464156**	**8736007**
北　京	6339567	3648707	473582	558	599547	631314	2690860	30941	595350	737539	1327030
天　津	1853401	1607643	417536	13122	391196	261127	245758		34789	210546	423
河　北	2998909	1958906	300513	72520	303810	505826	1040003	31261	345106	343932	319704
山　西	3766113	2128918	351322	87234	351141	352659	1637195	114997	241619	455160	825419
内蒙古	3384660	2615700	817455	25407	357530	513880	768960	28717	157758	561357	21128
辽　宁	2585019	1973029	388400	40696	508970	613619	611990	56669	56346	470359	28616
吉　林	2097455	1650693	244512	29749	305167	494728	446762	34733	54631	316467	40931
黑龙江	2216515	1826515	405306	14899	336791	436985	390000	13387	42408	332973	1232
上　海	5009188	4282075	720051	46256	1007399	1509271	727113		27866	654465	44782
江　苏	6421050	5070861	568802	123936	986485	1340666	1350189	28392	115561	1039091	167145
浙　江	8267789	5811691	655807	154486	1064669	1896014	2456098	54619	661095	1144044	596340
安　徽	2218195	1765469	215444	30909	281757	483451	452726	13310	93683	303109	42624
福　建	2886588	2221751	450246	51941	375364	428616	664837	2853	65971	487076	108937
江　西	2024448	1312788	181623	33336	260949	417838	711660	26251	90981	491198	103230
山　东	4452689	3258190	625599	72129	588501	858799	1194499	67006	223849	673391	230253
河　南	3686949	2302898	516489	48105	348132	611248	1384051	193692	309126	537068	344165
湖　北	4179113	2975503	585897	20762	508649	649964	1203610	76519	60117	787049	279925
湖　南	3830587	2607444	423116	37248	392599	645579	1223143	81111	218782	754023	169227
广　东	8575007	6673535	512085	134692	1562044	2216739	1901472	83071	64190	1266987	487224
广　西	2678714	2029613	203428	1131	299386	477990	649101	51000	115688	402409	80004
海　南	982484	714262	82082	1096	126393	113099	268222		12230	68710	187282
重　庆	2711857	2127710	194505	540	273766	664501	584147	45197	92957	421834	24159
四　川	5670746	4131113	408565	23148	536074	1274366	1539633	29847	349721	1078497	81568
贵　州	2000307	1574683	115624		187630	524452	425624	5218	68516	207311	144579
云　南	2669082	2249682	408494	2323	334637	837280	419400	13128	173969	227962	4341
西　藏	1753957	749767	198472	1225	60952	324639	1004190	3108	56275	35466	909341
陕　西	5244373	2271488	479281	73733	324423	549087	2972885	302411	406903	1322580	940991
甘　肃	3022340	1499765	279561	1094	273235	425296	1522575	270182	58384	555922	638087
青　海	1108973	833409	64118	1402	125800	185435	275564	7526	57279	92947	117812
宁　夏	1027598	678753	84421	13846	104833	159559	348845	18879	240435	85211	4320
新　疆	2183148	1747987	637943	14995	302343	462430	435161	31380	59876	197364	146541

2016年各地区分类型文化文物部门所属机构总支出

单位：千元

地区	总计	文化合计	艺术表演团体	艺术表演场馆	图书馆	群众文化	文物合计	文物科研机构	文物保护管理机构	博物馆	其他文物机构
总计	**168220108**	**129261210**	**16848676**	**2979570**	**14501225**	**21837210**	**38958898**	**2450580**	**7470048**	**19478850**	**9559420**
北京	7758132	4388369	774949	25981	615903	686042	3369763	171226	1131975	766876	1299686
天津	2609189	2288406	471985	64925	372850	253850	320783		40786	236991	43006
河北	4977044	3553391	431003	123861	304577	505195	1423653	107877	663433	380609	271734
山西	4865329	3055074	557640	173175	334185	348795	1810255	160516	316510	472961	860268
内蒙古	4329530	3512266	815582	39980	366273	520366	817264	30066	152727	607984	26487
辽宁	3563138	2846802	429539	94211	510126	492404	716336	66336	119986	479794	50220
吉林	2578390	2156594	339678	59317	304744	482574	421796	46309	42630	260577	72280
黑龙江	2679132	2314011	451675	15987	347942	442432	365121	13461	51935	298514	1211
上海	7814650	6738458	1107014	241280	1047488	1511682	1076192		28646	951992	95554
江苏	14272840	12726192	888983	399194	1033810	1398779	1546648	31026	123061	1105772	286789
浙江	11727667	8539455	902638	377305	1085761	2113272	3188212	102334	1193476	1169690	722712
安徽	3635726	3109899	366726	71344	301552	527892	525827	44594	103145	329328	48760
福建	4109652	3483420	548170	108948	410402	473995	626232	4439	93229	443299	85265
江西	2747095	2024458	243703	65716	245509	395166	722637	35688	68661	497762	120526
山东	6168639	4436527	779816	151520	609825	892227	1732112	106502	443885	774716	407009
河南	4876124	3288262	665406	123609	356811	629032	1587862	250923	393486	586728	356725
湖北	5700431	4157358	740005	108276	498330	679498	1543073	108877	120022	1015166	299008
湖南	5181483	3972435	496592	77077	363636	705189	1209048	64263	278226	659277	207282
广东	14998252	13013238	725695	271423	1560938	2299998	1985014	97725	93301	1257497	536491
广西	4064842	3509221	304710	18805	329465	530796	555621	41783	97388	359614	56836
海南	1419802	1137072	155890	6015	108301	108124	282730		23819	74616	184295
重庆	3521095	2914514	303085	540	277963	696869	606581	45128	73907	455322	32224
四川	8393772	6583118	517170	59225	518720	1374061	1810654	69224	337085	1305355	98990
贵州	3196408	2755381	189740	8247	180096	579383	441027	19060	71134	248099	102734
云南	4206740	3592800	449272	27714	356248	876851	613940	50910	298061	248413	16556
西藏	2316054	1026084	210153	3165	62618	332745	1289970	3992	196305	25169	1064504
陕西	7068752	3578161	619004	129046	340199	621869	3490591	234444	569418	1779169	907560
甘肃	4547325	2882043	387451	36424	266571	445305	1665282	346333	146228	624970	547751
青海	1376651	1132580	84114	4191	108248	196666	244071	13997	22606	95702	111766
宁夏	1923984	1689083	104769	23288	134221	179117	234901	30322	95033	105226	4320
新疆	3677792	3098313	671135	38914	298283	537036	579479	54546	79944	204830	240159

主要统计指标解释

一、行业、机构指标解释

调查的机构，指由文化部门主办或实行行业管理的文化文物机构以及由文化部门主办的其他文化机构等。

文艺创作与表演：指文学、美术创造和表演艺术（如戏剧、戏曲、歌舞、舞蹈、音乐、曲艺、杂技、马戏、木偶、皮影等各种表演艺术）等活动。包括文学（含电影、电视剧剧本）、音乐、歌曲、舞蹈、戏曲、曲艺等的创作，美术（绘画、雕塑）、工艺品、书法、篆刻等的艺术创作，编导、演员的表演、创作活动，剧务、舞台美工、服装道具、灯光音响等活动，民族艺术创作，其他未列明的文艺创作、表演及辅助活动。

艺术创作机构：指有专职创作人员、独立建制的剧目创作室（组）、美术创作室（组）等专门从事艺术创作的机构。不包括业余性质的文艺创作机构。

艺术表演团体：指由文化部门主办或实行行业管理（经文化行政部门审批并领取营业性演出许可证），专门从事表演艺术等活动的各类专业艺术表演团体，含民间职业剧团（不包括群众业余文艺表演团队）。

艺术表演场馆：指由文化部门主办的，有观众席、舞台、灯光设备，公开售票、专供文艺团体演出的文化活动场所。附属于文化部门机构内非独立核算的剧场、排演场，公开营业的也应单独统计。

图书馆：指各类图书馆的管理与服务（对文献和信息的搜集、整理、存储、利用和管理，向社会公众开放并提供科学、文化等各种知识普及教育）。包括公共图书馆和各类机构内部举办的或单独举办的图书馆的管理与服务。不包括部队系统以及文化馆（文化中心、群众艺术馆）、文化站内设的图书室。

群众文化活动：指开展群众文化活动的场所的管理和组织活动。包括文化馆（含综合性文化中心、群众艺术馆）、文化站、文化宫、少年宫等群众文化活动。在本制度中，目前暂不统计文化部门以外的文化宫和少年宫。

文化馆（含综合性文化中心、群众艺术馆、文化站）：指专门从事群众文化活动的群众文化场馆。不包括临时抽调人员组成、没有编制的农村和街道文化工作队、服务站等。

美术馆：指由文化部门主办或实行行业管理的，具备展览、典藏、研究及公共教育和服务功能的、向公众开放的国有美术馆，以及在民政部门登记注册并在文化部门备案的，具备展览、典藏、研究及公共教育和服务功能的、向公众开放的、非营利性的民营美术馆。

画院：指由文化部门主办或实行行业管理的，各级国有和民营的非营利性的专门的美术创作、研究机构，有专职创作研究人员和独立建制，包括书画院、书法院、油画雕塑院等。不包括业余性质的美术创作机构。

文化艺术研究机构：指有明确的研究方向和任务，有一定水平的学术带头人和一定数量、质量的研究人员，有开展工作的基本条件，主要进行文化艺术研究（含科技）的机构。

文化部门教育机构：指文化部门主办的高等艺术职业院校和中等专业学校、文化干部院校、其他文化艺术教育机构。

高等艺术职业院校：指按国家规定的设置标准和审批程序批准主办的，纳入国家招生计划，通过国家统一招生考试，招收高中毕业生和相当于高中学历者为主要培养对象，实施高等教育的全日制、独立设置的学院和高等专科艺术学校。在本制度中，只统计由文化部门主办和管理的院校。

中等艺术学校：指文化部门内由文化部或省、自治区、直辖市人民政府批准举办，纳入国家招生计划，按国家规定组织入学考试，招收小学或初中（或部分高中）毕业生和具有同等学历者，实施中等艺术教育、培养中等艺术人才的全日制专业学校。

文化干部院校：指各级文化行政主管部门领导的培养和训练文化干部的成人高等教育院校。

其他文化事业机构、其他文化企业：指不属于以上分类的文化部门所属各类文化事业机构和企业机构。

文化市场经营机构：指经文化市场行政部门审批或备案并领取相关许可或备案文件的、从事文化经营和文化服务活动的机构。

文化市场经营机构主要由以下统计调查对象组成：

娱乐场所：指以营利为目的，并向公众开放、消费者自娱自乐的歌舞、游艺等场所，以及各地文化行政部门依据相关规定管理并发放《娱乐场所经营许可证》的其他娱乐场所。

互联网上网服务营业场所（网吧）：指通过计算机等设备向公众提供互联网上网服务的营业性娱乐文化服务场所。

动漫企业：经文化部、财政部、国家税务总局三部门联合认定的从事漫画创作、动画创作、网络动漫（含手机动漫）创作、动漫舞台剧制作、动漫软件开发和动漫衍生产品研发等动漫业务的企业。

博物馆：指为了研究、教育、欣赏的目的，收藏、保护、展示人类活动和自然环境的见证物，向公众开放，非营利性、永久性社会服务机构，包括以博物馆（院）、纪念馆（舍）、科技馆、陈列馆等专有名称开展活动的单位。

综合性博物馆：指综合收藏、展示自然、历史（含革命史和建设成就）、艺术等方面藏品的博物馆。如黑龙江省博物馆、内蒙古博物馆、甘肃省博物馆、贵州省博物馆、南通博物苑、旅顺博物馆等。

历史类博物馆：指主要收藏、展示关于国家（地区）、民族、社会发展、重大事件和人物的历史（古代史、近代史、战争史、革命纪念馆、历史名人纪念馆等）的文物资料的博物馆。如国家博物馆、陕西历史博物馆、泉州海外交通史博物馆、东北烈士纪念馆、韶山毛泽东同志纪念馆、遵义会议会址纪念馆、黑龙江省民族博物馆等。

艺术类博物馆：指主要收藏、展示艺术品、工艺品文物（工艺品、绘画、书法、篆刻、民间艺术）的博物馆。如故宫博物院、上海博物馆、南阳汉画像馆、广东民间工艺馆、武强年画博物馆、徐悲鸿纪念馆、天津戏剧博物馆、景德镇陶瓷历史博物馆等。

自然、科技类博物馆：指主要收藏、展示自然物种历史、发展以及反映科学技术成果方面标本、实物的博物馆。如天津自然博物馆、自贡恐龙博物馆、中国科学技术馆、中国地质博物馆、柳州白莲洞洞穴科学博物馆等。

其他博物馆：指上述 4 类博物馆之外，内容独特的行业性、专门性博物馆。如中国丝绸博物馆、中国茶叶博物馆以及农业、体育、邮电、中药、交通、水利、煤炭、林业、公安、儿童等专门博物馆。

文物考古研究所：是各省级文物行政管理部门领导下的文物保护和科学研究机构，承担有关文物的调查、保护、发掘、研究和宣传工作，对地、市、县的文物工作进行业务辅导。

文物商店：经国务院文物行政部门或者省、自治区、直辖市人民政府文物行政部门依法批准设立的文物购销经营单位。

非物质文化遗产保护中心：指从事非物质文化遗产的调查、抢救、保护、研究、宣传、展示，以及其他相关保护活动的专业综合机构。

二、从业人员指标解释

调查的从业人员，指在文化部门主办或实行行业管理的文化文物机构以及由文化部门主办的其他文化机构中工作并取得劳动报酬的全部人员。包括职工、再就业的离退休人员以及在各机构中工作的外方人员和港、澳、台方人员。

专业技术人员：指在专业技术岗位上工作的人员，不包括在管理岗位上工作具有专业技术职称（职务）的人员（包括正高级职称、副高级职称、中级职称以及初级及以下人员）。

安全保卫人员：指从事文物安全保卫工作和安全管理工作的人员，包括聘用人员。

在编人员：是指经当地编办批准、列入事业编制的人员。

专职人员：指长期从事业务工作的专业人员。

三、经费指标解释

（一）事业经费指标解释

资产合计：是指文化事业单位占有或者使用的能以货币计量的经济资源，包括各种财产、债权和其他权利。包括流动资产、固定资产、在建工程、无形资产和对外投资等。

固定资产原价：反映填表机构使用年限在一年以上、单位价值在 1000 元以上（其中：专用设备单位价值在 1500 元以上），并在使用过程中基本保持原来物质形态的资产，包括房屋及构筑物，专用设备，通用设备，文物和陈列品，图书、档案，家具、用具、装具及动植物等，按原值（计提折旧的，按净值）进行反映。

本年收入合计：反映行政事业单位在本年取得的全部收入，包括行政事业类资金收入和基本建设类收入，具体有财政拨款、上级补助收入、事业收入、经营收入、附属单位上缴收入和其他收入。

财政补贴收入：反映填表单位本年度实际收到的本级财政拨款。包括一般预算财政拨款和政府性基金预算财政拨款。一级预算单位收到的应拨给下级单位使用的款项，年终时尚未拨出的，在编制财务决算表和填报统计报表时，应列为本单位的财政拨款。

基建拨款：指财政部门按基本建设计划拨付的基本建设款项。

上级补助收入：反映填表单位从行政主管部门和上级单位取得的非财政补贴收入。

事业收入：反映事业单位开展专业业务活动及辅助活动取得的收入。

经营收入：反映事业单位在专业业务活动及辅助活动之外开展非独立核算经营活动取得的收入。

附属单位上缴收入：反映填表事业单位拥有附属的独立核算机构，按有关规定上缴的收入。

其他收入：反映取得的除上述规定以外的各项收入，包括投资收益、利息收入、捐赠收入等。

本年支出合计：反映填表机构在业务活动中发生的各项资产耗费和损失等支出情况，包括基本支出、项目支出、经营支出等内容。按经济功能分类，还可分为工资福利支出、商品和服务支出、对个人和家庭补助支出、其他资本性支出等内容。

基本支出：反映填表机构为保障其机构正常运转、完成日常工作任务而发生的人员支出和公用支出。

项目支出：反映填表机构为完成本机构特定的工作任务或事业发展目标，在基本支出之外发生的各项支出。

经营支出：反映填表机构开展专业业务活动及辅助活动之外开展非独立核算经营活动发生的支出。在经营活动中应正确归集实际发生的各项费用数，无法归集的，应按规定的比例合理分摊。

工资福利支出：反映填表机构支付给在职职工和编制外长期聘用人员的各类劳动报酬，以及为上述人员缴纳的各项社会保险费等。主要包括基本工资、津贴补贴、奖金、社会保障缴费、伙食费、伙食补助费、绩效工资、其他工资福利支出等。

商品和服务支出：反映填表机构在开展业务活动中购买商品和服务的支出（不包括用于购置固定资产的支出、战略性和应急储备支出等）。主要包括办公费、印刷费、咨询费、手续费、水费、电费、邮电费、取暖费、物业管理费、交通费、差旅费、出国费、维修（护）费、租赁费、会议费、培训费、招待费、专用材料费、专用燃料费、劳务费、委托业务费、工会经费、福利费等日常公用支出。

差旅费：反映填表机构工作人员出差的住宿费、旅费、伙食补助费、杂费，以及干部及大中专学生调遣费、调干家属旅费补助等方面的支出。

劳务费：反映填表机构支付给单位和个人的劳务费用。如：临时聘用人员、钟点工工资，翻译费，咨询费，评审费，手续费等。

福利费：反映填表机构根据国家规定按工资总额一定比例提取的福利费。

各种税金支出：反映填表机构向国家交纳的各种税金，如房产税、营业税、车船使用税、土地使用税、城市维护建设税、印花税、教育费附加费、养路费、排污费等。从基本建设支出、结余和收益中支付的税金不包括在内。

对个人和家庭补助支出：反映政府对个人和家庭的补助支出，包括离休费、退休费、退职（役）费、抚恤金、生活补助、救济费、医疗费、助学金、奖励金、生产补贴、住房公积金、提租补贴、购房补贴以及其他对个人和家庭的补助支出等。

抚恤金和生活补助：抚恤金指按规定支付给烈士家属、牺牲病故人员家属的一次性和定期抚恤金，革命残疾人员的抚恤金，离退休人员等其他人员的各项抚恤金。生活补助指按规定支付给优抚对象、退伍军人的生活补助费，行政事业单位职工和家属生活补助，因公负伤等住院治疗、住疗养院期间的伙食补助费、长期赡养人员补助费等。

其他资本性支出：反映填表机构使用非各级发展与改革部门集中安排的用于购置固定资产、战略性和应急性储备、土地和无形资产，以及购建基础设施、大型修缮和财政支持企业更新改造所发生的支出，如房屋建筑物购建、办公设备购置、专用设备购置、交通工具购置、大型修缮、信息网络购建、物资储备、土地补偿、安置补助、拆迁补偿等。

各种设备、交通工具、图书购置费：反映填表机构用于购置不够基本建设投资额度，但按会计制度规定纳入固定资产核算范围的各种设备的支出，主要包括办公设备购置、专用设备购置、交通工具购置（含车辆购置税）、信息网络购建（计算机硬件和软件开发应用）、图书购置、档案设备购置费等。

（二）企业经费指标解释

资产总计：反映填表企业拥有或控制的能以货币计量的经济资源，包括各种财产、债权和其他权利。资产按其流动性(即资产的变现能力和支付能力)划分，有流动资产、长期投资、固定资产、无形资产、递延资产和其他资产等分类。

固定资产原价：反映填表企业在建造、购置、安装、改建、扩建、技术改造某项固定资产时所支出的全部货币总额。

当年提取的折旧总额：反映填表企业在报告年度内提取的固定资产折旧合计数。

负债合计：反映填表企业过去的交易、事项形成的现有义务合计数，履行该义务预期会导致经济利益流出企业。

所有者权益合计：反映所有者在填表企业资产中享有的经济利益，其金额为资产减去负债后的余额。

实收资本（股本）：反映填表企业的各投资者实际投入的资本（或股本）总额。

国家资本：反映有权代表国家投资的政府部门或机构、直属事业机构对填表企业投资形成的资本金。

营业收入：反映企业经营主要业务和其他业务所确认的收入总额。

营业成本：反映填表企业在报告期内从事销售商品、提供劳务及转让资产使用权等日常经营活动中所发生的各种耗费，包括营业成本（主营业务成本、其他业务成本）、营业税金及附加、销售费用、管理费用、财务费用等。

养老、医疗、失业等各种社会保险费：反映企业为职工缴纳的基本养老保险、基本医疗保险、失业保险费、工伤保险、生育保险费。

住房公积金和住房补贴：反映报告期内填报企业为职工缴纳的住房公积金和企业支付的职工住房补贴。

工会经费：反映填表企业按规定计提的拨交工会使用的费用。

营业利润：反映填表企业进行生产经营活动所实现的利润。

营业外收入：反映企业发生的与经营业务无直接关系的各项营业外收入，包括非流动资产处置利得、非货币性资产交换利得、债务重组利得、政府补助、盘盈利得、捐赠利得等。

政府补助（补贴收入）：反映填表企业从政府无偿取得的货币性资产或非货币性资产，但不包括政府作为企业所有者投入的资本。

营业外支出：反映企业发生的与经营业务无直接关系的各项营业外支出，包括非流动资产处置损失、非货币性资产交换损失、债务重组损失、公益性捐赠支出、非常损失、盘亏损失等。

利润总额：反映企业在生产经营过程中各种收入减去各种耗费后的盈余，反映填表企业在报告期内实现的亏盈总额，包括营业利润和营业外收支净额。

本年应发工资总额：反映填报企业在报告期内应发放支付给本单位全部职工的劳动报酬（含临时工和聘用人员），包括工资、奖金、津贴和补贴，反映企业报告期内累计应发放的工资总额。

本年支付的职工福利费：反映填报企业在报告期内根据国家有关规定开支的各项福利支出。

四、公用房屋建筑面积指标解释

实际使用房屋建筑面积：指文化部门实际使用办公和业务用房面积，包括租借房屋面积。

实际拥有产权面积：指文化部门实际拥有产权的各种办公和业务用房面积，包括出租产权房屋面积，具体以房屋产权证上登记产权面积为准。

2

图书馆业

按年份全国公共图书馆经费收支及设施情况

年份	收入合计（万元）	财政拨款	支出合计（万元）	新增藏量购置费	新购图书（万册）	实际使用房屋建筑面积（万平方米）	书库	阅览室	阅览室座席数（万个）
1979年	5040	5040	5206	2163		86.6	38.1	21.1	
1980年	5476	5476	5486	2273		92.0	42.1	23.5	
1985年	15272	15272	13393	4164	1343	172.0	64.1	46.1	23.1
1986年	19891	19070	17242	5300	1359	210.2	73.0	53.4	33.7
1990年	32328	29292	30271	8474	895	326.0	98.4	76.1	32.1
1991年	36764	32593	34388	8927	771	349.1	104.3	80.0	34.0
1992年	45354	39010	41132	9916	740	363.6	105.3	84.3	34.4
1993年	50917	42975	48211	10698	631	368.0	108.0	85.0	34.3
1994年	74586	60639	63295	9252	556	409.1	113.6	85.7	34.8
1995年	79685	65829	74080	16788	551	415.5	117.8	88.3	35.2
1996年	93235	76582	88963	19626	577	441.4	120.8	94.0	35.6
1997年	114004	93177	113927	25527	680	471.5	124.9	98.0	37.4
1998年	129082	107521	127032	28067	700	492.5	131.7	101.8	39.9
1999年	137430	115830	135826	30473	678	506.0	137.4	105.7	41.6
2000年	163799	139321	157173	37141	692	598.2	139.0	109.7	41.6
2001年	183368	152732	187661	36489	819	561.8	146.4	114.4	43.7
2002年	213322	176882	208929	41853	946	582.8	151.6	122.6	43.9
2003年	242188	205252	235819	44407	1049	588.6	156.0	129.7	46.1
2004年	281234	238141	275034	50780	1228	625.1	158.4	138.6	47.2
2005年	325880	277848	312571	59781	1535	677.0	170.0	150.0	48.0
2006年	366089	319479	344076	66095	1686	718.9	175.5	159.0	50.0
2007年	450512	395441	431326	78262	1871	741.4	181.6	169.2	52.7
2008年	531926	477616	519841	83832	2071	780.0	183.5	179.3	55.4
2009年	613175	550808	606630	104404	2939	850.3	194.7	203.5	60.2
2010年	646085	583685	643629	111093	2956	900.4	204.5	220.6	63.1
2011年	813232	756357	794778	141477	3985	994.9	212.9	245.3	68.1
2012年	1002068	934890	977556	147785	5826	1058.4	230.1	281.9	73.5
2013年	1151163	1070575	1130035	165959	4865	1158.5	240.2	318.9	81.0
2014年	1212979	1137210	1163583	170133	4742	1231.6	252.4	331.8	85.6
2015年	1358370	1270354	1340481	197468	5151	1301.5	268.4	358.0	91.1
2016年	1494998	1415668	1451469	216020	6275	1424.3	281.9	398.2	98.6

按年份全国公共图书馆主要业务活动情况

年份	机构数（个）	从业人员（人）	总藏量（万册、件）	总流通人次（万人次）	外借人次	书刊、文献外借册次（万册次）	书架单层总长度（万米）	发放借书证数（万个）	本年新购藏量（万册）
1979年	1651		18353	7787		9625			
1980年	1732		19904	9045		11830			
1985年	2344	29350	25573	11614		18942			1343
1986年	2406	31849	26133	11722		16205	504	523	1359
1990年	2527	40247	29064	12435		20242	772	603	895
1991年	2535	42037	30614	20496	7949	13325	758	631	771
1992年	2558	43051	31175	18495	7653	12625	748	563	740
1993年	2572	44656	31410	16973	6970	11685	797	562	631
1994年	2589	44367	32332	14451	7232	11852	776	552	556
1995年	2615	45323	32850	14142	7160	11814	899	540	551
1996年	2620	46457	33686	14793	7731	13544	967	527	577
1997年	2628	47882	37549	16114	8561	15685	817	556	680
1998年	2662	48313	38514	17058	8910	15422	873	582	700
1999年	2669	48792	39539	18040	9075	16290	934	596	678
2000年	2675	51342	40953	18854	9600	16913	978	623	692
2001年	2696	48579	42130	20757	9829	17559	945	792	819
2002年	2697	48447	42683	21950	10428	20021	995	918	946
2003年	2709	49646	43776	21440	10666	18775	1035	943	1049
2004年	2720	49069	46152	22095	10140	18536	1247	1056	1228
2005年	2762	50423	48056	23332	10821	20269	1320	1062	1535
2006年	2778	51311	50024	25218	11408	21039	1413	1160	1686
2007年	2799	51650	52053	26103	11454	21319	1318	1273	1871
2008年	2820	52021	55064	28141	12251	23129	1112	1454	2071
2009年	2850	52688	58521	32167	13277	25857	1216	1749	2939
2010年	2884	53564	61726	32823	13934	26392	1200	2020	2956
2011年	2952	54475	63896	37423	15316	28452	1218	2214	3985
2012年	3076	54997	68827	43437	17402	33191	1216	2485	5826
2013年	3112	56320	74896	49232	20552	40868	1191	2877	4865
2014年	3117	56071	79092	53036	22737	46734	1210	3944	4742
2015年	3139	56422	83844	58892	23085	50896	1262	5721	5151
2016年	3153	57208	90163	66037	24892	54725	1335	5593	6275

按年份各地区公共图书馆机构数

单位：个

地 区	1995年	2000年	2005年	2010年	2014年	2015年	2016年
总 计	**2615**	**2675**	**2762**	**2884**	**3117**	**3139**	**3153**
北 京	22	24	25	24	24	24	24
天 津	31	31	32	31	31	31	31
河 北	134	145	153	165	172	172	172
山 西	119	121	122	126	126	126	127
内蒙古	107	108	110	113	116	117	117
辽 宁	127	128	126	128	129	129	130
吉 林	51	60	63	65	66	66	66
黑龙江	96	97	96	107	107	107	108
上 海	31	31	28	28	25	25	24
江 苏	94	101	103	111	114	114	114
浙 江	81	83	90	97	98	100	102
安 徽	83	84	88	88	113	122	123
福 建	78	81	84	86	88	90	90
江 西	104	104	104	108	114	114	113
山 东	130	133	145	149	153	154	154
河 南	132	134	136	142	157	158	158
湖 北	100	103	102	107	112	112	112
湖 南	116	115	120	124	136	137	137
广 东	114	124	129	132	138	140	142
广 西	99	94	95	108	112	112	114
海 南	19	19	20	20	21	21	23
重 庆		42	43	43	43	43	43
四 川	166	129	141	161	198	203	203
贵 州	87	89	91	93	95	96	98
云 南	148	148	149	150	151	151	151
西 藏	18	1	4	4	78	79	81
陕 西	114	114	111	112	114	110	110
甘 肃	86	91	92	94	103	103	103
青 海	41	38	43	44	49	49	49
宁 夏	20	22	20	20	26	26	26
新 疆	66	80	96	103	107	107	107

按年份各地区公共图书馆从业人员

单位：人

地区	1995年	2000年	2005年	2010年	2014年	2015年	2016年
总计	**45323**	**51342**	**50423**	**53564**	**56071**	**56422**	**57208**
北京	886	1080	1219	1307	1278	1263	1249
天津	1084	1111	1057	1077	1217	1189	969
河北	1592	1711	1690	1789	1899	1855	1875
山西	1370	1527	1631	1575	1593	1554	1676
内蒙古	2015	1833	1776	1804	1964	1942	1944
辽宁	2859	4916	2888	3152	2932	2805	2761
吉林	1596	1724	1783	1661	1642	1628	1620
黑龙江	2014	1846	1669	1846	1697	1693	1664
上海	1686	2513	2597	2180	2104	2113	2091
江苏	1953	2092	2363	2838	3034	3183	3439
浙江	1565	1936	2122	3040	3483	3577	3616
安徽	1168	1241	1217	1239	1410	1510	1559
福建	1077	1172	1110	1190	1278	1330	1409
江西	1386	1462	1373	1406	1390	1395	1379
山东	2318	2506	2690	2680	2730	2750	2828
河南	2352	2626	2742	2762	2934	2949	2955
湖北	2054	2299	2253	2151	2231	2212	2198
湖南	1733	1925	1963	1993	2106	2092	2094
广东	2355	2837	3252	3761	4047	4159	4360
广西	1335	1540	1459	1509	1508	1509	1589
海南	252	250	250	374	327	325	323
重庆		785	755	854	869	874	920
四川	2415	1719	1869	1972	2152	2261	2371
贵州	869	876	905	937	1015	1046	1078
云南	1429	1571	1661	1760	1804	1826	1874
西藏	50	42	62	64	113	187	189
陕西	1317	1572	1691	1988	2167	2121	2123
甘肃	979	1110	1179	1306	1458	1443	1450
青海	400	378	365	398	370	411	425
宁夏	498	537	509	543	536	558	555
新疆	770	907	951	978	1061	1083	1092

按年份各地区公共图书馆总藏量

单位：万册件

地　区	1995年	2000年	2005年	2010年	2014年	2015年	2016年
总　计	**32850**	**40953**	**48056**	**61726**	**79092**	**83844**	**90163**
北　京	670	767	1121	1715	2223	2425	2594
天　津	677	786	869	1258	1598	1697	1806
河　北	845	1081	1307	1611	2105	2200	2340
山　西	777	867	963	1208	1472	1548	1727
内蒙古	621	683	744	940	1449	1513	1704
辽　宁	1786	1970	2326	2953	3563	3736	3929
吉　林	921	1030	1202	1380	1662	1768	1862
黑龙江	1094	1186	1291	1644	1721	1827	1926
上　海	1586	5500	6049	6809	7363	7568	7676
江　苏	2420	2669	3179	4370	6280	6847	7602
浙　江	1511	1715	2324	3761	5634	6250	6969
安　徽	752	787	847	1236	1753	1942	2162
福　建	902	985	1274	1682	2660	2821	3051
江　西	1070	1122	1282	1520	2127	2159	2178
山　东	1724	1989	2746	3636	4480	4727	5065
河　南	1062	1239	1429	1837	2312	2472	2646
湖　北	1445	1678	1923	2361	2822	3003	3318
湖　南	1362	1514	1667	1961	2422	2555	2833
广　东	1651	2316	3119	4615	6367	7008	7900
广　西	1243	1312	1491	1881	2482	2606	2720
海　南	137	154	184	285	412	424	458
重　庆		811	768	1031	1242	1304	1442
四　川	2356	1722	2002	2599	3162	3328	3518
贵　州	616	681	764	812	1217	1221	1258
云　南	1104	1254	1371	1566	1864	1944	2091
西　藏	51	60	42	53	125	162	177
陕　西	733	837	887	1127	1514	1506	1626
甘　肃	670	745	860	1042	1307	1340	1394
青　海	280	286	324	358	394	415	451
宁　夏	338	380	378	462	690	706	687
新　疆	489	579	817	1113	1292	1303	1418

按年份各地区人均拥有公共图书馆藏量

单位：册/件

地　区	1995年	2000年	2005年	2010年	2014年	2015年	2016年
全　国	**0.27**	**0.32**	**0.37**	**0.46**	**0.58**	**0.61**	**0.65**
北　京	0.54	0.55	0.73	0.87	1.03	1.12	1.19
天　津	0.72	0.79	0.83	0.97	1.05	1.10	1.16
河　北	0.13	0.16	0.19	0.22	0.29	0.30	0.31
山　西	0.25	0.26	0.29	0.34	0.40	0.42	0.47
内蒙古	0.27	0.29	0.31	0.38	0.58	0.60	0.68
辽　宁	0.44	0.46	0.55	0.68	0.81	0.85	0.90
吉　林	0.36	0.38	0.44	0.50	0.60	0.64	0.68
黑龙江	0.30	0.32	0.34	0.43	0.45	0.48	0.51
上　海	1.12	3.29	3.40	2.96	3.04	3.13	3.17
江　苏	0.34	0.36	0.43	0.56	0.79	0.86	0.95
浙　江	0.35	0.37	0.47	0.69	1.02	1.13	1.25
安　徽	0.13	0.13	0.14	0.21	0.29	0.32	0.35
福　建	0.28	0.28	0.36	0.46	0.70	0.73	0.79
江　西	0.26	0.27	0.30	0.34	0.47	0.47	0.47
山　东	0.20	0.22	0.30	0.38	0.46	0.48	0.51
河　南	0.12	0.13	0.15	0.20	0.25	0.26	0.28
湖　北	0.25	0.28	0.34	0.41	0.49	0.51	0.56
湖　南	0.21	0.24	0.26	0.30	0.36	0.38	0.42
广　东	0.24	0.27	0.34	0.44	0.59	0.65	0.72
广　西	0.27	0.29	0.32	0.41	0.52	0.54	0.56
海　南	0.19	0.20	0.22	0.33	0.46	0.47	0.50
重　庆		0.26	0.27	0.36	0.42	0.43	0.47
四　川	0.21	0.21	0.24	0.32	0.39	0.41	0.43
贵　州	0.18	0.19	0.20	0.23	0.35	0.35	0.35
云　南	0.28	0.29	0.31	0.34	0.40	0.41	0.44
西　藏	0.21	0.23	0.15	0.18	0.39	0.50	0.53
陕　西	0.21	0.23	0.24	0.30	0.40	0.40	0.43
甘　肃	0.27	0.29	0.33	0.41	0.50	0.52	0.53
青　海	0.58	0.55	0.60	0.64	0.67	0.70	0.76
宁　夏	0.66	0.68	0.63	0.73	1.04	1.06	1.02
新　疆	0.29	0.30	0.41	0.51	0.56	0.55	0.59

按年份各地区公共图书馆总流通人次

单位：万人次

地　区	1995年	2000年	2005年	2010年	2014年	2015年	2016年
总　计	**14142**	**18854**	**23332**	**32823**	**53036**	**58892**	**66037**
北　京	272	320	715	775	1146	1264	1402
天　津	265	461	483	606	681	789	851
河　北	473	736	635	736	1210	1428	1622
山　西	227	261	256	374	676	830	981
内蒙古	282	270	380	312	621	649	743
辽　宁	829	1184	1133	1457	1892	2068	2313
吉　林	385	409	505	503	599	732	806
黑龙江	631	608	505	622	893	968	986
上　海	687	1225	1249	1853	3961	3931	4170
江　苏	883	1227	1735	3006	5425	6001	6489
浙　江	555	1140	1398	3454	5480	7942	9788
安　徽	372	561	461	760	1546	1739	1994
福　建	466	647	734	1193	2052	2396	2604
江　西	413	485	534	639	1213	1258	1375
山　东	509	795	1422	1717	2558	2729	3644
河　南	650	713	828	1026	1968	2233	2539
湖　北	559	714	1145	1516	1868	1955	2082
湖　南	618	808	787	1028	1570	1617	1955
广　东	1447	2235	3543	4540	7657	7855	8335
广　西	809	927	896	1343	1998	2065	2067
海　南	94	121	115	172	268	445	377
重　庆		266	595	621	1221	1235	1309
四　川	776	554	766	1168	1867	2010	2358
贵　州	462	228	187	369	525	594	604
云　南	559	654	735	907	1210	1223	1381
西　藏		2	2	3	17	20	25
陕　西	242	275	365	519	927	982	1156
甘　肃	225	185	317	468	658	678	724
青　海	39	58	68	89	120	112	111
宁　夏	140	142	167	163	266	282	319
新　疆	140	263	212	350	544	474	529

按年份各地区公共图书馆图书外借册次

单位：万册次

地　区	1995年	2000年	2005年	2010年	2014年	2015年	2016年
总　计	**11814**	**16913**	**20269**	**26392**	**46734**	**50896**	**54725**
北　京	283	442	678	804	953	940	1026
天　津	237	274	380	572	779	859	876
河　北	379	673	469	493	838	972	1054
山　西	204	207	272	282	446	547	650
内蒙古	239	233	243	312	571	574	705
辽　宁	856	1119	1173	1456	1623	1708	1795
吉　林	332	387	794	412	608	748	737
黑龙江	500	527	789	479	631	688	647
上　海	507	970	1028	1461	7854	8681	8624
江　苏	967	1269	1494	2542	4481	4980	5088
浙　江	550	1054	1233	2924	4936	5727	6520
安　徽	343	455	341	683	1394	1481	1682
福　建	517	779	729	1097	2118	2465	2659
江　西	383	543	723	562	1059	1119	1302
山　东	573	718	1379	1514	2623	2331	2810
河　南	517	695	647	915	1569	1676	1862
湖　北	543	769	927	1846	1755	1816	1882
湖　南	562	735	801	1059	1476	1540	1701
广　东	687	1192	2037	2267	3848	4377	5219
广　西	528	688	761	733	1099	1155	1142
海　南	49	64	28	86	188	222	247
重　庆		435	472	706	990	949	1026
四　川	691	564	651	924	1536	1617	1751
贵　州	133	189	118	222	384	476	493
云　南	529	680	701	702	892	1072	973
西　藏		11	4	4	9	7	8
陕　西	238	305	264	305	635	681	707
甘　肃	173	153	261	345	537	588	619
青　海	51	52	58	42	105	91	81
宁　夏	125	265	212	182	282	302	295
新　疆	91	251	175	317	407	440	486

按年份各地区公共图书馆财政拨款

单位:万元

地　区	1995年	2000年	2005年	2010年	2014年	2015年	2016年
总　计	**65829**	**139321**	**277848**	**583685**	**1137210**	**1270354**	**1415668**
北　京	1683	8734	15554	32746	48865	58565	59955
天　津	1295	2751	10980	18500	32511	37294	39120
河　北	1827	2980	6717	10034	23133	28569	30381
山　西	1184	2150	4862	9838	21442	22710	35281
内蒙古	1432	2452	5086	17898	34286	38852	35753
辽　宁	3737	6822	15446	31121	45545	48542	50897
吉　林	1707	3364	5861	12385	24904	28732	30517
黑龙江	2088	3104	7752	13616	27689	28784	33679
上　海	5558	22870	30636	56345	81398	85027	100740
江　苏	3620	6729	16075	34240	70529	82558	99159
浙　江	2356	6509	20316	43536	77398	94626	106823
安　徽	1165	2054	5436	10008	24603	24786	28176
福　建	1778	3681	6579	14975	28712	35015	37536
江　西	1184	2022	3780	9726	21956	24660	26095
山　东	2814	6129	12039	22996	44553	54919	58850
河　南	1766	3591	5987	12252	27240	33275	34813
湖　北	1649	2896	6498	29240	42970	47629	50865
湖　南	1816	2550	5376	12154	27136	29914	39260
广　东	6110	11868	28592	58296	114011	127501	156204
广　西	1563	2851	5469	12191	23347	32734	29939
海　南	378	322	631	3373	9482	9758	12639
重　庆		1491	2957	7650	21418	23778	27377
四　川	2591	2877	7229	16955	53587	64020	53607
贵　州	746	1259	3401	5939	14746	15290	18763
云　南	2178	5134	6096	11763	23372	24864	33464
西　藏	72	111	336	1145	1820	6932	6095
陕　西	934	2038	3973	11547	23455	25922	32442
甘　肃	985	1752	4438	9648	24556	22858	27324
青　海	724	678	1237	3096	6259	9340	12580
宁　夏	408	786	1504	5067	13063	12731	10483
新　疆	1062	1476	3360	8089	22540	21635	30234

按年份各地区公共图书馆总支出

单位：万元

地　区	1995年	2000年	2005年	2010年	2014年	2015年	2016年
总　计	**74080**	**157173**	**312571**	**643629**	**1163583**	**1340481**	**1451469**
北　京	1851	5326	16840	26706	51957	59616	61590
天　津	2128	3074	7548	20119	31586	35517	37285
河　北	2044	3458	7208	11062	24241	28024	30458
山　西	1170	2270	5085	10787	19983	23050	33899
内蒙古	1458	2536	4959	15124	34172	39865	36627
辽　宁	4392	7783	16225	32183	45707	49577	51013
吉　林	1835	3520	6295	12613	26839	29390	30474
黑龙江	2139	3409	8602	13500	23907	31318	34794
上　海	7021	24425	36757	63728	92027	93556	104749
江　苏	4046	8400	20630	37964	72937	86604	103891
浙　江	3082	8500	22905	47316	83152	100338	108932
安　徽	1384	2641	5767	11788	22278	26927	30155
福　建	1710	3916	7446	15517	29969	34971	41040
江　西	1323	2343	4343	10432	20575	25599	24551
山　东	2968	6881	13242	23206	42755	56509	60983
河　南	2140	3902	6377	13452	28727	32060	35681
湖　北	2372	3952	8120	31444	45054	50295	49833
湖　南	2329	3399	6431	13378	26457	30504	36364
广　东	6807	14597	33777	61294	118424	134518	156094
广　西	1769	3077	6288	13369	26425	35915	32947
海　南	369	355	658	4320	9147	9808	10830
重　庆		2026	3856	9335	21923	24115	27796
四　川	3245	3462	8218	17841	41581	59960	51872
贵　州	810	1428	3497	6736	15178	17210	18010
云　南	2234	3928	6786	12632	24196	27661	35625
西　藏	61	110	336	689	2175	5146	6262
陕　西	951	2263	4405	11820	22627	27944	34020
甘　肃	1011	1799	4399	9592	22997	25254	26657
青　海	424	780	1315	3155	6877	9074	10825
宁　夏	430	783	1574	5786	12571	12828	13422
新　疆	1119	1677	3999	8890	22792	26944	29828

按年份各地区公共图书馆新增藏量购置费

单位：万元

地区	1995年	2000年	2005年	2010年	2014年	2015年	2016年
总计	**16788**	**37141**	**59781**	**111093**	**170133**	**197468**	**216020**
北京	251	914	3413	4483	7204	8392	8889
天津	318	563	1527	3267	4140	4870	4688
河北	302	428	677	1524	3337	4063	3636
山西	131	292	385	1482	2705	2466	4811
内蒙古	86	166	169	939	2640	3209	3261
辽宁	768	948	2027	5165	5754	6801	5073
吉林	250	459	777	1312	3061	3877	3727
黑龙江	235	395	410	1584	1829	2436	2256
上海	2204	11210	10342	14950	18598	19127	18595
江苏	732	1780	3739	8279	14827	15421	18287
浙江	578	1577	3994	10908	14955	17781	19658
安徽	262	297	619	1454	3859	4634	4818
福建	311	716	1599	2801	5294	6229	7781
江西	99	302	646	1299	2468	2624	3239
山东	506	978	1868	4000	6986	7665	10248
河南	255	413	655	1449	2212	4166	4342
湖北	299	699	1296	1847	7366	8752	8634
湖南	207	415	900	1672	2978	3933	4956
广东	1186	2832	7394	12506	18703	23670	29651
广西	291	520	674	1863	2851	5043	4537
海南	59	41	92	874	1243	873	656
重庆		330	569	1626	2814	3230	3958
四川	431	485	1095	2129	4383	4912	5201
贵州	100	166	301	682	1407	1446	1962
云南	441	538	720	1700	2639	2699	3001
西藏	14	16	43	119	176	1176	265
陕西	104	117	701	1527	2909	3270	3749
甘肃	170	289	594	1177	3520	2382	2599
青海	33	54	72	153	517	785	1298
宁夏	41	68	136	501	763	1355	1068
新疆	91	136	347	925	2066	1480	3465

按年份各地区公共图书馆人均购书费

单位：元

地区	1995年	2000年	2005年	2010年	2014年	2015年	2016年
全国	**0.139**	**0.293**	**0.457**	**0.829**	**1.244**	**1.434**	**1.562**
北京	0.201	0.661	2.219	2.286	3.348	3.866	4.091
天津	0.338	0.562	1.464	2.525	2.729	3.148	3.001
河北	0.047	0.063	0.099	0.212	0.452	0.547	0.487
山西	0.043	0.089	0.115	0.415	0.742	0.673	1.306
内蒙古	0.039	0.070	0.071	0.380	1.054	1.278	1.294
辽宁	0.188	0.224	0.480	1.181	1.310	1.552	1.159
吉林	0.096	0.168	0.286	0.478	1.112	1.408	1.364
黑龙江	0.063	0.107	0.107	0.414	0.477	0.639	0.594
上海	1.558	6.697	5.817	6.494	7.667	7.919	7.684
江苏	0.104	0.239	0.500	1.052	1.863	1.933	2.286
浙江	0.134	0.337	0.815	2.004	2.715	3.210	3.517
安徽	0.044	0.050	0.101	0.244	0.634	0.754	0.778
福建	0.096	0.206	0.452	0.759	1.391	1.623	2.009
江西	0.024	0.073	0.150	0.291	0.543	0.575	0.705
山东	0.058	0.108	0.202	0.418	0.714	0.778	1.030
河南	0.028	0.045	0.070	0.154	0.234	0.439	0.456
湖北	0.052	0.116	0.227	0.323	1.267	1.496	1.467
湖南	0.032	0.064	0.142	0.254	0.442	0.580	0.726
广东	0.173	0.328	0.804	1.199	1.744	2.182	2.696
广西	0.064	0.116	0.145	0.405	0.600	1.051	0.938
海南	0.081	0.052	0.111	1.008	1.376	0.538	0.716
重庆		0.107	0.203	0.564	0.941	1.071	1.299
四川	0.038	0.058	0.133	0.265	0.538	0.599	0.630
贵州	0.029	0.047	0.081	0.196	0.401	0.410	0.552
云南	0.111	0.125	0.162	0.370	0.560	0.569	0.629
西藏	0.058	0.061	0.155	0.396	0.555	3.629	0.802
陕西	0.030	0.032	0.188	0.409	0.771	0.862	0.983
甘肃	0.070	0.113	0.229	0.460	1.359	0.916	0.996
青海	0.069	0.104	0.133	0.271	0.885	1.334	2.188
宁夏	0.080	0.121	0.228	0.796	1.154	2.029	1.582
新疆	0.055	0.071	0.173	0.424	0.899	0.627	1.445

按年份各地区公共图书馆购书费支出占总支出的比重

单位：%

地　区	1995年	2000年	2005年	2010年	2014年	2015年	2016年
全　国	**22.7**	**23.6**	**19.1**	**17.3**	**14.6**	**14.7**	**14.9**
北　京	13.6	17.2	20.3	16.8	13.9	14.1	14.4
天　津	14.9	18.3	20.2	16.2	13.1	13.7	12.6
河　北	14.8	12.4	9.4	13.8	13.8	14.5	11.9
山　西	11.2	12.9	7.6	13.7	13.5	10.7	14.2
内蒙古	5.9	6.5	3.4	6.2	7.7	8.0	8.9
辽　宁	17.5	12.2	12.5	16.0	12.6	13.7	9.9
吉　林	13.6	13.0	12.3	10.4	11.4	13.2	12.2
黑龙江	11.0	11.6	4.8	11.7	7.6	7.8	6.5
上　海	31.4	45.9	28.1	23.5	20.2	20.4	17.8
江　苏	18.1	21.2	18.1	21.8	20.3	17.8	17.6
浙　江	18.8	18.6	17.4	23.1	18.0	17.7	18.0
安　徽	18.9	11.2	10.7	12.3	17.3	17.2	16.0
福　建	18.2	18.3	21.5	18.0	17.7	17.8	19.0
江　西	7.5	12.9	14.9	12.4	12.0	10.3	13.2
山　东	17.0	14.2	14.1	17.2	16.3	13.6	16.8
河　南	11.9	10.6	10.3	10.8	7.7	13.0	12.2
湖　北	12.6	17.7	16.0	5.9	16.3	17.4	17.3
湖　南	8.9	12.2	14.0	12.5	11.3	12.9	13.6
广　东	17.4	19.4	21.9	20.4	15.8	17.6	19.0
广　西	16.4	16.9	10.7	13.9	10.8	14.0	13.8
海　南	16.0	11.5	14.0	20.2	13.6	8.9	6.1
重　庆		16.3	14.8	17.4	12.8	13.4	14.2
四　川	13.3	14.0	13.3	11.9	10.5	8.2	10.0
贵　州	12.3	11.6	8.6	10.1	9.3	8.4	10.9
云　南	19.7	13.7	10.6	13.5	10.9	9.8	8.4
西　藏	23.0	14.5	12.8	17.2	8.1	22.8	4.2
陕　西	10.9	5.2	15.9	12.9	12.9	11.7	11.0
甘　肃	16.8	16.1	13.5	12.3	15.3	9.4	9.8
青　海	7.8	6.9	5.5	4.8	7.5	8.7	12.0
宁　夏	9.5	8.7	8.6	8.7	6.1	10.6	8.0
新　疆	8.1	8.1	8.7	10.4	9.1	5.5	11.6

按年份各地区公共图书馆新购图书册数

单位：万册

地区	1995年	2000年	2005年	2010年	2014年	2015年	2016年
总计	**551**	**692**	**1535**	**2956**	**4742**	**5151**	**6275**
北京	11	33	114	125	114	196	226
天津	12	17	35	74	122	102	110
河北	26	15	33	68	128	122	159
山西	7	12	17	45	72	81	126
内蒙古	7	11	8	67	112	68	154
辽宁	41	39	72	157	194	179	183
吉林	14	14	32	52	122	96	94
黑龙江	17	17	26	71	135	88	127
上海	44	67	100	176	221	242	151
江苏	41	57	106	259	361	478	584
浙江	33	54	142	337	436	643	711
安徽	9	11	23	61	170	191	228
福建	18	25	71	103	206	211	244
江西	9	15	26	65	78	91	127
山东	23	32	64	133	227	259	327
河南	16	21	30	95	104	124	160
湖北	23	28	43	60	161	185	296
湖南	19	24	54	80	117	134	273
广东	69	77	316	368	601	557	886
广西	16	20	26	56	143	149	132
海南	6	3	3	25	36	27	35
重庆		12	23	52	119	104	153
四川	25	21	47	95	164	211	202
贵州	5	8	7	27	70	61	58
云南	22	15	26	43	95	93	112
西藏			2	2	36	39	18
陕西	5	6	25	43	79	79	108
甘肃	7	7	12	26	55	55	61
青海	1	2	3	6	12	19	16
宁夏	2	3	5	31	26	33	27
新疆	6	5	15	32	95	93	58

按年份各地区公共图书馆阅览室坐席数

单位：万个

地　区	1995年	2000年	2005年	2010年	2014年	2015年	2016年
总　计	**35.2**	**41.6**	**48.0**	**63.1**	**85.6**	**91.1**	**98.6**
北　京	0.5	0.8	1.1	1.3	1.6	1.5	1.7
天　津	0.5	0.7	1.0	0.9	1.4	1.5	1.5
河　北	1.4	1.8	2.0	2.2	3.2	3.3	3.8
山　西	0.9	1.1	1.2	1.6	2.6	2.7	3.2
内蒙古	1.2	1.3	1.4	1.7	2.6	2.6	2.8
辽　宁	1.7	2.0	2.3	3.0	3.1	3.5	3.8
吉　林	0.9	1.2	1.2	1.4	1.9	1.9	2.1
黑龙江	1.1	1.1	1.3	1.8	2.3	2.3	2.3
上　海	1.2	1.5	1.5	1.9	2.2	2.2	2.2
江　苏	1.8	2.2	2.5	3.9	4.5	5.1	5.4
浙　江	1.2	1.6	2.5	3.5	5.1	6.1	6.5
安　徽	0.9	0.8	1.0	1.6	2.9	3.3	3.6
福　建	1.3	1.3	1.7	2.5	3.0	3.2	3.3
江　西	1.6	1.6	1.7	2.2	3.2	3.1	3.5
山　东	1.4	2.0	2.7	3.7	5.0	5.6	6.1
河　南	1.2	1.6	1.7	2.4	4.1	4.2	4.9
湖　北	2.1	2.1	2.4	2.7	3.7	3.7	4.3
湖　南	2.2	2.5	2.3	3.0	3.1	3.3	3.6
广　东	2.6	3.0	4.0	5.9	8.1	9.0	9.4
广　西	1.8	2.0	1.8	2.5	2.7	2.8	2.9
海　南	0.3	0.3	0.3	0.4	0.5	0.6	0.6
重　庆		0.8	0.8	1.4	1.9	2.1	2.5
四　川	2.2	2.1	2.3	2.6	4.2	4.6	5.0
贵　州	0.8	1.0	1.1	1.2	2.0	2.0	2.1
云　南	1.5	1.9	1.9	2.1	2.7	2.6	2.7
西　藏					0.2	0.3	0.3
陕　西	0.9	0.9	1.3	1.4	1.9	2.0	2.2
甘　肃	0.7	0.8	1.0	1.3	1.9	1.9	2.0
青　海	0.2	0.2	0.2	0.3	0.3	0.4	0.4
宁　夏	0.4	0.4	0.5	0.5	0.8	0.9	0.9
新　疆	0.5	0.7	1.0	1.4	2.2	2.3	2.4

按年份各地区每万人公共图书馆建筑面积

单位：平方米

地　区	1995年	2000年	2005年	2010年	2014年	2015年	2016年
全　国	**34.3**	**47.3**	**51.8**	**67.2**	**90.0**	**94.7**	**103.0**
北　京	56.7	75.3	99.5	86.6	115.7	113.6	126.4
天　津	81.6	99.9	162.0	103.1	169.4	167.4	168.8
河　北	26.9	33.5	38.5	34.6	65.3	59.2	63.2
山　西	27.6	34.3	45.0	67.8	111.8	114.3	129.9
内蒙古	46.0	53.0	65.8	90.4	137.0	135.5	154.3
辽　宁	53.8	61.6	81.3	100.8	112.6	126.7	128.3
吉　林	35.5	39.6	50.1	53.3	89.6	98.9	101.6
黑龙江	33.6	36.6	48.2	65.0	75.7	76.6	78.0
上　海	85.8	132.6	137.2	160.9	170.8	173.2	173.2
江　苏	30.3	35.5	57.9	83.1	119.4	129.3	145.2
浙　江	34.8	57.7	83.7	106.7	155.9	171.7	189.0
安　徽	14.6	15.9	23.9	37.0	60.6	65.0	71.7
福　建	42.2	47.5	65.9	117.1	98.5	99.1	102.6
江　西	38.6	39.9	47.6	61.1	80.7	80.1	80.5
山　东	22.6	26.9	42.3	49.7	74.7	83.8	106.6
河　南	21.6	25.9	27.2	34.5	57.8	57.9	64.1
湖　北	35.1	39.3	49.9	57.3	91.1	91.9	118.9
湖　南	33.6	38.7	39.7	54.9	56.7	61.1	63.1
广　东	43.2	132.1	57.8	80.6	105.2	115.9	117.2
广　西	38.1	46.8	45.1	55.8	70.3	72.0	80.8
海　南	36.0	41.9	53.1	98.2	89.7	88.5	90.6
重　庆		37.5	47.2	70.8	88.0	97.6	101.6
四　川	22.6	27.3	34.2	42.1	61.4	68.5	72.3
贵　州	23.9	39.7	35.7	44.5	62.3	63.7	64.6
云　南	44.6	48.5	78.4	65.5	72.6	75.1	77.1
西　藏	52.1	61.1	104.7	89.6	134.2	156.2	163.1
陕　西	32.8	33.8	52.7	53.5	65.4	64.4	71.7
甘　肃	34.5	43.7	41.6	63.2	81.0	84.3	102.6
青　海	60.5	73.4	68.1	78.9	77.8	105.9	107.8
宁　夏	78.2	78.3	68.8	133.9	167.1	158.8	183.0
新　疆	43.1	44.7	54.7	82.0	97.5	100.6	105.2

2016年公共

	机构数（个）	从业人员（人）				
			专业技术人才			
				正高级职称	副高级职称	中级职称
总　计	**3153**	**57208**	**41099**	**812**	**5341**	**18699**
其中：少儿图书馆	122	2510	1878	50	298	814
按隶属关系分：						
中央				67	399	717
省、区、市	39	7760	6554	297	1258	2823
地、市	369	15070	11773	305	1836	5531
县、市、区	2744	32845	21316	143	1848	9628
县图书馆	1596	15176	10039	57	781	4607

续表 1

				电子图书（万册）		
	其它	在藏量中			本馆自建	本馆外购
		开架书刊	少儿文献			
总　计	**5826.06**	**41409.18**	**8597.04**	**88797.59**	**1787.21**	**62792.32**
其中：少儿图书馆	111.58	2068.60	2014.69	1539.26	18.00	917.04
按隶属关系分：						
中央	381.88	159.77	9.16	424.64	74.78	349.86
省、区、市	2634.31	4823.15	930.88	6543.92	44.63	5217.16
地、市	955.84	12855.84	3215.29	45979.58	289.95	40455.54
县、市、区	1854.03	23570.42	4441.71	35849.45	1377.85	16769.76
县图书馆	721.24	7749.48	1529.38	13059.13	489.28	6474.79

图书馆基本情况

总藏量（万册）	图书	盲文图书	古　籍	善本	报刊	视听文献	缩微制品
90162.74	**69785.59**	**89.72**	**2701.16**	**276.53**	**8769.02**	**1604.83**	**1476.07**
4230.94	3724.82	2.32	44.28	6.38	200.29	147.29	2.68
3634.98	1332.19	0.13	194.86	28.25	1530.58	33.53	161.94
20183.77	12606.56	8.67	1346.60	167.02	1984.37	327.34	1284.60
24106.08	19883.15	24.05	675.25	40.02	1976.21	608.13	7.51
42237.92	35963.70	56.88	484.46	41.23	3277.87	635.85	22.03
16199.83	13256.24	25.87	241.08	22.77	1809.59	158.09	13.59

从其他机构免费共享	书架单层总长度（米）	本年新增藏量（万册）	本年新增电子图书（万册）	当年购买的报刊种类（种）	有效借书证数（个）	总流通人次（万人次）	书刊文献外借人次
24218.05	**13348203**	**6275.24**	**11043.17**	**1117762**	**55928124**	**66037.04**	**24891.53**
604.23	378219	340.90	192.87	41736	3396484	2815.72	1117.00
		127.85	1.80	16942	3193084	397.56	38.08
1282.13	2789608	736.23	572.56	147506	7462423	9515.68	2867.87
5234.09	4640149	1836.37	3651.27	328598	21231847	20053.52	7394.75
17701.84	5918446	3574.79	6817.55	624716	24040770	36070.28	14590.84
6095.06	2492371	1131.44	1728.37	267768	7404630	11608.16	5498.74

续表 2

	书刊文献外借册次(万册次)	为读者举办各种活动				
		组织各类讲座次数(次)	参加人次(万人次)	举办展览(个)	参加人次(万人次)	举办培训班(个)
总　计	**54724.55**	**69308**	**1057.30**	**26588**	**5782.66**	**44137**
其中：少儿图书馆	3346.90	5933	66.04	980	302.83	3242
按隶属关系分：						
中央	56.50	542	7.20	18	38.12	2006
省、区、市	10944.25	5610	135.44	5294	1184.10	5978
地、市	16030.57	19174	292.95	5288	1891.65	10707
县、市、区	27693.23	43982	621.72	15988	2668.79	25446
县图书馆	9332.18	16611	257.34	7731	960.15	9677

续表 3

	本年收入合计(千元)					
	购书专项经费	上级补助收入	事业收入	经营收入	附属单位上缴收入	其他收入
总　计	**1904920**	**221082**	**338517**	**37380**	**1580**	**194748**
其中：少儿图书馆	88018	11241	12113	1262		3376
按隶属关系分：						
中央	140000		173857	9682		17560
省、区、市	623916	12222	114040	13974		40433
地、市	538779	44952	20787	4498	380	68566
县、市、区	602225	163908	29833	9226	1200	68189
县图书馆	174665	90032	11581	525	226	27191

培训人次（万人次）	开展基层培训辅导人次（万人次）	本单位受训人次（万人次）	计算机（台）	供读者使用电子阅览室终端数	图书馆网站访问量（页次）	本年收入合计（千元）	财政补贴收入
298.19	**112.09**	**28.50**	**211574**	**134888**	**2152421450**	**14949984**	**14156677**
14.98	2.88	2.00	7839	4259	18047391	698967	670975
24.13	5.46	0.07	3603	700	1312395000	867270	666171
45.89	30.06	7.83	20033	8635	402090642	3458278	3277609
67.70	14.88	8.90	48332	28870	274678755	4363853	4224670
160.48	61.69	11.70	139606	96683	163257053	6260583	5988227
70.92	34.79	4.64	69108	49723	81044190	2211306	2081751

本年支出合计（千元）	基本支出	项目支出	经营支出	在支出合计中：		
				工资福利支出	商品和服务支出	差旅费
14514687	**8169919**	**6312445**	**22112**	**4947173**	**3839184**	**84587**
684751	369558	313947	1246	228186	161085	3887
849630	400395	447925	1310	202303	309645	3129
3187096	1398520	1776563	12013	847142	1025085	19022
4329361	2362664	1963591	3106	1404330	1032893	24394
6148600	4008340	2124366	5683	2493398	1471561	38042
2140179	1550486	582654	1584	978681	398647	20733

续表 4

	劳务费	福利费	各种税金支出	对个人和家庭补助支出	抚恤金和生活补助	其他资本性支出
总　计	**284500**	**44836**	**27375**	**1601737**	**64394**	**3943500**
其中：少儿图书馆	15141	2089	1127	80229	4733	215209
按隶属关系分：						
中央	9578	438	1198	136602	1581	196699
省、区、市	53258	9205	5417	305598	17426	897799
地、市	83594	11314	8163	510955	16729	1370880
县、市、区	138070	23879	12597	648582	28658	1478122
县图书馆	34582	6555	2147	230684	13716	528028

续表 5

	阅览室面积	书刊阅览室面积	电子阅览室面积	实际拥有产权面积（万平方米）	阅览室坐席数（个）	少儿阅览室坐席数
总　计	**398.22**	**290.24**	**60.08**	**828.45**	**985968**	**242156**
其中：少儿图书馆	14.02	11.30	1.67	24.36	36125	26567
按隶属关系分：						
中央	3.70	3.59	0.11	27.81	5303	300
省、区、市	48.39	42.13	3.06	104.89	74953	10795
地、市	119.53	95.70	13.94	219.91	261422	57686
县、市、区	226.60	148.81	42.98	475.85	644290	173375
县图书馆	92.06	56.96	21.43	221.12	287650	86035

各种设备、交通工具、图书购置费	新增藏量购置费	新增数字资源购置费	资产总计(千元)	固定资产原值	实际使用公用房屋建筑面积(万平方米)	书库面积
2956216	**1750704**	**409493**	**53517626**	**42722850**	**1424.26**	**281.89**
164361	83620	27323	2056216	1599673	42.76	7.37
187864	147619	29480	5829961	3389345	27.81	5.93
780959	454982	148383	16019281	11672876	176.97	39.22
893747	492754	138705	13907858	11764480	420.60	81.68
1093646	655349	92925	17760526	15896149	798.89	155.06
340136	202021	26300	7660367	6921405	321.86	68.43

盲人阅览室坐席数	志愿者服务队伍数(个)	志愿者服务队伍人数(人)	图书馆延伸服务情况			
			流动图书车数(辆)	流动服务书刊借阅人次(万人次)	流动图书馆车书刊借阅册次(万册次)	分馆数量(个)
23882	**7103**	**275307**	**1850**	**2978.98**	**5025.82**	**14807**
702	497	28219	32	317.80	705.22	836
12	4	308				34
963	930	92419	23	289.32	375.07	1321
5288	1308	65598	381	1052.53	1856.84	3358
17619	4861	116982	1446	1637.13	2793.91	10094
8800	2387	29590	987	810.08	1175.41	3159

2016年各地区公共

地区	机构数（个）	从业人员（人）					总藏量（万册）	
			专业技术人才					
				正高级职称	副高级职称	中级职称		图书
总计	**3153**	**57208**	**41098**	**812**	**5341**	**18699**	**90162.74**	**69785.59**
北京	24	1249	1050	13	82	372	2594.38	2324.55
天津	31	969	887	16	138	362	1806.09	1600.11
河北	172	1875	1286	48	209	562	2339.93	1912.57
山西	127	1676	1079	15	83	453	1727.14	1354.79
内蒙古	117	1944	1600	14	307	699	1703.87	1432.82
辽宁	130	2761	2166	74	289	1195	3928.70	3165.18
吉林	66	1620	1327	46	267	587	1861.74	1534.63
黑龙江	108	1664	1374	76	288	682	1926.02	1574.37
上海	24	2091	1735	48	151	727	7676.41	3408.69
江苏	114	3439	2347	48	307	1038	7601.50	6664.76
浙江	102	3616	2156	52	289	995	6969.15	6058.87
安徽	123	1559	1036	6	94	417	2162.48	1766.76
福建	90	1409	996	7	92	468	3051.02	2413.96
江西	113	1379	878	17	93	389	2177.81	1676.65
山东	154	2828	2358	50	368	1113	5065.12	4150.02
河南	158	2955	1641	17	164	741	2645.81	2169.14
湖北	112	2198	1711	23	192	922	3317.93	2752.14
湖南	137	2094	1520	9	133	747	2833.19	2274.23
广东	142	4360	2848	51	238	1362	7899.85	6675.80
广西	114	1589	1230	11	109	542	2719.55	1867.25
海南	23	323	246		5	85	458.41	415.27
重庆	43	920	582	24	86	234	1441.83	1177.02
四川	203	2371	1402	12	123	548	3517.57	2864.95
贵州	98	1078	811	12	108	292	1258.02	1000.34
云南	151	1874	1651	12	365	815	2091.23	1572.17
西藏	81	189	91	2	12	17	177.32	138.17
陕西	110	2123	1237	10	73	565	1626.01	1351.23
甘肃	103	1450	817	11	83	358	1393.95	1060.02
青海	49	425	305	6	39	134	450.64	371.50
宁夏	26	555	418	5	50	182	687.46	555.19
新疆	107	1092	858	10	105	379	1417.63	1170.24

图书馆基本情况

盲文图书	古籍	善本	报刊	视听文献	缩微制品	其它	在藏量中：开架书刊	少儿文献
89.72	**2701.16**	**276.53**	**8769.02**	**1604.83**	**1476.07**	**5826.06**	**41409.18**	**8597.04**
0.39	46.80	7.01	77.70	86.56	0.09	58.69	1363.78	311.77
1.02	58.63	10.58	96.21	29.25	0.99	20.90	860.11	188.59
4.24	57.70	2.60	199.75	38.32	7.44	124.15	1266.14	192.47
3.23	75.31	10.97	227.89	29.72	1.51	37.93	745.45	119.66
3.60	35.77	2.80	134.89	13.24	0.85	86.30	795.00	101.26
2.38	135.38	16.07	279.07	86.50	1.52	261.05	1985.12	449.04
1.27	44.80	6.52	167.31	31.35	2.90	80.75	692.50	198.30
1.32	44.17	2.15	226.18	42.33	25.27	13.71	819.87	114.99
1.60	201.84	20.43	382.93	131.52	1235.94	2315.50	2088.31	318.56
5.39	345.58	27.30	425.53	112.05	5.69	47.89	3749.31	785.06
4.82	192.95	21.78	429.69	220.00	0.55	67.09	4056.97	920.40
6.26	62.63	4.42	173.53	45.33	0.93	113.30	874.11	218.98
1.62	47.87	4.47	243.67	68.76	2.44	274.32	1509.96	453.43
6.03	77.71	7.63	278.35	20.15	0.95	124.02	850.90	199.17
7.52	142.01	25.12	455.35	43.90	4.45	269.39	2692.50	448.64
2.35	110.89	8.41	310.86	21.01	1.09	32.83	1221.51	232.20
3.73	97.60	8.77	324.80	51.91	7.26	84.21	1672.03	274.69
7.89	117.13	8.88	312.44	60.10	1.34	67.97	1410.84	350.38
3.56	81.43	5.29	471.69	228.72	3.48	438.73	4453.29	1351.83
0.81	43.38	2.53	424.22	32.12	1.07	351.52	973.42	199.02
0.37	1.23	0.43	36.31	4.15	0.02	1.43	250.28	38.16
4.10	71.93	9.32	112.67	24.32	1.14	54.76	831.83	182.83
4.93	158.56	10.46	357.91	50.70	2.99	82.47	1609.50	320.56
2.08	17.90	1.35	172.46	14.38	0.85	52.08	802.98	94.17
2.84	94.04	5.30	298.29	21.38	1.30	104.05	1024.43	149.90
0.12	1.13	0.12	17.71	0.70	0.35	19.26	20.87	7.88
2.18	56.88	5.38	153.53	15.85	0.39	48.12	760.61	101.51
1.75	52.09	9.67	203.04	11.19	0.41	67.20	722.58	82.14
0.50	15.17	1.27	34.13	2.91	0.34	26.59	118.10	24.06
0.71	5.35	0.95	48.71	17.52	0.19	60.49	353.50	56.60
0.98	12.46	0.28	161.63	15.40	0.43	57.48	673.65	101.61

续表 1

地区	电子图书（万册）	本馆自建	本馆外购	免费共享	书架单层总长度（米）	本年新增藏量（万册）	本年新增电子图书（万册）
总计	**88797.59**	**1787.21**	**62792.32**	**24218.05**	**13348203**	**6275.238**	**11043.173**
北京	3880.95	8.87	594.04	3278.04	274290	226.117	1025.74
天津	911.40	16.44	603.45	291.51	186592	109.999	198.735
河北	1191.58	73.23	952.84	165.52	493271	159.449	549.602
山西	677.13	60.83	357.27	259.03	206189	126.362	95.533
内蒙古	855.82	66.43	521.08	268.31	303744	154.341	106.238
辽宁	1083.46	21.99	770.13	291.34	476998	183.412	186.305
吉林	3071.51	70.47	2760.46	240.58	270701	93.684	169.137
黑龙江	841.49	17.00	481.42	343.07	394577	127.048	30.353
上海	698.68	3.87	577.69	117.12	525317	151.115	59.335
江苏	5863.25	88.38	3853.81	1921.06	1309359	584.297	1256.059
浙江	34178.84	259.50	30084.31	3835.03	827538	710.71	2964.51
安徽	3819.53	63.73	3313.08	442.73	296093	227.756	500.599
福建	2151.60	89.36	1424.49	637.74	382476	243.859	332.848
江西	1242.04	15.15	926.92	299.96	216093	127.215	275.936
山东	2070.30	38.21	1638.63	393.46	791818	326.993	181.438
河南	1509.47	53.52	1068.19	387.77	365594	160.205	61.53
湖北	3132.50	99.39	1135.09	1898.02	561799	296.15	489.441
湖南	1131.07	120.46	576.70	433.91	415860	273.451	211.519
广东	5288.29	191.79	3125.38	1971.12	1263087	886.251	782.647
广西	2114.36	7.92	1441.37	665.07	335276	131.558	159.269
海南	925.48	17.40	834.14	73.95	67573	34.528	65.472
重庆	1092.38	63.95	675.13	353.30	310690	152.505	178.527
四川	2261.72	48.94	1530.05	682.72	1586401	202.353	364.591
贵州	1092.30	16.49	856.51	219.30	202108	57.611	324.226
云南	2115.85	21.59	1053.44	1040.82	484189	112.329	240.54
西藏	36.03	1.01	16.38	18.64	33206	18.168	7.008
陕西	3829.19	104.69	379.01	3345.48	273162	107.627	127.492
甘肃	243.03	4.46	201.79	36.79	156990	61.44	34
青海	148.08	8.40	128.68	11.00	85458	16.431	21.203
宁夏	223.02	0.60	115.32	107.10	101660	26.889	17.767
新疆	692.63	58.35	445.70	188.58	150094	57.538	23.778

当年购买的报刊种类（种）	有效借书证数（个）	总流通人次（万人次）	书刊文献外借人次	书刊文献外借册次（万册次）	为读者举办各种活动			
					组织各类讲座次数（次）	参加人次（万人次）	举办展览（个）	参加人次（万人次）
1117762	**55928124**	**66037.04**	**24891.53**	**54724.55**	**69308**	**1057.30**	**26588**	**5782.66**
23974	1052788	1401.90	510.53	1025.66	1634	15.27	356	162.59
11929	806567	851.48	311.48	875.77	1433	17.03	480	114.60
32727	1047337	1622.17	585.22	1054.14	2460	32.48	797	256.08
17930	1092227	981.36	361.46	650.25	1982	32.91	468	81.37
33414	430368	742.75	295.76	705.24	1433	19.59	388	44.05
50213	1377291	2313.13	718.15	1795.01	2534	27.22	791	237.51
21954	1029329	806.09	356.79	736.91	858	13.26	273	99.37
25670	696089	985.98	309.72	646.78	1191	14.71	638	98.07
49828	2044999	4170.42	1981.72	8624.24	2905	31.41	388	93.59
78781	11001088	6488.59	2887.51	5088.06	3393	64.54	1237	384.34
83976	8447385	9788.47	2705.86	6520.17	4403	67.78	2199	556.32
33063	1195867	1994.37	938.17	1681.85	2137	34.35	757	113.92
36075	2050471	2603.50	1219.54	2658.77	3384	41.56	836	173.81
28827	1050805	1374.51	739.47	1302.18	1586	34.33	1172	219.77
62320	3592381	3643.59	1713.06	2809.93	5441	81.58	1357	212.54
38703	1175758	2538.70	1228.37	1862.43	3342	47.67	1209	123.44
37009	1666947	2081.98	1027.93	1882.10	2429	44.17	856	178.03
36433	1459104	1955.37	832.53	1701.13	3103	54.78	618	282.93
94814	6202406	8334.84	1954.11	5218.65	8443	104.77	5329	1108.77
45902	764540	2066.99	526.80	1141.78	1748	33.48	792	184.22
8953	166512	377.00	77.81	247.17	259	3.79	104	18.49
25578	728960	1308.50	471.33	1026.17	1535	27.19	806	221.91
55108	1335552	2358.03	995.34	1751.29	3525	84.02	1111	300.73
20886	441857	604.41	314.29	492.62	1383	16.95	416	45.83
38963	503989	1380.78	534.04	972.72	1896	37.56	944	163.85
5502	30798	25.38	5.22	7.72	74	0.67	76	3.88
33569	394360	1155.63	411.06	707.49	1694	22.68	899	115.18
17652	359783	724.30	352.62	618.83	1118	22.02	387	50.68
7321	140020	111.23	67.59	81.49	175	1.69	57	7.40
8791	183574	318.61	160.10	295.06	311	4.28	70	5.50
34955	265888	529.45	259.88	486.48	957	16.36	759	85.81

续表 2

地　区	举办培训班（个）	培训人次（万人次）	开展基层培训辅导人次（万人次）	本单位受训人次（万人次）	计算机（台）	供读者使用电子阅览室终端数	图书馆网站访问量（页次）
总　计	**44137**	**298.19**	**112.09**	**28.50**	**211574**	**134888**	**2152421450**
北　京	972	5.56	2.30	0.41	4394	1967	31486171
天　津	585	2.97	2.41	0.73	3639	2010	12049013
河　北	899	6.05	2.58	0.67	7696	5087	20941846
山　西	658	5.52	4.11	1.41	6503	4653	3358443
内蒙古	460	3.23	1.66	0.67	6474	4468	13844204
辽　宁	2031	10.38	2.28	1.72	9282	5154	43531107
吉　林	472	2.66	1.73	0.38	4779	2744	4154307
黑龙江	856	4.47	1.43	0.40	5946	3837	12619685
上　海	1173	6.97	0.37	0.72	6170	2758	74794083
江　苏	2086	10.37	11.35	1.84	10586	6009	50159356
浙　江	4752	16.79	3.39	1.54	11590	7063	64039296
安　徽	775	6.47	2.57	0.40	7549	5514	27662663
福　建	1368	11.87	1.12	1.28	6725	4390	69874203
江　西	691	6.13	2.39	0.18	6959	4780	65266456
山　东	2202	16.09	4.03	1.26	11622	7664	23636897
河　南	1751	16.58	3.06	1.61	9444	6327	11706792
湖　北	1589	11.01	5.06	4.05	7315	4935	33075209
湖　南	1970	19.73	3.12	1.90	6969	4736	52461616
广　东	6505	28.01	4.08	2.55	16163	9723	39900387
广　西	1945	11.37	3.63	1.08	6439	4344	9202277
海　南	269	11.66	0.41	0.12	1496	949	32612322
重　庆	2038	8.91	2.56	0.14	4455	3306	12098355
四　川	1476	13.13	13.10	0.70	10733	7438	39501086
贵　州	601	4.57	3.05	1.03	5112	3406	29975418
云　南	1350	13.86	4.74	0.60	7542	5336	10472001
西　藏	39	0.24	0.78	0.01	1416	1047	142939
陕　西	1278	8.56	14.78	0.41	5836	4129	45999655
甘　肃	376	2.93	1.54	0.20	5175	3320	2780242
青　海	142	1.05	0.39	0.05	2190	1417	416756
宁　夏	149	1.08	0.36	0.12	2251	1553	488823
新　疆	673	5.84	2.26	0.27	5521	4124	1774842

本年收入合计（千元）	财政补贴收入	购书专项经费	上级补助收入	事业收入	经营收入	附属单位上缴收入	其他收入	本年支出合计（千元）
14949984	**14156677**	**1904920**	**221082**	**338517**	**37380**	**1580**	**194748**	**14514687**
610899	599547	67788	484	9701	598		569	615903
402716	391196	49722	228	8038			3254	372850
306657	303810	28814	826	1040	95		886	304577
352858	352811	38592	20		8		19	338987
360029	357530	20448	645				1854	366273
528258	508970	57369	8353	10593			342	510126
308100	305167	34265	295		167		2471	304744
347566	336791	21283	1099	1846			7830	347942
1099779	1007399	214294	892	80149	1892	844	8603	1047488
1027476	991586	153757	6598	6282	8660		14350	1038911
1127678	1068232	180343	18380	6665	1850		32551	1089320
300884	281757	45170	10002	2664		5	6456	301552
411011	375364	63526	20858	4096	2303		8390	410402
272444	260949	27546	5772	2365	1	102	3255	245509
600155	588501	63672	8044	220			3390	609825
358994	348132	38693	2661	346	1454	5	6396	356811
530704	508649	97399	9470	2345		59	10181	498330
415441	392599	44024	11891	3223	2838	50	4840	363636
1605697	1562044	271431	25285	4614			13754	1560938
332146	299386	37521	25932	876	2333	4	3615	329465
128072	126393	7777	955	20			704	108301
287940	273766	38751	5003	7538	120	90	1423	277963
548755	536074	47052	9246	701			2734	518720
200964	187630	12921	9740	1808		376	1410	180096
360636	334637	22327	11897	10	3544	10	10538	356248
64980	60952	4645	3612	253		20	143	62618
341434	324423	31275	8044	80	534		8353	340199
284139	273235	20916	3829	3946	1296		1833	266571
130552	125800	3480	4170	208	5	5	364	108248
123149	104833	8392	3750	4831			9735	134221
312601	302343	11727	3101	202		10	6945	298283

续表 3

地　区	基本支出	项目支出	经营支出	在支出合计中：工资福利支出	商品和服务支出	差旅费	劳务费
总　计	**8169919**	**6312445**	**22112**	**4947173**	**3839184**	**84587**	**284500**
北　京	302575	311931	396	172685	230810	473	2430
天　津	283089	89761		124589	91209	363	4430
河　北	222072	82373	92	119665	77617	2008	9568
山　西	144059	194183	370	101397	55768	1828	4203
内蒙古	281703	84444	126	154962	93964	3654	7079
辽　宁	368895	141221	10	207043	137578	2167	5865
吉　林	193850	110699	195	107004	75658	1867	5061
黑龙江	211545	136274	123	111524	54408	2076	3109
上　海	590028	456142	1314	407834	370160	2391	13730
江　苏	560917	475485	2509	327483	249628	6403	24496
浙　江	539027	548443	1850	386184	306721	4237	41974
安　徽	182752	118006	632	100485	65064	2496	4378
福　建	205508	202038	1436	135103	107876	2210	12319
江　西	174881	68691	188	92777	49456	2629	3742
山　东	377158	232653	14	240431	102481	2075	9718
河　南	244290	111008	1513	148359	76413	2196	8835
湖　北	271761	226567	2	166985	132564	2126	9817
湖　南	232817	127579	2749	145393	77401	2565	7105
广　东	738870	821982	86	431047	446560	3925	36002
广　西	168655	158957	264	116529	59887	3933	2219
海　南	35615	72456	230	27013	45442	1001	1657
重　庆	132135	145688	140	74401	74744	8740	12825
四　川	260575	258110	39	195110	164171	6401	19824
贵　州	126150	51609	150	78208	34309	1857	2140
云　南	230725	121665	3629	160753	79229	2600	5858
西　藏	43747	18015	122	15267	4008	426	114
陕　西	193130	145711	1158	127406	57850	2397	3848
甘　肃	158137	107157	1277	89961	84301	2261	4988
青　海	61136	47068	10	37232	15289	1135	1680
宁　夏	85403	48768	50	50318	23081	604	1605
新　疆	148319	149836	128	91722	85892	2414	4303

福利费	各种税金支出	对个人和家庭补助支出	抚恤金和生活补助	其他资本性支出	各种设备购置费	新增藏量购置费	新增数字资源购置费	资产总计(千元)
44836	**27375**	**1601737**	**64394**	**3943500**	**2956216**	**1750704**	**409493**	**53517626**
3010	2066	62588	1416	145714	121971	70244	18643	2664323
1749	1038	62732	634	71281	63893	33127	13750	1012666
637		35174	5765	72081	54159	31970	4391	779402
587	39	23730	594	154579	64300	35368	12737	890995
946	13	57597	3307	59750	50845	26291	6323	1366462
621	853	88857	7758	76248	63991	41021	9711	1543613
223	2165	57385	2752	64691	56169	28963	8306	728458
373	24	59890	1644	121169	50532	17731	4832	843952
6500	1494	24170	3008	245324	227389	156069	29884	5224228
1749	1183	122912	2109	338888	229178	156256	26614	3653798
10876	640	63769	998	329497	266283	163451	33132	3427718
619		38440	1159	96551	69371	41811	6368	1004482
892	4530	27240	847	136233	118182	60998	16812	1257008
1680	188	49507	2387	53557	41801	24767	7620	656619
439	70	71850	2337	193924	142082	85707	16771	1769420
1060	310	37214	1926	94625	75004	35817	7605	1020319
1375	1130	60027	1222	138754	112371	79476	6868	2230562
1666	557	34141	1696	104871	80869	43911	5645	1707216
3486	6907	185029	2749	487397	351444	234755	61753	6861272
646	454	41825	1622	93950	75804	37572	7794	1001181
10	37	3759	39	30548	22157	5669	893	219047
702	78	37850	2694	84872	60104	28611	10970	691893
1094	155	29589	1348	129558	78623	40905	11105	1599415
348	28	32608	1441	34693	23412	14945	4679	770472
1144	1531	39290	1882	73228	60717	22773	7239	1131066
28	5	1640	220	41469	20886	2634	19	346263
439	49	29067	4399	61590	52449	31770	5724	932026
609	146	39012	1144	50500	36014	20173	5819	1032033
83	77	10716	512	43845	20871	4666	8309	182768
22	30	13746	1741	47166	28062	9398	1282	380898
785	380	23781	1463	70248	49419	16236	18415	758090

续表 4

地　区	固定资产原值	实际使用公用房屋建筑面积（万平方米）	书库面积	阅览室面积	书刊阅览室面积	电子阅览室面积	实际拥有产权面积（万平方米）
总　计	**42722850**	**1424.26**	**281.89**	**398.22**	**290.24**	**60.08**	**828.45**
北　京	1898710	27.46	5.58	7.23	6.07	0.76	7.04
天　津	785563	26.37	5.88	8.55	5.26	1.03	4.28
河　北	667300	47.19	9.38	14.40	10.92	2.15	32.28
山　西	744269	47.83	8.32	15.05	10.25	2.62	43.98
内蒙古	1078558	38.89	5.80	11.24	8.11	2.25	17.45
辽　宁	1355041	56.19	9.99	15.61	11.72	2.18	21.33
吉　林	607107	27.76	4.80	8.19	6.34	1.06	14.60
黑龙江	787583	29.63	5.49	8.29	5.72	1.56	11.49
上　海	4702720	41.90	9.35	10.54	8.97	0.88	28.07
江　苏	3117346	116.18	16.54	29.15	19.85	2.72	61.81
浙　江	2735367	105.64	18.01	29.29	20.04	3.55	47.50
安　徽	886335	44.43	7.87	13.74	10.26	2.11	29.78
福　建	981967	39.73	9.61	12.68	10.24	1.40	28.18
江　西	511896	36.95	9.99	12.10	8.30	1.93	22.08
山　东	1572863	106.00	20.85	24.88	17.57	3.58	47.63
河　南	859607	61.08	13.60	15.84	11.95	2.91	41.51
湖　北	1162225	70.00	16.08	20.12	14.30	3.79	51.06
湖　南	1529043	43.06	12.36	11.35	8.18	2.32	34.34
广　东	6459786	128.88	20.91	37.82	31.29	5.02	59.96
广　西	748685	39.07	8.75	9.72	6.89	1.70	21.39
海　南	191714	8.30	1.90	2.34	1.83	0.33	7.31
重　庆	577033	30.97	6.04	8.62	5.86	1.14	20.15
四　川	1103810	59.76	12.45	19.61	14.72	3.38	40.31
贵　州	591758	22.95	6.25	7.21	4.71	1.27	19.43
云　南	1007805	36.77	8.79	9.46	6.14	2.44	25.59
西　藏	315131	5.40	1.41	1.20	0.71	0.37	4.06
陕　西	707033	27.33	5.78	8.90	6.57	1.62	17.75
甘　肃	761706	26.77	5.08	6.62	4.55	1.26	17.34
青　海	125507	6.39	1.36	2.49	1.82	0.41	2.97
宁　夏	319555	12.36	2.64	3.54	2.56	0.62	9.71
新　疆	440482	25.22	5.12	8.75	4.95	1.66	10.28

阅览室坐席数（个）	少儿阅览室坐席数	盲人阅览室坐席数	志愿者服务队伍数（个）	志愿者服务队伍人数（人）	图书馆延伸服务情况			
					流动图书车数（辆）	流动服务书刊借阅人次（万人次）	流动图书馆车书刊借阅册次（万册次）	分馆数量（个）
985968	**242156**	**23882**	**7103**	**275307**	**1850**	**2978.98**	**5025.82**	**14807**
17316	4265	223	69	5451	22	8.63	64.45	341
14805	2817	267	135	3408	10	21.74	52.81	39
38424	8203	813	214	7294	69	36.13	53.73	116
31719	5993	1027	92	2872	156	69.15	96.56	419
28315	6986	720	39	2337	33	47.35	86.12	227
37772	8018	857	174	15048	49	237.65	637.43	819
20836	3926	482	68	2065	20	85.81	127.45	295
23447	6126	384	96	2376	37	83.01	135.97	422
22217	4525	220	277	17219	5	77.27	123.31	715
54037	14936	1399	246	15441	39	171.65	257.01	2252
64909	16146	1340	313	27267	66	312.96	622.13	1128
35580	9447	1375	125	4394	28	75.25	112.93	1433
32602	9596	523	170	13407	20	207.69	227.99	773
34806	9832	1619	169	32675	37	138.93	157.87	261
61482	13106	1931	359	9553	38	103.02	165.80	861
49112	12733	1398	161	3135	63	91.29	130.40	357
43357	11318	922	762	5031	100	169.24	251.07	392
35727	11172	717	1817	30113	44	58.79	96.02	369
93915	21706	941	547	40256	289	287.92	454.18	1284
29414	8594	478	197	5528	46	76.89	162.05	114
5570	1379	71	23	1154	6	9.21	15.80	15
24575	6203	698	96	5032	44	83.24	158.56	453
49983	11427	1559	261	9875	122	140.41	242.08	342
21266	5632	935	125	1783	67	52.09	74.57	194
27489	7257	942	189	1605	99	123.85	198.81	240
3011	353	39	45	713	76	1.67	1.14	1
21703	5435	690	106	3499	97	62.25	89.51	565
20158	5336	562	82	1328	59	38.89	58.62	24
4171	799	77	5	128	47	22.87	29.49	4
8707	1868	293	14	485	10	34.67	69.82	36
24240	6722	368	123	4527	52	49.47	72.11	282

2016年各地区少儿

地区	机构数(个)	从业人员(人)	专业技术人才	正高级职称	副高级职称	中级职称	总藏量(万册)	图书
总计	**122**	**2510**	**1877**	**50**	**298**	**814**	**4230.94**	**3724.82**
北京	4	104	67	2	3	22	115.75	100.94
天津	11	179	162	1	21	54	286.47	269.33
河北	1	7	6		2	2	29.02	29.02
山西	1	10	9	1		4	12.58	9.91
内蒙古	1	12	10		2	4	16.05	13.91
辽宁	16	274	223	8	38	125	448.61	411.42
吉林	5	332	233	15	68	86	575.93	470.48
黑龙江	1	11	11	1	1	6	4.43	2.60
上海	4	69	54		6	27	207.21	176.53
江苏	7	102	52	3	10	18	139.75	127.56
浙江	5	198	132	5	18	61	341.04	282.74
安徽	11	80	56		3	22	82.81	73.28
福建	5	85	66		9	23	170.39	152.99
江西								
山东	1	59	55		9	15	59.64	59.20
河南	7	120	90		6	36	88.44	79.34
湖北	4	62	48	1	6	25	173.70	143.07
湖南	7	127	102	1	15	56	194.17	172.43
广东	5	220	135	2	20	73	648.82	614.52
广西	3	57	55		8	31	124.86	100.42
海南	1							
重庆	2	102	70	4	13	29	135.88	123.07
四川	3	18	12		3	8	11.68	10.30
贵州	2	9	8			1	13.48	10.09
云南	4	72	70	1	17	35	90.87	74.74
西藏	1	8	8				16.68	16.49
陕西	3	35	30		2	15	28.83	25.12
甘肃	6	70	39		2	8	42.41	39.64
青海	1	88	74	5	16	28	171.47	135.69
宁夏								
新疆								

图书馆基本情况

盲文图书	古 籍		报刊	视听文献	缩微制品	其它	在藏量中：	
		善本					开架书刊	少儿文献
2.32	**44.28**	**6.38**	**200.29**	**147.29**	**2.68**	**111.58**	**2068.60**	**2014.69**
			1.23	13.59			86.10	85.52
0.16			3.09	3.97	0.05	10.02	208.60	136.19
							19.38	19.38
			2.67				12.58	9.55
			1.81	0.14		0.20	1.80	
0.12	0.72	0.02	8.65	18.18		9.64	261.24	195.89
0.34	23.00	4.76	60.74	4.54	2.58	14.59	160.14	110.63
			1.15	0.05		0.63	3.75	4.43
0.08			1.60	29.08			120.58	127.81
0.08	0.11		5.08	3.58		3.42	118.58	99.57
0.09	0.08	0.00	13.82	17.37		27.03	193.22	91.37
0.07			7.04	2.07		0.42	49.85	40.40
0.40			15.34	2.05			87.19	143.47
0.06	0.21	0.11	0.11	0.12		0.01	12.00	6.00
0.05	0.50	0.10	8.40			0.20	78.45	67.05
0.37	3.89	0.34	4.13	3.40		19.20	88.38	7.62
0.02	0.08		13.71	6.79	0.01	1.15	180.53	157.75
0.21			1.64	32.58		0.08	131.14	590.78
0.01			6.17	1.86		16.41	78.44	41.14
	1.25	0.02	6.14	4.63		0.80	60.12	53.60
0.02	0.01		0.51	0.16		0.70	4.55	6.72
			0.84	1.62		0.92	1.76	1.26
0.00	1.05	0.00	10.80	0.77		3.52	36.71	7.38
0.10	0.01	0.01	0.01	0.02		0.15	8.50	
0.02	1.43	0.02	2.02	0.16		0.09	13.34	6.80
0.06	0.46		1.71	0.09		0.51	18.15	2.96
0.08	11.48	1.00	21.89	0.47	0.05	1.89	33.54	1.44

续表 1

地区	电子图书（万册）	本馆自建	本馆外购	免费共享	书架单层总长度（米）	本年新增藏量（万册）	本年新增电子图书（万册）
总计	**1539.26**	**18.00**	**917.04**	**604.23**	**378219**	**340.90**	**192.87**
北京	80.50	0.04	70.77	9.69	10248	6.53	0.78
天津	9.58	0.02	9.56		8704	18.36	6.61
河北	0.05	0.05			1237	4.53	0.05
山西					900	0.51	
内蒙古					2045	0.25	
辽宁	82.17	2.51	79.66		33602	28.31	8.15
吉林	171.70		169.18	2.52	107396	23.95	0.30
黑龙江	4.43		4.43		399	1.19	
上海	28.62		28.62	0.00	13883	8.54	0.85
江苏	8.66		7.46	1.20	18994	16.50	0.46
浙江	399.49	0.85	9.11	389.53	18202	30.51	22.86
安徽	143.25	12.59	127.47	3.20	4997	24.78	106.19
福建	27.18	0.20	16.98	10.00	8154	18.65	5.20
江西							
山东	22.20		7.20	15.00	5600	11.83	
河南	22.80	0.30	22.50		5892	15.60	0.24
湖北	53.40	0.19	37.73	15.48	8476	6.44	20.10
湖南	10.87	0.70	10.17		15161	30.39	0.40
广东	253.14		253.14		25384	46.17	0.86
广西	65.10		20.80	44.30	8307	22.92	15.77
海南	0.30		0.30				0.18
重庆	31.75	0.30	31.45		7522	9.59	2.19
四川	0.49		0.49		294	0.96	
贵州	1.16	0.26	0.90	0.01	4824	2.21	0.89
云南	6.58		6.58		12226	4.53	
西藏	0.20		0.20		1	0.21	0.20
陕西	112.46		0.20	112.26	3466	0.97	0.06
甘肃	2.20		1.16	1.04	4245	4.27	0.56
青海	1.00		1.00		48060	2.23	
宁夏							
新疆							

当年购买的报刊种类(种)	有效借书证数(个)	总流通人次(万人次)	书刊文献外借人次	书刊文献外借册次(万册次)	为读者举办各种活动：组织各类讲座次数(次)	参加人次(万人次)	举办展览(个)	参加人次(万人次)
41736	**3396484**	**2815.72**	**1117.00**	**3346.90**	**5933**	**66.04**	**980**	**302.83**
1254	87300	71.55	49.86	97.07	128	1.46	29	14.61
2162	58466	135.19	70.28	161.03	233	1.64	106	5.96
200	20000	57.00	6.47	27.08	55	0.11	16	10.00
63	5321	7.23	7.23	7.23				
	2010	2.50	0.25	0.35			6	0.04
3338	240582	284.76	117.25	312.38	397	5.71	104	12.59
5483	190630	190.78	86.21	170.65	106	1.35	30	30.58
61	99	0.53	0.24	1.08				
1743	36835	79.83	52.12	271.18	157	0.81	22	5.09
1796	103841	171.01	108.06	179.45	88	2.57	41	8.09
3198	595075	461.91	153.98	455.03	893	12.64	53	23.92
1871	61996	131.54	71.65	106.54	343	5.19	56	4.66
2865	977833	181.95	70.51	309.25	555	11.85	73	11.82
1110	22000	31.50	20.10	30.00	20	0.50	18	0.40
1642	88572	203.97	73.49	164.31	533	4.18	171	16.77
1085	39737	96.46	20.36	97.56	186	0.87	39	10.35
2288	152034	110.51	36.30	122.20	94	1.59	29	6.16
3428	502601	282.73	78.10	620.12	1875	12.34	56	128.30
1579	56845	111.45	31.05	66.31	68	0.62	46	3.47
1661	29867	78.50	21.40	65.99	44	0.35	13	1.27
232	13492	29.12	6.93	12.66	42	0.79	19	3.65
132	19652	6.33	2.95	7.84	11	0.04	6	0.13
1234	25890	39.53	10.40	28.10	4	0.11	14	1.25
487		3.34	0.23	0.28	1	0.02	3	0.10
345	5103	20.45	11.32	20.51	26	0.39	19	1.45
1015	11761	25.71	10.21	12.57	52	0.49	10	0.18
1464	48942	0.37	0.06	0.12	22	0.45	1	2.00

续表 2

地区	举办培训班(个)	培训人次(万人次)	开展基层培训辅导人次(万人次)	本单位受训人次(万人次)	计算机(台)	供读者使用电子阅览室终端数	图书馆网站访问量(页次)
总　计	**3242**	**14.98**	**2.88**	**2.00**	**7839**	**4259**	**18047391**
北　京	67	0.14	0.13	0.11	371	167	57
天　津	101	0.89	0.93	0.04	533	332	218075
河　北	20	0.05			11	6	
山　西					31	20	
内蒙古	3	0.02	0.00	0.00	10	10	
辽　宁	748	1.67	0.07	0.13	741	402	1046865
吉　林	54	0.09	0.43	0.01	1047	539	1663280
黑龙江				0.00	35	25	
上　海	123	0.34	0.04	0.03	403	149	2122035
江　苏	72	0.24	0.09	0.12	329	214	828712
浙　江	232	1.07	0.35	0.30	435	178	5432125
安　徽	127	0.70	0.03	0.02	319	254	341566
福　建	64	0.29	0.02	0.00	641	423	457044
江　西							
山　东		0.06		0.40	120	60	
河　南	645	4.77	0.14	0.02	354	217	59859
湖　北	313	0.25	0.04	0.01	130	75	326603
湖　南	115	0.97	0.03	0.43	248	100	366488
广　东	250	2.31	0.24	0.30	668	229	3271524
广　西	53	0.26	0.14	0.05	220	143	326029
海　南							
重　庆	177	0.43	0.06	0.01	213	87	1346347
四　川	14	0.10			101	93	36801
贵　州	2	0.02		0.00	74	45	1400
云　南	3	0.05	0.06	0.00	187	130	145600
西　藏	2	0.01			75	50	
陕　西	28	0.13	0.01	0.01	135	101	36281
甘　肃	14	0.09	0.02	0.00	218	110	20700
青　海	15	0.04	0.03	0.01	190	100	
宁　夏							
新　疆							

本年收入合计(千元)	财政补贴收入	购书专项经费	上级补助收入	事业收入	经营收入	附属单位上缴收入	其他收入	本年支出合计(千元)
698967	**670975**	**88018**	**11241**	**12113**	**1262**		**3376**	**684751**
26674	26566	1297	22	73			13	32770
55169	54751	1466		383			35	61243
1333	1333	678						1333
2239	2239	45						2159
2154	2154	60						2154
73392	56259	7840	7673	9457			3	61340
80759	80019	15640			167		573	76310
1543	1543	45						1441
30410	29375	4960		1020			15	34127
40173	39400	3420					773	38057
46958	46251	5638		269			438	48130
14881	14852	3829	29					14940
26902	26375	3840	153				374	27563
9011	9003	3531					8	14117
33070	32595	8553	100				375	30086
19782	19123	2520	518				141	19435
25272	23763	3320	198	77	1095		139	23204
95512	95497	14910					15	95498
9889	8806	1080	960				123	9279
21346	20912	2200		434				19723
2211	2211	178						2209
1868	1868	130						1817
24672	24015	1400	306				351	26674
962	962							697
3767	3567	138	200					3714
7024	6521	100	103	400				8318
41994	41015	1200	979					28413

续表 3

地　区	基本支出	项目支出	经营支出	在支出合计中：			
				工资福利支出	商品和服务支出	差旅费	劳务费
总　计	**369558**	**313947**	**1246**	**228186**	**161085**	**3887**	**15141**
北　京	18167	14603		11685	7329	48	217
天　津	46046	15197		19777	12681	69	281
河　北	655	678		655			
山　西	2159			705	94	37	17
内蒙古	2120	34		1117	314		
辽　宁	38441	22899		22692	13524	389	1490
吉　林	36474	39669	167	19720	25161	579	2184
黑龙江	1248	193		1084	79	15	64
上　海	18300	15827		12980	8791	30	92
江　苏	8556	29501		5161	8198	390	2025
浙　江	30528	17602		23220	13598	242	3070
安　徽	8598	6324	18	5080	3753	145	152
福　建	12424	15139		9637	8110	174	338
江　西							
山　东	7132	6985		4467	1695	32	472
河　南	10223	19863		6935	8691	202	941
湖　北	13242	6193		6465	7042	164	367
湖　南	15509	6689	1006	9755	5753	173	404
广　东	42494	53004		29441	19410	230	411
广　西	5863	3416		4062	1877	74	145
海　南							
重　庆	14050	5673		8741	3246	93	928
四　川	1775	434		1007	398	14	103
贵　州	447	1370		403	903		7
云　南	10410	16264		6608	3406	79	407
西　藏	471	226		383	272	9	41
陕　西	3235	479		2159	809	95	80
甘　肃	5114	3149	55	3726	1889	317	88
青　海	15877	12536		10521	4062	287	817
宁　夏							
新　疆							

福利费	各种税金支出	对个人和家庭补助支出	抚恤金和生活补助	其他资本性支出	各种设备购置费	新增藏量购置费	新增数字资源购置费	资产总计（千元）
2089	**1127**	**80229**	**4733**	**215209**	**164361**	**83620**	**27323**	**2056216**
78	4	4439	104	9317	3699	1611	626	76374
331	28	9932	28	18853	18173	8093	3623	169618
				678	678	678		2138
		973		387	387	95		2138
		663		60	60	60		1173
12	830	10709	1576	14415	9793	5254	616	177320
23		12579	749	18850	18757	12526	3016	208231
		41	41	237	45	45		2094
172		952	354	11404	9104	3135	1948	59450
115	37	1041		23657	8187	3130	285	110890
641		4769		6543	6329	5331	187	384933
19		894		5213	4990	3346	777	49511
		2972	3	6844	5067	3797	719	61141
7		1778	9	6177	6177	3350	181	16571
52		610	15	13850	9999	6586	2283	49698
5	6	3035	144	2893	2757	1990	500	41887
115	190	2847	132	4849	4710	3221	1035	51737
251	18	7987	2	38660	25312	14940	193	312527
2		1806	46	1534	1230	1020	210	25977
		3739	1366	3997	2868	1468	756	48912
		7		797	486	218		7185
		20		491	180	145	35	1983
250		3140	10	13520	13508	1449	2059	62630
13		356	21	390	385	290	5	4777
		485		2218	2106	642	95	21806
3	14	4455	133	9375	9374	1200	8174	105515

续表 4

地　区	固定资产原值	实际使用公用房屋建筑面积（万平方米）	书库面积	阅览室面积	书刊阅览室面积	电子阅览室面积	实际拥有产权面积（万平方米）
总　计	**1599673**	**42.76**	**7.37**	**14.02**	**11.30**	**1.67**	**24.36**
北　京	69470	1.36	0.20	0.51	0.44	0.03	0.57
天　津	146738	2.13	0.48	0.96	0.78	0.09	0.35
河　北	2138	0.12		0.10	0.09	0.01	
山　西	1608	0.08	0.06	0.02	0.01	0.00	0.08
内蒙古	1002	0.14	0.13	0.01		0.01	
辽　宁	136347	2.83	0.37	0.62	0.47	0.10	1.78
吉　林	172944	7.44	1.16	2.49	2.21	0.11	1.86
黑龙江	2094	0.05	0.03	0.01		0.01	0.05
上　海	56080	1.29	0.19	0.40	0.33	0.07	0.48
江　苏	58368	2.76	0.58	0.77	0.47	0.08	1.53
浙　江	271317	3.63	0.67	1.39	1.16	0.20	1.51
安　徽	46337	1.44	0.21	0.63	0.37	0.16	1.01
福　建	40357	1.63	0.45	0.48	0.39	0.09	2.36
江　西							
山　东	16571	1.98	0.08	0.15	0.13	0.02	1.98
河　南	42494	2.04	0.25	1.08	0.99	0.09	0.26
湖　北	33651	0.84	0.19	0.13	0.06	0.03	0.46
湖　南	37205	1.93	0.52	0.54	0.46	0.08	1.55
广　东	275781	4.18	0.33	1.18	1.11	0.07	2.66
广　西	23675	0.98	0.21	0.50	0.31	0.05	0.97
海　南		0.20					
重　庆	45480	0.91	0.38	0.40	0.34	0.07	1.11
四　川	6845	0.54	0.13	0.38	0.23	0.15	0.54
贵　州	1903	0.36	0.04	0.08	0.07	0.01	0.32
云　南	28268	0.86	0.30	0.26	0.23	0.02	0.86
西　藏		0.47	0.02	0.11	0.09	0.02	
陕　西	4733	0.38	0.04	0.13	0.11	0.02	0.47
甘　肃	19005	0.75	0.15	0.25	0.11	0.06	0.17
青　海	59262	1.43	0.22	0.45	0.35	0.04	1.43
宁　夏							
新　疆							

阅览室坐席数（个）			志愿者服务队伍数（个）	志愿者服务队伍人数（人）	图书馆延伸服务情况			
	少儿阅览室坐席数	盲人阅览室坐席数			流动图书车数（辆）	流动服务书刊借阅人次（万人次）	流动图书馆车书刊借阅册次（万册次）	分馆数量（个）
36125	**26567**	**702**	**497**	**28219**	**32**	**317.80**	**705.22**	**836**
1452	1422		4	178	2	3.41	11.15	26
1825	1678	52	17	1405		3.05	10.47	7
180	180		1	30				
35	35							
50	50							2
2537	1878	46	42	881	1	154.70	423.06	172
3988	796	16	19	720	1	50.02	69.01	40
90			1	11		0.16	0.48	6
1562	1237	17	8	840				
2305	2114	41	10	555	1	6.01	9.75	36
3251	2351	12	19	1801	5	33.18	41.30	58
1894	1738	86	10	550	1	1.18	2.00	13
1758	1710	38	58	7814	2	29.28	43.18	281
500	100	20						
2046	1990	56	6	75	3	17.69	35.21	14
924	665	9	8	214	2	1.36	1.92	14
1978	1942	36	8	462		1.09	2.20	61
3076	2776	32	262	10813	1	3.12	15.82	48
1337	1212	25	6	230	2	8.97	32.56	10
824	778	12	3	949	2	0.26	0.78	21
470	220	25	1	30				5
572	472	100	3	17	1	0.38	0.16	1
789	189	10	1	10				5
358	38	4	1	356				
322	244		3	108	5	3.61	5.70	16
850	620	42	4	121	2	0.32	0.47	
1152	132	23	2	49	1			

2016年各地区省级公共

地区	机构数（个）	从业人员（人）	专业技术人才	正高级职称	副高级职称	中级职称	总藏量（万册）	图书
总计	**39**	**7760**	**6554**	**297**	**1258**	**2823**	**20183.77**	**12606.56**
北京	1	351	333	10	40	135	808.32	664.21
天津	2	342	332	13	68	138	1002.29	863.10
河北	1	187	126	13	41	55	300.72	239.60
山西	1	230	214	7	33	57	329.49	206.74
内蒙古	1	158	150	3	48	47	358.24	268.39
辽宁	1	229	209	17	54	93	654.15	528.30
吉林	1	242	156	11	46	56	458.37	366.48
黑龙江	1	193	165	16	32	92	371.03	291.66
上海	2	787	698	45	103	351	5669.90	1545.49
江苏	1	531	487	18	82	169	1138.73	823.46
浙江	1	343	264	14	51	125	673.44	489.25
安徽	1	180	138	3	27	58	328.00	258.40
福建	2	233	211	2	31	99	405.13	325.75
江西	1	140	131	7	30	77	364.30	239.62
山东	1	220	211	15	39	100	829.51	532.60
河南	2	220	174	9	39	70	368.34	283.97
湖北	1	289	272	12	52	76	761.36	613.22
湖南	2	305	289	5	40	129	583.64	421.38
广东	1	302	269	9	49	120	836.17	641.44
广西	3	328	328	10	57	140	676.67	539.59
海南	1	105	90		5	50	151.53	145.33
重庆	2	309	226	15	39	87	434.49	299.07
四川	1	307	183	3	37	56	529.99	367.08
贵州	1	149	115	5	35	56	200.46	151.20
云南	1	188	181	3	71	90	335.05	201.03
西藏	1	51	21	1	11	9	48.37	38.87
陕西	1	336	162	7	18	93	486.37	380.78
甘肃	1	194	147	9	25	81	436.97	339.97
青海	1	88	74	5	16	28	171.47	135.69
宁夏	1	130	115	4	23	42	228.30	203.08
新疆	1	93	83	6	16	44	242.97	201.83

图书馆基本情况

盲文图书	古籍	善本	报刊	视听文献	缩微制品	其它	在藏量中：	
							开架书刊	少儿文献
8.67	**1346.60**	**167.02**	**1984.37**	**327.34**	**1284.60**	**2634.31**	**4823.15**	**930.88**
0.08	41.69	6.71	44.41	45.73	0.03	12.26	129.37	127.03
0.08	54.13	10.35	56.60	20.12	0.94	7.41	468.58	127.12
0.38	7.92	0.56	38.20	11.92	2.80	0.28	98.33	12.24
0.36	29.69	5.02	88.18	2.73	0.40	1.76	173.55	24.11
0.67	22.00	2.00	15.21	1.06	0.49	51.10	77.54	6.96
0.28	45.99	12.22	55.98	8.20	0.57	15.12	51.22	25.67
0.15	23.00	4.76	52.45	1.93	2.58	11.94	52.03	11.68
0.14	13.37	0.66	36.83	4.19	24.98		71.77	6.50
0.54	192.23	19.24	349.12	39.59	1235.93	2307.54	774.32	74.53
0.22	160.00	14.00	107.67	30.11	4.21	13.28	90.00	12.10
0.48	82.24	15.01	90.77	10.86	0.31	0.01	155.88	0.51
0.07	35.51	3.27	32.66	0.94	0.45	0.04		
0.36	25.19	2.06	40.19	12.70	1.31		138.90	84.16
0.01	37.00	3.00	38.24	1.07	0.13	48.23	121.42	9.97
0.26	75.35	20.00	114.79	7.78	0.70	98.29	436.84	39.51
0.04	50.66	3.00	30.71	2.76	0.24		78.79	30.08
0.37	46.18	5.87	64.30	25.76	3.51	8.38	187.42	36.00
0.86	62.11	5.00	66.01	30.68	0.46	3.01	244.31	127.77
0.19	44.01	3.25	136.12	11.78	2.45	0.38	283.29	25.01
0.12	26.65	1.65	93.95	15.20	0.16	1.12	78.61	20.82
0.19	0.02	0.01	5.09	1.09			90.65	22.16
1.28	45.26	6.99	54.11	7.35	1.03	27.68	123.56	39.59
0.14	65.00	6.07	93.16	4.44	0.32	0.01	60.68	3.27
0.42	11.14	0.50	37.08	0.85	0.11	0.08	189.32	3.62
0.10	59.59	3.30	69.85	4.40	0.13	0.06	55.35	4.12
	0.11		7.85	0.04		1.50	0.79	1.05
0.19	32.84	4.37	59.30	5.92	0.03	7.50	145.83	23.92
0.59	31.76	6.78	60.92	3.64	0.23	0.46	229.56	8.09
0.08	11.48	1.00	21.89	0.47	0.05	1.89	33.54	1.44
0.03	3.29	0.12	7.85	14.00	0.08		181.70	6.86
	11.23	0.26	14.90		0.01	15.00		15.00

续表 1

地区	电子图书（万册）	本馆自建	本馆外购	免费共享	书架单层总长度（米）	本年新增藏量（万册）	本年新增电子图书（万册）
总计	**6543.92**	**44.63**	**5217.16**	**1282.13**	**2789608**	**736.23**	**572.56**
北京	272.88	0.45	169.43	103.00	100467	36.85	1.50
天津	33.80	16.40	17.40		85621	53.30	3.04
河北	280.01	0.01	280.00		71800	36.95	200.01
山西	55.58	0.15	55.43		36505	9.40	0.73
内蒙古	246.84	0.06	243.21	3.57	85196	79.58	23.42
辽宁	255.16	3.79	66.07	185.30	157878	20.87	6.29
吉林	130.20		130.20		101196	15.83	
黑龙江	117.29		117.29		54067	19.95	10.00
上海	195.44		195.03	0.41	318619	24.51	4.07
江苏	145.12	8.80	136.32		260000	46.31	0.50
浙江	174.82	0.51	174.31		111491	26.45	14.17
安徽	106.38		56.19	50.20	60168	13.42	14.17
福建	208.01	0.05	203.96	4.00	55413	22.98	22.96
江西	134.33	0.02	134.31		2200	19.42	3.01
山东	84.56		84.56		154116	32.20	10.84
河南	202.10	0.30	201.80		46016	10.55	0.24
湖北	334.72		334.72		163732	51.12	53.09
湖南	339.97	0.70	174.27	165.00	84405	23.13	
广东	184.16		24.16	160.00	262119	38.07	0.01
广西	901.00	0.21	852.79	48.00	20342	47.07	111.95
海南	559.62	3.38	556.24		33947	14.19	11.98
重庆	237.72	8.46	227.77	1.49	44300	18.75	34.51
四川	114.20	0.01	103.03	11.16	41571	11.77	3.43
贵州	300.00		300.00		62906	7.78	
云南	164.56	0.52	54.04	110.00	129035	7.80	3.64
西藏	0.53		0.53		22708	1.41	
陕西	467.00		127.00	340.00	115656	22.05	19.34
甘肃	61.93		61.93		6000	12.61	4.66
青海	1.00		1.00		48060	2.23	
宁夏	135.00		35.00	100.00	44896	5.00	5.00
新疆	100.00	0.82	99.18		9178	4.70	10.00

当年购买的报刊种类(种)	有效借书证数(个)	总流通人次(万人次)		书刊文献外借册次(万册次)	为读者举办各种活动			
			书刊文献外借人次		组织各类讲座次数(次)	参加人次(万人次)	举办展览(个)	参加人次(万人次)
147506	**7462423**	**9515.68**	**2867.87**	**10944.25**	**5610**	**135.44**	**5294**	**1184.10**
7207	473821	525.23	53.74	235.33	111	1.50	76	74.34
702	537225	326.28	85.77	375.09	130	2.62	62	74.76
5312	299886	250.14	45.15	123.54	254	3.62	37	35.40
342	262374	310.54	67.85	206.85	176	7.06	16	29.24
5679	60045	55.85	38.04	152.15	202	4.04	41	3.43
5435	67671	242.08	30.25	117.99	76	1.63	43	76.16
4678	153997	131.14	37.48	91.42	65	0.90	20	30.00
2394	228403	220.20	34.07	103.12	231	1.95	141	21.45
16748	884656	1561.53	1378.91	6417.14	174	5.51	104	21.70
6044	607756	362.70	124.53	152.62	107	3.08	61	117.85
8135	72369	334.34	39.66	159.64	230	3.55	61	23.21
3051	211046	143.19	37.45	159.74	63	1.19	45	14.82
5571	989306	321.72	56.28	401.06	504	13.08	94	49.00
4584	272913	132.60	70.63	96.59	57	11.60	269	134.00
5744	60017	124.56	44.36	103.20	401	3.83	39	3.41
3391	120041	254.38	92.56	179.85	62	1.27	145	13.04
5673	266986	266.10	76.78	220.32	115	4.54	46	47.02
2940	342422	376.00	60.69	283.45	723	11.13	57	11.88
8264	338829	1416.62	135.61	312.16	953	6.29	3654	144.46
9079	203747	474.56	58.24	188.36	176	2.92	66	98.28
3186	111039	226.61	32.67	155.23	73	0.63	4	0.38
4845	312530	345.12	39.81	153.02	135	1.45	77	38.50
4825	53447	189.01	9.99	39.40	89	30.07	24	70.00
3118	75438	47.00	16.85	37.04	56	1.60	10	1.30
4080	115120	286.52	43.90	87.81	122	3.92	25	6.00
1263	5893	3.00	0.50	0.60	4	0.06	2	0.08
5100	96382	347.61	71.21	219.92	171	3.54	40	31.01
4074	134339	156.77	31.51	94.52	91	1.91	25	10.62
1464	48942	0.37	0.06	0.12	22	0.45	1	2.00
1800	54923	67.00	41.33	59.00	26	0.32	6	0.40
2778	860	16.90	12.00	18.00	11	0.18	3	0.38

续表 2

地　区	举办培训班(个)	培训人次(万人次)	开展基层培训辅导人次(万人次)	本单位受训人次(万人次)	计算机(台)	供读者使用电子阅览室终端数	图书馆网站访问量(页次)
总　计	**5978**	**45.89**	**30.06**	**7.83**	**20033**	**8635**	**402090642**
北　京	17	0.08	1.01	0.01	785	317	24868476
天　津	54	0.78	0.64	0.20	1314	466	2897369
河　北	33	0.55	0.57	0.28	580	153	8840000
山　西	60	0.32	0.34	0.04	600	121	300000
内蒙古	16	0.30	0.26	0.01	521	394	11389173
辽　宁	238	0.68	0.15	0.69	731	404	16439805
吉　林	2	0.02	0.42	0.01	792	405	1312980
黑龙江	308	0.90	0.34	0.11	697	348	5930370
上　海	104	2.89	0.03	0.02	2328	678	55272884
江　苏	430	0.30	5.50	0.10	1163	360	21286452
浙　江	36	0.05	0.28	0.00	708	333	19544042
安　徽	17	0.22	0.22	0.05	365	249	14099412
福　建	246	1.47	0.15	0.29	1137	662	23400405
江　西	52	0.83	0.15	0.01	314	100	9520341
山　东	185	0.68	0.06	0.02	589	300	7900000
河　南	627	6.10	0.01	0.01	328	184	529859
湖　北	63	0.32	0.34	3.31	974	536	18013786
湖　南	277	7.83	0.06	1.47	507	103	37933670
广　东	2452	2.07	0.15	0.44	999	211	7186271
广　西	122	1.12	0.22	0.30	736	428	6272638
海　南	200	11.10	0.05	0.07	300	95	31718732
重　庆	196	0.64	0.07	0.01	740	542	8500470
四　川	30	2.97	2.59	0.01	450	200	1167965
贵　州	15	0.30	2.10	0.05	336	181	22990000
云　南	42	1.98	1.88	0.10	328	157	129389
西　藏	2	0.03			127	74	91000
陕　西	98	0.97	12.22	0.14	563	300	43346153
甘　肃	17	0.12	0.06	0.03	551	154	1100000
青　海	15	0.04	0.03	0.01	190	100	
宁　夏	4	0.05	0.09	0.01	190	80	63000
新　疆	20	0.16	0.08	0.04	90		46000

本年收入合计(千元)	财政补贴收入	购书专项经费	上级补助收入	事业收入	经营收入	其他收入	本年支出合计(千元)
3458278	**3277609**	**623916**	**12222**	**114040**	**13974**	**40433**	**3187096**
229423	222834	47283		6076	202	311	214774
178002	169029	33120	35	5942		2996	154278
51680	51617	10000				63	51799
85273	85273	8000					73832
51233	50374	8819				859	50714
82529	81187	12100		1042		300	86446
67910	67561	13500			167	182	61330
63571	61901	5500		1629		41	59481
539169	459201	143032		74833	1892	3243	498509
163652	156817	45000		2913	480	3442	181286
125323	117700	34210		3888	1850	1885	117866
44470	44041	6600		410		19	46318
85754	74233	12000	9748	1123		650	83746
62660	62660	8000					55341
97833	96364	1380		201		1268	96566
59477	57734	11750			1444	299	62170
154020	154020	50000					128219
115514	109902	9500		2436	2776	400	72125
197597	183629	70930	510	2999		10459	163131
124990	120610	19300	950	519		2911	128283
84065	83701	4793				364	63541
98371	89812	11700		7304		1255	94879
143050	142218	14499		701		131	111523
58341	58302	4000				39	38212
51557	47220	7500			3544	793	51311
34500	34500	2000					34779
98893	91156	10000			523	7214	119900
125143	121904	12000		2024	1096	119	107416
41994	41015	1200	979				28413
46233	45522	3000				711	55419
96051	95572	3200				479	95489

续表 3

地区	基本支出	项目支出	经营支出	在支出合计中：			
				工资福利支出	商品和服务支出	差旅费	劳务费
总计	**1398520**	**1776563**	**12013**	**847142**	**1025085**	**19022**	**53258**
北京	102631	112143		49109	101361	238	377
天津	136627	17651		44412	50619	192	702
河北	21121	30678		13063	21664	725	3483
山西	31435	42397		18873	24957	550	1811
内蒙古	18634	32080		12792	20143	404	3488
辽宁	55937	30509		18930	44076	419	316
吉林	25364	35799	167	12689	23730	527	2182
黑龙江	30000	29481		13445	19248	789	1519
上海	243945	253250	1314	178141	189881	1924	6897
江苏	78727	102559		53568	41747	390	2357
浙江	56952	59064	1850	43677	28107	491	1814
安徽	24991	21327		12738	11527	912	1174
福建	32173	51573		26691	26230	573	2515
江西	24740	30601		10639	11205	457	1619
山东	43673	52893		23691	26110	335	2156
河南	26387	34339	1444	18479	16779	283	1060
湖北	42442	85777		27315	42000	404	6172
湖南	37731	31707	2687	28068	19625	327	2551
广东	62130	101001		32847	41388	455	1279
广西	32206	96077		30685	19713	989	411
海南	12811	50730		9252	35583	475	773
重庆	47798	47081		26872	24528	3091	2082
四川	31742	79781		30499	30356	840	1451
贵州	17006	21206		11749	15753	771	37
云南	23124	24643	3544	21266	22669	370	808
西藏	25852	8927		7259	1255	123	
陕西	29838	89539	523	20317	13395	253	230
甘肃	26614	80318	484	13113	60180	583	2492
青海	15877	12536		10521	4062	287	817
宁夏	27433	27986		16929	10420	284	259
新疆	12579	82910		9513	26774	561	426

福利费	各种税金支出	对个人和家庭补助支出	抚恤金和生活补助	其他资本性支出	各种设备购置费	新增藏量购置费	新增数字资源购置费	资产总计（千元）
9205	**5417**	**305598**	**17426**	**897799**	**780959**	**454982**	**148383**	**16019281**
1016	469	13821	482	49142	49142	34170	13088	1510557
822	176	23413	128	35834	35834	17604	7464	675118
145		7618	4556	9454	8853	6414		156766
420		8499	122	21503	15503	2420	6998	201868
38		5267	90	12512	12512	8116	703	346882
	20	11743	643	11697	11697	7853	2653	448756
20		9068	143	15843	15843	10484	3016	170106
		12639	152	14149	14149		1900	319725
2513	1293	11863	2145	118624	115320	101022	11053	3098144
161	99	26834	575	59137	58207	33355	10112	1138178
1567	137	6279	160	39803	38248	22918	11658	643486
28		11588	135	10465	10465	5250	194	232537
	278	5254	30	25571	24043	10629	6958	337995
222		16966	1225	16531	16531	7876	4433	176263
21	2	16593	218	30172	29680	19694	6824	475521
277	228	4955	210	21957	18994	7655	4095	198499
660	491	13378	32	45526	39847	36732	1484	1176733
	341	5086	210	17664	17525	9105	920	244954
	785	27955	242	60941	50660	40454	10206	1119731
371	67	12291	374	48555	41045	18425	4972	452648
	25	882		17824	14480	950		70455
83	57	11767	1422	31712	23906	7108	4616	261598
167	39	3779	149	46889	22837	9840	3500	504917
		5568	119	5142	5142	4000	350	117330
	896	2024		5352	4402	4136		284600
		1000		25265	7507	400		72605
246		7128	2096	14775	13775	10008	1995	509191
206		10514	327	23124	18919	10149	4017	513393
3	14	4455	133	9375	9374	1200	8174	105515
		4914	934	23156	16030	3815		117161
219		2457	374	30105	20489	3200	17000	338049

续表 4

地　区	固定资产原值	实际使用公用房屋建筑面积（万平方米）	书库面积	阅览室面积	书刊阅览室面积	电子阅览室面积	实际拥有产权面积（万平方米）
总　计	**11672876**	**176.97**	**39.22**	**48.39**	**42.13**	**3.06**	**104.89**
北　京	857072	9.40	1.32	2.67	2.49	0.18	
天　津	513526	12.78	2.03	5.04	2.64	0.25	0.14
河　北	119579	5.06	1.12	0.93	0.86	0.07	5.06
山　西	125947	8.03	1.29	1.71	1.67	0.04	8.03
内蒙古	201658	3.50	0.58	1.56	1.28	0.28	3.50
辽　宁	427364	10.32	1.74	3.81	3.32	0.49	
吉　林	141849	6.32	1.02	2.11	2.05	0.06	1.40
黑龙江	319725	3.39	0.34	0.90	0.80	0.10	3.05
上　海	2784306	13.05	6.07	1.36	1.30	0.03	12.11
江　苏	1012107	10.30	1.03	1.80	1.69	0.10	3.40
浙　江	539294	5.70	1.78	1.13	1.09	0.04	5.17
安　徽	210131	3.69	0.77	0.90	0.75	0.06	3.69
福　建	259568	2.97	0.78	0.96	0.75	0.07	6.00
江　西	130960	2.25	1.52	0.72	0.70	0.03	
山　东	447004	4.49	1.80	1.50	1.47	0.03	3.84
河　南	175148	3.89	1.04	1.46	1.38	0.08	2.95
湖　北	277512	10.23	1.80	4.20	3.90	0.30	10.23
湖　南	167606	4.40	1.36	1.23	1.19	0.04	4.29
广　东	1033415	9.03	1.88	1.53	1.49	0.04	0.90
广　西	296074	11.00	1.81	2.28	2.09	0.11	5.12
海　南	70455	2.79	0.57	1.31	1.13	0.06	2.79
重　庆	209618	5.62	1.07	1.47	1.05	0.08	0.60
四　川	129153	5.19	0.52	1.45	1.38	0.07	5.19
贵　州	76848	2.52	1.66	0.86	0.83	0.03	2.74
云　南	258983	3.04	0.75	0.82	0.75	0.08	3.04
西　藏	44616	1.75	0.42	0.34	0.26	0.07	2.97
陕　西	332581	4.98	1.03	1.72	1.62	0.10	
甘　肃	266816	6.52	1.04	0.86	0.64	0.06	3.92
青　海	59262	1.43	0.22	0.45	0.35	0.04	1.43
宁　夏	83162	3.32	0.90	1.33	1.24	0.10	3.32
新　疆	101537						

阅览室坐席数(个)			志愿者服务队伍数(个)	志愿者服务队伍人数(人)	图书馆延伸服务情况			
	少儿阅览室坐席数	盲人阅览室坐席数			流动图书车数(辆)	流动服务书刊借阅人次(万人次)	流动图书馆车书刊借阅册次(万册次)	分馆数量(个)
74953	**10795**	**963**	**930**	**92419**	**23**	**289.32**	**375.07**	**1321**
2995	535	41	49	4785	2	0.05	2.30	18
4717	418	44	80	1916				1
3070	280	22	6	3800	3	4.80	6.50	2
3237	212	212	21	1132				164
1972	598	96	1	421				34
5862	390	40	7	4000	3	12.15	18.70	144
3244	120	8	14	620		24.22	37.98	1
1782	290	40	8	71		16.69	10.44	73
2316	448	14	97	1403	1	2.18	5.99	275
2747	440	17	1	200		25.12	18.85	60
1359	38	42	3	623				24
1659	278	24	1	53		9.48	7.78	6
2122	1056	33	57	7827	2	92.20	62.89	152
1411	160	20	11	30000	1	39.60	52.40	54
1884	160	20	32	2300		4.92	9.10	2
2074	932		7	227				9
5293	750	24	1	83	1	3.60	8.10	43
2400	1064	24	472	22057		0.12	0.49	51
7812	410	10	4	1552				90
2365	112	26	4	2301	2	22.89	55.01	3
1670	380	9	14	420		0.62	1.97	
2379	755	26	7	3348	2	2.48	7.12	20
2033	140	8	1	1900	1	1.65	4.25	13
1071	95	20	2	210		5.22	7.64	25
1324	70	50	4	130		10.37	39.00	18
300	45				1	0.50		
1927	252	15	20	805	1	6.64	10.94	25
1576	150	30	3	176	1	3.63	7.26	4
1152	132	23	2	49	1			
1200	85	25	1	10				2
					1	0.20	0.35	8

2016年各地区地市级

地区	机构数（个）	从业人员（人）	专业技术人才	正高级职称	副高级职称	中级职称	总藏量（万册）	图书
总　计	**369**	**15070**	**11773**	**305**	**1836**	**5531**	**24106.08**	**19883.15**
北　京								
天　津								
河　北	12	512	445	27	94	176	866.83	644.21
山　西	8	422	207	7	29	97	388.35	314.72
内蒙古	12	550	497	3	126	238	486.26	424.40
辽　宁	23	1211	1018	42	158	522	1983.95	1533.46
吉　林	10	542	469	28	128	187	781.88	657.73
黑龙江	11	518	413	38	77	198	803.76	610.74
上　海								
江　苏	16	992	737	19	113	363	2170.78	1878.58
浙　江	14	1090	700	22	119	318	2063.09	1749.28
安　徽	21	545	378	3	38	162	771.65	593.48
福　建	12	433	332	4	37	148	860.72	658.57
江　西	11	355	269	2	37	120	579.80	473.71
山　东	17	880	741	28	134	337	1430.73	1215.55
河　南	18	778	629	7	93	250	978.48	803.43
湖　北	16	671	588	11	99	323	1148.72	973.74
湖　南	16	541	416	3	56	213	756.57	661.72
广　东	27	1735	1431	34	135	733	3689.13	3322.43
广　西	15	505	380	1	39	200	860.92	481.92
海　南	4	71	55			16	116.76	103.64
重　庆								
四　川	22	687	456	7	61	219	1148.10	963.49
贵　州	10	303	269	4	46	102	299.81	248.72
云　南	18	520	444	7	90	210	536.51	408.28
西　藏	6	34	18			6	45.55	34.85
陕　西	7	298	213	1	33	92	325.89	295.29
甘　肃	17	324	205	1	23	95	291.48	232.73
青　海	7	122	84	1	14	38	106.40	100.00
宁　夏	5	144	122	1	17	49	192.03	127.79
新　疆	14	287	257	4	40	119	421.93	370.72

公共图书馆基本情况

盲文图书	古　籍	善本	报刊	视听文献	缩微制品	其它	在藏量中：	
							开架书刊	少儿文献
24.05	**675.25**	**40.02**	**1976.21**	**608.13**	**7.51**	**955.84**	**12855.84**	**3215.29**
1.72	43.50	1.55	84.35	18.52	4.31	71.95	534.02	84.20
1.64	16.47	1.44	33.44	20.09		3.63	148.57	34.63
2.39	10.52	0.33	38.76	5.84	0.00	6.75	239.12	30.13
0.72	84.94	2.91	180.39	48.81	0.22	136.14	1174.02	233.14
0.44	20.76	1.72	72.25	19.18	0.14	11.83	256.33	100.84
0.50	29.29	1.49	126.46	33.15	0.05	4.07	331.68	53.49
1.11	131.26	9.71	120.68	38.15	1.05	1.07	1214.64	276.66
1.12	56.86	4.24	115.08	125.86	0.01	15.99	1160.42	310.49
1.85	15.18	0.73	64.44	17.30		81.25	395.18	107.10
0.49	10.13	0.64	80.16	19.40	0.03	92.43	441.79	173.84
0.84	16.69	1.75	60.60	9.01	0.04	19.76	220.72	61.63
0.99	40.64	2.08	124.10	10.23	0.52	39.70	907.55	148.47
1.14	45.09	4.22	117.38	7.93	0.59	4.06	516.45	99.44
1.63	36.02	1.19	99.54	13.74	0.13	25.55	694.10	79.70
0.53	15.32	0.56	59.18	17.29	0.14	2.92	463.86	80.28
1.84	24.71	1.10	172.54	139.72	0.17	29.56	1996.34	944.43
0.33	8.44	0.72	96.46	9.61	0.00	264.49	366.40	99.14
0.15	0.58	0.01	10.41	2.07	0.01	0.06	83.74	9.14
1.94	45.97	2.06	96.69	31.79	0.08	10.10	559.04	132.95
0.41	2.13		42.24	4.44		2.29	178.49	23.69
0.47	6.50	0.04	74.21	5.49	0.00	42.03	216.43	36.06
0.10	0.11	0.01	2.43	0.04		8.13	11.74	1.49
0.40	4.70	0.22	18.67	2.61		4.62	213.11	15.79
0.56	7.83	1.03	26.70	1.68	0.01	22.53	164.52	20.75
0.18	0.73	0.08	2.73	0.43	0.02	2.49	36.03	9.78
0.18	0.21	0.20	11.17	0.44		52.42	60.61	14.08
0.38	0.69	0.00	45.18	5.30		0.05	270.96	33.96

续表 1

地　区	电子图书（万册）	本馆自建	本馆外购	免费共享	书架单层总长度（米）	本年新增藏量（万册）	本年新增电子图书（万册）
总　计	**45979.58**	**289.95**	**40455.54**	**5234.09**	**4640149**	**1836.37**	**3651.27**
北　京							
天　津							
河　北	340.26	10.56	308.30	21.40	134670	53.24	37.72
山　西	405.45	21.01	129.61	254.84	57978	49.54	29.04
内蒙古	266.17	0.03	95.30	170.84	72625	17.36	50.81
辽　宁	500.69	6.85	435.34	58.51	172542	95.14	169.19
吉　林	2619.98	4.95	2504.28	110.76	83088	43.51	6.51
黑龙江	390.81	14.28	336.75	39.78	242305	51.57	8.35
上　海							
江　苏	1643.51	1.09	1311.41	331.01	613041	170.26	58.67
浙　江	28045.38	9.47	27624.88	411.03	278334	162.90	1913.26
安　徽	1216.81	2.75	1166.56	47.50	122767	114.70	180.29
福　建	559.61	31.86	517.72	10.03	117469	82.76	84.85
江　西	646.58	0.01	486.46	160.11	47550	29.22	171.48
山　东	1223.14	0.18	1090.13	132.84	292030	121.92	72.94
河　南	473.79	0.11	283.28	190.40	132173	65.18	16.12
湖　北	1633.99	6.67	362.65	1264.67	189255	55.43	211.45
湖　南	265.61	107.11	87.50	71.00	92281	128.97	51.26
广　东	2105.64	41.97	1583.83	479.84	554209	325.23	138.06
广　西	988.10	0.01	427.14	560.95	111093	41.73	42.10
海　南	57.52		27.12	30.40	6931	10.63	3.70
重　庆							
四　川	829.59	3.15	671.72	154.72	984866	85.39	241.93
贵　州	213.53		123.13	90.40	29125	14.72	80.82
云　南	899.94	0.33	450.57	449.05	114775	46.95	32.64
西　藏	23.65	1.00	14.65	8.00	1733	1.59	6.10
陕　西	236.07	0.01	105.06	131.00	62055	20.80	17.55
甘　肃	67.20	1.00	50.69	15.51	54234	19.01	7.54
青　海	89.70	0.70	81.00	8.00	9941	5.76	18.23
宁　夏	68.50		68.50		21830	5.37	0.46
新　疆	168.33	24.85	111.97	31.51	41249	17.48	0.22

当年购买的报刊种类（种）	有效借书证数（个）	总流通人次（万人次）	书刊文献外借人次	书刊文献外借册次（万册次）	为读者举办各种活动：组织各类讲座次数（次）	参加人次（万人次）	举办展览（个）	参加人次（万人次）
328598	**21231847**	**20053.52**	**7394.75**	**16030.57**	**19174**	**292.95**	**5288**	**1891.65**
10789	421984	754.11	235.79	415.97	961	11.16	171	84.60
5544	593432	234.31	86.04	124.95	405	5.30	45	5.86
8377	176480	328.38	86.02	197.28	315	5.36	79	15.76
24571	698462	1215.11	349.95	901.58	1171	11.36	298	89.68
8482	663479	317.55	142.77	326.36	416	5.83	90	20.61
10448	277049	397.58	114.08	235.43	210	2.33	140	44.29
22262	6682701	2446.38	879.10	1824.28	1011	24.05	367	83.48
23788	2205459	2292.93	879.45	2022.65	1449	21.85	614	157.21
13594	538738	718.73	316.00	609.05	948	17.12	261	37.40
9836	534209	854.89	512.12	876.53	1340	8.09	180	42.14
7326	344260	431.34	219.50	450.42	342	7.13	177	20.88
20592	1448914	1730.75	607.32	1042.80	1429	23.77	371	101.92
15270	515687	1098.36	431.31	704.30	1419	15.87	323	48.90
12679	708372	838.53	368.39	771.46	831	16.11	148	32.76
10397	526746	590.41	176.93	483.33	608	14.50	116	219.43
46433	3282927	3045.24	875.71	2897.12	3015	38.55	742	676.51
16679	285377	567.55	140.38	288.90	444	9.40	223	38.52
2029	35998	84.70	18.16	40.10	99	2.13	25	12.39
13106	548690	726.74	324.27	639.05	930	16.50	241	58.77
5265	95911	147.07	94.85	139.45	156	2.86	93	6.92
9306	159417	326.65	121.02	259.40	473	11.13	191	39.54
1246	3336	11.51	1.19	2.24	36	0.28	18	0.95
6241	128012	313.80	97.69	153.40	369	5.20	107	23.22
5641	68664	211.40	125.30	242.11	345	10.18	67	4.53
1923	71764	62.11	38.93	47.26	70	0.31	16	1.74
2655	75361	109.03	54.52	120.32	80	0.80	18	2.50
14119	140418	198.37	97.99	214.84	302	5.81	167	21.14

续表 2

地　区	举办培训班(个)	培训人次(万人次)	开展基层培训辅导人次(万人次)	本单位受训人次(万人次)	计算机(台)	供读者使用电子阅览室终端数	图书馆网站访问量(页次)
总　计	**10707**	**67.698**	**14.878**	**8.9**	**48332**	**28870**	**274678755**
北　京							
天　津							
河　北	244	1.34	0.159	0.249	1764	1013	3889214
山　西	118	0.977	0.097	0.815	1404	1025	2398147
内蒙古	46	0.668	0.359	0.074	1838	1171	1676379
辽　宁	1235	4.535	0.351	0.761	3220	1760	25788875
吉　林	222	0.908	0.141	0.207	1311	648	1994623
黑龙江	123	1.307	0.407	0.075	1481	907	6493573
上　海							
江　苏	306	1.838	1.539	0.965	2823	1503	8094205
浙　江	1880	4.695	0.461	0.259	2841	1537	27932290
安　徽	172	0.968	0.205	0.144	2383	1531	9013220
福　建	384	6.059	0.174	0.748	1644	1079	31325640
江　西	136	0.626	0.663	0.058	1207	662	54689040
山　东	682	5.584	0.345	0.73	3184	1879	12129922
河　南	259	3.079	0.532	0.858	2781	1762	9576478
湖　北	719	5.051	0.342	0.27	1642	951	10870870
湖　南	493	4.234	0.247	0.238	1571	1060	6512015
广　东	2264	14.904	2.027	1.29	6155	3378	22600406
广　西	463	1.684	1.169	0.461	1525	920	2400546
海　南	6	0.091	0.033	0.008	328	180	284961
重　庆							
四　川	264	2.302	4.023	0.195	2251	1377	26901777
贵　州	22	0.142	0.098	0.134	681	393	4055778
云　南	319	3.142	0.412	0.159	1981	1325	3596693
西　藏	3	0.016	0.006	0.001	255	216	45585
陕　西	82	0.618	0.302	0.079	648	318	745690
甘　肃	26	0.328	0.117	0.024	885	514	753388
青　海	38	0.361	0.197	0.022	464	358	383936
宁　夏	15	0.141	0.037	0.02	633	425	397574
新　疆	186	2.101	0.436	0.059	1432	978	127930

本年收入合计(千元)	财政补贴收入		上级补助收入	事业收入	经营收入	附属单位上缴收入	其他收入	本年支出合计(千元)
		购书专项经费						
4363853	**4224670**	**538779**	**44952**	**20787**	**4498**	**380**	**68566**	**4329361**
121948	121539	12538	211	100			98	135005
127608	127563	17123	20		8		17	130322
126237	125697	7662					540	134244
276383	259227	35203	7673	9457			26	252481
113168	111339	12594					1829	126004
120823	113177	6700		46			7600	128610
426040	415087	49690	2245	101			8607	426266
366305	355990	58854	100	1126			9089	364607
134566	128523	29017	956	317			4770	135153
161042	146188	27061	5521	1928	2303		5102	151168
84962	83810	8800	640	475			37	75710
250069	247699	36761	1800				570	259472
148932	143079	16986	652	20			5181	146518
166121	155126	21895	3630	1318			6047	164224
107661	105299	10660	215	233			1914	101876
825071	821650	128590	2140	556			725	836441
104054	93233	10523	8261	23	2187	4	346	99377
17098	16895	80					203	19430
146667	144606	15454	996				1065	149817
63059	61633	4390	1005			376	45	63762
121129	116271	7481	1832				3026	127927
14194	13794	310	400					13929
87921	85597	9372	1850				474	57756
53208	50783	4130	665	1200			560	54285
58685	56163	312	2502				20	50578
39824	28490	1557	803	3697			6834	35915
101078	96212	5036	835	190			3841	88484

续表 3

地　区	基本支出	项目支出	经营支出	在支出合计中：			
				工资福利支出	商品和服务支出	差旅费	劳务费
总　计	**2362664**	**1963591**	**3106**	**1404330**	**1032893**	**24394**	**83594**
北　京							
天　津							
河　北	100940	34063	2	43030	38589	747	4660
山　西	26807	103145	370	22656	12352	434	871
内蒙古	94921	39323		50179	43814	1373	1534
辽　宁	168331	84150		96586	64864	1096	3169
吉　林	80976	45028		42833	31353	683	1945
黑龙江	87325	41285		39871	22264	447	690
上　海							
江　苏	199911	226355		111879	106318	4021	17413
浙　江	175924	188683		127257	91548	1788	11703
安　徽	70872	64081	200	38933	28790	477	1648
福　建	72748	77034	1386	51088	34410	654	2407
江　西	49658	26052		28874	16537	574	953
山　东	136858	122614		89259	34272	617	4925
河　南	88366	58152		51025	34209	873	5977
湖　北	99790	64434		58504	48127	709	1829
湖　南	71289	30587		41281	22770	730	2658
广　东	403589	432822	30	239047	215307	1842	5945
广　西	55823	43336	218	37698	20894	1104	638
海　南	7705	11725		6894	5277	83	524
重　庆							
四　川	78200	71617		57570	51902	2106	6405
贵　州	48387	15375		26041	8291	492	612
云　南	71804	56123		47643	23018	1194	2499
西　藏	5503	8426		2026	1362	118	41
陕　西	32284	25172	300	20781	14919	362	858
甘　肃	41584	12101	600	19844	9471	404	673
青　海	22237	28341		11888	8074	484	747
宁　夏	22526	13389		14619	7432	156	417
新　疆	48306	40178		27024	36729	826	1853

福利费	各种税金支出	对个人和家庭补助支出	抚恤金和生活补助	其他资本性支出	各种设备购置费	新增藏量购置费	新增数字资源购置费	资产总计（千元）
11314	**8163**	**510955**	**16729**	**1370880**	**893747**	**492754**	**138705**	**13907858**
274		16147	311	37239	26098	13392	3054	350464
89		5157	84	86812	23042	17683	4343	227223
417	5	18748	2145	21503	16604	9787	4195	722074
55	830	47741	5794	43290	36517	22449	6123	764485
90	25	24463	1409	27355	25304	11411	4872	384148
213		25965	352	40510	22060	7421	2203	295657
596	710	42830	513	165239	79479	52197	5565	1165243
4062	104	24317	167	118428	85788	48436	13183	1350682
114		10300	70	57130	35599	22266	4566	431939
192	66	9951	317	55272	48619	23067	7377	398110
146	77	13771	60	16528	10676	7544	1708	208953
320	68	30953	1063	104988	63898	37544	7754	790714
395	11	17430	598	43854	31629	15526	2359	424994
289	184	22972	438	34621	33048	16085	3848	604208
492	61	15578	600	22247	17871	9684	2240	252454
1379	5718	91189	231	290898	191574	121814	43316	3484923
107	134	14433	166	26352	20701	10678	2455	302948
4	10	1689		5570	2047	1325		71436
403	54	8130	420	32105	24525	11772	4708	417792
242	26	17081	524	12349	8487	4656	3317	122194
807	5	16480	128	40496	38951	8151	6522	280333
		420		10079	8520	720		29556
64		5742	109	16314	14440	7248	1959	198159
201		12586	340	10534	7505	3840	1043	252956
		4506	360	24948	3845	1780	125	44396
3		4514	240	9350	5579	1448	697	155802
360	75	7862	290	16869	11341	4830	1173	176015

续表 4

地　区	固定资产原值	实际使用公用房屋建筑面积（万平方米）	书库面积	阅览室面积	书刊阅览室面积	电子阅览室面积	实际拥有产权面积（万平方米）
总　计	**11764480**	**420.60**	**81.68**	**119.53**	**95.70**	**13.94**	**219.91**
北　京							
天　津							
河　北	289611	14.96	2.30	4.23	3.89	0.29	9.91
山　西	210822	12.77	1.66	4.74	3.12	0.77	8.58
内蒙古	597878	14.13	2.01	3.41	2.74	0.49	5.15
辽　宁	636802	23.11	4.15	5.82	3.84	0.66	11.42
吉　林	320492	10.90	1.83	2.62	1.86	0.23	6.10
黑龙江	265204	11.51	2.27	2.71	2.26	0.34	2.69
上　海							
江　苏	887685	33.51	6.36	8.85	7.59	0.56	14.11
浙　江	1062098	27.95	4.90	7.16	6.21	0.62	11.65
安　徽	400295	19.18	3.41	6.87	5.57	0.60	12.51
福　建	263097	10.56	2.13	4.21	3.76	0.31	4.04
江　西	166278	12.22	2.91	4.24	3.19	0.43	5.60
山　东	669634	36.33	7.89	9.78	7.52	0.94	20.52
河　南	312898	26.66	6.19	6.57	5.30	1.07	20.79
湖　北	488144	30.04	7.48	7.65	5.40	1.57	15.26
湖　南	211885	12.68	4.26	3.42	2.75	0.58	9.16
广　东	3264503	55.28	7.17	17.44	15.57	1.79	19.18
广　西	256347	11.16	2.12	2.63	1.84	0.35	3.61
海　南	51260	1.70	0.51	0.33	0.25	0.06	2.04
重　庆							
四　川	365624	14.72	3.52	4.34	3.61	0.46	11.30
贵　州	95630	4.34	1.25	1.66	1.13	0.17	4.20
云　南	223048	9.51	2.19	2.66	1.81	0.62	5.41
西　藏	28066	1.46	0.17	0.26	0.14	0.08	0.44
陕　西	175954	4.76	1.06	1.67	1.58	0.10	5.67
甘　肃	238249	6.27	1.42	2.26	1.85	0.30	4.15
青　海	34607	2.31	0.41	1.16	0.96	0.14	0.89
宁　夏	139873	4.23	0.69	0.80	0.50	0.13	2.46
新　疆	108496	8.34	1.46	2.06	1.49	0.30	3.09

阅览室坐席数（个）			志愿者服务队伍数（个）	志愿者服务队伍人数（人）	图书馆延伸服务情况			
	少儿阅览室坐席数	盲人阅览室坐席数			流动图书车数（辆）	流动服务书刊借阅人次（万人次）	流动图书馆车书刊借阅册次（万册次）	分馆数量（个）
261422	**57686**	**5288**	**1308**	**65598**	**381**	**1052.53**	**1856.84**	**3358**
9716	1684	155	26	2136	2	7.74	14.99	53
8099	885	109	8	695	6	11.91	20.92	53
8814	1403	169	9	995	1	14.55	30.97	40
12593	2992	243	75	6928	2	194.98	543.17	350
6671	802	128	15	531	3	31.84	35.29	35
6558	917	65	15	1380	3	29.72	58.19	170
16257	4305	244	79	4415	13	53.18	69.84	287
14728	4681	223	72	9838	17	100.40	149.92	193
14886	3426	392	35	2294	4	18.70	33.42	222
9062	2713	129	18	800	4	53.58	66.94	283
10089	2398	391	15	1470	3	50.59	54.37	41
19590	3698	376	34	2210	8	36.06	48.08	213
18198	3315	552	29	1265	9	43.34	65.14	70
12390	2633	219	54	1519	17	65.39	106.57	171
8313	2058	102	39	2330	3	8.51	17.59	161
32848	8653	256	441	19589	246	156.20	218.53	439
7916	2442	155	77	1386	4	20.56	52.58	71
1108	290	18	6	671	2	2.16	4.03	2
10820	2240	367	86	2274	10	34.82	70.56	106
4406	773	160	32	221	2	8.81	15.89	16
7088	1421	381	109	657		30.97	40.94	41
808	82	14	1	359	1	0.10	0.08	
3795	520	74	5	657	4	14.45	24.74	61
5626	1245	153	6	110		6.70	15.61	1
1276	298	34	2	67	7	14.24	19.63	1
2244	512	54	5	112	3	23.91	48.51	28
7523	1300	125	15	689	7	19.13	30.36	250

2016年各地区县市级

地 区	机构数（个）	从业人员（人）	专业技术人才	正高级职称	副高级职称	中级职称	总藏量（万册）	图书
总 计	**2744**	**32845**	**21316**	**143**	**1848**	**9628**	**42237.92**	**35963.70**
北 京	23	898	717	3	42	237	1786.06	1660.34
天 津	29	627	555	3	70	224	803.80	737.01
河 北	159	1176	715	8	74	331	1172.38	1028.77
山 西	118	1024	658	1	21	299	1009.30	833.33
内蒙古	104	1236	953	8	133	414	859.37	740.03
辽 宁	106	1321	939	15	77	580	1290.60	1103.43
吉 林	55	836	702	7	93	344	621.49	510.42
黑龙江	96	953	796	22	179	392	751.24	671.98
上 海	22	1304	1037	3	48	376	2006.51	1863.20
江 苏	97	1916	1123	11	112	506	4291.99	3962.72
浙 江	87	2183	1192	16	119	552	4232.62	3820.33
安 徽	101	834	520		29	197	1062.83	914.88
福 建	76	743	453	1	24	221	1785.17	1429.64
江 西	101	884	478	8	26	192	1233.72	963.33
山 东	136	1728	1406	7	195	676	2804.89	2401.88
河 南	138	1957	838	1	32	421	1298.99	1081.73
湖 北	95	1238	851		41	523	1407.84	1165.19
湖 南	119	1248	815	1	37	405	1492.99	1191.13
广 东	114	2323	1148	8	54	509	3374.55	2711.94
广 西	96	756	522		13	202	1181.96	845.75
海 南	18	147	101			19	190.12	166.30
重 庆	41	611	356	9	47	147	1007.35	877.95
四 川	180	1377	763	2	25	273	1839.48	1534.38
贵 州	87	626	427	3	27	134	757.75	600.42
云 南	132	1166	1026	2	204	515	1219.67	962.87
西 藏	74	104	52	1	1	2	83.40	64.45
陕 西	102	1489	862	2	22	380	813.75	675.16
甘 肃	85	932	465	1	35	182	665.50	487.32
青 海	41	215	147		9	68	172.77	135.81
宁 夏	20	281	181		10	91	267.13	224.32
新 疆	92	712	518		49	216	752.73	597.69

公共图书馆基本情况

盲文图书	古籍	善本	报刊	视听文献	缩微制品	其它	在藏量中：开架书刊	少儿文献
56.88	**484.46**	**41.23**	**3277.87**	**635.85**	**22.03**	**1854.03**	**23570.42**	**4441.71**
0.32	5.11	0.31	33.30	40.82	0.06	46.43	1234.40	184.75
0.94	4.50	0.23	39.61	9.13	0.05	13.49	391.53	61.47
2.14	6.29	0.48	77.20	7.88	0.33	51.92	633.79	96.03
1.23	29.16	4.51	106.27	6.90	1.11	32.55	423.33	60.92
0.55	3.26	0.47	80.93	6.34	0.36	28.45	478.34	64.18
1.38	4.45	0.94	42.70	29.49	0.74	109.79	759.88	190.23
0.67	1.05	0.04	42.61	10.24	0.19	56.98	384.15	85.78
0.67	1.50		62.88	4.99	0.24	9.65	416.42	55.01
1.06	9.61	1.19	33.80	91.92	0.01	7.96	1313.99	244.03
4.07	54.32	3.59	197.18	43.79	0.43	33.55	2444.67	496.29
3.21	53.85	2.54	223.84	83.28	0.24	51.09	2740.68	609.41
4.34	11.95	0.42	76.43	27.09	0.48	32.01	478.92	111.88
0.77	12.56	1.78	123.33	36.65	1.11	181.89	929.27	195.43
5.17	24.02	2.89	179.51	10.06	0.77	56.03	508.76	127.57
6.27	26.02	3.03	216.47	25.89	3.23	131.41	1348.10	260.67
1.16	15.14	1.18	162.78	10.32	0.25	28.77	626.26	102.68
1.73	15.39	1.72	160.96	12.41	3.62	50.28	790.52	158.99
6.51	39.71	3.32	187.25	12.12	0.74	62.04	702.67	142.33
1.53	12.71	0.94	163.03	77.23	0.85	408.79	2173.67	382.39
0.37	8.29	0.17	233.81	7.30	0.91	85.91	528.41	79.07
0.03	0.64	0.42	20.81	0.99	0.01	1.37	75.89	6.86
2.83	26.68	2.33	58.56	16.97	0.11	27.08	708.27	143.24
2.86	47.59	2.33	168.06	14.48	2.60	72.37	989.78	184.34
1.26	4.63	0.85	93.14	9.09	0.74	49.72	435.17	66.86
2.27	27.95	1.96	154.24	11.48	1.17	61.96	752.65	109.73
0.03	0.91	0.10	7.44	0.62	0.35	9.64	8.35	5.35
1.59	19.35	0.79	75.56	7.32	0.36	36.00	401.67	61.79
0.60	12.50	1.86	115.42	5.87	0.18	44.21	328.50	53.30
0.24	2.96	0.19	9.51	2.01	0.28	22.21	48.53	12.84
0.51	1.85	0.63	29.69	3.08	0.11	8.08	111.19	35.66
0.60	0.54	0.02	101.55	10.10	0.42	42.43	402.70	52.65

续表 1

地　区	电子图书（万册）	本馆自建	本馆外购	免费共享	书架单层总长度（米）	本年新增藏量（万册）	本年新增电子图书（万册）
总　计	**35849.45**	**1377.85**	**16769.76**	**17701.84**	**5918446**	**3574.79**	**6817.55**
北　京	3608.07	8.42	424.61	3175.04	173823	189.27	1024.24
天　津	877.60	0.04	586.05	291.51	100971	56.70	195.70
河　北	571.31	62.65	364.54	144.12	286801	69.27	311.87
山　西	216.10	39.68	172.24	4.19	111706	67.42	65.76
内蒙古	342.80	66.35	182.56	93.90	145923	57.40	32.01
辽　宁	327.61	11.36	268.72	47.54	146578	67.40	10.83
吉　林	321.32	65.52	125.98	129.82	86417	34.35	162.63
黑龙江	333.39	2.72	27.38	303.29	98205	55.54	12.00
上　海	503.24	3.87	382.66	116.71	206698	126.61	55.27
江　苏	4074.62	78.50	2406.08	1590.05	436318	367.72	1196.89
浙　江	5958.64	249.52	2285.12	3424.00	437713	521.36	1037.08
安　徽	2496.33	60.97	2090.33	345.03	113158	99.63	306.14
福　建	1383.99	57.45	702.82	623.72	209594	138.12	225.04
江　西	461.13	15.13	306.15	139.85	166343	78.58	101.44
山　东	762.59	38.03	463.94	260.62	345672	172.87	97.67
河　南	833.58	53.11	583.10	197.37	187405	84.48	45.18
湖　北	1163.79	92.72	437.71	633.36	208812	189.60	224.90
湖　南	525.49	12.65	314.93	197.91	239174	121.35	160.26
广　东	2998.48	149.82	1517.39	1331.28	446759	522.95	644.58
广　西	225.26	7.70	161.44	56.12	203841	42.76	5.23
海　南	308.34	14.01	250.78	43.55	26695	9.70	49.79
重　庆	854.67	55.49	447.37	351.81	266390	133.75	144.02
四　川	1317.93	45.79	755.30	516.84	559964	105.19	119.23
贵　州	578.76	16.49	433.37	128.90	110077	35.12	243.41
云　南	1051.36	20.75	548.83	481.78	240379	57.58	204.25
西　藏	11.85	0.01	1.20	10.64	8765	15.17	0.91
陕　西	3126.11	104.68	146.95	2874.48	95451	64.78	90.60
甘　肃	113.90	3.46	89.17	21.27	96756	29.82	21.80
青　海	57.38	7.70	46.67	3.00	27457	8.44	2.97
宁　夏	19.51	0.60	11.81	7.10	34934	16.52	12.31
新　疆	424.30	32.68	234.55	157.06	99667	35.35	13.56

当年购买的报刊种类（种）	有效借书证数（个）	总流通人次（万人次）		书刊文献外借册次（万册次）	为读者举办各种活动			
			书刊文献外借人次		组织各类讲座次数（次）	参加人次（万人次）	举办展览（个）	参加人次（万人次）
624716	**24040770**	**36070.28**	**14590.84**	**27693.23**	**43982**	**621.72**	**15988**	**2668.79**
16767	578967	876.66	456.79	790.33	1523	13.77	280	88.25
11227	269342	525.20	225.71	500.68	1303	14.41	418	39.84
16626	325467	617.92	304.29	514.62	1245	17.71	589	136.08
12044	236421	436.50	207.56	318.45	1401	20.56	407	46.27
19358	193843	358.52	171.70	355.82	916	10.20	268	24.86
20207	611158	855.94	337.96	775.45	1287	14.24	450	71.67
8794	211853	357.39	176.54	319.13	377	6.53	163	48.75
12828	190637	368.19	161.57	308.23	750	10.43	357	32.34
33080	1160343	2608.89	602.82	2207.10	2731	25.91	284	71.90
50475	3710631	3679.50	1883.88	3111.16	2275	37.42	809	183.01
52053	6169557	7161.20	1786.76	4337.88	2724	42.38	1524	375.90
16418	446083	1132.44	584.72	913.07	1126	16.04	451	61.70
20668	526956	1426.89	651.14	1381.18	1540	20.39	562	82.67
16917	433632	810.57	449.35	755.17	1187	15.59	726	64.89
35984	2083450	1788.29	1061.38	1663.93	3611	53.98	947	107.21
20042	540030	1185.95	704.50	978.28	1861	30.53	741	61.50
18657	691589	977.35	582.76	890.33	1483	23.53	662	98.25
23096	589936	988.96	594.92	934.35	1772	29.16	445	51.62
40117	2580650	3872.99	942.79	2009.37	4475	59.94	933	287.80
20144	275416	1024.89	328.18	664.52	1128	21.15	503	47.42
3738	19475	65.69	26.98	51.83	87	1.03	75	5.71
20733	416430	963.39	431.53	873.14	1400	25.74	729	183.41
37177	733415	1442.28	661.09	1072.84	2506	37.46	846	171.96
12503	270508	410.34	202.59	316.13	1171	12.50	313	37.61
25577	229452	767.61	369.12	625.52	1301	22.50	728	118.31
2993	21569	10.87	3.54	4.87	34	0.34	56	2.85
22228	169966	494.22	242.16	334.16	1154	13.94	752	60.94
7937	156780	356.13	195.81	282.20	682	9.94	295	35.53
3934	19314	48.75	28.60	34.10	83	0.93	40	3.65
4336	53290	142.58	64.25	115.74	205	3.16	46	2.60
18058	124610	314.18	149.90	253.64	644	10.37	589	64.29

续表 2

地　区	举办培训班(个)	培训人次(万人次)	开展基层培训辅导人次(万人次)	本单位受训人次(万人次)	计算机(台)	供读者使用电子阅览室终端数	图书馆网站访问量(页次)
总　计	**25446**	**160.48**	**61.69**	**11.70**	**139606**	**96683**	**163257053**
北　京	955	5.48	1.30	0.40	3609	1650	6617695
天　津	531	2.20	1.78	0.54	2325	1544	9151644
河　北	622	4.16	1.86	0.15	5352	3921	8212632
山　西	480	4.23	3.67	0.55	4499	3507	660296
内蒙古	398	2.26	1.04	0.59	4115	2903	778652
辽　宁	558	5.16	1.78	0.27	5331	2990	1302427
吉　林	248	1.73	1.17	0.16	2676	1691	846704
黑龙江	425	2.26	0.68	0.21	3768	2582	195742
上　海	1069	4.08	0.34	0.70	3842	2080	19521199
江　苏	1350	8.24	4.31	0.77	6600	4146	20778699
浙　江	2836	12.04	2.65	1.28	8041	5193	16562964
安　徽	586	5.28	2.15	0.21	4801	3734	4550031
福　建	738	4.34	0.80	0.25	3944	2649	15148158
江　西	503	4.68	1.57	0.11	5438	4018	1057075
山　东	1335	9.82	3.64	0.52	7849	5485	3606975
河　南	865	7.40	2.52	0.74	6335	4381	1600455
湖　北	807	5.64	4.38	0.47	4699	3448	4190553
湖　南	1200	7.66	2.81	0.19	4891	3573	8015931
广　东	1789	11.04	1.90	0.82	9009	6134	10113710
广　西	1360	8.57	2.23	0.32	4178	2996	529093
海　南	63	0.47	0.32	0.05	868	674	608629
重　庆	1842	8.27	2.49	0.13	3715	2764	3597885
四　川	1182	7.86	6.48	0.49	8032	5861	11431344
贵　州	564	4.13	0.85	0.85	4095	2832	2929640
云　南	989	8.74	2.44	0.34	5233	3854	6745919
西　藏	34	0.19	0.77	0.01	1034	757	6354
陕　西	1098	6.97	2.26	0.19	4625	3511	1907812
甘　肃	333	2.47	1.37	0.14	3739	2652	926854
青　海	89	0.66	0.16	0.02	1536	959	32820
宁　夏	130	0.89	0.23	0.09	1428	1048	28249
新　疆	467	3.58	1.74	0.17	3999	3146	1600912

本年收入合计(千元)	财政补贴收入		上级补助收入	事业收入	经营收入	附属单位上缴收入	其他收入	本年支出合计(千元)
		购书专项经费						
6260583	**5988227**	**602225**	**163908**	**29833**	**9226**	**1200**	**68189**	**6148600**
381476	376713	20505	484	3625	396		258	401129
224714	222167	16602	193	2096			258	218572
133029	130654	6276	615	940	95		725	117773
139977	139975	13469					2	134833
182559	181459	3967	645				455	181315
169346	168556	10066	680	94			16	171199
127022	126267	8171	295				460	117410
163172	161713	9083	1099	171			189	159851
560610	548198	71262	892	5316		844	5360	548979
437784	419682	59067	4353	3268	8180		2301	431359
636050	594542	87279	18280	1651			21577	606847
121848	109193	9553	9046	1937		5	1667	120081
164215	154943	24465	5589	1045			2638	175488
124822	114479	10746	5132	1890	1	102	3218	114458
252253	244438	25531	6244	19			1552	253787
150585	147319	9957	2009	326	10	5	916	148123
210563	199503	25504	5840	1027		59	4134	205887
192266	177398	23864	11676	554	62	50	2526	189635
583029	556765	71911	22635	1059			2570	561366
103102	85543	7698	16721	334	146		358	101805
26909	25797	2904	955	20			137	25330
189569	183954	27051	5003	234	120	90	168	183084
259038	249250	17099	8250				1538	257380
79564	67695	4531	8735	1808			1326	78122
187950	171146	7346	10065	10		10	6719	177010
16286	12658	2335	3212	253		20	143	13910
154620	147670	11903	6194	80	11		665	162543
105788	100548	4786	3164	722	200		1154	104870
29873	28622	1968	689	208	5	5	344	29257
37092	30821	3835	2947	1134			2190	42887
115472	110559	3491	2266	12		10	2625	114310

续表 3

地区	基本支出	项目支出	经营支出	在支出合计中：			
				工资福利支出	商品和服务支出		
						差旅费	劳务费
总　计	**4008340**	**2124366**	**5683**	**2493398**	**1471561**	**38042**	**138070**
北　京	199944	199788	396	123576	129449	235	2053
天　津	146462	72110		80177	40590	171	3728
河　北	100011	17632	90	63572	17364	536	1425
山　西	85817	48641		59868	18459	844	1521
内蒙古	168148	13041	126	91991	30007	1877	2057
辽　宁	144627	26562	10	91527	28638	652	2380
吉　林	87510	29872	28	51482	20575	657	934
黑龙江	94220	65508	123	58208	12896	840	900
上　海	346083	202892		229693	180279	467	6833
江　苏	282279	146571	2509	162036	101563	1992	4726
浙　江	306151	300696		215250	187066	1958	28457
安　徽	86889	32598	432	48814	24747	1107	1556
福　建	100587	73431	50	57324	47236	983	7397
江　西	100483	12038	188	53264	21714	1598	1170
山　东	196627	57146	14	127481	42099	1123	2637
河　南	129537	18517	69	78855	25425	1040	1798
湖　北	129529	76356	2	81166	42437	1013	1816
湖　南	123797	65285	62	76044	35006	1508	1896
广　东	273151	288159	56	159153	189865	1628	28778
广　西	80626	19544	46	48146	19280	1840	1170
海　南	15099	10001	230	10867	4582	443	360
重　庆	84337	98607	140	47529	50216	5649	10743
四　川	150633	106712	39	107041	81913	3455	11968
贵　州	60757	15028	150	40418	10265	594	1491
云　南	135797	40899	85	91844	33542	1036	2551
西　藏	12392	662	122	5982	1391	185	73
陕　西	131008	31000	335	86308	29536	1782	2760
甘　肃	89939	14738	193	57004	14650	1274	1823
青　海	23022	6191	10	14823	3153	364	116
宁　夏	35444	7393	50	18770	5229	164	929
新　疆	87434	26748	128	55185	22389	1027	2024

福利费	各种税金支出	对个人和家庭补助支出		其他资本性支出				资产总计（千元）
			抚恤金和生活补助		各种设备购置费	新增藏量购置费	新增数字资源购置费	
23879	**12597**	**648582**	**28658**	**1478122**	**1093646**	**655349**	**92925**	**17760526**
1994	1597	48767	934	96572	72829	36074	5555	1153766
927	862	39319	506	35447	28059	15523	6286	337548
218		11409	898	25388	19208	12164	1337	272172
78	39	10074	388	46264	25755	15265	1396	461904
491	8	33582	1072	25735	21729	8388	1425	297506
566	3	29373	1321	21261	15777	10719	935	330372
113	2140	23854	1200	21493	15022	7068	418	174204
160	24	21286	1140	66510	14323	10310	729	228570
3987	201	12307	863	126700	112069	55047	18831	2126084
992	374	53248	1021	114512	91492	70704	10937	1350377
5247	399	33173	671	171266	142247	92097	8291	1433550
477		16552	954	28956	23307	14295	1608	340006
700	4186	12035	500	55390	45520	27302	2477	520903
1312	111	18770	1102	20498	14594	9347	1479	271403
98		24304	1056	58764	48504	28469	2193	503185
388	71	14829	1118	28814	24381	12636	1151	396826
426	455	23677	752	58607	39476	26659	1536	449621
1174	155	13477	886	64960	45473	25122	2485	1209808
2107	404	65885	2276	135558	109210	72487	8231	2256618
168	253	15101	1082	19043	14058	8469	367	245585
6	2	1188	39	7154	5630	3394	893	77156
619	21	26083	1272	53160	36198	21503	6354	430295
524	62	17680	779	50564	31261	19293	2897	676706
106	2	9959	798	17202	9783	6289	1012	530948
337	630	20786	1754	27380	17364	10486	717	566133
28	5	220	220	6125	4859	1514	19	244102
129	49	16197	2194	30501	24234	14514	1770	224676
202	146	15912	477	16842	9590	6184	759	265684
80	63	1755	19	9522	7652	1686	10	32857
19	30	4318	567	14660	6453	4135	585	107935
206	305	13462	799	23274	17589	8206	242	244026

续表 4

地区	固定资产原值	实际使用公用房屋建筑面积（万平方米）	书库面积	阅览室面积	书刊阅览室面积	电子阅览室面积	实际拥有产权面积（万平方米）
总计	**15896149**	**798.89**	**155.06**	**226.60**	**148.81**	**42.98**	**475.85**
北京	1041638	18.06	4.26	4.56	3.59	0.58	7.04
天津	272037	13.59	3.85	3.51	2.63	0.77	4.14
河北	258110	27.17	5.97	9.25	6.17	1.79	17.31
山西	407500	27.03	5.37	8.61	5.47	1.81	27.37
内蒙古	279022	21.26	3.21	6.28	4.08	1.49	8.80
辽宁	290875	22.76	4.11	5.98	4.56	1.03	9.91
吉林	144766	10.55	1.96	3.46	2.43	0.77	7.09
黑龙江	202654	14.73	2.89	4.68	2.66	1.11	5.76
上海	1918414	28.85	3.28	9.18	7.67	0.85	15.97
江苏	1217554	72.37	9.16	18.50	10.57	2.07	44.29
浙江	1133975	71.99	11.34	20.99	12.75	2.89	30.67
安徽	275909	21.57	3.69	5.98	3.95	1.45	13.59
福建	459302	26.20	6.70	7.52	5.73	1.02	18.15
江西	214658	22.48	5.56	7.14	4.42	1.47	16.49
山东	456225	65.18	11.16	13.60	8.59	2.61	23.27
河南	371561	30.53	6.37	7.81	5.27	1.76	17.78
湖北	396569	29.73	6.80	8.27	5.01	1.91	25.58
湖南	1149552	25.98	6.74	6.70	4.24	1.71	20.88
广东	2161868	64.57	11.87	18.85	14.23	3.19	39.87
广西	196264	16.92	4.82	4.81	2.96	1.23	12.66
海南	69999	3.82	0.82	0.70	0.45	0.21	2.48
重庆	367415	25.35	4.97	7.15	4.81	1.06	19.55
四川	609033	39.85	8.41	13.82	9.73	2.85	23.82
贵州	419280	16.09	3.35	4.69	2.75	1.07	12.49
云南	525774	24.22	5.85	5.99	3.59	1.74	17.14
西藏	242449	2.19	0.82	0.60	0.31	0.22	0.64
陕西	198498	17.59	3.69	5.50	3.37	1.43	12.07
甘肃	256641	13.97	2.63	3.50	2.05	0.89	9.27
青海	31638	2.66	0.72	0.88	0.51	0.24	0.66
宁夏	96520	4.80	1.04	1.41	0.81	0.40	3.92
新疆	230449	16.88	3.65	6.69	3.46	1.36	7.19

阅览室坐席数（个）			志愿者服务队伍数（个）	志愿者服务队伍人数（人）	图书馆延伸服务情况			
	少儿阅览室坐席数	盲人阅览室坐席数			流动图书车数（辆）	流动服务书刊借阅人次（万人次）	流动图书馆车书刊借阅册次（万册次）	分馆数量（个）
644290	**173375**	**17619**	**4861**	**116982**	**1446**	**1637.13**	**2793.91**	**10094**
14321	3730	182	20	666	20	8.58	62.15	323
10088	2399	223	55	1492	10	21.74	52.81	38
25638	6239	636	182	1358	64	23.59	32.24	61
20383	4896	706	63	1045	150	57.25	75.64	202
17529	4985	455	29	921	32	32.80	55.15	153
19317	4636	574	92	4120	44	30.52	75.56	325
10921	3004	346	39	914	17	29.75	54.18	259
15107	4919	279	73	925	34	36.60	67.35	179
19901	4077	206	180	15816	4	75.10	117.32	440
35033	10191	1138	166	10826	26	93.35	168.33	1905
48822	11427	1075	238	16806	49	212.56	472.21	911
19035	5743	959	89	2047	24	47.07	71.73	1205
21418	5827	361	95	4780	14	61.91	98.16	338
23306	7274	1208	143	1205	33	48.73	51.10	166
40008	9248	1535	293	5043	30	62.04	108.62	646
28840	8486	846	125	1643	54	47.95	65.26	278
25674	7935	679	707	3429	82	100.25	136.40	178
25014	8050	591	1306	5726	41	50.16	77.94	157
53255	12643	675	102	19115	43	131.72	235.65	755
19133	6040	297	116	1841	40	33.45	54.46	40
2792	709	44	3	63	4	6.43	9.80	13
22196	5448	672	89	1684	42	80.76	151.44	433
37130	9047	1184	174	5701	111	103.94	167.27	223
15789	4764	755	91	1352	65	38.07	51.04	153
19077	5766	511	76	818	99	82.51	118.87	181
1903	226	25	44	354	74	1.08	1.07	1
15981	4663	601	81	2037	92	41.15	53.84	479
12956	3941	379	73	1042	58	28.55	35.75	19
1743	369	20	1	12	39	8.63	9.86	3
5263	1271	214	8	363	7	10.75	21.31	6
16717	5422	243	108	3838	44	30.13	41.40	24

主要统计指标解释

1．**藏量**：指本馆已编目的古籍、图书、期刊和报纸的合订本、小册子、手稿，以及缩微制品、录像带、录音带、光盘等视听文献资料数量之和。

对同一书名，但分若干册（卷）的图书，按每一册（卷）作为一册统计。期刊和报纸均以每一合订本为一册统计。至填报本表时，尚未装订成册编目的期刊和报纸不应统计在内。

2．**图书**：指装订成册，不少于 49 页，并在“古籍”范围以外的纸介质图书。装订成册但不足 49 页的，按小册子统计到“其他”类中。

3．**盲文图书**：指供盲人读者阅读的图书。

4．**报刊**：指刊登当前事件的专题或综合新闻，每周至少出版一张并按年、月、日顺序或按编号排列的连续出版物。或者是同一刊名下，按顺序号或按年、月、日出版的定期或不定期的一种连续出版物。包括报纸和期刊。

5．**古籍、善本**：实际成书和出版年代在 1911 年（含 1911 年）以前的线装、卷轴装、经折装、蝴蝶装、包背装等书籍为古籍。其中清乾隆六十年即 1795 年（含 1795 年）以前的古籍为善本，1795 年至 1911 年间的具有历史文献性、学术资料性和印刷装帧艺术代表性的也归为善本。

6．**视听文献**：包括各类型声频文献（唱片、录音带、盒式磁带等）、视频文献（例如幻灯片、透明正片等）和声频与视频混合文献（例如有声电影、录像片等）。

7．**缩微文献**：指所有经过缩微处理制成缩微胶卷和缩微平片，使用时需要放大的文献资料。

8．**其他**：指馆藏文献资源中，不在以上任何一类文献中的内容。

9．**开架书刊**：指图书馆总藏量中已上架并可用于外借或馆内阅读的图书、报刊等。

10．**少儿文献**：是指供少儿阅读的文献，包括图书、绘本、画册、连环画等，不论其是否装订成册，或页数是否达到 49 页，均按 1 个“册件”计算在内。“少儿文献”不纳入“总藏量”加总计算，在图书、报刊、视听文献、缩微制品中，涉及少儿文献的，仍然分别统计在内。

11．**电子图书**：指本馆通过购买方式取得当前使用权的电子图书，以及本馆自建或与其他机构合作建设的电子图书。

本馆自建电子图书：指本馆通过数字化加工、网络采集、依法保存等方式获得，并在本地存储和保管的电子图书。

本馆外购电子图书：指本馆付费获得使用权不少于 12 个月的电子图书。

从其他机构免费共享的电子图书：指其他机构通过 VPN 共享、本地镜像或硬存储等方式免费授权给本馆使用的电子图书。

12．**书架单层总长度**：指馆藏实际占用书架、书柜单层单面长度之和。

13．**本年度新购藏量**：是指本年度内，通过购买、征集、竞拍等各种方式新入藏的各类型文献资源总量（不包括电子图书）。

14．**新增电子图书**：指图书馆本年度通过自建、购买（获得使用权不少于 12 个月）的电子图书总量。

15．**当年购买的报刊种类**：指图书馆当年购买的期刊和报纸种类之和。其计量原则同图书。

16．**有效借书证数**：是指由本馆或本馆所在总分馆体系中其他图书馆发放，并在当年内在本馆、本馆下辖分馆或本馆派出各类馆外服务设施中使用过至少一次的借书证数。

17．**总流通人次**：指本年度内到图书馆场馆接受图书馆服务的总人次，包括借阅书刊、咨询问题，以及参加各类读者活动等。

18．**书刊文献外借人次**：指通过本馆或本馆所辖分馆以及本馆派出的馆外服务设施将本馆各类型文献资源借出阅读的读者人次。

19．**书刊文献外借册次**：指读者通过由本馆或本馆所辖分馆以及本馆派出的馆外服务设施借出阅读的本馆各类型文献册次。

20．**组织各类讲座次数、参加人次**：指由本馆举办或与外机构联合举办的各类讲座次数及参加这些讲座的人次。

21．**举办展览个数、参观人次**：指本馆举办或与外机构联合举办的在馆内或馆外展览的展览个数及参观人次。个数按展览的内容计算。同一内容的展览不论在哪些地点展出和展出时间多久，只计算一个。

22．**举办训练班班次、培训人次**：指本馆举办或与外机构联合举办的各种科普、文化、艺术等训练班，按截止到年底办完的班数及培训人数分别计算班次及培训人次。截止到年底未办完的班数和人数均在下一年度统计。

23．**为少儿举办的专场活动**：是指专门以少年儿童为受众组织的展览、讲座、读书、培训等活动，含亲子阅读类活动。

24．**图书馆网站访问量**：指本年度中图书馆网站中所有网页（含文件及动态网页）被访客浏览的总次数。图书馆网站指有独立域名的Web站点，其中包括cn和通用顶级域名下的Web站点。

25．**计算机台数**：指图书馆内列入固定资产管理并正在使用的计算机终端台数。

26．**供读者使用的终端数**：指图书馆内放置可供读者使用的计算机台数。

27．**新增藏量购置费**：指本馆本年购进图书、报刊、缩微制品、视听文献等藏品所用经费之和。

28．**新增电子图书购置费**：指图书馆本年度专门用于自建、购买电子图书的经费。

29．**少儿阅览室座席数**：指图书馆中专门提供给少年儿童使用的座位数。

30．**盲人阅览室座席数**：指图书馆中专门提供给盲人使用，并配置有专门的辅助阅读、视听设备的座位数。

31．**流动服务书刊借阅人次/册次**：是指图书馆利用流动服务方式开展书刊借阅服务的读者人次和册次。

32．**分馆数量**：是指在以本馆为中心馆的总分馆体系中，接受本馆统一管理，具有独立馆舍、一定数量的馆藏、专职管理人员的图书馆数量。总馆对分馆负有业务指导关系，并且总、分馆之间实现文献资源共建共享、通借通还。

群众文化业

3

按年份全国群众文化机构基本情况

年份	机构数（个）	从业人员（人）	举办展览个数（个）	组织文艺活动次数（次）	举办训练班次（次）	收入合计（万元）	财政拨款	支出合计（万元）	实际使用房屋建筑面积（万平方米）
1979年	3965		13001	114307		10114	10114	10114	
1980年	7723		23553	202828	20359	11270	11270	11376	
1985年	8746	59599	30998	118888	31842	20835	20835	17686	308.5
1986年	8906	67501	32803	106726	30576	29573	25505	23751	354.8
1990年	9087	67817	34292	99068	37017	49763	36985	37475	457.8
1991年	10507	70319	35498	116618	39568	45874	31066	43559	484.5
1992年	9564	66938	32095	96481	40707	53735	35577	49798	496.1
1993年	10155	68097	29636	86680	34279	62098	37840	57877	538.6
1994年	11276	70489	30224	92167	39296	79167	48906	73174	560.3
1995年	13487	75263	31070	110509	46023	89411	56826	83628	614.1
1996年	45253	127742	76397	247357	130592	139090	74434	137775	1110.0
1997年	43738	129194	87795	278782	119873	160117	92275	158861	1176.0
1998年	45834	129842	86960	267351	125872	178165	96416	173207	1195.3
1999年	45837	128216	94270	280373	138195	111089	108656	177528	1195.2
2000年	45321	128420	91670	276574	143370	186896	118430	188437	1229.9
2001年	43397	120156	89392	284316	156089	210181	141754	210860	1213.8
2002年	42516	119072	92917	301792	137350	241050	165163	235593	1203.6
2003年	41816	123458	93514	327306	154502	271704	190424	265751	1431.3
2004年	41402	121441	116639	401818	165823	313104	227641	310850	1408.4
2005年	41588	122500	111300	391439	190194	365887	279033	358641	1507.0
2006年	40088	123465	141150	497779	218696	428962	322773	412430	1622.8
2007年	40601	128096	90900	546477	242055	548301	432311	575722	1667.4
2008年	41156	131142	100877	473613	299791	660111	528838	653613	1931.0
2009年	41959	137484	110251	555052	304955	807244	681147	794190	2193.6
2010年	43382	141002	117353	576799	358719	944397	803918	931951	2526.7
2011年	43675	147732	107785	620586	339883	1285601	1122872	1267505	2982.6
2012年	43876	156228	114774	688482	387201	1453601	1300692	1467803	3171.7
2013年	44260	164355	138225	740611	390758	1667594	1478439	1635395	3389.4
2014年	44423	170299	131728	845421	469300	1901726	1623756	1828632	3686.4
2015年	44291	173499	139792	959901	536328	2077606	1856374	2014894	3848.3
2016年	44497	182030	150128	1065287	590516	2272289	2086646	2183721	3991.0

注：1996年以前数据未包括其他部门所属乡镇综合文化站，1996—1998年包括其他部门所属乡镇文化站，1999年以后，其他部门所属乡镇文化站划归文化部门管理。以下各表同。

按年份各地区群众文化机构数

单位：个

地　区	1995年	2000年	2005年	2010年	2014年	2015年	2016年
总　计	**13487**	**45321**	**41588**	**43382**	**44423**	**44291**	**44497**
北　京	35	268	328	337	346	349	352
天　津	19	306	217	256	299	260	254
河　北	183	2257	2149	2319	2397	2402	2416
山　西	130	1851	1355	1533	1538	1540	1540
内蒙古	547	1712	1329	1017	1156	1179	1226
辽　宁	1522	1520	1522	1550	1544	1543	1556
吉　林	410	894	821	965	974	979	979
黑龙江	266	1201	1015	1654	1640	1641	1665
上　海	45	340	249	240	238	237	237
江　苏	1180	1771	1534	1442	1395	1396	1395
浙　江	1986	1932	1592	1612	1420	1417	1466
安　徽	351	1898	1677	1509	1557	1559	1559
福　建	249	1085	1116	1190	1215	1222	1222
江　西	113	2000	1546	1924	1880	1881	1869
山　东	158	2581	1926	2013	1969	1971	1973
河　南	224	2479	2395	2466	2523	2533	2546
湖　北	1280	1695	1258	1376	1390	1399	1402
湖　南	137	2667	2617	2561	2673	2677	2679
广　东	1100	2042	1725	1738	1746	1742	1748
广　西	115	1408	1254	1284	1290	1291	1292
海　南	21	327	243	230	233	228	243
重　庆		1248	1086	1041	1040	1045	1062
四　川	246	3865	4716	4652	4808	4785	4781
贵　州	693	1030	1401	1524	1686	1665	1666
云　南	1687	1734	1684	1517	1558	1564	1583
西　藏	60	94	208	321	772	774	774
陕　西	133	2065	1732	1827	1772	1591	1581
甘　肃	98	1432	1190	1417	1434	1455	1458
青　海	139	250	244	409	413	414	414
宁　夏	199	309	252	250	253	266	270
新　疆	161	1060	1207	1208	1264	1286	1289

按年份各地区文化馆机构数

单位：个

地　区	1995年	2000年	2005年	2010年	2014年	2015年	2016年
总　计	**3259**	**3297**	**3226**	**3264**	**3313**	**3315**	**3322**
北　京	23	23	22	20	20	20	21
天　津	19	19	19	19	19	19	19
河　北	181	178	175	177	180	180	180
山　西	130	130	131	131	131	131	131
内蒙古	115	117	115	116	118	119	120
辽　宁	128	125	132	122	125	124	125
吉　林	58	102	81	77	78	78	78
黑龙江	137	133	144	146	148	148	148
上　海	43	48	33	27	25	25	24
江　苏	122	121	117	118	115	115	113
浙　江	95	96	99	101	102	102	102
安　徽	113	117	118	120	120	122	121
福　建	90	90	90	95	97	97	97
江　西	113	113	113	115	118	118	118
山　东	158	159	158	158	158	157	157
河　南	224	214	204	202	205	205	206
湖　北	192	147	124	113	121	122	123
湖　南	137	140	140	140	143	143	143
广　东	136	140	139	144	147	146	146
广　西	112	114	115	122	123	123	124
海　南	20	21	21	21	21	21	23
重　庆		47	42	41	41	41	41
四　川	236	198	201	204	207	207	207
贵　州	93	93	95	95	98	98	99
云　南	147	147	149	148	148	148	149
西　藏	33	59	41	82	82	82	82
陕　西	122	122	121	120	122	122	122
甘　肃	98	98	100	102	103	103	103
青　海	51	52	52	51	55	55	55
宁　夏	26	26	25	26	26	26	26
新　疆	107	108	110	111	117	118	119

按年份各地区文化站机构数

单位：个

地 区	1995年	2000年	2005年	2010年	2014年	2015年	2016年
总 计	**10228**	**42024**	**38362**	**40118**	**41110**	**40976**	**41175**
北 京	12	255	306	317	326	329	331
天 津	343	287	198	237	280	241	235
河 北	2	2079	1974	2142	2217	2222	2236
山 西		1721	1224	1402	1407	1409	1409
内蒙古	432	1595	1214	901	1038	1060	1106
辽 宁	1394	1395	1390	1428	1419	1419	1431
吉 林	352	792	740	888	896	901	901
黑龙江	129	1068	871	1508	1492	1493	1517
上 海	2	292	216	213	213	212	213
江 苏	1058	1650	1417	1324	1280	1281	1282
浙 江	1741	1836	1493	1511	1318	1315	1364
安 徽	238	1781	1559	1389	1437	1437	1438
福 建	159	995	1026	1095	1118	1125	1125
江 西		1887	1433	1809	1762	1763	1751
山 东		2422	1768	1855	1811	1814	1816
河 南		2265	2191	2264	2318	2328	2340
湖 北	1088	1548	1134	1263	1269	1277	1279
湖 南		2527	2477	2421	2530	2534	2536
广 东	964	1902	1586	1594	1599	1596	1602
广 西	3	1294	1139	1162	1167	1168	1168
海 南	1	306	222	209	212	207	220
重 庆		1201	1044	1000	999	1004	1021
四 川	10	3667	4515	4448	4601	4578	4574
贵 州	600	937	1306	1429	1588	1567	1567
云 南	1347	1587	1535	1369	1410	1416	1434
西 藏	27	35	167	239	690	692	692
陕 西	11	1933	1611	1707	1650	1469	1459
甘 肃		1334	1090	1315	1331	1352	1355
青 海	88	198	192	358	358	359	359
宁 夏	173	283	227	224	227	240	244
新 疆	54	952	1097	1097	1147	1168	1170

按年份各地区群众文化机构从业人员数

单位：人

地　区	1995年	2000年	2005年	2010年	2014年	2015年	2016年
总　计	**75263**	**128420**	**122500**	**141002**	**170299**	**173499**	**182030**
北　京	914	1558	1998	2359	2500	2602	2748
天　津	847	1367	1085	1027	1064	1208	1408
河　北	3305	5950	5592	6336	7175	7138	7517
山　西	2218	4236	3730	4229	4663	4442	4482
内蒙古	2966	4460	3900	3872	5008	5274	5016
辽　宁	4924	4310	4424	4898	5925	5966	5767
吉　林	2429	3404	3318	3437	4565	4534	6739
黑龙江	2311	3167	2947	4324	5299	5193	5468
上　海	1617	3874	3832	4702	4958	4835	4975
江　苏	4723	6695	5542	6457	7022	6980	7215
浙　江	6366	6082	5147	5881	6908	6998	7418
安　徽	2237	4945	4684	5295	5979	5892	5964
福　建	1442	2255	2219	2655	3602	3761	3989
江　西	1933	4432	4191	4360	5936	5987	6004
山　东	3265	6359	6148	7598	8228	8568	8268
河　南	3798	6840	7565	10500	10878	10967	10996
湖　北	5429	5928	5269	4921	5045	4869	4945
湖　南	2207	6198	5857	6937	8058	8062	8146
广　东	4012	8863	8953	9696	10951	11445	11723
广　西	1605	3387	3803	4075	5109	5285	5538
海　南	281	661	615	660	790	720	801
重　庆		3071	2808	3726	4741	5021	5367
四　川	3631	8522	7682	8181	10428	10650	11023
贵　州	1751	2142	3577	4790	6006	5957	6370
云　南	4012	4350	4693	5181	6980	7198	7423
西　藏	317	340	254	311	2044	2824	4466
陕　西	2246	5184	5040	5802	7590	7384	7254
甘　肃	1315	5058	2910	3416	6191	6400	6342
青　海	607	705	616	772	1062	1197	1157
宁　夏	867	1093	979	1012	1308	1341	1293
新　疆	1688	2984	3122	3592	4286	4801	6208

按年份各地区群众文化机构组织文艺活动次数

单位：次

地区	1995年	2000年	2005年	2010年	2014年	2015年	2016年
总计	**110509**	**276574**	**391439**	**576799**	**845421**	**959901**	**1065287**
北京	1186	5382	11378	24237	26297	27175	30725
天津	3883	3069	3234	5067	7734	9391	14898
河北	3668	17997	23880	27408	38598	41732	42915
山西	1462	4527	9107	13905	22319	22560	22499
内蒙古	4282	11294	9977	11127	15431	17072	18580
辽宁	7539	10365	27868	26261	31622	31635	35567
吉林	3138	3745	4939	7482	14516	14977	14892
黑龙江	3463	8149	7720	17351	20961	21569	23879
上海	1021	7629	35027	35600	48725	64393	78009
江苏	13698	17058	20548	32586	48370	55298	58503
浙江	19063	20121	23580	36619	53039	67323	78833
安徽	2416	5181	5661	11937	33318	36210	38162
福建	3545	7689	7464	9691	14897	15940	17333
江西	1142	5816	6853	11781	19078	20079	19623
山东	2722	16033	21673	41194	60352	73897	83562
河南	1792	9203	13405	35713	44527	48646	51515
湖北	7190	11588	11031	18100	23058	22979	37893
湖南	1218	9352	15898	25945	29194	29555	30320
广东	5377	22969	23132	32352	47791	50270	57166
广西	1429	8349	10592	19775	27993	28663	29010
海南	167	1454	1422	2351	3022	2438	3132
重庆		10491	7958	15840	15720	25658	28157
四川	2628	17536	23760	30194	58761	66118	68824
贵州	2581	4202	5759	8544	16786	18490	22249
云南	11257	12437	17983	21665	29161	30717	32221
西藏	455	346	439	1458	4263	5575	6921
陕西	1205	8612	8282	13306	20186	21539	23904
甘肃	694	5101	11095	9792	13509	14721	16364
青海	433	1043	1429	2600	5567	5067	5451
宁夏	454	4247	2490	6351	10240	12126	11785
新疆	1401	5589	17855	20567	40386	58088	62395

按年份各地区群众文化机构举办训练班次

单位：次

地　区	1995年	2000年	2005年	2010年	2014年	2015年	2016年
总　计	**46023**	**143370**	**190194**	**358719**	**469300**	**536328**	**590516**
北　京	505	2546	8708	22836	27707	37433	35682
天　津	656	3062	1516	4753	6134	9201	10847
河　北	1282	15233	11798	13852	15068	16189	18341
山　西	518	1405	2248	6886	11465	12076	12374
内蒙古	1091	5552	4099	4082	6008	8734	9397
辽　宁	4767	4712	8200	47452	22736	20402	22536
吉　林	3393	1586	2649	4029	6113	8096	12640
黑龙江	1091	3109	3546	6129	7030	7620	10053
上　海	659	3007	23313	21078	38930	51408	52988
江　苏	3698	6488	7048	18950	20420	22725	25686
浙　江	8058	9960	11354	18539	36555	43279	53268
安　徽	2235	2132	2526	9481	17869	19436	20040
福　建	1159	4885	9956	11096	10041	14366	17724
江　西	480	3376	2757	8217	11647	12311	12654
山　东	1793	17666	8280	21787	25211	29447	32596
河　南	898	5552	7609	11837	21628	24281	25148
湖　北	1548	3080	15320	10654	10444	12870	16668
湖　南	736	2810	4953	10505	15499	15833	16696
广　东	3949	11932	14288	29041	45111	45679	52333
广　西	1314	4557	4798	8747	10940	12507	15862
海　南	159	779	832	1123	1902	1801	2013
重　庆		2236	2467	7285	13701	14827	15526
四　川	1785	8693	12053	19052	27787	32833	31736
贵　州	654	991	1089	4285	9113	8840	9747
云　南	1765	3220	4585	10183	14785	15536	15469
西　藏	7	25	50	313	1430	1858	2630
陕　西	595	6320	5305	9665	12222	11801	12659
甘　肃	238	4533	2900	4960	7054	7644	8414
青　海	175	290	970	1180	1505	1643	1605
宁　夏	327	994	1124	3138	2031	2478	3625
新　疆	488	2639	3853	7584	11214	13174	13559

按年份各地区群众文化机构培训人次

单位：万人次

地　区	1995年	2000年	2005年	2010年	2014年	2015年	2016年
总　计	**6.6**	**493.9**	**666.5**	**1805.6**	**3577.7**	**3868.0**	**4250.1**
北　京	0.2	15.4	48.5	130.7	156.9	170.1	202.7
天　津	0.3	7.6	5.1	25.7	40.0	46.6	57.3
河　北	0.4	51.7	49.6	70.1	102.6	103.7	118.2
山　西	0.2	6.8	11.0	38.7	80.0	79.9	82.9
内蒙古	0.1	19.2	14.8	21.8	40.3	46.6	56.6
辽　宁	0.5	14.7	43.7	97.1	152.7	144.3	158.0
吉　林	0.3	7.2	6.8	24.9	51.4	63.7	85.5
黑龙江	0.2	15.3	8.2	32.5	52.7	55.9	74.8
上　海	0.1	6.8	63.1	116.4	287.1	341.7	439.8
江　苏	0.4	29.9	25.3	132.0	161.4	176.8	199.0
浙　江	0.6	30.5	46.4	103.4	248.5	294.0	367.9
安　徽	0.1	7.0	12.0	49.9	130.2	140.2	149.4
福　建	0.2	11.3	15.9	39.8	64.8	78.0	103.3
江　西	0.2	8.9	6.8	25.9	75.2	77.6	86.7
山　东	0.3	16.1	43.3	142.3	226.7	261.1	285.6
河　南	0.3	24.9	32.4	83.1	153.5	171.4	171.2
湖　北	0.2	9.4	12.7	54.3	95.1	97.6	124.0
湖　南	0.2	9.3	16.2	48.1	133.0	122.8	126.5
广　东	0.5	55.8	52.6	126.1	440.8	451.9	428.2
广　西	0.3	15.0	17.3	37.6	85.0	77.9	77.3
海　南		1.8	2.1	11.8	18.3	19.7	20.1
重　庆		5.1	7.9	50.6	108.6	131.0	147.5
四　川	0.6	28.4	50.0	111.1	174.2	224.3	171.8
贵　州		5.0	3.2	22.6	64.9	59.7	60.2
云　南	0.1	17.8	22.6	63.8	146.1	135.2	144.0
西　藏				2.2	9.6	12.3	15.3
陕　西	0.1	23.6	12.7	53.0	102.7	99.4	99.4
甘　肃	0.1	11.1	12.3	35.6	59.6	61.5	66.4
青　海		10.8	0.7	4.2	10.4	10.6	11.2
宁　夏		14.0	7.5	20.6	17.8	19.1	22.4
新　疆	0.1	13.5	15.4	29.8	87.7	93.3	96.7

按年份各地区群众文化机构财政拨款

单位：万元

地区	1995年	2000年	2005年	2010年	2014年	2015年	2016年
总计	**56826**	**118430**	**279033**	**803918**	**1623756**	**1856374**	**2086646**
北京	1375	2594	8145	22326	51732	63262	63131
天津	1249	1422	3076	10026	22672	22909	26113
河北	1894	5161	9767	21144	36340	49400	50583
山西	1370	2674	5571	16870	29182	31222	35266
内蒙古	1282	3388	7068	23539	43245	45663	51388
辽宁	2349	5054	9121	26868	39487	45596	61362
吉林	1533	3384	5989	26601	46389	49116	49473
黑龙江	1458	3541	6193	17656	35201	40424	43699
上海	6950	5020	22327	55999	111605	127035	150927
江苏	4238	8521	19063	50067	117906	128663	134067
浙江	3233	9446	29490	78833	154445	168027	189601
安徽	1418	3609	7803	21148	40584	44324	48345
福建	1731	2895	5168	21289	33972	34617	42862
江西	1150	2504	4714	14710	32673	36506	41784
山东	3621	7295	12633	40821	70094	86921	85880
河南	2151	4630	8194	26726	51802	57791	61125
湖北	2105	3832	6284	19951	36780	48843	64996
湖南	1869	3571	7570	22824	48657	53579	64558
广东	4227	12113	40125	85211	152668	181570	221674
广西	1248	2639	6056	15349	38816	43343	47799
海南	222	645	1260	3924	6606	8971	11310
重庆		2202	4069	21531	51160	60580	66450
四川	3771	4730	12246	45296	102485	122902	127437
贵州	540	1657	4797	14770	36636	45418	52445
云南	1812	5950	10958	23797	76537	72391	83728
西藏	92	556	1098	5340	14397	21921	32464
陕西	1183	3027	5296	20919	46997	52313	54909
甘肃	776	1980	4620	12488	33281	38453	42530
青海	306	829	1531	13508	9928	12322	18544
宁夏	367	879	1901	5380	14150	17644	15956
新疆	1306	2683	6902	19004	37329	44647	46243

按年份各地区群众文化机构总支出

单位：万元

地 区	1995年	2000年	2005年	2010年	2014年	2015年	2016年
总 计	**83628**	**188437**	**358641**	**931951**	**1828632**	**2014894**	**2183721**
北 京	1566	4681	10119	25593	52793	87751	68604
天 津	1376	2633	4133	10948	24727	22775	25385
河 北	2713	5711	10549	25437	37926	49542	50520
山 西	1824	3151	6016	18865	29113	30779	34880
内蒙古	1932	3799	7478	23762	44925	46239	52037
辽 宁	4552	6172	10126	28175	43291	49010	49240
吉 林	2101	3748	6394	23338	43050	46690	48257
黑龙江	2219	3804	6485	17356	40296	41041	44243
上 海	6752	14985	38967	70650	118517	141808	151168
江 苏	8509	16394	25920	60193	126716	136572	139878
浙 江	7101	17194	39851	101392	180824	193532	211327
安 徽	1934	4302	8976	23550	46291	50686	52789
福 建	2199	4135	6763	27568	37380	39942	47400
江 西	1493	3167	6265	17285	35191	36937	39517
山 东	3317	8909	14358	46221	74700	91746	89223
河 南	2737	5647	8810	28402	55936	58814	62903
湖 北	3885	7841	10072	26264	43503	51708	67950
湖 南	2575	5696	9603	27914	57122	62330	70519
广 东	5937	27213	57669	101362	170951	193291	230000
广 西	1877	3425	6842	16646	45186	49440	53080
海 南	364	887	1329	4084	8590	9510	10812
重 庆		4889	6627	32342	57487	67563	69687
四 川	5327	8927	14375	49182	112190	128087	137406
贵 州	989	1976	5123	15666	44532	51031	57938
云 南	4191	7312	11933	25343	114616	76901	87685
西 藏	429	607	1169	5937	18978	24044	33275
陕 西	1569	3648	5775	26052	57618	57491	62187
甘 肃	1189	2251	4995	12960	36322	41794	44531
青 海	537	870	1629	13203	10806	13204	19667
宁 夏	651	1202	2096	5925	15683	17926	17912
新 疆	1785	3261	8194	20338	43376	46711	53704

按年份各地区每万人拥有群众文化设施建筑面积

单位：平方米

地 区	1995年	2000年	2005年	2010年	2014年	2015年	2016年
全 国	**50.7**	**97.2**	**115.3**	**188.6**	**269.5**	**280.0**	**288.6**
北 京	44.2	80.3	224.3	217.8	330.0	329.2	337.6
天 津	61.6	138.9	130.4	174.1	197.6	205.0	209.6
河 北	23.6	62.6	67.7	105.4	158.4	163.7	167.4
山 西	45.4	53.4	58.1	210.6	266.0	267.3	271.7
内蒙古	98.0	144.4	132.4	182.6	291.1	300.8	320.0
辽 宁	84.1	79.0	102.6	201.2	276.3	283.6	258.7
吉 林	38.2	42.2	38.3	81.5	171.6	185.3	190.1
黑龙江	26.2	38.5	43.2	140.2	206.0	214.0	235.1
上 海	71.9	216.2	379.1	485.0	561.0	567.7	577.4
江 苏	97.8	168.6	181.3	302.8	436.8	475.2	492.2
浙 江	135.2	190.7	276.0	432.5	622.0	677.4	732.2
安 徽	17.1	23.6	44.4	93.2	161.2	166.0	171.3
福 建	61.3	98.8	117.4	240.9	318.8	325.7	328.3
江 西	38.0	79.5	98.4	131.2	234.5	235.3	243.1
山 东	22.1	41.7	71.8	218.3	250.8	255.8	263.2
河 南	21.9	39.0	52.2	94.7	141.3	142.4	142.9
湖 北	80.5	149.5	140.6	180.6	206.9	206.2	251.1
湖 南	29.8	63.7	80.6	125.2	210.9	223.4	226.1
广 东	52.1	222.4	258.2	258.5	341.6	359.0	356.8
广 西	33.5	76.4	100.9	122.9	157.7	157.7	163.7
海 南	13.8	86.4	71.3	121.3	120.5	117.8	119.3
重 庆		99.4	96.5	201.4	285.9	305.9	312.9
四 川	32.1	107.9	83.9	166.3	258.3	262.6	264.1
贵 州	26.1	28.7	40.5	81.2	221.4	217.8	229.6
云 南	126.7	126.2	137.1	163.2	218.8	222.6	223.3
西 藏	145.4	164.1	238.3	437.9	1164.4	1164.2	1134.8
陕 西	52.4	79.1	110.5	150.2	240.6	231.8	235.3
甘 肃	62.8	103.0	148.8	175.7	268.4	279.1	283.9
青 海	118.1	96.5	90.2	153.4	249.4	261.3	261.5
宁 夏	156.5	170.8	179.5	188.9	366.0	391.7	427.7
新 疆	60.7	116.4	149.3	288.4	402.4	434.9	445.6

2016年全国群众

	机构数（个）	从业人员（人）	专业技术人才	正高级职称	副高级职称	中级职称	组织品牌节庆活动（个）
总　计	**44497**	**182030**	**74989**	**1006**	**5020**	**17133**	**5894**
文化馆	**3322**	**55491**	**40852**	**1006**	**5020**	**17133**	**5894**
其中：省级	31	1859	1426	147	377	556	118
地市级	358	10568	8599	418	1549	3791	1137
县市级	2933	43064	30827	441	3094	12786	4639
其中：县文化馆	1630	22766	16355	171	1467	6836	2220
文化站	**41175**	**126539**	**34137**				
其中：乡镇文化站	34240	101970	29836				

续表 1

	培训人次（万人次）	对业余文化队伍开展培训人次	举办展览个数（个）	参观人次（万人次）	组织公益性讲座次数（次）	参加人次（万人次）	藏书（万册）
总　计	**4250.08**	**1422.92**	**150128**	**10786.43**	**33769**	**521.74**	**27380.03**
文化馆	**1262.21**	**400.82**	**27357**	**4523.29**	**33769**	**521.74**	**729.18**
其中：省级	24.48	9.97	489	196.58	969	14.17	17.16
地市级	318.84	89.47	4002	1069.79	5086	103.19	66.96
县市级	918.90	301.37	22866	3256.91	27714	404.38	645.06
其中：县文化馆	305.31	105.50	11569	1781.71	9225	165.87	256.99
文化站	**2987.87**	**1022.10**	**122771**	**6263.14**			**26650.86**
其中：乡镇文化站	1955.63	627.15	95754	4841.08			20205.04

文化机构基本情况

提供文化服务次数(次)	文化服务惠及人次(万人次)	组织文艺活动次数(次)	为老年人组织专场	为未成年人组织专场	为残障人士组织专场	为农民工组织专场	组织文艺活动参加人次(万人次)	举办训练班班次(次)
1839700	**57895.57**	**1065287**	**35360**	**20468**	**5686**	**18274**	**42337.32**	**590516**
495905	**25660.92**	**237334**	**35360**	**20468**	**5686**	**18274**	**19353.68**	**197445**
7176	656.65	2386	276	250	41	223	421.42	3332
91109	4718.09	27778	5341	2707	618	1604	3226.27	54243
397620	20286.18	207170	29743	17511	5027	16447	15705.99	139870
152763	10224.84	88977	10960	8173	2185	8378	7971.96	42992
1343795	**32234.65**	**827953**					**22983.64**	**393071**
892350	23969.28	554405					17172.57	242191

计算机(台)	本单位受训人次(万人次)	本年收入合计(千元)	财政补贴收入	业务活动专项经费	上级补助收入	事业收入	经营收入	附属单位上缴收入
377254	**102.75**	**22722889**	**20866457**	**7315802**	**1156102**	**112214**	**19780**	**5590**
55505	**12.54**	**11381125**	**10607221**	**3014075**	**386137**	**112214**	**19780**	**5590**
2223	0.22	790405	696584	356935	51420	19662	1717	
9427	2.08	2825374	2629238	740430	83398	13610	3370	3
43855	10.25	7765346	7281399	1916710	251319	78942	14693	5587
22651	6.31	3122608	2932699	680202	117563	20492	452	166
321749	**90.21**	**11341764**	**10259236**	**4301727**	**769965**			
257990	58.43	8556145	7737681	3073343	593828			

续表 2

	其他收入	本年支出合计(千元)	基本支出	项目支出	经营支出	工资福利支出	商品和服务支出
总　计	**562746**	**21837210**	**14252403**	**7135426**	**237055**	**8721078**	**7014730**
文化馆	**250183**	**10711146**	**7340920**	**3328760**	**30147**	**4305977**	**3506835**
其中：省级	21022	718510	337106	367424	13980	194459	353405
地市级	95755	2751504	1722071	1025383	3877	942648	946245
县市级	133406	7241132	5281743	1935953	12290	3168870	2207185
其中：县文化馆	51236	3005523	2392405	621553	4848	1477583	771535
文化站	**312563**	**11126064**	**6911483**	**3806666**	**206908**	**4415101**	**3507895**
其中：乡镇文化站	224636	8402040	5536749	2558257	166890	3596783	2480491

续表 3

	固定资产原值	实际使用房屋建筑面积(万平方米)	业务用房面积	对公众开放阅览室面积	实际拥有产权面积(万平方米)	流动舞台车演出情况	
						流动舞台车数量(辆)	利用流动舞台车演出场次(场次)
总　计	**48245280**	**3991.01**	**2898.58**	**117.63**	**2268.44**	**746**	**23793**
文化馆	**14707034**	**1012.56**	**675.80**	**117.63**	**499.82**	**746**	**23793**
其中：省级	956559	24.38	16.42	1.59	13.32	7	195
地市级	2422875	200.54	132.13	16.74	85.09	49	910
县市级	11327600	787.64	527.25	99.31	401.40	690	22688
其中：县文化馆	7269546	359.91	244.37	54.22	207.25	450	15108
文化站	**33538246**	**2978.45**	**2222.79**		**1768.62**		
其中：乡镇文化站	25061182	2226.85	1706.38		1478.72		

在支出合计中：								
差旅费	劳务费	福利费	各种税金支出	对个人和家庭补助支出	抚恤金和生活补助	其他资本性支出	各种设备、交通工具、图书购置费	资产总计（千元）
132336	**419923**	**44541**	**28538**	**2119319**	**128613**	**3272506**	**804850**	**56694619**
132336	**419923**	**44541**	**28538**	**1717996**	**93146**	**1067046**	**241620**	**17924850**
16233	22659	3686	1188	112642	3951	56658	24870	1342406
39568	128993	9779	4465	521987	28472	281635	63550	3603657
76535	268271	31076	22885	1083367	60723	728753	153200	12978787
39821	90481	13438	2331	438058	29461	326183	59543	7923395
				401323	**35467**	**2205460**	**563230**	**38769769**
				323958	30272	1534396	413231	29149315

			由本馆指导的单位					
利用流动舞台车演出观众人次（万人次）	志愿者服务队伍数（个）	志愿者服务队伍人数（人）	馆办文艺团体（个）	演出场次（场）	观众人次（万人次）	馆办老年大学（个）	群众业余文艺团队（个）	群众业余团队人数（人）
1384.54	**21940**	**894002**	**7779**	**147586**	**8555.26**	**857**	**398398**	**3001814**
1384.54	**21940**	**894002**	**7779**	**147586**	**8555.26**	**857**	**84913**	**3001814**
19.35	966	126447	100	1522	73.23	11	212	8765
64.75	5812	259107	1195	13826	1009.79	99	6407	503368
1300.44	15162	508448	6484	132238	7472.24	747	78294	2489681
878.62	6110	178416	2949	74219	3613.31	409	34463	1150743
							313485	
							238661	

2016年各地区群众

地区	机构数（个）	从业人员（人）					组织品牌节庆活动（个）
			专业技术人才				
				正高级职称	副高级职称	中级职称	
总　计	**44497**	**182030**	**74989**	**1006**	**5020**	**17133**	**5894**
北　京	352	2748	703	4	36	190	110
天　津	254	1408	486	8	61	191	30
河　北	2416	7517	2549	95	218	729	240
山　西	1540	4482	1776	20	96	595	84
内蒙古	1226	5016	2623	38	258	702	172
辽　宁	1556	5767	2521	61	203	901	203
吉　林	979	6739	4908	75	393	781	154
黑龙江	1665	5468	2530	155	434	799	203
上　海	237	4975	1114	4	54	247	102
江　苏	1395	7215	3019	47	210	803	392
浙　江	1466	7418	3969	129	340	726	498
安　徽	1559	5964	3227	9	100	437	244
福　建	1222	3989	1521	13	117	334	218
江　西	1869	6004	2103	18	128	520	165
山　东	1973	8268	4351	41	386	1072	306
河　南	2546	10996	2492	22	146	754	221
湖　北	1402	4945	2377	28	170	770	242
湖　南	2679	8146	2867	17	135	665	224
广　东	1748	11723	3524	41	157	637	392
广　西	1292	5538	2684	15	114	650	262
海　南	243	801	268	6	14	57	34
重　庆	1062	5367	1607	27	86	223	103
四　川	4781	11023	3853	14	133	771	352
贵　州	1666	6370	2714	33	140	445	147
云　南	1583	7423	5522	19	348	1133	187
西　藏	774	4466	1692	4	19	41	33
陕　西	1581	7254	2759	21	144	685	162
甘　肃	1458	6342	1680	6	122	442	148
青　海	414	1157	488	4	60	170	45
宁　夏	270	1293	748	19	74	267	53
新　疆	1289	6208	2314	13	124	396	168

文化机构基本情况

提供文化服务次数（次）	文化服务惠及人次（万人次）	组织文艺活动次数（次）					文化活动观众人次（万人次）	举办训练班班次（次）
			为老年人组织专场	为未成年人组织专场	为残障人士组织专场	为农民工组织专场		
1839700	**57895.57**	**1065287**	**35360**	**20468**	**5686**	**18274**	**42337.32**	**590516**
69435	965.12	30725	468	213	52	43	637.72	35682
27678	409.96	14898	224	65	37	73	290.40	10847
68004	1585.26	42915	1565	755	218	695	1208.61	18341
39194	1006.32	22499	839	566	169	516	696.03	12374
30935	967.74	18580	1190	521	140	571	757.55	9397
63533	1459.43	35567	1247	553	166	395	1076.40	22536
30012	725.11	14892	776	295	95	174	513.92	12640
38762	1107.40	23879	1471	832	193	412	838.18	10053
135097	2468.12	78009	1656	445	71	92	1466.88	52988
94911	3008.24	58503	2369	1268	363	1113	2128.87	25686
147065	5605.19	78833	1772	1105	385	1433	4164.85	53268
65064	1831.14	38162	1460	930	204	781	1355.31	20040
39684	1234.52	17333	607	640	127	337	757.82	17724
37223	1203.27	19623	805	657	178	729	863.06	12654
129143	3861.40	83562	3424	2110	794	1398	2801.85	32596
87703	2740.58	51515	2088	1261	324	817	1973.35	25148
61313	2198.87	37893	2011	726	199	461	1676.77	16668
53240	2220.41	30320	1395	802	209	821	1611.58	16696
119841	5862.91	57166	1762	1134	197	1226	4329.61	52333
49392	2007.98	29010	1064	797	216	806	1680.24	15862
5737	230.72	3132	108	75	12	44	160.31	2013
49891	2087.88	28157	419	318	84	486	1467.23	15526
114235	3808.42	68824	1481	1222	312	1200	2802.46	31736
37594	1435.78	22249	527	431	138	424	1126.12	9747
53663	2204.66	32221	1203	651	166	636	1625.71	15469
10858	253.90	6921	201	135	62	252	199.75	2630
43631	1411.81	23904	831	513	169	542	1047.65	12659
29520	945.90	16364	627	356	109	364	615.03	8414
8304	399.84	5451	223	175	70	181	331.74	1605
16276	511.06	11785	511	290	100	349	436.50	3625
82762	2136.67	62395	1036	627	127	903	1695.85	13559

续表 1

地区	培训人次(万人次)	对业余文化队伍开展培训人次	举办展览个数(个)	参观人次(万人次)	组织各类理论研讨和讲座次数(次)	参加人次(万人次)	藏书(万册)
总计	**4250.08**	**1422.92**	**150128**	**10786.43**	**33769**	**521.74**	**27380.03**
北京	202.71	85.02	2017	116.50	1011	8.19	546.07
天津	57.33	17.82	1140	51.52	793	10.73	176.62
河北	118.20	33.57	5233	238.13	1515	20.32	954.96
山西	82.90	21.18	3431	215.04	890	12.35	557.60
内蒙古	56.62	23.79	2492	142.63	466	10.93	406.98
辽宁	158.04	59.07	3396	190.77	2034	34.23	893.96
吉林	85.52	18.89	1658	119.94	822	5.72	319.37
黑龙江	74.83	22.90	3052	172.97	1778	21.43	538.97
上海	439.81	165.95	3373	551.16	727	10.27	984.79
江苏	199.03	69.36	8785	648.92	1937	31.42	3243.77
浙江	367.93	148.91	11524	1025.58	3440	46.84	2284.27
安徽	149.43	35.15	6050	308.70	812	17.71	596.15
福建	103.29	25.70	3956	361.07	671	12.34	569.98
江西	86.73	20.30	3946	237.93	1000	15.57	754.72
山东	285.65	92.50	10636	724.40	2349	49.49	2151.38
河南	171.19	40.52	9322	566.99	1718	29.05	793.31
湖北	123.96	44.82	5542	379.53	1210	18.60	662.35
湖南	126.47	33.28	5368	465.86	856	16.51	1475.66
广东	428.21	169.77	8758	1079.98	1584	25.11	2816.91
广西	77.32	29.09	3808	239.68	712	10.74	726.96
海南	20.15	7.64	498	48.58	94	1.68	100.99
重庆	147.49	52.11	5656	447.07	552	26.09	649.31
四川	171.82	61.84	11642	809.63	2033	24.51	1564.49
贵州	60.15	20.36	3550	241.20	2048	8.31	852.16
云南	144.03	46.71	5344	425.17	629	9.75	653.65
西藏	15.26	1.67	1213	37.99	94	0.90	156.25
陕西	99.36	28.23	6251	249.28	817	15.53	500.80
甘肃	66.36	17.57	4380	257.17	362	7.34	454.01
青海	11.23	1.60	1066	54.42	182	2.45	87.11
宁夏	22.38	5.55	675	47.46	191	4.71	124.59
新疆	96.70	22.06	6366	331.19	442	12.94	781.92

计算机(台)	本单位受训人次(万人次)	本年收入合计(千元)	财政补贴收入	业务活动专项经费	上级补助收入	事业收入	经营收入	附属单位上缴收入
377254	**102.75**	**22722889**	**20866457**	**7315802**	**1156102**	**112214**	**19780**	**5590**
5198	3.24	735567	631314	270994	62953	3975		
3390	3.13	266931	261127	78937	2953	1660		
10107	2.09	528466	505826	131172	3807	2135	441	
12481	2.16	356810	352659	93940	1015			
7499	1.22	520526	513880	107329	1921	7		
9176	4.15	703882	613619	260314	55230	11971	10000	5000
5914	2.45	504937	494728	74629	1808		218	
8265	0.59	450705	436985	98770	8170	629		19
6085	1.69	1695015	1509271	672072	110831	20970		
16527	3.51	1406701	1340666	424861	42838	4952	738	100
19304	12.76	2155986	1896014	807903	175955	20001	50	2
18191	2.85	536242	483451	154547	33372	4484		
8677	3.16	490796	428616	178727	36328	3283	70	
9793	1.12	469536	417838	135656	18591	2040	118	54
25159	9.47	908741	858799	311045	35210	1315		
16746	3.26	635981	611248	173586	6185	9081	1133	
11181	1.79	694803	649964	232888	25664	5164	1296	
15965	9.61	723152	645579	213323	52495	6243	46	154
21793	7.38	2435388	2216739	1097096	144069	4131	4176	
16569	2.08	570320	477990	104953	80992	324	892	
2277	0.66	124573	113099	45715	7513	34		
13786	1.38	697399	664501	187360	4442	1169		
39813	4.71	1348460	1274366	523699	63353	812		
14943	3.57	577416	524452	144194	36953	2208	25	15
17371	2.51	899742	837280	207431	40115	857	419	1
5130	0.65	357620	324639	82803	22117	280	3	
10978	2.12	582999	549087	161455	20228	1625	30	
10617	2.10	452229	425296	115355	16528	952	25	
2534	0.15	208669	185435	32130	21677	73	100	45
3341	1.24	174028	159559	47397	9541	35		200
8444	5.95	509269	462430	145521	13248	1804		

续表 2

地　区	其他收入	本年支出合计(千元)	基本支出	项目支出	经营支出	在支出合计中：工资福利支出	商品和服务支出
总　计	**562746**	**21837210**	**14252403**	**7135426**	**237055**	**8721078**	**7014730**
北　京	37325	686042	300623	330526	8625	138620	194271
天　津	1191	253850	176009	77227	566	80273	82259
河　北	16257	505195	368436	134423	2253	255387	110055
山　西	3136	348795	236055	110101	2639	168548	75338
内蒙古	4718	520366	456545	62431	1360	272617	137129
辽　宁	8062	492404	387953	81135	3138	232408	94299
吉　林	8183	482574	362854	118518	665	237241	113599
黑龙江	4902	442432	327120	114076	1136	212967	94605
上　海	53943	1511682	764404	722168	17982	427211	786248
江　苏	17407	1398779	958262	434934	5582	487016	565999
浙　江	63964	2113272	1078204	1004828	21181	567538	895103
安　徽	14935	527892	417290	103200	7242	244106	123572
福　建	22499	473995	277995	189254	6321	156957	166829
江　西	30895	395166	335564	65602	7827	216890	80246
山　东	13417	892227	646309	236267	9396	402747	261634
河　南	8334	629032	535431	89357	4121	348061	182229
湖　北	12715	679498	424293	249575	5593	249597	230876
湖　南	18635	705189	512228	183127	8875	320577	233563
广　东	66273	2299998	1094981	1144479	20809	733413	872562
广　西	10122	530796	392723	131111	3390	249344	159507
海　南	3927	108124	47315	58216	692	36634	36218
重　庆	27287	696869	489088	195222	10466	262177	258445
四　川	9929	1374061	783001	579953	10942	496025	537732
贵　州	13763	579383	471165	95321	9884	276564	96668
云　南	21070	876851	657103	203901	8718	464819	198473
西　藏	10581	332745	271725	29664	20640	227459	15879
陕　西	12029	621869	476237	103800	21736	330940	129017
甘　肃	9428	445305	368647	67913	7600	246772	72568
青　海	1339	196666	106152	39234	1280	57011	47740
宁　夏	4693	179117	131812	45267	2028	85081	34466
新　疆	31787	537036	396879	134596	4368	236078	127601

差旅费	劳务费	福利费	各种税金支出	对个人和家庭补助支出	抚恤金和生活补助	其他资本性支出	各种设备购置费	资产总计（千元）
132336	**419923**	**44541**	**28538**	**2119319**	**128613**	**3272506**	**804850**	**56694619**
1357	15574	1412	418	67091	1639	54616	23590	1136209
785	4025	790	189	49244	2008	40299	18643	721222
3722	5626	745	67	52484	4091	87010	12621	1348115
2611	5339	177	398	29459	1500	74810	6419	989102
4811	9979	1037	22	73879	3221	36888	13099	1187825
2917	9119	127	452	92299	5139	62187	20600	1171239
2810	5174	193	6942	91244	1880	40182	16126	845484
5207	4683	376	142	79183	4620	55485	11295	1380171
1172	11987	3821	1338	40093	4428	210485	41253	3445017
7689	26267	1745	1566	151131	4483	192207	49873	4028549
7191	59737	12093	1132	124473	8138	454761	87347	4556616
2487	6128	888	142	75161	3082	83499	18161	1484035
2577	12711	450	371	32620	2467	114585	36704	1465572
4450	6717	2771	1265	60118	10319	48754	13480	1235088
3777	9931	394	668	80157	3591	143570	62458	2216379
3246	9998	1246	563	55536	5084	40572	15292	1278228
3348	7224	1102	672	87373	5226	110836	26403	1145758
4491	13925	3078	1180	54589	6710	89860	23679	1845026
7491	58553	2166	3028	206010	9734	374396	91909	7862165
7071	8883	809	405	79793	5785	39380	14873	884144
1962	5861	953	568	4742	911	20796	10929	233146
13271	21164	1006	5978	70274	4686	95876	29153	1739623
14554	45878	3371	201	97675	5381	191994	56295	3711194
5018	5144	676	132	72846	2815	84079	19385	1310629
4585	13225	928	230	79963	5717	123897	17881	1540287
953	746	82	25	15413	861	61808	19511	3488330
3636	12333	1108	23	57785	6278	83950	18688	1324121
2050	6141	463	138	53383	2750	70656	11761	1041238
1122	2046	81		15809	723	23044	2120	260455
1453	3537	59	97	19273	2409	40021	4574	459676
4522	12268	394	186	50219	2937	122003	10728	1359976

续表 3

地区	固定资产原值	实际使用房屋建筑面积(万平方米)	业务用房面积	对公众开放阅览室面积	实际拥有产权面积(万平方米)	流动舞台车演出情况 流动舞台车数量(辆)	利用流动舞台车演出场次(场次)
总　计	**48245280**	**3991.01**	**2898.58**	**117.63**	**2268.44**	**746**	**23793**
北　京	956863	73.35	49.29	0.15	26.29	10	29
天　津	556844	32.74	23.96	0.27	6.94	4	180
河　北	1232041	125.04	93.73	5.30	82.66	43	1736
山　西	870443	100.03	74.60	5.23	84.80	43	901
内蒙古	1043710	80.64	58.15	3.67	39.89	13	464
辽　宁	1027040	113.26	68.99	2.16	40.95	12	446
吉　林	562449	51.94	33.92	2.06	31.90	23	656
黑龙江	1315330	89.32	59.88	2.78	34.37	51	1195
上　海	2523380	139.74	101.08	0.38	76.71	4	28
江　苏	3493121	393.72	299.46	11.98	178.99	40	1499
浙　江	3596895	409.28	311.08	4.90	222.11	31	1411
安　徽	1089724	106.17	87.72	3.93	86.74	30	1549
福　建	1060456	127.20	98.46	2.07	77.92	11	158
江　西	984369	111.62	80.05	5.18	65.67	18	583
山　东	1915329	261.84	177.87	6.18	98.25	43	2554
河　南	1166949	136.20	99.78	4.69	87.46	32	1932
湖　北	988899	147.78	105.31	7.68	94.59	16	655
湖　南	1634979	154.27	112.27	4.12	113.15	39	1710
广　东	6913804	392.42	288.30	9.30	172.98	14	292
广　西	799619	79.22	55.98	2.74	48.50	24	469
海　南	184926	10.94	8.05	0.54	6.87	3	16
重　庆	1518167	95.36	68.41	2.01	72.72	19	686
四　川	3300194	218.18	165.62	6.91	146.16	79	2020
贵　州	1163585	81.61	57.04	3.92	55.96	15	338
云　南	1328246	106.55	76.20	2.91	92.94	30	482
西　藏	3394338	37.56	30.24	2.46	16.59	15	127
陕　西	1100996	89.73	64.16	4.36	66.10	23	488
甘　肃	888129	74.10	52.90	3.23	49.68	17	202
青　海	206869	15.50	12.21	0.85	10.64	12	95
宁　夏	319520	28.87	18.70	2.68	17.47	12	458
新　疆	1108066	106.85	65.21	3.02	62.46	20	434

利用流动舞台车演出观众人次（万人次）	志愿者服务队伍数（个）	志愿者服务队伍人数（人）	由本馆指导的单位					
			馆办文艺团体（个）	演出场次（场）	观众人次（万人次）	馆办老年大学（个）	群众业余文艺团队（个）	群众业余团队人数（人）
1384.54	**21940**	**894002**	**7779**	**147586**	**8555.26**	**857**	**398398**	**3001814**
0.79	1002	55268	110	2323	47.27	8	10387	51734
22.85	439	18538	72	1468	105.81	1	4204	32500
79.89	894	32060	304	4144	205.06	36	22624	137122
33.04	356	30374	292	3760	155.86	28	9765	37349
14.70	3653	88684	221	2511	173.21	31	7218	95860
33.99	944	43114	316	4139	183.83	28	12834	108420
40.17	679	18363	233	2067	136.87	19	5652	96409
83.05	826	66594	348	4347	202.52	32	7966	126141
3.40	285	1166	156	1441	36.74	5	6626	15236
111.17	779	29173	416	6831	324.79	44	19099	167773
102.94	1451	46802	381	7199	468.00	20	34872	356517
64.00	784	27412	362	4951	722.97	25	10370	56320
7.91	428	11413	201	2045	119.67	26	8512	47967
22.15	441	16685	238	4851	317.28	43	8705	32910
80.17	495	27690	391	11028	765.74	50	32100	156046
101.91	975	28827	493	7403	390.94	43	24440	84847
23.69	951	34792	278	4926	275.17	38	17197	142546
138.21	556	36447	229	5791	279.06	49	19947	132361
21.54	1491	126330	341	5429	456.82	36	14089	79734
31.12	892	27467	429	7528	720.46	39	16353	150169
1.66	238	5220	35	331	70.70	2	2402	12629
61.06	448	11137	135	3328	180.43	28	8568	42460
139.42	516	40675	240	18619	410.69	43	22005	148349
30.88	409	23739	359	3723	441.52	45	10091	57841
46.73	480	12143	364	7293	443.60	41	28557	279608
5.51	30	429	21	1033	91.76	1	1900	6158
33.56	384	14649	273	7649	262.89	38	12767	93395
16.78	298	6610	203	3018	154.96	20	9674	163542
3.53	204	2485	74	2648	77.82	3	1335	16500
18.52	146	4607	51	1538	79.68	3	2107	48629
10.18	466	5109	213	4224	253.15	32	6032	24742

2016年各地区省级

地区	机构数(个)	从业人员(人)				
			专业技术人才				组织品牌节庆活动(个)

地区	机构数(个)	从业人员(人)	专业技术人才	正高级职称	副高级职称	中级职称	组织品牌节庆活动(个)
总　计	**31**	**1859**	**1426**	**147**	**377**	**556**	**118**
北　京	1	56	33		5	15	4
天　津	1	57	47	5	8	20	7
河　北	1	51	27	5	14	8	1
山　西	1	75	67	4	18	32	6
内蒙古	1	43	39		8	15	
辽　宁	1	46	43	9	11	14	12
吉　林	1	55	49	4	13	21	9
黑龙江	1	40	36	8	13	12	
上　海	1	65	36	2	11	22	1
江　苏	1	46	40	12	11	12	2
浙　江	1	66	60	12	22	13	10
安　徽	1	29	24	3	7	7	2
福　建	1	39	37	5	10	17	9
江　西	1	41	37	2	16	13	1
山　东	1	56	50	6	10	22	5
河　南	1	49	41	3	13	15	1
湖　北	1	95	74	7	14	22	4
湖　南	1	89	69	5	15	33	7
广　东	1	50	43	1	12	13	8
广　西	1	104	58	7	22	29	
海　南	1	32	26	4	8	12	
重　庆	1	74	55	7	13	14	3
四　川	1	109	52	4	13	18	3
贵　州	1	65	58	5	17	30	
云　南	1	52	45	2	16	12	
西　藏	1	45	18	1	7	10	
陕　西	1	70	62	7	13	21	
甘　肃	1	47	42	3	8	18	
青　海	1	60	38	2	11	14	6
宁　夏	1	109	82	8	12	34	9
新　疆	1	44	38	3	6	18	8

群众艺术馆基本情况

提供文化服务次数（次）	文化服务惠及人次（万人次）	组织文艺活动次数（次）					文化活动观众人次（万人次）	举办训练班班次（次）
			为老年人组织专场	为未成年人组织专场	为残障人士组织专场	为农民工组织专场		
7176	**656.65**	**2386**	**276**	**250**	**41**	**223**	**421.42**	**3332**
54	5.75	20	1	1		1	5.00	19
618	9.54	373					2.80	67
456	8.65	90	47	7	2		2.19	355
193	28.38	135		3		1	22.00	30
65	0.49	20	12	3	1	1	0.12	32
710	9.39	45	2	2	1	1	6.99	661
103	9.29	68	6	5	1	3	8.10	15
33	2.71	6					1.80	21
351	10.80	25	2				5.00	50
93	13.09	35					8.00	6
174	9.30	22		1			4.54	136
142	7.57	72	21	32	4	4	3.60	36
147	168.57	89		4	1		90.00	31
36	2.25	30	2	10		3	1.80	2
297	7.90	60	12	12	6	6	0.60	168
293	45.29	242	18	16	1	1	28.40	17
55	7.69	21	3	2			2.44	27
149	44.82	42	6	5	4	6	20.16	55
340	48.97	275	1	3		137	48.56	62
355	19.41	82	10	66	1	5	18.50	67
128	11.62	12	2		2	4	0.50	70
308	33.40	70	5	40	5	2	25.00	209
148	13.80	6	1			1	3.00	65
120	0.98	26	2	3		3	0.26	30
57	4.54	25	2	2	1	1	3.74	25
60	2.56	25		5			2.50	10
83	4.83	45	15	10	4	5	2.50	16
88	1.82	36	4	8		2	0.32	28
304	101.31	243	80	4	2	20	100.00	40
1161	15.36	127	12	5	4	15	0.00	960
55	6.59	19	10	1	1	1	3.00	22

续表 1

地 区							藏书(万册)
	培训人次(万人次)	对业余文化队伍开展培训人次	举办展览个数(个)	参观人次(万人次)	组织各类理论研讨和讲座次数(次)	参加人次(万人次)	
总 计	**24.48**	**9.97**	**489**	**196.58**	**969**	**14.17**	**17.16**
北 京	0.11	0.05	3	0.53	12	0.12	
天 津	1.34		40	3.60	138	1.80	0.18
河 北	4.60	2.05	5	1.50	6	0.36	2.05
山 西	0.70	0.55	8	5.00	20	0.68	1.02
内 蒙 古	0.13	0.03	9	0.21	4	0.03	
辽 宁	1.87	1.87	2	0.50	2	0.02	
吉 林	0.15	0.10	16	0.96	4	0.08	0.87
黑 龙 江	0.11		6	0.80			0.82
上 海	0.30		36	3.50	240	2.00	
江 苏	0.04		49	5.00	3	0.05	
浙 江	0.96	0.25	11	3.80	5	0.00	0.89
安 徽	0.54	0.36	24	3.11	10	0.32	
福 建	0.37		23	78.00	4	0.20	
江 西	0.03		3	0.40	1	0.02	1.00
山 东	1.18	1.01	57	6.00	12	0.12	1.59
河 南	0.25	0.02	18	16.00	16	0.64	1.00
湖 北	0.22	0.10	3	5.00	4	0.03	1.11
湖 南	0.81	0.15	26	23.00	26	0.85	3.35
广 东	0.32	0.31	2	0.08	1	0.01	
广 西	0.32	0.16	4	0.45	202	0.14	0.80
海 南	1.12	0.35	10	10.00	36	0.00	
重 庆	2.00	0.50	14	6.00	15	0.40	0.32
四 川	0.30		7	8.50	70	2.00	0.04
贵 州	0.09		14	0.56	50	0.07	0.12
云 南	0.31	0.03	7	0.50			
西 藏	0.03		25	0.03			0.50
陕 西	0.15	0.02	10	2.00	12	0.18	1.50
甘 肃	0.35	0.15	6	0.70	18	0.45	
青 海	0.21	0.06	7	1.00	14	0.10	
宁 夏	4.50	0.87	36	8.56	38	2.30	
新 疆	1.09	1.00	8	1.30	6	1.20	

计算机（台）	本单位受训人次（万人次）	本年收入合计（千元）	财政补贴收入	业务活动专项经费	上级补助收入	事业收入	经营收入
2223	**0.22**	**790405**	**696584**	**356935**	**51420**	**19662**	**1717**
65		33175	32375	19006			
100	0.01	37630	36476	12935	150	992	
48		28636	17825	6738			
70	0.05	14537	14382	3528	150		
51	0.00	9688	9552	3213			
194	0.00	13465	13170	4394			
52	0.00	11512	11291	1950			218
60		12001	12001	4211			
		113395	61414	61414	48230	3644	
37	0.01	25067	21977	13780		703	
		29009	25300	12001		411	
12	0.00	10347	8903	8903	116	199	
	0.00	30306	28379	22531	1126	784	
		14699	14699	8713			
164	0.01	32498	31579	18621		902	
104	0.00	22467	15732	3330		5391	1133
128		34826	34399	29491		414	
88	0.01	45569	40565	8297	1343	3650	
82	0.00	53623	51946	39481	300	1365	
68	0.02	32967	32115	16350			
40	0.00	13799	13765	8350		34	
117	0.09	3129	2677	1385	5	436	
350		28650	28622	12682			
42		16315	16236	4500			
92	0.01	13310	12421	4737		342	366
60		18751	18751	1052			
65	0.01	20451	19991	9480		365	
20	0.01	9018	9012	2260			
41	0.00	20108	19887				
	0.01	28642	28394	7802		30	
73	0.00	12815	12748	5800			

续表 2

地区		本年支出合计（千元）					
	其他收入		基本支出	项目支出	经营支出	工资福利支出	商品和服务支出
总计	**21022**	**718510**	**337106**	**367424**	**13980**	**194459**	**353405**
北京	800	29073	12114	16959		8574	17321
天津	12	34728	16733	17995		7084	22945
河北	10811	28503	11486	17017		5024	6611
山西	5	17284	11942	5342		7007	4050
内蒙古	136	9910	6701	3209		3662	2964
辽宁	295	15884	8683	7201		3806	7248
吉林	3	18092	9387	8487	218	4518	7714
黑龙江		12001	7790	4211		3294	4333
上海	107	99641	27800	71841		13805	81714
江苏	2387	20427	11058	9369		5386	10208
浙江	3298	26346	15246	11100		8877	12414
安徽	1129	10347	7872	2475		2785	2947
福建	17	23184	6699	16485		5693	13188
江西		11448	7318	4130		4704	2366
山东	17	25358	12957	12241	160	7134	12243
河南	211	18042	9584	7325	1133	5076	8538
湖北	13	30705	16271	14434		9353	12624
湖南	11	34482	19191	15291		8105	22974
广东	12	55068	11372	43696		5238	33539
广西	852	26235	7305	18930		10361	13742
海南		13765	5148	8617		3068	2671
重庆	11	2843	1633	1210		652	1713
四川	28	25060	12378	12682		10285	6590
贵州	79	14741	11153	3588		5158	3887
云南	181	12477	8040	4071	366	6032	5411
西藏		12885	7515	5370		6560	954
陕西	95	23074	10971		12103	5039	12524
甘肃	6	9023	6763	2260		3096	2618
青海	221	12759	8852	3907		5325	4133
宁夏	218	32333	20130	12203		13551	9664
新疆	67	12792	7014	5778		6207	3557

在支出合计中：								资产总计（千元）
差旅费	劳务费	福利费	各种税金支出	对个人和家庭补助支出	抚恤金和生活补助	其他资本性支出	各种设备购置费	
16233	**22659**	**3686**	**1188**	**112642**	**3951**	**56658**	**24870**	**1342406**
1143	803	99		2632		332	332	12038
336	426	89	56	4468	183	231	231	260676
1263	642	133		6110		10758		11702
601	106			4457	230	1770		29887
304	618			2527	237	757	757	10930
616	1949			3752	461	1078	1078	14880
169	81	99		3522		2338	2300	30674
1519	143			4218	52	156	156	4330
103	1530	347		1103		3019		175957
713	1562			4530	22	303	303	57779
357	2273	1002		4622	62	433		37763
182	205	2	46	4615	6			6475
522	1245		9	1839	55	2464	2464	47742
402		34		4320		58	58	20281
144	753	9	80	5010		971		42735
336		80	188	2850	153	446	445	30179
552	915		46	7930	461	798	798	18163
409	630	549	132	3339	236	64	64	201628
1522	1825	89	52	6297	27	9994	1127	44226
1320	2485			2132	190			43059
470	843	922	436	13	13	8013	8013	26450
156	398	18	13	419	7	59	59	1112
623	473	70		2943	329	5242	5000	28304
619	491			4998	40	698	686	19809
586	510		31	1034				44012
187				5371	171			25801
				5150	173	361	361	29758
216	701	65		3267	92	42	42	12258
130	792	1		3301	329			7942
511	260	44	97	5161	381	3957	596	40623
222		34	2	712	41	2316		5233

续表 3

地　区	固定资产原值	实际使用房屋建筑面积（万平方米）	业务用房面积	对公众开放阅览室面积	实际拥有产权面积（万平方米）	流动舞台车演出情况	
						流动舞台车数量（辆）	利用流动舞台车演出场次（场次）
总　计	**956559**	**24.38**	**16.42**	**1.59**	**13.32**	**7**	**195**
北　京	5428						
天　津	174398	1.53	0.82	0.01	0.43		
河　北	11702	0.16	0.16	0.01		2	60
山　西	25142	0.66	0.43	0.12	0.49		
内蒙古	10414	0.36	0.30	0.07	0.36		
辽　宁	9206	0.59	0.45	0.01	0.13		
吉　林	29129	0.88	0.59	0.59	1.20		
黑龙江	4219	0.16	0.10	0.01			
上　海	175957	1.90	1.70	0.01			
江　苏	41221	0.64	0.41			1	
浙　江	18136	0.83	0.64	0.01			
安　徽	5667	0.25			0.25		
福　建	12557	0.59	0.33		0.36	1	
江　西	1152	0.10	0.04		0.02		
山　东	25356	1.42	0.05	0.01			
河　南	13759	0.98	0.93	0.02		1	126
湖　北	10643	0.37	0.18	0.01	0.37		
湖　南	176357	2.00	1.30	0.01	2.00	1	9
广　东	11301	0.93	0.89				
广　西	27608	0.65	0.61	0.01			
海　南	19504	0.24	0.18	0.01			
重　庆	1112	2.50	2.00	0.01	2.40		
四　川	19976	1.09	0.38	0.03	1.52		
贵　州	11327	0.40	0.20	0.20	0.36		
云　南	39149	1.96	1.96		1.96		
西　藏	25801	0.69	0.69				
陕　西	10295	0.96	0.50	0.02	0.96		
甘　肃	4632	0.15			0.15		
青　海	5010	0.38			0.38		
宁　夏	26919	0.88	0.46	0.45		1	
新　疆	3482	0.15	0.14		0.01		

利用流动舞台车演出观众人次（万人次）	志愿者服务队伍数（个）	志愿者服务队伍人数（人）	由本馆指导的单位 馆办文艺团体（个）	演出场次（场）	观众人次（万人次）	馆办老年大学（个）	群众业余文艺团队（个）	群众业余团队人数（人）
19.35	**966**	**126447**	**100**	**1522**	**73.23**	**11**	**212**	**8765**
	315	37600					18	900
	88	6000	5	362	6.70		62	2000
2.10			4	60	0.67	2	2	160
	13	20000	6	140	2.80	1		
	12	30	2	8	0.10	1	16	500
	21	1020	3	78	0.39	1	5	225
	14	300	5	40	2.92		16	620
							2	
			2	12	0.61	1	1	10
	2	80	5			1	4	150
	1	700						
	1	8000	1	23	1.25		1	120
	2	60	2	5	0.50		1	30
	6	800	10	50	2.50		10	500
16.00	32	1135	3	49	16.60	1	3	322
						1		
1.25	12	5200	3	33	0.90	1	7	280
	425	44021						
			5	262	11.26		9	270
	2	160						
	7	373					11	550
	1	90	2	190	5.70		11	800
	1	49	5	25	0.25			
	2	79	5	9	0.38	1	3	323
	1	400	5	25	3.00		6	350
			5	15	2.00		3	95
			8	70	10.00		20	560
	8	350	8	46	3.20			
			6	20	1.50		1	

2016年各地区地市级

地区	机构数(个)	从业人员(人)	专业技术人才	正高级职称	副高级职称	中级职称	组织品牌节庆活动(个)
总计	**358**	**10568**	**8599**	**418**	**1549**	**3791**	**1137**
北京							
天津							
河北	12	470	416	29	71	141	23
山西	11	294	265	14	33	124	26
内蒙古	12	517	462	24	92	191	37
辽宁	22	748	618	40	100	294	70
吉林	13	481	352	20	82	137	69
黑龙江	16	377	331	61	95	122	56
上海							
江苏	13	455	359	21	49	176	77
浙江	11	431	367	40	80	133	68
安徽	15	295	242	4	35	95	50
福建	9	157	135	4	33	47	49
江西	13	480	396	4	57	177	34
山东	17	561	512	21	107	218	62
河南	18	494	396	12	68	171	46
湖北	12	403	322	18	59	156	43
湖南	15	447	357	9	60	160	40
广东	23	579	400	23	75	205	116
广西	14	439	393	6	58	180	48
海南	3	65	33	2	3	12	6
重庆							
四川	21	613	400	10	55	204	61
贵州	9	359	339	17	65	161	17
云南	16	465	433	11	85	192	15
西藏	7	145	60		12	21	8
陕西	11	380	293	8	42	137	26
甘肃	16	354	264	3	47	123	37
青海	8	115	95	2	22	42	13
宁夏	5	164	128	8	26	64	8
新疆	16	280	231	7	38	108	32

群众艺术馆基本情况

提供文化服务次数(次)	文化服务惠及人次(万人次)	组织文艺活动次数(次)	为老年人组织专场	为未成年人组织专场	为残障人士组织专场	为农民工组织专场	文化活动观众人次(万人次)	举办训练班班次(次)
91109	**4718.09**	**27778**	**5341**	**2707**	**618**	**1604**	**3226.27**	**54243**
2787	138.19	868	208	108	31	53	115.14	1491
2302	53.44	1077	102		21	33	23.03	995
1351	103.46	820	212	95	20	37	77.25	367
4114	157.96	889	179	103	17	28	109.96	2807
8292	182.92	793	298	73	11	32	79.16	7255
4064	218.78	1182	468	144	32	52	162.08	1999
3670	254.52	1851	520	180	52	115	192.67	1349
10136	388.48	1651	74	76	33	71	220.50	7732
2471	132.00	837	157	79	32	47	88.10	1320
5792	126.26	812	76	130	22	40	45.19	4578
2373	131.32	573	94	56	10	52	95.64	1591
4963	262.32	1558	326	231	70	106	125.65	2528
5152	369.47	1781	362	287	65	114	208.63	2878
6129	227.46	2380	169	98	7	100	187.89	3414
2016	220.09	835	249	119	18	135	184.20	946
7875	577.04	3845	780	192	38	199	436.50	3301
6591	238.53	993	145	93	29	63	206.96	5422
386	37.51	199	65	36			26.10	147
3257	230.82	1084	141	98	30	54	142.88	1694
680	68.54	383	103	64	16	57	47.35	172
1048	106.66	402	89	67	13	58	74.62	464
625	63.99	290	48	23	13	47	47.23	293
1118	117.28	545	112	76	9	27	86.55	362
1008	89.88	419	147	59	9	35	56.46	308
673	74.78	381	7	8	6	22	67.86	173
1038	80.87	785	104	74	6	7	74.97	193
1198	65.54	545	106	53	8	20	43.71	464

续表 1

地区	培训人次（万人次）	对业余文化队伍开展培训人次	举办展览个数（个）	参观人次（万人次）	组织各类理论研讨和讲座次数（次）	参加人次（万人次）	藏书（万册）
总　计	**318.84**	**89.47**	**4002**	**1069.79**	**5086**	**103.19**	**66.96**
北　京							
天　津							
河　北	6.74	2.07	102	11.66	326	4.65	2.09
山　西	5.33	0.62	103	23.44	127	1.65	2.71
内蒙古	3.75	2.61	66	18.68	98	3.78	0.99
辽　宁	17.70	6.25	108	22.58	310	7.71	3.01
吉　林	46.96	6.04	100	54.46	144	2.34	2.02
黑龙江	16.69	11.29	95	35.17	788	4.83	3.68
上　海							
江　苏	10.48	4.40	231	41.63	239	9.73	6.81
浙　江	41.01	4.30	459	113.14	294	13.83	0.14
安　徽	9.28	1.37	131	31.85	183	2.77	1.07
福　建	23.63	5.63	182	52.71	220	4.72	3.40
江　西	16.08	4.19	119	16.54	90	3.06	4.55
山　东	13.73	2.41	277	116.60	600	6.34	0.69
河　南	21.17	3.30	276	130.46	217	9.21	2.67
湖　北	11.98	7.23	150	25.19	185	2.40	0.83
湖　南	6.15	3.92	76	27.42	159	2.32	1.52
广　东	20.84	3.07	411	112.44	318	7.26	7.51
广　西	6.89	5.07	110	21.35	66	3.34	1.74
海　南	4.26	2.41	31	6.99	9	0.17	0.05
重　庆							
四　川	10.24	4.78	245	73.14	234	4.56	2.79
贵　州	2.28	1.56	66	18.08	59	0.83	0.10
云　南	6.23	2.72	96	23.46	86	2.35	2.33
西　藏	4.95	0.48	21	11.74	21	0.08	1.94
陕　西	3.36	0.99	120	25.78	91	1.59	6.01
甘　肃	2.58	0.30	213	29.23	68	1.61	6.62
青　海	1.63	0.67	68	5.11	51	0.17	0.36
宁　夏	1.09	0.58	29	4.20	31	0.61	0.62
新　疆	3.80	1.22	117	16.76	72	1.27	0.74

计算机（台）	本单位受训人次（万人次）	本年收入合计（千元）	财政补贴收入	业务活动专项经费	上级补助收入	事业收入	经营收入	附属单位上缴收入
9427	**2.08**	**2825374**	**2629238**	**740430**	**83398**	**13610**	**3370**	**3**
245	0.06	93731	88530	10319	2764	164	441	
308	0.07	70853	70852	8259				
494	0.06	115346	112056	21573	776			
305	0.11	124873	124181	24620	439	115		
410	0.10	128311	122856	10512	351			
295	0.08	82734	77748	13923	4241			
525	0.01	122519	116416	19977	1249	22	738	
567	0.12	186237	171684	89878		5134		
397	0.02	61200	57151	15194	1774	1586		
191	0.15	71410	50400	19690	4202	372		
235	0.02	108153	105305	37920	1330	80		
468	0.03	144222	141183	51852	1862	320		
405	0.07	86248	82066	19872	1336	884		
282	0.01	105359	98414	33571	922	927	1246	
376	0.56	112484	100512	25392	4308	346		2
744	0.05	314433	295309	164095	15379	722		
420	0.10	103973	90041	23532	12168		892	
64	0.01	19917	19637	11148	70			
805	0.04	169796	164926	37199	1819	665		
210	0.05	71939	68772	12027	501	680		
421	0.05	107575	104647	22199	950		53	1
55	0.00	53996	53996	10102				
260	0.24	71058	67601	13380	940			
325	0.01	71356	67841	16581	594			
64	0.00	96121	77319	4721	18509			
182	0.01	36125	31211	3607	3718			
374	0.05	95405	68584	19287		1593		

续表 2

地区	其他收入	本年支出合计(千元)	基本支出	项目支出	经营支出	工资福利支出	商品和服务支出
总计	**95755**	**2751504**	**1722071**	**1025383**	**3877**	**942648**	**946245**
北京							
天津							
河北	1832	92356	80391	11800	165	41645	21251
山西	1	70120	35922	34198		22052	11043
内蒙古	2514	119438	90765	28673		47650	42901
辽宁	138	126503	107191	19312		54384	25189
吉林	5104	106004	71735	34269		33694	26653
黑龙江	745	83198	58999	24199		28287	24187
上海							
江苏	4094	127054	90492	35824	738	47140	48331
浙江	6223	184617	93978	90639		62721	91511
安徽	689	58722	41336	17386		21737	17181
福建	16436	56115	23375	32740		15747	26618
江西	1438	85632	70614	14931	87	31430	25106
山东	857	145144	92399	52745		52613	60776
河南	1962	88398	61430	26968		31484	30968
湖北	3850	107376	62524	43991	861	35883	39845
湖南	7316	105652	76556	28554	542	37040	38474
广东	3023	303887	144131	159756		75894	155042
广西	872	96798	67530	28376	892	34547	28907
海南	210	16690	4585	12105		5474	9456
重庆							
四川	2386	199214	80092	119122		60804	73483
贵州	1986	78411	68140	10271		31754	10829
云南	1924	110970	69695	41049	53	45525	29368
西藏		49484	29664	19780	40	16608	6306
陕西	2517	70297	47320	22977		28234	16987
甘肃	2921	65789	53261	12528		24460	18245
青海	293	50547	24084	26463		10743	29387
宁夏	1196	36283	23960	12323		14538	11525
新疆	25228	116805	51902	64404	499	30560	26676

在支出合计中：								资产总计（千元）
差旅费	劳务费	福利费	各种税金支出	对个人和家庭补助支出	抚恤金和生活补助	其他资本性支出	各种设备购置费	
39568	**128993**	**9779**	**4465**	**521987**	**28472**	**281635**	**63550**	**3603657**
1754	1269	195	24	25598	1383	3862	1948	84241
543	1225	66	4	9676	499	27349	600	49777
2193	4020	568	2	21960	264	6927	1121	446701
994	4138	15	3	40063	1983	5566	3569	209215
1276	3103	84	18	25506	575	20151	7740	291272
2151	1998	94	129	24980	877	5744	2594	94637
3461	5903	496	733	24432	254	7151	1494	227415
2043	12193	3624	100	18285	282	11250	2540	266273
668	1580	128	21	15961	183	3843	1374	39805
663	4063	110		5438	317	8263	1210	158817
1630	2072	556	426	24612	5787	4484	677	56386
1045	3030	6	14	25517	640	6238	1316	134123
1141	3448	419	21	17410	1423	7612	2397	102286
738	1821	124	339	23477	2088	8171	2830	125026
1512	5224	778	42	22931	2953	7207	2574	91735
3045	34304	313	2086	49303	1623	23621	9860	185285
2306	2475	122	170	27895	1832	5449	3248	72290
247	1020		65	1468	199	292	30	53515
3571	13209	482		9551	610	13954	6233	240258
767	1230	230	12	31125	305	1865	1374	37373
1496	3805	445	98	16040	119	18386	3435	85545
587	686	82		7413	235	9541	895	38702
1038	5337	473	15	12736	1436	12340	1509	132278
892	3543	111	1	19531	1251	3553	296	79133
447	548	2		5281	24	4825		59822
547	1863	2		4924	342	5296	1376	133002
2813	5886	254	142	10874	988	48695	1310	108745

续表 3

地　区	固定资产原值	实际使用房屋建筑面积（万平方米）	业务用房面积	对公众开放阅览室面积	实际拥有产权面积（万平方米）	流动舞台车演出情况	
						流动舞台车数量（辆）	利用流动舞台车演出场次（场次）
总　计	**2422875**	**200.54**	**132.13**	**16.74**	**85.09**	**49**	**910**
北　京							
天　津							
河　北	72609	4.84	2.75	0.52	3.42	2	31
山　西	42425	3.32	1.75	0.30	2.50		
内蒙古	419638	7.98	3.31	0.19	1.73	1	30
辽　宁	173559	6.99	2.91	0.38	1.89	2	100
吉　林	68878	7.37	3.26	0.18	2.33	1	101
黑龙江	83393	6.13	4.03	0.62	3.08	5	31
上　海							
江　苏	207178	13.53	9.41	1.28	4.36	7	74
浙　江	216020	13.53	8.53	2.54	14.01	1	97
安　徽	32186	8.00	6.83	0.89	2.42		
福　建	30818	6.68	4.85	0.26	1.92	1	
江　西	29553	12.17	9.17	1.36	4.20	1	10
山　东	108108	11.88	9.94	1.03	2.68	4	50
河　南	83146	10.74	8.35	1.11	3.94	3	145
湖　北	81975	13.41	9.94	1.12	7.09	3	28
湖　南	63521	10.54	6.05	0.04	3.99		
广　东	144118	13.46	9.93	1.76	3.53	1	1
广　西	47115	4.79	3.03	0.32	2.44	2	14
海　南	44579	0.16	0.05				
重　庆							
四　川	144832	9.35	6.70	0.37	6.07	9	131
贵　州	18510	1.48	0.94	0.47	0.64	1	21
云　南	70921	7.62	4.80	0.10	2.44		
西　藏	32805	3.24	2.13	0.60	1.35		
陕　西	66507	4.56	2.46	0.17	3.06		
甘　肃	63477	4.04	3.02	0.88	0.74	2	14
青　海	24654	1.20	0.62	0.05	1.30		
宁　夏	27619	6.36	3.47	0.12	3.24	3	32
新　疆	24731	7.18	3.92	0.08	0.75		

利用流动舞台车演出观众人次（万人次）	志愿者服务队伍数（个）	志愿者服务队伍人数（人）	由本馆指导的单位					
			馆办文艺团体（个）	演出场次（场）	观众人次（万人次）	馆办老年大学（个）	群众业余文艺团队（个）	群众业余团队人数（人）
64.75	**5812**	**259107**	**1195**	**13826**	**1009.79**	**99**	**6407**	**503368**
8.01	116	8900	30	380	28.96	4	239	9540
	72	2506	74	565	23.97	2	179	7105
1.00	3362	75095	38	339	20.77	4	267	20115
5.50	94	9470	51	734	36.86	3	383	17140
5.00	139	6550	87	917	55.52		138	36641
3.15	342	25033	77	577	44.99	2	539	14710
9.69	65	2213	48	379	36.60	5	263	14845
4.85	22	1160	48	1013	83.04	3	446	137194
	58	2803	56	553	39.32	5	275	9182
	38	2599	29	410	15.88	4	126	8838
0.60	78	6364	36	596	58.33	7	183	4420
2.44	24	385	41	359	21.08	4	329	4710
4.65	142	5722	101	961	116.51	7	256	10602
4.80	111	3707	44	408	26.01	5	357	27285
	94	14024	35	318	40.78	4	408	23224
0.01	574	52995	62	663	59.78	3	314	14700
2.05	166	2280	58	907	56.28	8	343	16102
			4	60	1.80	1	143	650
7.19	48	14968	27	233	12.78	4	345	18370
1.62	25	9710	43	386	30.63	5	121	4580
	31	3868	47	318	25.72	4	127	6765
			6	240	65.00		50	
	84	4514	26	392	26.51	4	145	5810
0.52	16	1124	35	453	29.30	5	140	51460
	20	586	28	828	10.20	1	107	5113
3.67	67	2120	21	219	22.30	2	107	32058
	24	411	43	618	20.88	3	77	2209

2016年各地区县市级

地区	机构数（个）	从业人员（人）	专业技术人才	正高级职称	副高级职称	中级职称	组织品牌节庆活动（个）
总计	**2933**	**43064**	**30827**	**441**	**3094**	**12786**	**4639**
北京	20	849	524	4	31	175	106
天津	18	514	393	3	53	171	23
河北	167	1848	1381	61	133	580	216
山西	119	1429	966	2	45	439	52
内蒙古	107	1476	1173	13	158	496	135
辽宁	102	1557	1143	12	92	593	121
吉林	64	1785	1510	51	298	623	76
黑龙江	131	1891	1500	86	326	665	147
上海	23	853	627	2	43	225	101
江苏	99	1643	1306	14	150	615	313
浙江	90	1727	1415	77	238	580	420
安徽	105	1149	875	2	58	335	192
福建	87	796	579	4	74	270	160
江西	104	1452	999	12	55	330	130
山东	139	2389	2003	14	269	832	239
河南	187	2946	1170	7	65	568	174
湖北	110	1722	1130	3	97	592	195
湖南	127	1646	1135	3	60	472	177
广东	122	1793	1185	17	70	419	268
广西	109	1596	1199	2	34	441	214
海南	19	187	114		3	33	28
重庆	40	865	583	20	73	209	100
四川	185	2332	1608		65	549	288
贵州	89	1091	878	11	58	254	130
云南	132	1967	1758	6	247	929	172
西藏	74	272	143	3		10	25
陕西	110	2098	1344	6	89	527	136
甘肃	86	1249	748		67	301	111
青海	46	493	279		27	114	26
宁夏	20	372	325	3	36	169	36
新疆	102	1077	834	3	80	270	128

文化馆基本情况

提供文化服务次数(次)	文化服务惠及人次(万人次)	组织文艺活动次数(次)	为老年人组织专场	为未成年人组织专场	为残障人士组织专场	为农民工组织专场	文化活动观众人次(万人次)	举办训练班班次(次)
397620	**20286.18**	**207170**	**29743**	**17511**	**5027**	**16447**	**15705.99**	**139870**
16655	260.14	3397	467	212	52	42	157.97	12068
6672	188.58	1808	224	65	37	73	134.12	3947
17141	732.97	9564	1310	640	185	642	580.76	5467
10756	417.98	5016	737	478	148	482	300.75	4306
9612	474.90	4628	966	423	119	533	381.14	4154
14275	615.28	6401	1066	448	148	366	454.25	5487
5500	251.80	2729	472	217	83	139	203.58	1823
10332	505.48	6559	1003	688	161	360	393.58	2179
19331	396.87	10701	1654	445	71	92	230.07	7712
19435	856.56	10084	1849	1088	311	998	651.44	6426
33706	1587.70	15873	1698	1028	352	1362	1222.64	12844
13599	686.03	7465	1282	819	168	730	542.46	4671
7739	400.02	3021	531	506	104	297	260.55	3451
11293	566.17	4925	709	591	168	674	409.09	4697
30967	1498.55	19042	3086	1867	718	1286	1183.05	8690
20825	956.76	10955	1708	958	258	702	774.95	7033
17930	989.74	12699	1839	626	192	361	786.45	3122
11845	883.46	6510	1140	678	187	680	712.08	3862
23170	1143.51	8550	981	939	159	890	865.54	12101
11819	888.63	7351	909	638	186	738	769.81	3406
1285	96.24	589	41	39	10	40	69.09	508
8374	871.20	4385	414	278	79	484	662.41	2943
20355	1456.57	12010	1339	1124	282	1145	1136.17	5242
10424	681.77	4477	422	364	122	364	572.31	3202
10447	840.09	6479	1112	582	152	577	651.88	2755
2000	68.56	1320	153	107	49	205	58.20	413
9037	539.19	4753	704	427	156	510	416.32	2796
5048	374.28	2973	476	289	100	327	253.70	1186
2850	156.80	2127	136	163	62	139	113.94	422
4602	198.79	3631	395	211	90	327	178.31	715
10596	701.60	7148	920	573	118	882	579.40	2242

续表 1

地　区	培训人次（万人次）	对业余文化队伍开展培训人次	举办展览个数（个）	参观人次（万人次）	组织各类理论研讨和讲座次数（次）	参加人次（万人次）	藏书（万册）
总　计	**918.90**	**301.37**	**22866**	**3256.91**	**27714**	**404.38**	**645.06**
北　京	57.91	9.42	191	36.19	999	8.08	32.91
天　津	19.37	6.02	262	26.17	655	8.93	0.34
河　北	29.67	10.20	927	107.23	1183	15.31	39.66
山　西	25.48	7.03	691	81.73	743	10.02	7.89
内 蒙 古	22.31	13.06	466	64.33	364	7.12	6.02
辽　宁	42.15	18.15	665	92.39	1722	26.49	7.31
吉　林	13.50	3.87	274	31.42	674	3.30	3.05
黑 龙 江	16.88	3.97	604	78.44	990	16.59	20.04
上　海	82.48	21.28	431	76.06	487	8.27	34.34
江　苏	35.38	16.58	1230	148.09	1695	21.64	32.88
浙　江	80.08	33.66	1848	251.97	3141	33.01	10.75
安　徽	31.06	8.38	844	97.88	619	14.62	17.63
福　建	30.31	8.59	820	101.74	447	7.42	11.45
江　西	28.14	9.63	762	116.44	909	12.49	16.51
山　东	67.89	22.27	1498	204.58	1737	43.03	43.21
河　南	34.66	10.27	1352	127.95	1485	19.20	35.85
湖　北	27.43	10.41	1088	159.70	1021	16.17	38.59
湖　南	32.79	7.90	802	125.24	671	13.34	12.85
广　东	46.16	10.31	1254	213.98	1265	17.84	46.91
广　西	27.47	10.49	618	84.08	444	7.26	10.67
海　南	7.16	2.63	139	18.49	49	1.51	4.16
重　庆	30.65	12.34	509	152.46	537	25.69	13.00
四　川	31.46	10.34	1374	270.99	1729	17.95	44.42
贵　州	14.77	5.52	806	87.27	1939	7.41	8.99
云　南	25.15	10.96	670	155.66	543	7.40	7.72
西　藏	2.98	0.41	194	6.58	73	0.82	46.25
陕　西	22.24	9.25	774	86.87	714	13.77	29.69
甘　肃	9.66	3.93	613	105.65	276	5.28	16.69
青　海	3.03	0.44	184	37.66	117	2.18	15.38
宁　夏	6.02	1.48	134	12.66	122	1.80	4.38
新　疆	14.69	2.60	842	97.04	364	10.46	25.52

计算机(台)	本单位受训人次(万人次)	本年收入合计(千元)	财政补贴收入	业务活动专项经费	上级补助收入	事业收入	经营收入	附属单位上缴收入
43855	**10.25**	**7765346**	**7281399**	**1916710**	**251319**	**78942**	**14693**	**5587**
1280	0.43	339764	320344	102177	8352	3975		
582	0.18	154469	152384	21215	708	668		
1099	0.50	226684	224117	38713	44	1971		
778	0.15	175938	172269	30397	785			
991	0.19	213138	210987	27809	1095	7		
953	0.32	441057	357499	186926	50100	11856	10000	5000
795	0.14	224425	221735	17252	824			
1096	0.12	232694	227511	32615	3035	629		19
1210	0.38	523405	489533	119489	2639	17326		
1994	0.23	455784	440188	100103	8706	4227		100
1876	0.55	534598	472710	160602	18567	14456	50	2
1390	0.65	177226	159237	37870	10956	2699		
1015	0.10	156550	142354	45147	9528	2127	70	
1194	0.15	162180	151578	32501	7002	1960	118	54
2067	2.22	339124	318182	90495	17170	93		
1804	0.33	224299	216002	44239	2916	2806		
1476	0.14	297515	282883	78792	6648	3823	50	
1434	0.48	216662	199040	57197	9171	2247	46	152
2797	0.23	517265	492192	149907	12515	2044	4176	
5296	0.62	202377	182678	40336	17927	324		
221	0.03	44336	37493	11235	4541			
1718	0.07	252896	237537	63179	3989	733		
2539	0.67	455044	441664	137922	10336	147		
1231	0.34	191502	179549	50549	8207	1528	25	15
1411	0.28	299975	284766	55021	6754	515		
1629	0.13	26758	21854	10354	4311	280	3	
1287	0.13	228536	216024	54822	8684	1260	30	
848	0.39	148401	140516	32042	6389	952	25	
541	0.03	68383	65643	13771	2074	73	100	45
474	0.03	68641	63841	23021	1997	5		200
829	0.07	165720	159089	51012	5349	211		

续表 2

地区	其他收入	本年支出合计（千元）	基本支出	项目支出	经营支出	工资福利支出	商品和服务支出
总　计	**133406**	**7241132**	**5281743**	**1935953**	**12290**	**3168870**	**2207185**
北　京	7093	338770	187733	151037		107248	147886
天　津	709	145438	112353	33085		57067	37881
河　北	552	207737	145036	62665	36	103526	36577
山　西	2884	165959	118647	46561	751	88338	29685
内蒙古	1049	213227	192187	20978	62	108508	53028
辽　宁	6602	212459	170009	22593	8	97404	40883
吉　林	1866	218788	186926	31862		114033	38059
黑龙江	1500	227042	181777	45031	134	110923	41376
上　海	13907	424165	236840	187266	59	157854	183387
江　苏	2563	452252	337263	114433	556	156418	193046
浙　江	28813	523215	348993	174214	1	231316	193897
安　徽	4334	172951	141105	31036	790	72608	40253
福　建	2471	146888	105679	41139	70	63283	53444
江　西	1468	155910	155938	17577	422	103084	32089
山　东	3679	328747	254375	74318	49	172213	81653
河　南	2575	222010	198767	23133	110	119785	56211
湖　北	4111	295598	197545	97853	200	114668	93994
湖　南	6006	211304	160888	49953	275	100157	73693
广　东	6338	505094	266404	233141	4225	151061	213057
广　西	1448	194924	152324	40625	12	93897	52253
海　南	2302	39168	16877	21658	20	13200	17297
重　庆	10637	248997	173514	75203	280	66786	104052
四　川	2897	446469	310421	134494	1554	186517	159822
贵　州	2178	156169	126441	29298	332	71102	29684
云　南	7940	290136	232368	54836	50	155928	68020
西　藏	310	26010	24081	645	321	14637	2242
陕　西	2538	238132	187953	49760	419	123489	54973
甘　肃	519	145443	124894	19297	91	75640	20271
青　海	448	59856	52051	7641	164	28638	10221
宁　夏	2598	63657	50483	13150	24	29510	8004
新　疆	1071	164617	131871	31471	1275	80032	40247

在支出合计中：								资产总计（千元）
差旅费	劳务费	福利费	各种税金支出	对个人和家庭补助支出	抚恤金和生活补助	其他资本性支出	各种设备购置费	
76535	**268271**	**31076**	**22885**	**1083367**	**60723**	**728753**	**153200**	**12978787**
214	14771	1313	418	62223	1294	18505	14606	556700
449	3599	701	133	40439	788	10051	5200	160546
705	3715	417	43	19064	2404	48567	4383	320889
1467	4008	111	394	15084	760	32851	3943	184109
2314	5341	469	20	41645	1997	10046	3759	158699
1307	3032	112	449	44319	2495	10128	3213	168046
1365	1990	10	6924	56116	1173	10580	3361	175375
1537	2542	282	13	47045	3659	27539	3224	218696
1069	10457	3474	1338	13960	2541	68471	7953	888204
3515	18802	1249	833	75896	2951	24466	9890	442684
4791	45271	7467	1032	57308	3360	31956	8481	402744
1637	4343	758	75	38918	1377	20271	4407	203592
1392	7403	340	362	17545	1125	12588	3869	200832
2418	4645	2181	839	26230	3357	9816	1722	205299
2588	6148	379	574	37255	1731	34561	5820	315992
1769	6550	747	354	31384	3041	14424	5911	348867
2058	4488	978	287	48039	1639	38737	4923	280259
2570	8071	1751	1006	19975	2478	16095	4030	201084
2924	22424	1764	890	73752	1707	53313	16639	1764831
3445	3923	687	235	35099	2627	12454	5044	197917
1245	3998	31	67	2950	664	5059	1519	50417
13115	20766	988	5965	54200	2710	20833	4209	745171
10360	32196	2819	201	67043	2641	32082	7830	665033
3632	3423	446	120	22740	956	29717	2523	445906
2503	8910	483	101	41505	3894	22731	2252	307473
179	60		25	800	61	7973	3574	2765538
2598	6996	635	8	31266	3439	28277	2805	169448
942	1897	287	137	25623	896	23649	3951	147637
545	706	78		6422	311	12054	763	51119
395	1414	13		7964	1455	18179	1068	55311
1487	6382	106	42	21558	1192	22780	2328	180369

续表 3

地区	固定资产原值	实际使用房屋建筑面积(万平方米)	业务用房面积	对公众开放阅览室面积	实际拥有产权面积(万平方米)	流动舞台车演出情况	
						流动舞台车数量(辆)	利用流动舞台车演出场次(场次)
总计	**11327600**	**787.64**	**527.25**	**99.31**	**401.40**	**690**	**22688**
北京	479867	12.52	7.37	0.15	5.60	10	29
天津	116715	9.18	6.50	0.26	0.85	4	180
河北	299047	35.02	23.07	4.78	21.90	39	1645
山西	155479	27.52	18.70	4.81	27.12	43	901
内蒙古	119969	21.21	13.72	3.40	9.78	12	434
辽宁	138728	20.53	13.20	1.76	8.53	10	346
吉林	154067	11.76	6.87	1.29	5.75	22	555
黑龙江	198154	21.03	14.02	2.15	6.80	46	1164
上海	560552	18.65	12.25	0.37	8.31	4	28
江苏	371190	89.09	69.67	10.70	32.43	32	1425
浙江	278254	48.29	34.49	2.34	20.95	30	1314
安徽	147951	20.38	15.70	3.04	14.46	30	1549
福建	147895	25.17	18.74	1.81	15.19	9	158
江西	166635	24.07	15.10	3.82	14.15	17	573
山东	267523	41.84	30.79	5.14	14.18	39	2504
河南	307616	34.86	22.58	3.57	16.80	28	1661
湖北	235912	29.58	18.22	6.55	17.73	13	627
湖南	162640	25.90	16.83	4.08	20.05	38	1701
广东	1659117	54.41	30.66	7.54	21.45	13	291
广西	177584	22.23	12.79	2.40	10.27	22	455
海南	28841	3.15	1.90	0.53	1.52	3	16
重庆	664076	25.83	16.27	2.00	14.42	19	686
四川	561686	42.01	29.38	6.51	19.37	70	1889
贵州	394431	20.37	12.50	3.25	11.52	14	317
云南	263877	23.88	14.65	2.82	14.26	30	482
西藏	2737414	8.82	5.90	1.86	4.06	15	127
陕西	147197	20.24	14.04	4.18	14.33	23	488
甘肃	126846	14.93	9.78	2.35	10.49	15	188
青海	48333	3.82	2.06	0.80	2.38	12	95
宁夏	46333	7.75	6.04	2.11	5.80	8	426
新疆	163671	23.61	13.48	2.94	10.97	20	434

利用流动舞台车演出观众人次（万人次）	志愿者服务队伍数（个）	志愿者服务队伍人数（人）	由本馆指导的单位					
			馆办文艺团体（个）	演出场次（场）	观众人次（万人次）	馆办老年大学（个）	群众业余文艺团队（个）	群众业余团队人数（人）
1300.44	**15162**	**508448**	**6484**	**132238**	**7472.24**	**747**	**78294**	**2489681**
0.79	687	17668	110	2323	47.27	8	569	50834
22.85	351	12538	67	1106	99.11	1	945	30500
69.78	778	23160	270	3704	175.43	30	4041	127422
33.04	271	7868	212	3055	129.09	25	1332	30244
13.70	279	13559	181	2164	152.34	26	1761	75245
28.49	829	32624	262	3327	146.59	24	2992	91055
35.17	526	11513	141	1110	78.43	19	812	59148
79.90	484	41561	271	3770	157.53	30	1940	111431
3.40	285	1166	154	1429	36.13	4	494	15226
101.48	712	26880	363	6452	288.19	38	4486	152778
98.09	1428	44942	333	6186	384.96	17	6837	219323
64.00	725	16609	305	4375	682.40	20	1993	47018
7.91	390	8814	172	1635	103.79	22	995	39129
21.55	361	10261	200	4250	258.45	36	1658	28460
77.73	465	26505	340	10619	742.16	46	6222	150836
81.26	801	21970	389	6393	257.83	35	4046	73923
18.89	840	31085	234	4518	249.16	32	3747	115261
136.96	450	17223	191	5440	237.38	44	3345	108857
21.53	492	29314	279	4766	397.05	33	2186	65034
29.07	726	25187	366	6359	652.92	31	5637	133797
1.66	236	5060	31	271	68.90	1	408	11979
61.06	441	10764	135	3328	180.43	28	990	41910
132.24	467	25617	211	18196	392.21	39	3065	129179
29.26	383	13980	311	3312	410.63	40	2144	53261
46.73	447	8196	312	6966	417.50	36	9007	272520
5.51	30	429	15	793	26.76	1	519	6158
33.56	299	9735	242	7232	233.38	34	2462	87235
16.26	282	5486	163	2550	123.66	15	1692	111987
3.53	184	1899	38	1750	57.62	2	340	10827
14.85	71	2137	22	1273	54.18	1	612	16571
10.18	442	4698	164	3586	230.77	29	1017	22533

2016年各地区

地　区	机构数(个)	从业人员(人)	专职人员	在编人员	专业技术人员	提供文化服务次数(次)	文化服务惠及人次(万人次)
总　计	**41175**	**126539**	**74143**	**76780**	**34137**	**1343795**	**32234.65**
北　京	331	1843	1062	999	146	52726	699.23
天　津	235	837	582	287	46	20388	211.84
河　北	2236	5148	2502	2595	725	47620	705.45
山　西	1409	2684	1516	923	478	25943	506.52
内蒙古	1106	2980	1816	1932	949	19907	388.88
辽　宁	1431	3416	1887	2253	717	44434	676.81
吉　林	901	4418	1503	1540	2997	16117	281.10
黑龙江	1517	3160	1726	1356	663	24333	380.44
上　海	213	4057	2398	1459	451	115415	2060.45
江　苏	1282	5071	3318	2785	1314	71713	1884.07
浙　江	1364	5194	3473	2925	2127	103049	3619.72
安　徽	1438	4491	3221	3526	2086	48852	1005.55
福　建	1125	2997	1656	1580	770	26006	539.67
江　西	1751	4031	2125	2284	671	23521	503.54
山　东	1816	5262	3548	3472	1786	92916	2092.63
河　南	2340	7507	4281	5659	885	61433	1369.07
湖　北	1279	2725	1801	1383	851	37199	973.98
湖　南	2536	5964	4071	4553	1306	39230	1072.05
广　东	1602	9301	5534	4251	1896	88456	4093.39
广　西	1168	3399	2026	2673	1034	30627	861.41
海　南	220	517	291	338	95	3938	85.34
重　庆	1021	4428	3100	3763	969	41209	1183.28
四　川	4574	7969	4176	4762	1793	90475	2107.23
贵　州	1567	4855	2661	3691	1439	26370	684.49
云　南	1434	4939	3566	4211	3286	42111	1253.37
西　藏	692	4004	2167	2539	1471	8173	118.78
陕　西	1459	4706	2553	3114	1060	33393	750.52
甘　肃	1355	4692	2770	2853	626	23376	479.92
青　海	359	489	172	157	76	4477	66.96
宁　夏	244	648	448	444	213	9475	216.04
新　疆	1170	4807	2193	2473	1211	70913	1362.94

文化站基本情况

组织文艺活动次数（次）	参加人次（万人次）	举办训练班班次（次）	培训人次（万人次）	对业余文化队伍开展培训人次	举办展览个数（个）	参观人次（万人次）	藏书（万册）	计算机（台）
827953	**22983.64**	**393071**	**2987.87**	**1022.10**	**122771**	**6263.14**	**26650.86**	**321749**
27308	474.76	23595	144.70	75.55	1823	79.78	513.15	3853
12717	153.48	6833	36.62	11.80	838	21.75	176.10	2708
32393	510.52	11028	77.19	19.24	4199	117.74	911.17	8715
16271	350.25	7043	51.39	12.98	2629	104.88	545.98	11325
13112	299.03	4844	30.43	8.10	1951	59.41	399.98	5963
28232	505.19	13581	96.32	32.81	2621	75.30	883.64	7724
11302	223.08	3547	24.92	8.89	1268	33.11	313.43	4657
16132	280.72	5854	41.15	7.64	2347	58.57	514.43	6814
67283	1231.81	45226	357.03	144.66	2906	471.60	950.44	4875
46533	1276.75	17905	153.13	48.38	7275	454.19	3204.08	13971
61287	2717.18	32556	245.88	110.71	9206	656.67	2272.49	16861
29788	721.15	14013	108.54	25.04	5051	175.86	577.45	16392
13411	362.08	9664	48.98	11.48	2931	128.62	555.13	7471
14095	356.53	6364	42.47	6.48	3062	104.54	732.66	8364
62902	1492.56	21210	202.85	66.82	8804	397.22	2105.89	22460
38537	961.37	15220	115.12	26.93	7676	292.59	753.79	14433
22793	699.99	10105	84.34	27.08	4301	189.65	621.82	9295
22933	695.13	11833	86.72	21.31	4464	290.20	1457.94	14067
44496	2979.02	36869	360.88	156.08	7091	753.49	2762.49	18170
20584	684.97	6967	42.64	13.38	3076	133.80	713.75	10785
2332	64.62	1288	7.62	2.25	318	13.10	96.79	1952
23702	779.83	12374	114.85	39.27	5133	288.61	635.99	11951
55724	1520.41	24735	129.82	46.71	10016	457.00	1517.25	36119
17363	506.19	6343	43.01	13.28	2664	135.29	842.95	13460
25315	895.47	12225	112.34	32.99	4571	245.55	643.60	15447
5286	91.83	1914	7.31	0.78	973	19.65	107.56	3386
18561	542.28	9485	73.61	17.98	5347	134.63	463.61	9366
12936	304.56	6892	53.77	13.19	3548	121.60	430.70	9424
2700	49.95	970	6.36	0.44	807	10.65	71.38	1888
7242	183.22	1757	10.78	2.63	476	22.05	119.59	2685
54683	1069.74	10831	77.12	17.24	5399	216.09	755.66	7168

续表 1

地　区	本单位受训人次(万人次)	本年收入合计(千元)	财政补贴收入	业务活动专项经费	上级补助收入	本年支出合计(千元)	基本支出
总　计	**90.21**	**11341764**	**10259236**	**4301727**	**769965**	**11126064**	**6911483**
北　京	2.82	362628	278595	149811	54601	318199	100776
天　津	2.95	74832	72267	44787	2095	73684	46923
河　北	1.53	179415	175354	75402	999	176599	131523
山　西	1.90	95482	95156	51756	80	95432	69544
内蒙古	0.96	182354	181285	54734	50	177791	166892
辽　宁	3.73	124487	118769	44374	4691	137558	102070
吉　林	2.22	140689	138846	44915	633	139690	94806
黑龙江	0.40	123276	119725	48021	894	120191	78554
上　海	1.31	1058215	958324	491169	59962	987876	499764
江　苏	3.27	803331	762085	291001	32883	799046	519449
浙　江	12.09	1406142	1226320	545422	154192	1379094	619987
安　徽	2.18	287469	258160	92580	20526	285872	226977
福　建	2.91	232530	207483	91359	21472	247808	142242
江　西	0.96	184504	146256	56522	10259	142176	101694
山　东	7.21	392897	367855	150077	16178	392978	286578
河　南	2.86	302967	297448	106145	1933	300582	265650
湖　北	1.64	257103	234268	91034	18094	245819	147953
湖　南	8.56	348437	305462	122437	37673	353751	255593
广　东	7.11	1550067	1377292	743613	115875	1435949	673074
广　西	1.35	231003	173156	24735	50897	212839	165564
海　南	0.63	46521	42204	14982	2902	38501	20705
重　庆	1.21	441374	424287	122796	448	445029	313941
四　川	4.00	694970	639154	335896	51198	703318	380110
贵　州	3.18	297660	259895	77118	28245	330062	265431
云　南	2.18	478882	435446	125474	32411	463268	347000
西　藏	0.51	258115	230038	61295	17806	244366	210465
陕　西	1.74	262954	245471	83773	10604	290366	229993
甘　肃	1.70	223454	207927	64472	9545	225050	183729
青　海	0.12	24057	22586	13638	1094	73504	21165
宁　夏	1.19	40620	36113	12967	3826	46844	37239
新　疆	5.83	235329	222009	69422	7899	242822	206092

项目支出	经营支出	在支出合计中：工资福利支出	商品服务支出	对个人和家庭补助支出	抚恤金和生活补助	其他资本性支出	各种设备购置费	资产总计(千元)
3806666	**206908**	**4415101**	**3507895**	**401323**	**35467**	**2205460**	**563230**	**38769769**
162530	8625	22798	29064	2236	345	35779	8652	567471
26147	566	16122	21433	4337	1037	30017	13212	300000
42941	2052	105192	45616	1712	304	23823	6290	931283
24000	1888	51151	30560	242	11	12840	1876	725329
9571	1298	112797	38236	7747	723	19158	7462	571495
32029	3130	76814	20979	4165	200	45415	12740	779098
43900	447	84996	41173	6100	132	7113	2725	348163
40635	1002	70463	24709	2940	32	22046	5321	1062508
463061	17923	255552	521147	25030	1887	138995	33300	2380856
275308	4288	278072	314414	46273	1256	160287	38186	3300671
728875	21180	264624	597281	44258	4434	411122	76326	3849836
52303	6452	146976	63191	15667	1516	59385	12380	1234163
98890	6251	72234	73579	7798	970	91270	29161	1058181
28964	7318	77672	20685	4956	1175	34396	11023	953122
96963	9187	170787	106962	12375	1220	101800	55322	1723529
31931	2878	191716	86512	3892	467	18090	6539	796896
93297	4532	89693	84413	7927	1038	63130	17852	722310
89329	8058	175275	98422	8344	1043	66494	17011	1350579
707886	16584	501220	470924	76658	6377	287468	64283	5867823
43180	2486	110539	64605	14667	1136	21477	6581	570878
15836	672	14892	6794	311	35	7432	1367	102764
118809	10186	194739	152680	15655	1969	74984	24885	993340
313655	9388	238419	297837	18138	1801	140716	37232	2777599
52164	9552	168550	52268	13983	1514	51799	14802	807541
103945	8249	257334	95674	21384	1704	82780	12194	1103257
3869	20279	189654	6377	1829	394	44294	15042	658289
31063	9214	174178	44533	8633	1230	42972	14013	992637
33828	7509	143576	31434	4962	511	43412	7472	802210
1223	1116	12305	3999	805	59	6165	1357	141572
7591	2004	27482	5273	1224	231	12589	1534	230740
32943	2594	119279	57121	17075	716	48212	7090	1065629

续表 2

地　区	固定资产原值	实际使用房屋建筑面积(万平方米)	文化活动用房面积	实际拥有产权面积(万平方米)	本站指导群众业余文艺团队(支)	辖区内社区文化活动场所(个)	社区文化活动室
总　计	**33538246**	**2978.45**	**2222.79**	**1768.62**	**313485**	**186768**	**130730**
北　京	471568	60.83	41.92	20.69	9800	4494	2921
天　津	265731	22.03	16.64	5.66	3197	2091	1706
河　北	848683	85.02	67.75	57.33	18342	4075	2868
山　西	647397	68.53	53.73	54.70	8254	2108	2063
内蒙古	493689	51.09	40.83	28.02	5174	3298	1813
辽　宁	705547	85.15	52.43	30.40	9454	6898	5759
吉　林	310375	31.93	23.21	22.62	4686	2689	1953
黑龙江	1029564	62.00	41.74	24.50	5485	2928	2217
上　海	1786871	119.19	87.13	68.40	6131	5478	4588
江　苏	2873532	290.46	219.97	142.21	14346	13672	9040
浙　江	3084485	346.63	267.42	187.15	27589	10710	6471
安　徽	903920	77.54	65.19	69.61	8101	5548	3657
福　建	869186	94.76	74.54	60.45	7391	4921	3488
江　西	787029	75.28	55.74	47.31	6863	6713	5526
山　东	1514342	206.70	137.08	81.39	25539	18424	15704
河　南	762428	89.62	67.91	66.73	20135	8072	6050
湖　北	660369	104.41	76.97	69.40	13093	7717	5273
湖　南	1232461	115.84	88.08	87.11	16187	22212	7255
广　东	5099268	323.63	246.83	148.00	11589	12767	15113
广　西	547312	51.55	39.55	35.80	10364	4191	2504
海　南	92002	7.39	5.92	5.35	1851	667	429
重　庆	852979	67.03	50.13	55.90	7567	5210	3043
四　川	2573700	165.74	129.16	119.20	18584	10457	6965
贵　州	739317	59.35	43.40	43.44	7826	3834	2462
云　南	954299	73.09	54.78	74.27	19420	4627	3002
西　藏	598318	24.82	21.53	11.18	1331	548	164
陕　西	876997	63.97	47.16	47.76	10154	5727	3639
甘　肃	693174	54.99	40.11	38.31	7839	2451	1710
青　海	128872	10.10	9.53	6.58	868	260	225
宁　夏	218649	13.87	8.73	8.43	1388	990	723
新　疆	916182	75.91	47.68	50.74	4937	2991	2399

辖区内社区文化活动场所面积（万平方米）	社区文化活动室面积	辖区内村文化活动场所（个）	村文化活动室	辖区内社区文化活动场所面积（万平方米）	社区文化活动室建筑面积	辖区内社区个数（个）	辖区内行政村个数（个）
9755.22	**2234.28**	**694888**	**501567**	**21849.62**	**5448.96**	**114694**	**488852**
200.05	68.67	5723	3518	355.77	107.94	3021	3906
78.56	25.00	4866	3254	128.14	33.63	1961	2881
116.53	25.35	50416	35977	1282.55	251.98	4271	47217
86.69	25.73	28358	27990	727.02	172.52	2621	27135
171.32	41.38	13099	10959	520.30	101.09	2066	11236
478.67	58.85	13623	10091	1049.84	84.98	4515	7973
156.56	37.50	11055	8970	714.81	84.52	1945	8976
197.57	30.61	9001	7298	384.83	51.85	2097	8934
177.51	97.62	3394	2771	120.44	57.82	2851	1661
989.51	262.47	24104	16682	910.36	312.93	6920	14338
1127.07	256.77	38653	28729	2329.60	838.36	4265	25229
172.88	48.45	15328	13160	399.36	86.41	11357	10268
178.40	51.40	15282	12649	458.00	128.02	2653	10999
133.18	36.71	17852	15070	329.36	100.47	2718	14774
926.04	272.68	64554	58297	2501.92	641.44	10772	58651
247.73	56.81	43233	37584	1047.40	239.10	5366	40646
295.13	74.42	29591	20622	786.05	185.11	4245	19812
868.41	133.30	110848	34627	1831.65	461.71	6078	34674
1579.56	271.85	31528	22078	1725.24	487.51	6095	17052
133.00	39.00	16097	12903	514.88	128.82	1836	12218
16.56	6.91	3527	2193	99.68	22.43	487	2526
323.35	63.72	11153	8480	239.81	96.58	2846	7864
370.32	72.39	46241	38043	709.81	199.11	7211	38990
138.71	26.96	14285	11390	340.17	62.75	2128	11119
185.98	49.44	18932	14217	583.34	147.35	2670	12399
3.09	1.44	3765	2446	10.89	6.50	393	2791
169.20	29.33	22819	17969	709.27	134.91	2674	13638
83.08	17.40	13491	11406	551.31	65.73	1844	10610
5.98	3.48	2080	1562	47.59	10.69	855	1095
52.82	7.89	2708	2030	154.79	14.60	603	1327
91.80	40.75	9282	8602	285.46	132.12	5330	7913

2016年各地区乡镇

地区	机构数（个）	从业人员（人）	专职人员	在编人员	专业技术人员	提供文化服务次数（次）	文化服务惠及人次（万人次）
总计	**34240**	**101970**	**60168**	**64677**	**29836**	**892350**	**23969.28**
北京	182	937	629	498	93	21810	343.74
天津	132	361	212	194	36	8456	119.97
河北	1988	4408	2249	2262	678	39408	605.52
山西	1196	2205	1400	750	438	19221	426.17
内蒙古	894	2476	1556	1646	830	14263	297.64
辽宁	952	2088	1195	1490	565	14847	302.99
吉林	626	3908	1189	1299	2915	10263	201.69
黑龙江	900	1611	1113	1005	542	12843	245.51
上海	108	2487	1421	962	268	44056	1020.57
江苏	909	3495	2315	2212	1074	41908	1270.00
浙江	958	3451	2328	2043	1528	54118	2413.14
安徽	1290	4095	2980	3281	1965	43114	912.93
福建	962	2509	1386	1354	644	18436	417.24
江西	1620	3679	1945	2084	615	20516	445.59
山东	1231	3493	2387	2368	1254	59370	1436.77
河南	1898	6371	3632	4934	750	50408	1165.47
湖北	1030	2159	1444	1091	733	25142	726.35
湖南	2235	5149	3614	4074	1194	32306	935.88
广东	1175	6464	3599	3017	1302	44531	2782.39
广西	1127	3125	1897	2531	1010	28486	825.00
海南	199	489	277	330	90	3411	82.12
重庆	819	3349	2431	2912	782	28076	836.45
四川	4306	7238	3711	4422	1650	75448	1826.51
贵州	1411	4247	2440	3419	1391	20601	629.23
云南	1302	4376	3213	3803	3011	34537	1075.95
西藏	684	3980	2161	2520	1468	8144	118.52
陕西	1298	4053	2257	2693	938	28068	649.27
甘肃	1229	4318	2644	2640	607	20468	447.64
青海	359	489	172	157	76	4477	66.96
宁夏	200	538	395	406	207	6445	143.22
新疆	1020	4422	1976	2280	1182	59173	1198.87

文化站基本情况

组织文艺活动次数（次）	参加人次（万人次）	举办训练班班次（次）	培训人次（万人次）	对业余文化队伍开展培训人次	举办展览个数（个）	参观人次（万人次）	藏书（万册）	计算机（台）
554405	**17172.57**	**242191**	**1955.63**	**627.15**	**95754**	**4841.08**	**20205.04**	**257990**
14074	263.74	6996	54.87	22.28	740	25.13	256.05	1979
5598	85.13	2526	21.28	5.58	332	13.56	121.68	1224
26661	436.02	9133	67.09	16.62	3614	102.42	821.85	7270
11926	292.26	5072	41.25	11.74	2223	92.67	433.11	9361
9235	223.64	3580	24.46	6.07	1448	49.54	327.72	4629
9970	232.28	3851	36.07	6.98	1026	34.64	487.05	5388
6941	156.44	2488	18.75	6.26	834	26.50	236.01	3151
8438	181.80	3089	25.02	4.78	1316	38.69	389.91	4503
21399	682.10	21152	137.83	71.83	1505	200.64	511.75	2536
27321	835.48	9684	92.71	27.62	4903	341.81	2332.19	8941
31204	1799.41	16866	151.45	72.12	6048	462.28	1521.61	11098
26508	650.63	11990	99.27	22.16	4616	163.03	502.07	14984
10172	270.40	5780	32.55	8.06	2484	114.30	452.99	5853
12269	317.56	5527	33.67	5.39	2720	94.36	625.34	7522
40956	1033.14	12760	128.60	44.90	5654	275.03	1442.64	14503
31847	828.00	12268	95.44	22.18	6293	242.03	609.56	11718
14790	500.90	6938	62.99	19.17	3414	162.47	464.32	7187
18627	591.51	9865	73.10	17.22	3814	271.27	1280.16	11710
24884	2074.76	14745	191.10	79.74	4902	516.53	1747.07	12599
18893	652.91	6628	40.67	12.80	2965	131.42	666.46	10420
2081	62.35	1031	6.83	2.10	299	12.94	89.35	1842
16571	542.48	7449	79.38	25.05	4056	214.58	461.69	9419
46783	1307.51	19630	102.09	30.78	9035	416.92	1346.00	33121
12551	461.94	5538	39.29	12.01	2512	128.00	780.59	12282
20796	762.44	9790	95.06	28.78	3951	218.45	564.81	14142
5259	91.58	1912	7.29	0.78	973	19.65	107.14	3384
14916	463.74	8313	64.73	15.38	4839	120.80	414.34	8324
11206	280.76	5995	50.33	11.91	3267	116.54	382.52	8607
2700	49.95	970	6.36	0.44	807	10.65	71.38	1888
4704	114.69	1352	8.85	2.25	389	19.67	94.50	2098
45125	927.03	9273	67.25	14.19	4775	204.59	663.20	6307

续表 1

地　区	本单位受训人次(万人次)	本年收入合计(千元)	财政补贴收入	业务活动专项经费	上级补助收入	本年支出合计(千元)	基本支出
总　计	**58.43**	**8556145**	**7737681**	**3073343**	**593828**	**8402040**	**5536749**
北　京	1.35	250351	188064	94516	39324	215447	60973
天　津	0.23	47261	46685	28127	354	42436	32082
河　北	1.26	163448	160325	68909	966	160752	119296
山　西	1.74	82438	82130	44372	80	82819	60801
内蒙古	0.58	156002	155111	46127	50	152814	143888
辽　宁	0.83	71948	68338	25046	2943	77401	65847
吉　林	1.90	110209	108524	33527	548	109273	74802
黑龙江	0.20	83384	80332	32959	713	81817	51901
上　海	0.63	827611	744934	369558	48190	743017	389300
江　苏	1.52	576762	547136	187513	24320	571230	394677
浙　江	6.37	874806	744709	343931	109612	851537	399900
安　徽	1.97	263810	237015	82861	18615	262692	210098
福　建	2.17	176170	155313	65998	17759	176353	99713
江　西	0.78	151190	116534	47806	9455	125707	92328
山　东	4.11	243427	231360	91441	10158	246912	183587
河　南	2.15	261108	256396	89451	1609	258565	229153
湖　北	0.78	194047	174660	64756	15019	183772	116843
湖　南	7.72	300274	263802	100930	32624	305621	224182
广　东	3.22	934710	853943	405292	68605	888322	485182
广　西	1.26	211515	155584	22416	48983	193840	161062
海　南	0.53	42421	38110	14262	2900	34264	18796
重　庆	0.68	302954	289800	84464	383	301680	224484
四　川	3.18	604879	557227	289658	44105	609578	329067
贵　州	2.98	259742	223327	63162	27130	296180	240447
云　南	1.70	396744	366842	91619	20600	385195	305768
西　藏	0.51	257715	229718	60975	17726	243896	210050
陕　西	1.30	227925	211617	74586	9909	255846	200646
甘　肃	1.48	209924	194795	60136	9195	212090	172250
青　海	0.12	24057	22586	13638	1094	73504	21165
宁　夏	1.01	36657	32763	11801	3295	41439	32877
新　疆	4.16	212656	200001	63506	7564	218041	185584

项目支出	经营支出	在支出合计中：						资产总计（千元）
		工资福利支出	商品服务支出	对个人和家庭补助支出	抚恤金和生活补助	其他资本性支出	各种设备购置费	
2558257	**166890**	**3596783**	**2480491**	**323958**	**30272**	**1534396**	**413231**	**29149315**
118272	5640	10294	10446	1095	345	20513	3319	378365
10130	224	10594	15114	2772	911	13956	7278	162303
39566	1807	94624	42262	1495	269	22173	5646	761449
20277	1741	43465	27268	200	11	11347	1645	682567
7774	1122	96987	32072	7292	709	16646	6888	508973
10177	1382	53162	13033	2861	180	8327	727	375094
34008	108	66116	31940	5357	127	5562	2344	250118
28974	942	45111	18442	2666	27	15590	4569	349990
341452	10544	193641	399350	22786	1783	98724	24622	1728830
173206	3347	210410	205761	39354	1067	115705	24574	2321416
427725	15727	181894	368725	31279	3298	224907	52070	2898953
46693	5761	135831	59294	15067	1437	51929	10845	1169986
71154	5306	60543	48433	6043	792	59748	13566	948188
22141	6968	71687	19216	4463	864	25908	8377	836868
57137	6123	108827	59464	7274	941	70957	40531	979792
27017	2272	164798	75603	2989	402	14803	4513	722871
63424	3468	70717	63872	5949	814	42578	14567	608718
73981	6687	155645	85325	6713	739	52865	10825	1223452
386057	10985	328308	248678	53679	5980	181175	51245	3052752
28720	2449	107952	50018	14373	1136	19946	6416	557742
13708	672	14523	6714	290	34	6604	771	100125
68033	8049	145089	91624	11747	1465	51187	17166	708346
272819	7672	218165	260501	16314	1474	113670	31660	2595235
44618	9005	153527	41627	12563	1481	45924	13912	693834
71877	6988	236141	69682	17732	974	59678	10157	999874
3869	20224	189295	6318	1827	394	44244	15024	571921
26183	8921	149060	38970	7688	1168	40078	13682	934856
32469	7387	135381	29358	3991	504	41785	7047	701796
1223	1116	12305	3999	805	59	6165	1357	141572
6824	1738	24420	4535	1197	231	11011	1399	210845
28749	2515	108271	52847	16097	656	40691	6489	972484

续表 2

地区		实际使用房屋建筑面积(万平方米)		实际拥有产权面积(万平方米)	本站指导群众业余文艺团队(支)	辖区内社区文化活动场所(个)	
	固定资产原值		文化活动用房面积				社区文化活动室
总计	**25061182**	**2226.85**	**1706.38**	**1478.72**	**238661**	**110358**	**69380**
北京	316890	32.79	24.34	10.65	5017	1055	686
天津	144198	10.15	8.26	3.50	1588	603	504
河北	681382	74.05	59.80	53.79	16406	1786	1121
山西	608934	54.81	43.92	51.21	6820	623	593
内蒙古	437983	40.04	32.29	24.50	3867	1176	838
辽宁	335126	44.07	31.26	19.46	5250	1856	1143
吉林	237115	21.66	16.71	20.16	3426	943	615
黑龙江	334488	32.97	26.74	21.06	3687	884	728
上海	1251974	73.15	50.40	49.33	3285	2755	2268
江苏	2095106	198.65	151.08	103.20	8699	7333	4807
浙江	2294283	244.43	193.30	143.99	17877	4290	2601
安徽	854295	69.68	59.06	65.97	6891	4426	2779
福建	776035	81.12	63.59	54.34	5785	3180	2245
江西	721178	69.78	52.14	44.60	6167	5643	4602
山东	871989	131.33	88.43	54.40	17435	10578	9272
河南	702386	74.43	58.70	62.75	17235	4267	3305
湖北	564193	85.40	63.13	60.54	9569	4515	3023
湖南	1120744	99.05	76.37	78.50	13918	18709	5410
广东	2467196	221.55	168.43	110.29	6440	6298	4247
广西	534738	48.19	37.78	34.39	10015	3740	2296
海南	89973	6.45	5.16	5.12	1800	478	317
重庆	598085	45.86	34.83	41.75	4888	2862	1617
四川	2403045	147.77	116.38	110.35	15493	7714	5002
贵州	630045	50.90	39.76	41.66	6953	3144	2047
云南	865559	64.51	48.00	67.39	17433	2969	1882
西藏	511950	24.29	21.00	11.18	1330	512	138
陕西	823059	57.46	42.34	43.47	8392	4165	2493
甘肃	611379	46.39	36.84	35.79	7234	1711	1170
青海	128872	10.10	9.53	6.58	868	260	225
宁夏	199554	10.21	7.25	6.83	990	505	374
新疆	849428	55.61	39.60	41.98	3903	1378	1032

辖区内社区文化活动场所面积(万平方米)	社区文化活动室面积	辖区内村文化活动场所(个)	村文化活动室	辖区内社区文化活动场所面积(万平方米)	社区文化活动室建筑面积	辖区内社区个数(个)	辖区内行政村个数(个)
4782.86	**1173.06**	**604436**	**465306**	**19569.62**	**4835.73**	**69945**	**455338**
55.12	18.55	4955	3466	351.15	106.42	716	3838
34.52	6.05	3122	3027	119.40	30.66	789	2578
55.36	10.61	49244	35575	1267.52	247.40	2368	46619
27.21	11.06	27522	27191	699.77	165.85	1075	26488
91.61	17.33	12895	10787	510.75	99.13	965	11066
107.38	10.87	12267	9127	943.57	65.98	2117	7245
49.54	7.22	10548	8573	694.31	81.16	701	8572
61.32	13.58	8865	7183	377.58	50.90	816	8794
105.81	55.67	2419	1887	101.51	45.03	1528	1393
415.99	118.68	21731	15400	821.01	280.09	3745	13327
290.68	117.48	30097	22622	1611.76	626.29	1814	19952
135.38	39.82	14984	12860	388.33	83.27	10783	10009
82.08	24.21	14594	12102	429.38	121.26	1471	10453
111.68	29.12	17442	14710	321.14	97.37	1964	14527
457.20	141.74	50454	45763	1863.40	483.34	6302	46608
168.45	33.74	41406	36114	1011.67	229.04	3065	39117
165.34	36.52	25123	18540	689.66	170.02	2452	17808
521.77	98.84	69784	33826	1784.51	441.78	4690	34207
755.39	150.90	28607	19935	1545.83	442.75	2507	15211
114.14	24.56	15962	12810	508.22	127.22	1575	12143
13.64	5.37	3510	2176	99.41	22.27	341	2514
181.25	37.83	9793	7541	214.10	87.02	1457	6912
259.15	46.48	45498	37471	697.03	195.10	5403	38301
116.97	21.98	13808	11023	333.33	60.15	1752	10703
120.20	34.66	18014	13411	555.03	137.81	1776	11319
2.73	1.19	3758	2445	10.85	6.49	365	2791
128.30	20.32	20758	16291	589.68	110.90	1443	12003
64.45	13.41	13349	11344	549.56	65.36	1426	10565
5.98	3.48	2080	1562	47.59	10.69	855	1095
33.55	4.12	2650	2017	153.99	14.28	298	1310
50.70	17.70	9197	8527	278.59	130.71	3386	7870

主要统计指标解释

1. **组织品牌活动**：是指由文化馆负责长期组织开展，当地群众广泛参与，在一定区域内具有较大影响，对当地文化生活及经济社会发展产生积极影响的群众文化活动。

2. **组织文艺活动次数**：指本馆组织或与外机构联合组织各种文艺演出（包括调演、汇演）次数，不论地点和内容，每组织一次算一次。

3. **举办训练班班次**：指本馆举办或与外机构联合举办的各种文化、艺术、科普（包括图书、讲演、创作、表演、音乐、舞蹈、美术、文学、摄影等）训练班，按截止到年底办完的班数及培训人数，分别计算班次。

4. **举办展览个数**：指本馆举办或与外机构联合举办的在馆内或者馆外展览的个数。个数按展览的内容计算。同一内容的展览不论在哪些地点展出和展出时间多久，只计算一个。

5. **组织公益性讲座次数**：指由本馆组织的公益性讲座的次数总和。

6. **业务活动专项经费**：指本馆报告期内财政拨款中用于开展群众文化活动的专项经费。

7. **馆办文艺团体**：指由本馆人员组成的为群众提供文艺演出的演出团队。

8. **馆办文艺团体演出场次**：指由本馆人员组成的为群众提供文艺演出的演出团队演出场次。

9. **馆办老年大学**：指由本馆举办的专对老年人进行文艺培训的场所。

10. **群众业余文艺团队**：指业务上受本馆指导的城镇和农村各种业余文艺演出团队。

11. **主体建筑建成年份**：根据填报机构公用房屋建筑的具体建成年份填报，填报机构如有分属不同年份的房屋建筑，按照主体建筑的具体建成年份填报。

4

艺 术 业

按年份各地区艺术表演团体机构数

单位：个

地　区	1995年	2000年	2005年	2010年	2014年	2015年	2016年
总　计	**2682**	**2619**	**2805**	**6864**	**8769**	**10787**	**12301**
北　京	22	20	20	18	344	395	485
天　津	19	16	16	36	66	86	84
河　北	138	138	126	284	458	596	712
山　西	162	159	156	342	351	456	546
内蒙古	118	116	109	123	177	175	186
辽　宁	89	77	66	239	207	263	246
吉　林	68	65	61	68	56	49	54
黑龙江	92	89	84	89	39	51	57
上　海	31	29	85	89	158	180	205
江　苏	136	133	129	408	287	369	444
浙　江	83	79	273	471	891	1024	1245
安　徽	92	92	92	1255	988	1617	1879
福　建	91	96	91	449	393	397	429
江　西	81	79	79	99	219	236	304
山　东	118	118	117	119	481	623	567
河　南	216	205	199	371	598	824	1006
湖　北	105	100	99	204	273	282	308
湖　南	89	90	91	201	271	273	452
广　东	134	138	139	397	325	391	357
广　西	117	118	118	141	67	92	100
海　南	23	21	22	67	71	66	74
重　庆		38	29	381	512	730	770
四　川	140	98	84	348	492	543	621
贵　州	30	28	26	52	105	95	113
云　南	134	129	135	142	284	276	221
西　藏	25	26	27	37	88	87	87
陕　西	117	118	113	127	143	177	281
甘　肃	78	76	76	82	190	191	227
青　海	14	14	12	32	64	54	60
宁　夏	15	15	23	45	31	40	34
新　疆	87	88	91	132	122	132	131

按年份全国文化部门执行事业会计制度的艺术表演团体基本情况

年份	机构数(个)	演出场次(万场次)	农村演出	观众人次(万人)	平均每团演出场次(场)	总收入(万元)	财政拨款	演出收入	总支出(万元)	经费自给率(%)
1949年	1000	30			300					
1952年	2084	66		2312	317					
1957年	2884	137		79245	474					
1958年	3181	205		120290	644					
1964年	3302	171	82	84293	518	19030	5290		19817	69.3
1978年	3143	65	22	79395	206	32086	19644	11079	30049	41.4
1980年	2183	54	20	61519	245	34687	22503	10685	29524	41.3
1985年	3295	74	49	72322	226	48568	30942	13091	47292	37.3
1990年	2788	49	32	51012	176	71535	43759	18041	67514	41.1
1991年	2760	45	29	46411	162	71756	42638	17798	76065	38.3
1992年	2744	43	28	46338	155	80959	46617	19559	87797	39.1
1993年	2698	41	26	42530	151	92770	51093	21756	100106	41.6
1994年	2691	40	26	40935	149	127628	75583	27276	134508	38.7
1995年	2676	41	26	43166	154	151388	86620	34382	160654	40.3
1996年	2656	42	27	47934	158	184240	109781	39870	183534	40.6
1997年	2651	42	26	46361	157	206794	125300	40716	202789	40.2
1998年	2640	42	26	53486	161	218546	139913	41730	223877	35.1
1999年	2622	42	26	46904	161	242645	155609	48967	242797	35.8
2000年	2619	41	26	46168	157	263664	172864	51650	268886	33.8
2001年	2590	42	24	47385	163	311852	210018	57448	312601	32.6
2002年	2577	42	24	45980	161	365331	246661	64884	363312	32.7
2003年	2601	38	22	39163	147	400867	269640	71781	397890	33.0
2004年	2512	41	24	37907	165	459183	313068	86125	459369	31.8
2005年	2472	40	23	35752	159	500262	342807	92603	488472	32.2
2006年	2456	41	24	40766	167	565018	387812	103431	558540	31.7
2007年	2455	42	25	45404	170	691050	487842	120396	670009	30.3
2008年	2465	41	25	41272	167	803030	573623	133077	777735	29.5
2009年	2481	42	25	43127	169	889046	631197	142227	860603	30.0
2010年	2421	42	24	44290	175	946742	654258	155743	917143	31.9
2011年	2249	40	24	38209	176	1058959	777590	162684	1029564	27.3
2012年	1804	32	20	29796	179	1076060	824265	132713	1043740	24.1
2013年	1588	29	18	26067	182	998200	773381	123340	969206	23.2
2014年	1581	29	18	24294	183	1074246	843859	116572	1059017	21.8
2015年	1548	28	19	24261	178	1209567	969712	127431	1183497	20.3
2016年	1520	27	18	24004	181	1285603	1016972	132320	1220720	22.0

按年份各地区文化部门执行事业会计制度的艺术表演团体财政拨款

单位：万元

地　区	1995年	2000年	2005年	2010年	2014年	2015年	2016年
总　计	**86620**	**172864**	**342807**	**654258**	**843859**	**969712**	**1016972**
北　京	2137	7119	19945	27608	84782	46251	33198
天　津	1625	2973	12827	18125	38151	41622	41754
河　北	2416	4704	9851	16249	15475	20121	20950
山　西	2341	4891	10916	20052	24217	28515	25277
内蒙古	2913	5277	11796	32520	59679	74578	81746
辽　宁	4138	6683	10880	24367	24443	29205	32191
吉　林	2938	5073	9246	21136	13182	12714	12587
黑龙江	4553	7524	14453	31463	22461	26788	28908
上　海	4207	7011	11635	22399	40918	51393	56145
江　苏	4050	9911	13714	21602	28371	32881	36725
浙　江	2501	7431	19611	36260	42516	55535	58916
安　徽	2554	5161	10163	8368	5020	6671	6310
福　建	2258	7607	11839	30485	38261	48315	44990
江　西	1736	3529	6883	14273	12189	11831	13478
山　东	3817	7952	17800	35654	47241	53664	56815
河　南	2803	5435	10575	20957	30168	38672	46537
湖　北	3459	6610	13579	27230	24673	29665	33928
湖　南	2040	3842	7402	17034	23365	25022	33011
广　东	6533	12701	19807	21865	24163	25779	32231
广　西	2237	4913	9022	17950	12997	15376	12726
海　南	962	1390	2200	4924	4107	6914	6023
重　庆		2355	4159	11528	10472	9787	9521
四　川	5065	6610	11642	23847	28593	34223	33776
贵　州	1475	2546	5716	10282	2237	2769	3709
云　南	3783	7270	13017	22782	28878	34801	38589
西　藏	1130	2341	4725	8844	14204	21519	19847
陕　西	2995	6125	8477	16670	20787	23630	26554
甘　肃	1958	3514	8779	20166	17960	18605	20014
青　海	1068	1500	3115	7686	4170	4638	4379
宁　夏	646	1279	3015	6141	383	379	335
新　疆	3321	5325	11172	29090	47517	60699	63794

按年份各地区文化部门执行事业会计制度的艺术表演团体演出场次

单位：万场

地　区	1995年	2000年	2005年	2010年	2014年	2015年	2016年
总　计	**41.2**	**41.0**	**39.9**	**42.4**	**28.6**	**27.6**	**27.4**
北　京	0.4	0.6	0.7	0.3	0.3	0.2	0.2
天　津	0.3	0.2	0.2	0.3	0.3	0.4	0.3
河　北	3.0	2.7	3.2	2.3	1.4	1.4	1.4
山　西	4.4	3.4	2.7	2.9	2.3	1.9	1.6
内蒙古	1.3	1.4	1.5	1.7	1.4	1.3	1.2
辽　宁	1.0	0.9	0.9	0.8	0.4	0.3	0.2
吉　林	1.1	0.7	0.5	0.8	0.1	0.1	0.1
黑龙江	1.4	1.2	1.1	1.1	0.3	0.3	0.2
上　海	1.0	1.3	0.9	1.1	0.7	0.7	0.7
江　苏	3.8	4.0	3.6	3.3	3.3	3.2	3.4
浙　江	1.1	1.3	1.2	1.2	0.6	0.6	0.7
安　徽	0.7	1.3	1.1	1.1	0.2	0.2	0.2
福　建	1.5	1.4	1.2	1.6	1.0	1.0	1.0
江　西	0.7	0.9	1.0	1.7	0.7	0.7	0.6
山　东	1.7	2.1	2.0	2.2	2.1	2.3	2.4
河　南	5.0	3.7	3.9	4.4	4.1	4.2	4.3
湖　北	1.3	1.5	1.6	2.2	1.6	1.6	1.6
湖　南	1.2	1.5	2.2	1.9	1.2	1.2	1.1
广　东	1.7	1.8	1.5	1.1	0.5	0.5	0.5
广　西	1.1	1.3	1.2	1.2	0.2	0.2	0.2
海　南	0.2	0.2	0.2	0.2	0.1	0.1	0.1
重　庆		0.2	0.3	0.4	0.2	0.2	0.1
四　川	0.9	1.0	0.9	1.1	0.4	0.4	0.4
贵　州	0.2	0.2	0.3	0.6	0.9	0.3	0.2
云　南	1.5	1.0	0.9	1.1	0.7	0.6	0.7
西　藏	0.2	0.2	0.2	0.2	0.5	0.6	0.6
陕　西	2.3	2.2	2.0	1.8	1.1	1.1	1.1
甘　肃	1.3	1.4	1.5	1.6	0.3	0.3	0.3
青　海	0.2	0.2	0.2	0.2	0.1	0.1	0.1
宁　夏	0.2	0.2	0.2	0.2	0.0	0.0	0.0
新　疆	0.7	0.9	1.1	1.4	1.4	1.4	1.5

按年份各地区文化部门执行事业会计制度的艺术表演团体演出观众人次

单位：万人次

地　区	1995年	2000年	2005年	2010年	2014年	2015年	2016年
总　计	**43166**	**46168**	**35752**	**44290**	**24294**	**24261**	**24004**
北　京	249	680	246	145	113	115	109
天　津	277	242	159	242	233	255	258
河　北	3384	3728	2275	2527	1383	1416	1396
山　西	6362	4913	2748	3554	1678	1423	1164
内蒙古	969	1147	1035	1419	948	956	947
辽　宁	982	1169	961	542	264	216	99
吉　林	1032	958	346	858	50	50	43
黑龙江	839	993	688	814	183	160	167
上　海	506	501	343	550	207	189	160
江　苏	1600	1818	1617	1708	1499	1485	1595
浙　江	1281	1512	1524	1262	802	811	820
安　徽	644	841	984	912	133	139	129
福　建	2304	1773	997	1304	809	652	684
江　西	589	1058	1105	1441	499	489	438
山　东	2497	2438	2154	2421	1899	2023	2136
河　南	5399	5073	4650	6326	5304	5125	5183
湖　北	1668	2121	1656	2829	1735	1706	1827
湖　南	700	1096	1340	1525	844	868	880
广　东	1961	2427	2102	1829	628	663	653
广　西	987	1618	1290	1384	282	282	244
海　南	298	283	190	213	212	168	171
重　庆		347	258	247	151	166	123
四　川	838	782	705	974	337	317	292
贵　州	149	461	258	520	137	331	352
云　南	1295	1329	1113	1515	761	821	792
西　藏	189	305	176	362	411	390	391
陕　西	2900	3046	1916	2839	1149	1220	1155
甘　肃	2436	2064	1821	2228	342	295	280
青　海	219	186	131	185	86	80	92
宁　夏	137	318	223	263	65	56	49
新　疆	385	694	534	850	899	1136	1163

按年份各地区文化部门执行事业会计制度的艺术表演团体演出收入

单位：万元

地　区	1995年	2000年	2005年	2010年	2014年	2015年	2016年
总　计	**34382**	**51650**	**92603**	**155743**	**116572**	**127431**	**132320**
北　京	1068	2265	5195	6800	8562	8058	7553
天　津	347	547	1335	2195	2526	3858	4482
河　北	1754	2279	3853	5536	3788	4170	4164
山　西	2528	2683	4151	9410	8403	7519	7655
内蒙古	606	497	914	1458	1070	1039	994
辽　宁	1209	2185	3298	4220	1277	1539	1450
吉　林	778	1051	2658	2762	636	431	960
黑龙江	866	959	887	1804	471	738	884
上　海	3023	4527	9526	16127	10360	11339	12613
江　苏	2332	4142	7018	11661	9198	9445	9984
浙　江	1648	2768	5106	10634	6772	7364	8209
安　徽	507	993	2017	2088	754	1140	928
福　建	1953	2382	3158	7024	5392	7605	5116
江　西	381	438	717	2342	1478	1505	1324
山　东	1500	2963	4202	6130	5604	5264	6126
河　南	2647	3104	4743	8464	9541	10842	10740
湖　北	1075	1610	2790	4833	4441	4236	3766
湖　南	630	1137	2151	3238	2269	2231	2465
广　东	3861	6282	8955	9697	7749	8206	8132
广　西	507	717	1468	2037	412	260	314
海　南	476	367	550	1854	1233	2069	3622
重　庆		433	464	1044	579	745	847
四　川	604	732	1725	5064	1010	1167	1684
贵　州	119	142	313	387	134	694	926
云　南	353	455	1515	1407	331	551	868
西　藏	27	12	28	3	41	104	211
陕　西	1245	1804	2685	3214	2804	3075	3214
甘　肃	446	579	1652	3548	932	881	1447
青　海	63	70	215	830	405	404	426
宁　夏	52	122	212	299	66	62	63
新　疆	386	775	761	575	1313	1504	1336

按年份各地区文化部门执行事业会计制度的艺术表演团体总支出

单位：万元

地　区	1995年	2000年	2005年	2010年	2014年	2015年	2016年
总　计	**160654**	**268886**	**488472**	**917143**	**1059017**	**1183497**	**1220720**
北　京	5062	15566	26226	34625	94488	53009	46260
天　津	2570	4525	10387	22299	39873	45615	47199
河　北	5302	8505	15067	24503	26147	25480	26425
山　西	6054	8330	16134	32123	33216	41867	35809
内蒙古	3861	6053	13604	34625	55473	84342	81558
辽　宁	6727	10198	16414	29346	27235	31785	32282
吉　林	4735	6848	12332	24186	13210	14613	15035
黑龙江	6318	9313	16019	35061	23210	26799	29705
上　海	10162	15257	29238	57447	78286	78584	85173
江　苏	9742	17384	24396	39562	42564	45296	50460
浙　江	6574	12513	26804	54130	54455	61605	71217
安　徽	3787	6867	13117	11923	6701	9161	10408
福　建	5107	10354	16117	35817	51124	59058	54310
江　西	2974	4423	8686	17472	13624	13586	15690
山　东	7026	12594	24843	42905	57236	67730	70773
河　南	6587	9735	16211	33821	46193	48409	56644
湖　北	6368	9808	19185	39500	31265	36453	42121
湖　南	4565	6552	11420	24174	26851	31091	36017
广　东	12955	22365	33029	35748	34678	37001	40788
广　西	3670	6492	11679	23871	13267	18176	14710
海　南	1728	1957	3150	7309	7757	6165	10706
重　庆		4020	5443	19651	12168	11771	12329
四　川	8638	9657	16178	31018	31762	36106	37787
贵　州	1960	3421	6888	13235	3825	4662	5728
云　南	4974	8442	15437	26076	31431	38630	41263
西　藏	1333	2380	4794	8906	15006	21972	21015
陕　西	5657	8991	13035	20895	24802	29583	32533
甘　肃	3211	4413	10976	25134	19846	19385	22212
青　海	1190	1699	3522	8931	4649	5099	5457
宁　夏	779	1421	3446	6741	439	363	317
新　疆	4402	7011	12932	30599	54155	65917	67114

按年份各地区文化部门执行事业会计制度的艺术表演团体经费自给率

单位：%

地区	1995年		2000年		2005年		2010年		2014年		2015年		2016年	
	自给率	位次	自给率	位次	自给率	位次	自给率	位次	自给率	位次	自给率	位次	自给率	位次
总　计	**40.3**		**33.8**		**32.2**		**31.9**		**21.8**		**20.3**		**22.0**	
北　京	34.2	16	22.8	22	26.9	16	31.2	11	11.2	24	19.9	15	25.1	10
天　津	32.5	17	32.4	12	27.0	14	32.5	10	13.8	19	15.0	21	15.3	22
河　北	48.0	7	46.0	2	33.9	8	38.1	6	17.6	16	20.5	12	21.7	11
山　西	53.6	3	39.4	9	33.5	10	40.5	5	32.8	4	27.9	8	30.7	4
内蒙古	19.7	23	11.7	29	12.8	27	7.1	30	4.2	31	5.6	30	4.6	31
辽　宁	35.2	15	33.9	11	33.6	9	18.2	24	10.4	25	13.2	23	8.3	28
吉　林	28.7	19	25.1	17	25.6	19	24.3	18	7.6	28	7.6	28	9.4	25
黑龙江	27.3	20	18.8	26	9.5	30	8.5	29	4.4	30	4.5	31	5.3	30
上　海	64.0	1	57.5	1	65.1	1	61.6	1	44.6	2	36.6	2	45.5	1
江　苏	52.9	4	43.0	3	44.0	2	48.7	3	35.3	3	31.4	5	28.5	6
浙　江	54.1	2	40.1	8	34.8	7	34.9	9	24.8	8	21.6	11	21.3	14
安　徽	25.8	21	23.0	21	23.0	21	29.6	13	26.7	7	31.9	4	38.7	3
福　建	50.4	6	30.8	15	30.5	12	28.5	15	21.8	11	23.3	10	26.6	9
江　西	29.0	18	22.2	23	21.6	23	23.6	19	14.8	18	15.5	20	15.4	21
山　东	42.8	11	37.3	10	26.7	18	21.1	21	21.9	10	20.4	13	21.1	15
河　南	50.8	5	42.6	5	38.2	5	58.5	2	30.9	5	28.8	7	28.2	7
湖　北	40.0	12	32.3	13	30.8	11	31.0	12	23.2	9	18.0	17	21.5	13
湖　南	44.9	9	40.8	6	39.6	3	27.6	16	17.5	17	17.2	18	17.4	19
广　东	47.4	8	40.2	7	39.0	4	37.9	7	29.9	6	30.2	6	27.7	8
广　西	33.2	16	24.5	19	25.0	20	24.7	17	10.1	26	14.1	22	18.7	18
海　南	44.6	10	26.8	16	28.4	13	37.1	8	49.8	1	41.2	1	39.8	2
重　庆			42.8	4	26.9	17	44.9	4	18.3	15	19.9	14	21.6	12
四　川	39.9	13	24.8	18	27.0	15	28.7	14	13.6	20	9.1	25	9.6	24
贵　州	25.5	21	23.0	20	17.6	25	21.1	22	21.5	12	33.6	3	19.8	17
云　南	15.0	24	16.5	27	19.9	24	13.1	26	11.5	22	7.7	27	8.3	27
西　藏	6.8	27	1.1	31	2.5	31	1.5	31	11.4	23	6.1	29	6.6	29
陕　西	36.5	14	31.3	14	37.5	6	21.2	20	21.4	13	19.6	16	19.9	16
甘　肃	20.3	22	18.9	25	21.6	22	20.6	23	6.1	29	8.4	26	9.9	23
青　海	9.7	26	7.9	30	12.3	28	16.1	25	11.7	21	17.0	19	16.3	20
宁　夏	11.0	25	15.8	28	9.6	24	10.2	28	19.2	14	24.7	9	28.6	5
新　疆	17.3	24	20.8	24	14.3	26	11.7	27	9.4	27	9.8	24	9.4	26

按年份各地区文化部门所属艺术表演场馆机构数

单位：个

地区	1995年	2000年	2005年	2010年	2014年	2015年	2016年
总计	**1958**	**1900**	**1866**	**1461**	**1248**	**1264**	**1265**
北京	23	24	39	7	8	8	8
天津	30	32	28	27	28	29	29
河北	99	96	95	75	72	71	70
山西	53	49	44	87	89	90	83
内蒙古	35	30	27	22	19	18	20
辽宁	79	71	59	42	32	32	33
吉林	60	52	73	32	28	28	26
黑龙江	49	56	45	44	34	34	34
上海	43	43	160	82	20	22	21
江苏	140	142	87	86	85	91	93
浙江	100	95	125	69	62	65	68
安徽	110	104	90	55	44	44	44
福建	78	80	76	51	57	54	54
江西	69	61	58	53	44	44	43
山东	116	105	94	90	88	87	88
河南	169	166	156	138	140	140	140
湖北	87	78	66	61	49	48	49
湖南	104	94	83	62	56	61	65
广东	79	75	68	63	40	42	44
广西	34	31	23	22	16	16	15
海南	3	18	13	6	7	8	8
重庆		25	17	18	15	15	16
四川	124	94	65	54	40	44	44
贵州	15	14	12	7	7	6	6
云南	44	40	38	32	17	17	16
西藏	9	20	24	17	13	13	13
陕西	109	112	107	89	83	81	80
甘肃	47	46	30	26	22	23	23
青海	3	2	1	18	13	13	12
宁夏	17	19	12	7	3	3	3
新疆	26	22	47	14	13	13	13

按年份全国文化部门执行事业会计制度的艺术表演场馆基本情况

年 份	机构数（个）	演出场次（万场次）	艺术场次	观众人次（万人）	收入合计（万元）	财政拨款	艺术演出收入	总支出（万元）
1985年	1377	99	12		11630	1506	1776	9519
1986年	1928	203	15	88670	19547	2233	2488	16786
1990年	1995	302	9	89157	43491	2865	3375	37402
1991年	2009	367	9	77613	47406	5505	3760	44260
1992年	1987	288	7	53188	51123	4037	4487	48185
1993年	1972	245	6	43278	60204	4688	4635	56846
1994年	1947	221	5	27552	68000	5359	5268	66234
1995年	1918	205	5	24252	79507	5723	6481	77136
1996年	1892	256	5	59057	86147	5034	7611	87204
1997年	1898	231	5	16572	88540	6559	8387	89732
1998年	1882	206	5	15368	84956	6800	8869	88735
1999年	1864	168	6	11581	75675	7588	10187	80731
2000年	1863	136	6	12982	81081	8643	10735	82040
2001年	1840	115	7	20544	83431	13112	11601	89815
2002年	1819	74	7	11421	83643	12033	13186	89374
2003年	1900	56	7	8087	103274	15703	21425	104384
2004年	1552	44	7	11286	99402	15467	21477	101157
2005年	1427	41	7	6328	94363	16792	29958	89301
2006年	1390	38	6	6528	117975	19603	37552	117871
2007年	1330	39	6	5906	115036	24067	38414	117321
2008年	1355	40	5	5596	123572	28116	28649	111036
2009年	1248	27	6	5045	113851	32074	23954	112603
2010年	1176	31	6	6003	132109	45333	25935	130900
2011年	1119	30	4	3945	159185	65871	22004	154849
2012年	1004	27	5	3525	136324	60356	11652	171124
2013年	931	26	3	3236	147259	71838	12812	146031
2014年	917	27	3	2922	167387	81671	10333	169466
2015年	928	30	4	3522	196280	102043	18302	195679
2016年	925	32	5	3299	167208	76847	19418	163172

按年份各地区文化部门执行事业会计制度艺术表演场馆财政拨款

单位：万元

地　区	1995年	2000年	2005年	2010年	2014年	2015年	2016年
总　计	**5723**	**8643**	**16792**	**45333**	**81671**	**102043**	**76847**
北　京	40	387	40	183	9	50	**56**
天　津	13	70	173	320	765	697	910
河　北	134	392	1097	954	1335	3862	5726
山　西	151	93	263	1233	7266	7506	6259
内蒙古	156	232	508	3245	5256	2505	2541
辽　宁	200	253	553	1280	1292	1499	2120
吉　林	366	615	1017	4486	5742	3749	2942
黑龙江	23	124	142	557	1320	1467	1485
上　海	54	189	1304	5330	2728	3811	4590
江　苏	191	89	67	543	3634	4646	5092
浙　江	325	768	1875	3668	7239	8453	6351
安　徽	338	517	864	760	342	614	518
福　建	381	672	1503	823	3524	4040	2111
江　西	301	334	712	1121	2829	3273	3334
山　东	439	730	274	507	2459	2493	2575
河　南	444	337	561	3356	3767	4459	4713
湖　北	81	135	307	2536	1368	1122	1480
湖　南	264	543	607	1527	3155	6508	2476
广　东	324	650	2097	6385	8096	12724	9788
广　西	59	18	44	81	65	140	97
海　南		11	1		325	440	110
重　庆		81	111	45	54	57	54
四　川	255	210	173	1078	2154	6927	2315
贵　州	93	63	75	163	36		
云　南	146	187	249	520	507	278	147
西　藏	81	261	494	341	897	1371	123
陕　西	226	288	538	1630	11162	12520	5804
甘　肃	402	180	99	260	662	1200	109
青　海				337	136	139	140
宁　夏	21	45	106	113	131	1599	1385
新　疆	217	173	941	1953	3418	3897	1500

按年份各地区文化部门执行事业会计制度的艺术表演场馆演出场次

单位：万场

地　区	1995年	2000年	2005年	2010年	2014年	2015年	2016年
总　计	**204.8**	**135.5**	**40.6**	**30.7**	**27.2**	**30.0**	**31.9**
北　京	2.8	2.3	2.1	0.6	1.0	1.0	0.8
天　津	6.8	4.0	1.8	0.5	0.6	1.0	1.0
河　北	8.2	6.4	1.7	1.1	1.7	1.6	2.3
山　西	3.6	3.1	2.6	2.7	2.0	2.7	2.4
内蒙古	1.9	1.8	0.6	0.8	1.5	1.4	2.0
辽　宁	6.6	4.9	1.1	0.5	0.4	0.3	0.4
吉　林	3.2	2.7	0.4	1.4	2.0	2.0	2.2
黑龙江	1.5	1.9	0.5	0.3	0.1	0.1	0.1
上　海	4.7	3.9	1.8	1.5	0.7	0.9	0.8
江　苏	26.6	12.6	0.2	0.3	0.1	0.1	0.1
浙　江	14.2	7.3	1.6	2.1	1.2	1.9	2.2
安　徽	16.9	8.2	1.3	0.5	0.2	0.1	0.1
福　建	6.4	4.9	2.1	3.0	3.7	3.4	4.1
江　西	4.9	2.0	0.7	0.9	0.5	0.4	0.3
山　东	11.6	9.5	0.7	1.1	0.3	0.7	0.3
河　南	16.4	10.3	7.8	2.2	0.9	0.9	0.5
湖　北	11.8	8.9	1.4	2.7	2.6	3.1	4.6
湖　南	10.9	7.6	1.9	1.3	1.7	1.8	1.1
广　东	15.6	9.0	2.1	0.6	0.4	0.7	0.7
广　西	3.7	1.8	1.2	1.8	0.6	0.5	0.4
海　南	0.3	0.8	0.2	0.1	0.0	0.1	0.0
重　庆		1.6	0.3	0.1	0.0	0.0	0.0
四　川	6.0	2.4	1.2	0.6	0.2	0.2	0.2
贵　州	1.4	1.0	1.1	0.1	0.0		
云　南	6.3	4.8	0.6	0.7	0.1	0.0	0.0
西　藏	2.1	2.1	0.7	0.3	0.0	0.0	0.0
陕　西	3.9	4.2	1.1	0.4	0.3	0.3	0.5
甘　肃	2.9	3.2	0.6	0.3	0.9	0.6	0.8
青　海	0.4	0.2		0.2	0.1	0.1	0.2
宁　夏	2.2	1.2	0.1		0.0	0.0	0.1
新　疆	0.7	0.9	1.4	2.0	3.2	4.0	3.6

按年份各地区文化部门执行事业会计制度的艺术演出场馆观众人次

单位：万人次

地　区	1995年	2000年	2005年	2010年	2014年	2015年	2016年
总　计	**24252**	**12982**	**6328**	**6003**	**2922**	**3522**	**3299**
北　京	430	238	231	59	72	66	133
天　津	368	150	56	189	105	118	158
河　北	673	493	270	192	121	119	112
山　西	662	329	230	595	155	189	157
内蒙古	325	198	195	149	83	89	100
辽　宁	808	369	407	223	93	63	77
吉　林	244	227	106	114	141	137	127
黑龙江	210	549	128	169	52	38	59
上　海	823	381	503	461	128	185	226
江　苏	3266	1257	29	70	53	62	72
浙　江	1447	597	269	442	229	269	244
安　徽	785	328	211	123	14	14	11
福　建	743	547	265	201	200	178	220
江　西	543	180	178	161	131	121	88
山　东	1028	1051	166	371	151	150	209
河　南	2335	881	610	326	207	212	245
湖　北	895	2194	377	746	181	168	149
湖　南	846	452	232	248	228	397	267
广　东	1887	553	243	189	125	154	163
广　西	447	205	162	132	44	44	17
海　南	74	124	19	14	16	49	39
重　庆		27	120	54	10	5	17
四　川	520	209	328	199	88	97	80
贵　州	190	68	46	34	3		
云　南	1177	231	123	89	20	20	15
西　藏	399	155	138	62	9	10	7
陕　西	2106	514	348	196	113	133	144
甘　肃	409	212	81	56	38	42	47
青　海	98	9		24	48	51	49
宁　夏	409	188	45	19	1	1	1
新　疆	77	56	185	98	65	342	67

按年份各地区文化部门执行事业会计制度的艺术表演场馆演出收入

单位：万元

地 区	1995年	2000年	2005年	2010年	2014年	2015年	2016年
总 计	**6481**	**10735**	**29958**	**25935**	**10333**	**18302**	**19418**
北 京	175	746	2871	523	507	414	31
天 津	83	70	110	536	400	230	175
河 北	245	317	235	277	328	493	150
山 西	125	144	201	1016	527	1530	177
内蒙古	40	30	19	309	141	18	25
辽 宁	156	235	646	786	97	11	8
吉 林	50	82	212	503	1438	495	984
黑龙江	57	100	167	164	91	19	5
上 海	472	913	19122	12035	239	7831	10704
江 苏	1093	1617	221	544	685	252	151
浙 江	649	1174	1111	2772	924	416	1733
安 徽	172	221	275	206	27	47	187
福 建	185	347	447	234	32	427	246
江 西	61	252	138	635	212	177	145
山 东	478	580	270	215	87	70	74
河 南	547	636	809	1199	1440	1334	1998
湖 北	255	309	631	751	457	612	340
湖 南	120	551	388	425	694	657	494
广 东	926	1393	753	1126	465	1597	618
广 西	41	123	79	343	66	40	47
海 南	12	55	17	2	85	83	3
重 庆			10	13	1	1	
四 川	64	138	403	472	789	732	1032
贵 州	2	46	56	50			
云 南	164	116	151	208	44	37	10
西 藏	41	2	5	24		23	23
陕 西	81	268	273	410	537	754	58
甘 肃	66	75	124	60	19		
青 海	5	1		11			
宁 夏	10	33	24	17			
新 疆	29	48	128	72	3	2	3

按年份各地区文化部门执行事业会计制度的艺术表演场馆总支出

单位：万元

地 区	1995年	2000年	2005年	2010年	2014年	2015年	2016年
总 计	**77136**	**82040**	**89301**	**130900**	**169466**	**195679**	**163172**
北 京	1690	3567	5252	2813	3689	4215	2598
天 津	1311	1464	1147	1985	7403	3474	4547
河 北	2405	2847	3574	4058	5072	7919	9359
山 西	1620	1403	1993	5166	10312	10171	8427
内蒙古	666	648	815	3902	6891	3280	3998
辽 宁	3481	2767	4153	5534	5401	6485	5106
吉 林	2308	1999	1940	6213	8450	5503	5729
黑龙江	560	819	858	1336	3486	1929	1578
上 海	5056	7344	17864	24666	8317	24722	19593
江 苏	8848	9270	618	2470	6002	6756	7162
浙 江	4672	5471	7807	11682	16704	18473	15175
安 徽	3250	3295	3058	1810	859	1219	1254
福 建	3629	3905	5031	6614	10208	9859	7262
江 西	1227	1421	2028	2401	6013	5248	5848
山 东	4271	4530	1172	1197	3998	3845	4222
河 南	5146	4156	5974	8245	9643	10833	11246
湖 北	4476	3043	2820	6234	6180	5152	5137
湖 南	3325	4883	2908	4557	5824	8380	4877
广 东	8148	7987	6061	10264	12999	18501	15781
广 西	1480	1203	1167	2590	970	1012	757
海 南	354	453	193	83	483	780	199
重 庆		546	298	125	55	58	54
四 川	2676	1861	2501	3277	5057	9276	5908
贵 州	489	711	793	1835	45		
云 南	1337	1503	1505	1973	1014	603	670
西 藏	313	357	506	318	849	1572	317
陕 西	1521	2124	2428	3415	13207	15734	6776
甘 肃	1456	1221	1079	1162	3016	3508	3122
青 海	275	121		361	271	275	275
宁 夏	499	436	271	354	201	787	2329
新 疆	465	452	2751	4262	6849	6113	3869

2016年全国艺术

	剧团数(个)	从业人员(人)	专业技术人才	演出场次(万场次)	国内演出场次	农村演出场次
总　计	**12301**	**332920**	**149165**	**230.60**	**229.03**	**151.60**
按隶属关系分						
中央	16	4967	2777	0.32	0.29	0.07
省、区、市	191	29831	23829	5.86	5.37	1.76
地、市	496	37769	29167	9.56	9.08	4.12
县、市、区	11598	260353	93392	214.86	214.29	145.64
按单位类型分						
公有制	2111	119469	81566	40.02	38.45	25.25
其中:文化部门	2031	115235	79738	38.93	37.43	24.52
其他部门	80	4234	1828	1.09	1.02	0.73
非公有制	10190	213451	67599	190.58	190.58	126.35
按剧种分						
话剧、儿童剧、滑稽剧类	1590	31474	11899	30.69	30.66	16.39
其中：儿童剧团	57	2075	954	0.61	0.60	0.13
歌舞、音乐类	2329	73419	37269	28.44	28.07	16.05
京剧、昆曲类	133	7815	5396	2.50	2.46	1.68
其中：京剧	120	7015	4831	2.23	2.20	1.57
地方戏曲类	3282	107274	45868	67.54	67.16	56.21
杂技、魔术、马戏类	803	18225	12711	30.14	29.63	21.77
曲艺类	519	9910	4084	11.28	11.22	6.55
乌兰牧骑	109	3474	2213	1.11	1.10	0.80
综合性艺术表演团体	3536	81329	29725	58.90	58.73	32.14

表演团体情况

国内演出观众人次(万人次)		本年收入合计(千元)			本年支出合计(千元)	资产总计(千元)	实际使用房屋建筑面积(万平方米)
	农村观众人次		财政补贴收入	演出收入			
118137.67	**62052.11**	**31137994**	**13763579**	**13085907**	**26217433**	**56320835**	**825.46**
304.66	52.48	1842594	1216585	273174	1592005	3882166	27.11
3788.79	1203.75	7100614	5026316	1097550	6815444	53368184	142.33
8486.60	4451.49	5867773	4573603	689328	5738528	6952688	109.05
105557.62	56344.41	16327013	2947015	11025855	12071456	32117797	486.97
34430.96	22728.63	18379284	13385317	2682342	17555272	28080327	486.46
33523.80	22157.29	17576241	12875378	2568770	16848676	26862595	475.94
907.15	571.34	803043	509939	113572	706596	1217732	10.52
83706.72	39323.49	12743475	367736	10403565	8662161	28240508	339.00
5482.81	2868.52	2474041	884029	1073744	2055648	5748456	76.42
358.94	93.61	440553	183944	98051	315873	736656	6.77
39055.50	7027.65	9492918	5083339	3099303	8020338	18692111	236.74
1924.98	1389.33	1525511	1161900	184094	1498326	2467188	33.09
1818.28	1340.01	1270363	966737	156815	1262193	2227527	31.24
44378.96	35711.62	728807	3911840	2681215	6644111	6999576	212.35
5710.71	3926.14	1123234	432877	601991	979775	1354812	37.59
2541.71	1683.11	619798	319293	225672	546933	799269	20.88
822.71	536.77	299059	290684	2585	295917	180517	13.160
18220.28	8908.98	8315346	1679557	5217303	6176385	20078906	195.22

2016年全国公有制艺术

	剧团数(个)	从业人员(人)	专业技术人才	正高级职称
总　计	**2111**	**119469**	**81566**	**4737**
按隶属关系分				
中央	16	4967	2777	707
省、区、市	191	29831	23829	2227
地、市	496	37769	29167	1438
县、市、区	1408	46902	25793	365
按剧种分				
话剧、儿童剧、滑稽剧类	56	5275	3829	388
其中：儿童剧团	9	953	660	76
歌舞、音乐类	680	39627	27021	1560
京剧、昆曲类	65	5990	4985	480
其中：京剧	59	5310	4447	431
地方戏曲类	910	43221	27926	1252
杂技、魔术、马戏类	58	4699	3272	156
曲艺类	60	2373	1679	106
乌兰牧骑	107	3424	2191	23
综合性艺术表演团体	175	14860	10663	772

续表

	本年收入合计(千元)	财政补贴收入	演出收入	本年支出合计(千元)	资产总计(千元)
总　计	**18394519**	**13395783**	**2682342**	**17555272**	**28080327**
按隶属关系分					
中央	1842594	1216585	273174	1592005	3882166
省、区、市	7100614	5026316	1097550	6815444	13368184
地、市	5867773	4573603	689328	5738528	6952688
县、市、区	3583538	2579279	622290	3409295	3877289
按剧种分					
话剧、儿童剧、滑稽剧类	1336865	850674	262466	1296678	3388413
其中：儿童剧团	280682	177524	48557	253147	463526
歌舞、音乐类	6884768	4949994	945746	6437885	11480113
京剧、昆曲类	1456803	1160491	117160	1440695	2433058
其中：京剧	1209905	965338	98091	1211912	2200567
地方戏曲类	5159583	3812318	771510	4966811	5409492
杂技、魔术、马戏类	609796	426580	123146	570547	980756
曲艺类	451716	314044	87759	430240	514914
乌兰牧骑	299059	290684	2585	295917	180517
综合性艺术表演团体	2195929	1590998	371970	2116499	3693064

表演团体基本情况

副高级职称	中级职称	本团原创首演剧目(个)	演出场次(万场次)	国内演出场次	农村演出场次	国内演出观众人次(万人次)	农村观众人次
12922	**28532**	**1423**	**40.02**	**38.45**	**25.25**	**34430.96**	**22728.63**
777	693	28	0.32	0.29	0.07	304.66	52.48
5157	8347	276	5.86	5.37	1.76	3788.79	1203.75
5159	11509	360	9.56	9.08	4.12	8486.60	4451.49
1829	7983	759	24.28	23.71	19.29	21850.91	17020.92
830	1388	122	1.32	1.30	0.29	865.82	201.23
154	258	21	0.30	0.29	0.11	199.43	80.52
4034	8819	453	8.47	8.10	4.70	7373.11	3664.56
1049	1786	55	1.18	1.14	0.48	870.38	425.86
931	1604	40	1.06	1.03	0.46	807.08	413.71
4095	10101	516	18.70	18.32	14.87	19638.25	15445.81
461	1024	25	1.94	1.43	0.48	882.39	272.72
315	621	51	3.32	3.26	1.50	974.92	516.29
162	638	52	1.10	1.09	0.79	816.51	534.65
1976	4155	149	3.99	3.82	2.15	3009.58	1667.51

实际使用房屋建筑面积(万平方米)	流动舞台车演出情况			政府采购的公益演出活动情况		
	流动舞台车数量(辆)	利用流动舞台车演出场次(万场次)	利用流动舞台车演出观众人次(万人次)	演出场次(万场次)	演出观众人次(万人次)	演出补贴收入(千元)
486.46	**1415**	**11.55**	**10568.68**	**14.23**	**12007.65**	**1021416**
27.11				0.05	57.87	43819
142.33	78	0.34	421.01	1.73	1283.98	322301
169.05	322	1.74	1704.78	3.48	3079.34	310518
147.98	1015	9.47	8442.90	8.97	7586.46	344778
30.35	15	0.08	56.59	0.35	238.88	68392
4.41	1			0.05	34.42	8985
171.03	442	1.94	1469.94	3.42	2710.57	307677
32.05	33	0.26	252.69	0.43	330.79	44746
30.28	32	0.25	248.69	0.41	317.83	41599
145.50	681	7.63	7450.19	7.24	6752.71	363663
16.72	21	0.14	87.40	0.38	235.82	28248
9.68	16	0.16	152.23	0.40	259.37	19390
13.01	76	0.34	275.94	0.38	223.20	4766
68.11	131	1.01	823.70	1.63	1256.32	184534

2016年全国文化部门所属

	剧团数（个）	补贴团数	从业人员（人）	专业技术人才	正高级职称	副高级职称
总　计	**2031**	**1893**	**115235**	**79738**	**4648**	**12724**
按隶属关系分						
中央	9	9	3443	2512	658	714
省、区、市	189	186	29562	23610	2220	5120
地、市	484	464	36797	28392	1431	5083
县、市、区	1349	1234	45433	25224	339	1807
按剧种分						
话剧、儿童剧、滑稽剧类	53	50	5118	3689	384	809
其中：儿童剧团	8	7	804	526	72	133
歌舞、音乐类	640	598	37008	26121	1506	3918
京剧、昆曲类	65	62	5990	4985	480	1049
其中：京剧	59	56	5310	4447	431	931
地方戏曲类	886	819	42327	27456	1234	4078
杂技、魔术、马戏类	57	52	4674	3267	156	461
曲艺类	59	57	2330	1658	106	315
乌兰牧骑	106	106	3424	2191	23	162
综合性艺术表演团体	165	149	14364	10371	759	1932

续表

	财政补贴收入	演出收入	本年支出合计（千元）	资产总计（千元）	实际使用房屋建筑面积（万平方米）
总　计	**12875378**	**2568770**	**16848676**	**26862595**	**475.94**
按隶属关系分					
中央	875565	227553	1115384	3076499	22.98
省、区、市	4984482	1077319	6720835	13263829	141.80
地、市	4527487	677334	5666207	6749117	166.94
县、市、区	2498310	586564	3346250	3773150	144.23
按剧种分					
话剧、儿童剧、滑稽剧类	808691	256953	1242921	3360297	29.88
其中：儿童剧团	135690	43214	199753	435581	3.97
歌舞、音乐类	4575638	870357	5869448	10500728	164.70
京剧、昆曲类	1160491	117160	1440695	2433058	32.05
其中：京剧	965338	98091	1211912	2200567	30.28
地方戏曲类	3796445	743911	4922803	5362588	142.73
杂技、魔术、马戏类	426280	122656	569657	980026	16.67
曲艺类	312644	87674	428791	514304	9.55
乌兰牧骑	290684	2585	295917	180317	13.01
综合性艺术表演团体	1514971	367474	2078444	3531277	67.35

艺术表演团体基本情况

中级职称	本团原创首演剧目（个）	演出场次（万场次）	国内演出场次	农村演出场次	国内演出观众人次（万人次）	农村观众人次	本年收入合计（千元）
27921	**1389**	**38.93**	**37.43**	**24.52**	**33523.80**	**22157.29**	**17591476**
610	26	0.26	0.23	0.07	233.39	51.23	1344876
8265	270	5.81	5.32	1.76	3759.79	1201.69	7002953
11202	357	9.34	8.88	4.02	8277.47	4350.11	5790577
7844	736	23.52	23.00	18.67	21253.16	16554.26	3453070
1328	118	1.28	1.26	0.28	846.87	196.67	1280024
198	17	0.26	0.26	0.10	183.33	78.46	224210
8501	447	8.10	7.77	4.52	7036.72	3512.75	6291249
1786	55	1.18	1.14	0.48	870.38	425.86	1456803
1604	40	1.06	1.03	0.46	807.08	413.71	1209905
9962	499	18.26	17.89	14.47	19322.55	15159.85	5105825
1024	25	1.93	1.42	0.48	868.29	263.02	609006
621	49	3.27	3.21	1.45	880.92	443.08	448831
638	52	1.10	1.09	0.79	812.01	534.13	299059
4061	144	3.83	3.66	2.04	2886.06	1621.92	2100679

排练练功用房	实际拥有产权面积（万平方米）	流动舞台车演出情况			政府采购的公益演出活动情况		
		流动舞台车数量（辆）	利用流动舞台车演出场次（万场次）	利用流动舞台车演出观众人次（万人次）	演出场次（万场次）	演出观众人次（万人次）	演出补贴收入（千元）
104.38	**272.33**	**1380**	**11.31**	**10380.59**	**13.90**	**11725.42**	**947997**
3.01	15.06				0.04	44.79	34903
26.52	88.29	78	0.34	421.01	1.73	1282.07	321656
37.74	85.13	314	1.70	1691.49	3.38	3014.07	306067
37.11	83.86	988	9.26	8268.09	8.76	7384.50	285371
4.28	13.79	15	0.08	56.59	0.34	235.77	67747
0.86	1.52	1			0.05	32.50	8340
43.48	92.77	426	1.87	1415.97	3.33	2629.73	296760
5.93	21.68	33	0.26	252.69	0.43	330.79	44746
5.39	20.58	32	0.25	248.69	0.41	317.83	41599
29.21	84.53	666	7.55	7400.98	7.16	6704.82	360256
5.12	11.82	21	0.14	87.40	0.37	225.82	28198
1.93	4.40	15	0.12	79.02	0.35	178.19	17990
3.43	4.77	76	0.34	275.94	0.38	223.20	4766
11.01	38.58	128	0.96	812.00	1.54	1197.13	127534

2016年全国文化部门执行事业

	剧团数(个)	补贴团数	从业人员(人)	专业技术人才	正高级职称
总　计	**1520**	**1455**	**80168**	**55988**	**3162**
按隶属关系分					
中央	8	8	2932	2076	530
省、区、市	105	104	16512	13762	1364
地、市	319	311	24548	19935	997
县、市、区	1088	1032	36176	20215	271
按剧种分					
话剧、儿童剧、滑稽剧类	24	23	2499	1857	240
其中：儿童剧团	4	4	521	349	57
歌舞、音乐类	477	461	25858	18294	1056
京剧、昆曲类	50	48	4893	4064	432
其中：京剧	44	42	4213	3526	383
地方戏曲类	690	654	33032	21708	1000
杂技、魔术、马戏类	37	33	2246	1741	64
曲艺类	47	45	1471	1025	67
乌兰牧骑	106	106	3424	2191	23
综合性艺术表演团体	89	85	6745	5108	280

续表 1

	农村观众人次	本年收入合计(千元)	财政补贴收入	上级补助收入	事业收入
总　计	**16744.27**	**12856034**	**10169724**	**668984**	**1538812**
按隶属关系分					
中央	51.03	1237883	820112		278867
省、区、市	617.38	4658118	3652670	358202	485289
地、市	3030.29	4185095	3553294	188892	331526
县、市、区	13045.58	2774938	2143648	121890	443130
按剧种分					
话剧、儿童剧、滑稽剧类	121.46	687150	471677	23296	130508
其中：儿童剧团	77.21	165018	113749	1125	32207
歌舞、音乐类	2595.41	4847341	3794992	331126	570521
京剧、昆曲类	285.66	1292753	1038710	67557	120197
其中：京剧	273.51	1045855	843557	52077	93333
地方戏曲类	11659.33	4128611	3227271	191962	557539
杂技、魔术、马戏类	182.07	272148	218026	7937	36488
曲艺类	409.49	271133	222262	10154	28761
乌兰牧骑	534.13	299059	290684	4865	2644
综合性艺术表演团体	956.71	1057839	906102	32087	92154

会计制度的艺术表演团体基本情况

副高级职称	中级职称	本团原创首演剧目(个)	演出场次(万场次)	国内演出场次	农村演出场次	国内演出观众人次(万人次)
9090	**20253**	**1017**	**27.44**	**26.51**	**18.48**	**24004.12**
590	505	24	0.23	0.21	0.07	213.87
3347	5186	128	2.42	2.18	0.76	1741.02
3711	8163	253	6.05	5.82	2.74	5483.19
1442	6399	612	18.75	18.30	14.91	16566.05
506	677	49	0.51	0.50	0.14	366.77
104	143	12	0.17	0.17	0.10	135.45
2807	6218	335	5.52	5.30	3.39	4754.61
891	1504	52	0.84	0.82	0.30	649.62
773	1322	37	0.73	0.71	0.29	586.33
3409	8126	400	13.98	13.68	11.14	14678.21
207	537	13	1.02	0.78	0.31	463.87
182	387	38	2.82	2.77	1.39	677.19
162	638	52	1.10	1.09	0.79	812.01
926	2166	78	1.64	1.58	1.02	1601.83

演出收入	经营收入	附属单位上缴收入	其他收入	本年支出合计(千元)	基本支出	项目支出
1323202	**13671**	**1932**	**462911**	**12207198**	**8253944**	**3762827**
198211			138904	1016783	60498	956285
435450	1705		160252	4395900	2843074	1522719
289230	4045		107338	4052869	3088598	911859
400311	7921	1932	56417	2741646	2261774	371964
114472			61669	685517	333865	348438
27569			17937	147738	45248	102490
469596	5213	30	145459	4400049	2724261	1593351
99236	2261		64028	1261364	810929	447937
80167	2261		54627	1032581	675285	354798
496256	4609	1902	145328	4019809	2998916	944042
34486	781		8916	265954	198788	64990
26766	7		9949	249458	194678	54606
2585			866	295917	263678	26685
79805	800		26696	1029130	728829	282778

续表 2

		在支出合计中		
	经营支出	工资福利支出	商品和服务支出	差旅费
总　计	**167078**	**5969371**	**3590271**	**276543**
按隶属关系分				
中央		432851	403071	53608
省、区、市	30107	1937473	1429099	93037
地、市	41182	1956988	1112286	84674
县、市、区	95789	1642059	645815	45224
按剧种分				
话剧、儿童剧、滑稽剧类	3214	263718	283594	14739
其中：儿童剧团		50626	68255	5146
歌舞、音乐类	61425	2141608	1332869	121778
京剧、昆曲类	2498	624117	373415	24150
其中：京剧	2498	517353	279900	14705
地方戏曲类	75064	2030096	1056729	82440
杂技、魔术、马戏类	2176	143051	63873	4155
曲艺类	174	101753	81805	3859
乌兰牧骑	5554	193781	63142	7035
综合性艺术表演团体	16973	471247	334844	18387

续表 3

	资产总计（千元）	固定资产原价	实际使用房屋建筑面积（万平方米）	排练练功用房
总　计	**18006796**	**11086056**	**336.22**	**73.42**
按隶属关系分				
中央	2808459	1925426	18.95	3.01
省、区、市	8228138	4709375	87.71	15.92
地、市	4140831	2701702	112.51	24.33
县、市、区	2829368	1749553	117.06	30.16
按剧种分				
话剧、儿童剧、滑稽剧类	2040704	796314	13.69	1.56
其中：儿童剧团	250035	161025	2.04	0.60
歌舞、音乐类	7831468	4898965	117.93	30.98
京剧、昆曲类	2049815	1254145	24.02	4.92
其中：京剧	1817324	1130927	22.24	4.38
地方戏曲类	3936751	2402445	115.93	23.39
杂技、魔术、马戏类	290555	210977	9.54	2.12
曲艺类	159235	81764	5.91	1.21
乌兰牧骑	180317	165729	13.01	3.43
综合性艺术表演团体	1517951	1275717	36.20	5.80

劳务费	福利费	各种税金支出	对个人和家庭补助支出	抚恤金和生活补助	其他资本性支出	各种设备、交通工具、图书购置费
738737	**55533**	**56023**	**1750515**	**116554**	**810141**	**326501**
91527	6641	15252	77993	4802	51475	50728
260799	17934	24943	696706	43738	324254	143864
238393	11889	8017	704923	43323	264715	74318
148018	19069	7811	270893	24691	169697	57591
50976	3573	10499	98052	6953	36918	20540
22149	938	1517	17293	1478	11183	8494
289368	18411	22052	569951	25214	293174	117815
67305	2831	6564	185050	13221	76751	52774
48739	1787	4537	168977	12343	64320	40666
212500	23193	14113	622486	53372	296223	98752
8254	1319	685	38036	1750	20264	3102
15392	1043	564	58717	2503	7183	2533
17913	843	4	23731	1076	15214	3293
77029	4320	1542	154492	12465	64414	27692

实际拥有产权面积（万平方米）	流动舞台车演出情况			政府采购的公益演出活动情况		
	流动舞台车数量（辆）	利用流动舞台车演出场次（万场次）	利用流动舞台车演出观众人次（万人次）	演出场次（万场次）	演出观众人次（万人次）	演出补贴收入（千元）
193.30	**1032**	**8.95**	**8443.76**	**9.89**	**8627.94**	**529910**
15.06				0.03	30.91	33167
49.97	38	0.15	216.98	0.77	612.41	131543
61.54	215	1.15	1223.60	2.11	2010.85	157522
66.73	779	7.66	7003.18	6.98	5973.78	207678
5.36	4	0.02	24.66	0.11	78.88	16878
0.71				0.03	22.38	4600
65.93	321	1.38	1081.89	2.34	1801.19	145221
16.67	24	0.19	182.32	0.23	219.47	28659
15.56	23	0.18	178.32	0.22	206.51	25512
68.78	510	6.21	6290.48	5.58	5376.50	271464
7.18	15	0.12	73.41	0.28	168.31	17842
2.13	13	0.12	77.66	0.25	125.36	9351
4.77	76	0.34	275.94	0.38	223.20	4766
22.47	69	0.59	437.41	0.71	635.03	35729

2016年全国文化部门执行企业

	剧团数(个)	补贴团数	从业人员(人)	专业技术人才	正高级职称
总　计	**511**	**438**	**35067**	**23750**	**1486**
按隶属关系分					
中央	1	1	511	436	128
省、区、市	84	82	13050	9848	856
地、市	165	153	12249	8457	434
县、市、区	261	202	9257	5009	68
按剧种分					
话剧、儿童剧、滑稽剧类	29	27	2619	1832	144
其中：儿童剧团	4	3	283	177	15
歌舞、音乐类	163	137	11150	7827	450
京剧、昆曲类	15	14	1097	921	48
其中：京剧	15	14	1097	921	48
地方戏曲类	196	165	9295	5748	234
杂技、魔术、马戏类	20	19	2428	1526	92
曲艺类	12	12	859	633	39
综合性艺术表演团体	76	64	7619	5263	479

续表 1

	国内演出观众人次(万人次)	农村观众人次	资产、负债、所有者权益(千元)		
			资产总计	固定资产原价	本年折旧
总　计	**9519.68**	**5413.02**	**8855799**	**4989611**	**542502**
按隶属关系分					
中央	19.51	0.20	268040	227486	7360
省、区、市	2018.77	584.32	5035691	2429625	315477
地、市	2794.28	1319.82	2608286	1678059	185107
县、市、区	4687.12	3508.68	943782	654441	34558
按剧种分					
话剧、儿童剧、滑稽剧类	480.10	75.21	1319593	748959	35793
其中：儿童剧团	47.88	1.25	185546	43581	2187
歌舞、音乐类	2282.10	917.34	2669260	1590272	210505
京剧、昆曲类	220.76	140.20	383243	321151	30991
其中：京剧	220.76	140.20	383243	321151	30991
地方戏曲类	4644.34	3500.52	1425837	792846	71610
杂技、魔术、马戏类	404.42	80.95	689471	216734	13170
曲艺类	203.74	33.59	355069	213030	25467
综合性艺术表演团体	1284.23	665.21	2013326	1106619	154966

会计制度的艺术表演团体基本情况

副高级职称	中级职称	本团原创首演剧目(个)	演出场次(万场次)	国内演出场次	农村演出场次
3634	**7668**	**372**	**11.49**	**10.92**	**6.04**
124	105	2	0.02	0.02	
1773	3079	142	3.40	3.15	1.00
1372	3039	104	3.30	3.06	1.28
365	1445	124	4.78	4.69	3.76
303	651	69	0.76	0.76	0.14
29	55	5	0.09	0.09	0.01
1111	2283	112	2.58	2.46	1.14
158	282	3	0.33	0.32	0.18
158	282	3	0.33	0.32	0.18
669	1836	99	4.27	4.22	3.34
254	487	12	0.91	0.64	0.17
133	234	11	0.45	0.43	0.06
1006	1895	66	2.19	2.08	1.02

				损益(千元)	
负债合计	所有者权益合计	实收资本(股本)	国家资本	营业收入	演出收入
2800089	**6055710**	**3091320**	**2794263**	**1765151**	**1245568**
84317	183723	243740	243740	51507	29342
1778032	3257659	1324826	1225444	881061	641869
645470	1962816	1109075	946611	549440	388104
292270	651512	413679	378468	283143	186253
372700	946893	415142	402417	221358	142481
67643	117903	138806	138806	36426	15645
809596	1859664	795591	746956	567332	400761
91962	291281	168126	167926	29702	17924
91962	291281	168126	167926	29702	17924
489301	936536	548776	491268	346926	247655
200681	488790	264438	255220	107040	88170
75936	279133	89436	32436	85252	60908
759913	1253413	809811	698040	407541	287669

续表 2

	损益(千元)				
	营业成本	养老、医疗、失业等各种社会保险费	住房公积金和住房补贴	差旅费	工会经费
总　计	**4212220**	**329427**	**133765**	**76604**	**14033**
按隶属关系分					
中央	97812	12284	7749	3082	
省、区、市	2114187	166777	58231	39125	7208
地、市	1487743	117753	58188	26570	5473
县、市、区	512478	32613	9597	7827	1352
按剧种分					
话剧、儿童剧、滑稽剧类	543729	30578	12320	8823	2017
其中：儿童剧团	51911	3333	1383	370	276
歌舞、音乐类	1384629	95362	34025	27945	4189
京剧、昆曲类	158236	11066	3773	5023	497
其中：京剧	158236	11066	3773	5023	497
地方戏曲类	818772	55718	28296	19489	2720
杂技、魔术、马戏类	290316	25319	7891	1871	1831
曲艺类	161549	9225	6154	1742	864
综合性艺术表演团体	854989	102159	41306	11711	1915

续表 3

	工资、福利费、税金(千元)		实际使用房屋建筑面积(万平方米)		实际拥有产权面积(万平方米)
	本年支付的职工福利费	本年应交税金总额		排练练功用房	
总　计	**68031**	**95151**	**139.72**	**30.96**	**79.03**
按隶属关系分					
中央	5076	4577	4.03		
省、区、市	31294	54578	54.09	10.60	38.32
地、市	20119	28638	54.43	13.41	23.59
县、市、区	11542	7358	27.17	6.96	17.13
按剧种分					
话剧、儿童剧、滑稽剧类	9016	9274	16.19	2.72	8.43
其中：儿童剧团	804	2786	1.93	0.26	0.81
歌舞、音乐类	19979	30824	46.77	12.50	26.84
京剧、昆曲类	2638	2816	8.04	1.01	5.02
其中：京剧	2638	2816	8.04	1.01	5.02
地方戏曲类	15873	18496	26.80	5.82	15.75
杂技、魔术、马戏类	3222	4428	7.14	3.00	4.63
曲艺类	2641	4080	3.64	0.71	2.27
综合性艺术表演团体	14662	25233	31.15	5.21	16.11

营业利润	营业外收入	政府补助（补贴收入）	营业外支出	利润总额	本年发放工资总额
-2447069	**2970291**	**2716120**	**429258**	**78729**	**1668269**
-46305	55486	55453	789	8392	46807
-1233126	1463774	1331812	210748	19900	742188
-938303	1056042	974193	125595	-23091	605510
-229335	394989	354662	92126	73528	273764
-322371	371516	337014	13675	35470	167518
-15485	22766	21941	104	7177	17453
-817297	876576	780646	84770	-25491	552329
-128534	134348	121781	21095	-15281	51511
-128534	134348	121781	21095	-15281	51511
-471846	630288	569174	84222	58985	358650
-183276	229818	208254	13387	33155	131191
-76297	92446	90382	17784	-1635	53414
-447448	635299	608869	194325	-6474	353656

流动舞台车演出情况			政府采购的公益演出活动情况		
流动舞台车数量（辆）	利用流动舞台车演出场次（万场次）	利用流动舞台车演出观众人次（万人次）	演出场次（万场次）	演出观众人次（万人次）	演出补贴收入（千元）
348	**2.36**	**1936.83**	**4.02**	**3097.48**	**418087**
			0.01	13.88	1736
40	0.19	204.03	0.96	669.65	190113
99	0.56	467.88	1.27	1003.22	148545
209	1.61	1264.91	1.78	1410.72	77693
11	0.06	31.93	0.23	156.88	50869
1			0.02	10.12	3740
105	0.49	334.09	0.99	828.54	151539
9	0.07	70.37	0.20	111.32	16087
9	0.07	70.37	0.20	111.32	16087
156	1.34	1110.50	1.59	1328.31	88792
6	0.02	13.99	0.09	57.51	10356
2	0.00	1.36	0.10	52.83	8639
59	0.38	374.59	0.82	562.09	91805

2016年非公有制艺术

	机构数（个）	从业人员（人）			国内演出场次（万场次）
			专业技术人才	演员数	
总　计	**10190**	**213451**	**67599**	**143646**	**190.58**
按剧种分					
话剧、儿童剧、滑稽剧类	1534	26199	8070	16596	29.37
其中：儿童剧团	48	1122	294	767	0.31
歌舞、音乐类	1649	33792	10248	22862	19.97
京剧、昆曲类	68	1825	411	1411	1.32
其中：京剧	61	1705	384	1320	1.17
地方戏曲类	2372	64053	17942	42647	48.84
杂技、魔术、马戏类	745	13526	9439	11384	28.20
曲艺类	459	7537	2405	5167	7.96
综合性艺术表演团体	3361	66469	19062	43531	54.91

续表

	农村演出收入	城市演出收入	营业成本	养老、医疗、失业等各种社会保险费	本年发放工资总额
总　计	**3525114**	**5230762**	**8662161**	**306854**	**4131951**
按剧种分					
话剧、儿童剧、滑稽剧类	334766	448741	758970	44193	455635
其中：儿童剧团	1177	46522	62726	5653	34209
歌舞、音乐类	340385	796969	1582453	74532	646158
京剧、昆曲类	56959	9580	57631	1189	47399
其中：京剧	52349	5980	50281	661	43921
地方戏曲类	1663898	206922	1677300	44622	1348024
杂技、魔术、马戏类	352268	121239	409228	7300	269518
曲艺类	94117	40237	116693	7260	80644
综合性艺术表演团体	682721	3607074	4059886	127758	1284573

表演团体基本情况

			经营情况(千元)		
农村演出场次	国内演出观众人次(万人次)	农村观众人次	营业收入	企业赞助收入	演出收入
126.35	**83706.72**	**39323.49**	**12149380**	**114514**	**10403565**
16.10	4616.98	2667.29	1076959	20848	811278
0.02	159.52	13.09	150795	2758	49494
11.35	31682.39	3363.09	2436274	22800	2153557
1.21	1054.61	963.47	67289	43	66934
1.11	1011.20	926.30	59049	23	58724
41.34	24740.71	20265.80	2007017	24836	1909705
21.29	4828.33	3653.43	504386	2678	478845
5.05	1566.78	1166.82	151440	6069	137913
29.99	15210.71	7241.47	5906015	37240	4845333

本年应交税金总额	营业利润	营业外收入	政府补贴	资产总计(千元)	实际使用房屋建筑面积(万平方米)
1051516	**3487892**	**594095**	**367736**	**28240508**	**339.00**
39382	318289	60217	33355	2360043	46.07
6670	88069	9076	6420	273130	2.36
260187	854211	171876	133345	7211998	65.70
542	9658	1419	1409	34130	1.04
288	8768	1409	1399	26960	0.96
26832	329718	121487	99522	1590084	66.85
7997	95141	9052	6297	374056	20.87
4295	34747	16642	5249	284355	11.20
712281	1846128	213402	88559	16385842	127.11

2016年全国艺术

	机构数(个)	从业人员(人)	专业技术人才	坐席数(个)	演(映)出场次合计(万场次)	艺术演出场次	惠民演出
总　计	**2285**	**51296**	**13970**	**1689268**	**119.41**	**19.09**	**3.37**
其中:附属剧场	615	13891	4437	367563	19.42	5.30	0.89
儿童剧场	35	493	164	24143	1.06	0.23	0.12
按单位类型分							
公有制	1362	25830	7371	1023402	90.05	8.80	2.11
其中:文化部门	1265	21628	5983	894641	67.50	6.81	1.91
其他部门	97	4202	1388	128761	22.54	1.99	0.20
非公有制	923	25466	6599	665866	29.36	10.29	1.26
按机构类型分							
剧场	966	24578	6673	851217	27.29	8.30	1.52
影剧院	627	9577	2206	426697	74.73	3.24	0.69
书场、曲艺场	20	117	36	2715	0.42	0.42	0.09
杂技、马戏场	4	502	160	14313	0.03	0.03	0.00
音乐厅	40	1090	206	20877	0.73	0.60	0.09
综合性	303	10022	3386	265817	10.98	4.59	0.77
其他艺术表演场馆	325	5410	1303	107632	5.24	1.93	0.21
按隶属关系分							
中央	7	275	17	6592	0.12	0.12	0.07
省、区、市	117	4696	1408	92746	12.00	1.38	0.43
地、市	375	9420	2978	262356	42.78	4.63	0.61
县、市及以下	1786	36905	9567	1327574	64.51	12.97	2.26

表演场馆基本情况

观众人次合计(万人次)	艺术演出观众	本年收入合计(千元)	财政拨款	艺术演出收入	本年支出合计(千元)	资产总计(千元)	实际使用房屋建筑面积(万平方米)	演(映)出业务用房
12883.61	**3098.05**	**9645631**	**1877096**	**2730601**	**7765212**	**42849459**	**1125.59**	**535.02**
2588.74	434.77	1878005	44404	487005	1412473	12861637	269.39	106.17
203.12	127.88	80148	26671	2591	78784	235771	17.11	6.82
7925.25	3098.05	4371844	1724938	940698	4286903	26125199	810.01	397.69
6721.53	2589.17	3056842	1173000	553087	2979570	16717072	635.52	320.50
1203.72	508.88	1315002	551938	387611	1307333	9408127	174.50	77.19
4958.36		5273787	152158	1789903	3478309	16724260	315.57	137.33
6189.92	1592.55	5077668	1128585	1742444	3917680	20589369	501.72	252.50
3220.34	656.86	1111620	241677	93435	1110069	4436179	224.39	116.52
42.03	12.89	12130	1171	5194	11061	164239	3.83	0.73
51.45	9.86	93044	12400	35092	44306	1119814	12.54	4.00
296.93	201.04	269793	47521	79923	219153	798599	25.74	10.25
2299.05	529.91	2382416	416629	592793	1881590	14590472	290.54	117.32
783.89	94.95	698960	29113	181720	581353	1150787	66.84	33.70
58.85	41.45	93452	508	48213	80579	55260	8.24	4.69
1237.52	854.11	1580339	616602	458873	1596357	8280016	122.83	74.88
3464.44	1034.36	1445961	530353	254340	1406700	11208790	321.58	137.15
8122.79	1168.13	6525879	729633	1969175	4681576	23305393	672.93	318.30

2016年全国公有制艺术

	机构数（个）	从业人员（人）	专业技术人才	正高级职称	副高级职称	中级职称	坐席数（个）	演(映)出场次合计（万场次）
总　计	**1362**	**25830**	**7371**	**245**	**660**	**2588**	**1023402**	**90.05**
其中：附属剧场	197	3286	1874	105	249	692	141711	7.30
儿童剧场	35	493	164	5	20	63	24143	1.06
按机构类型分								
剧场	598	11985	3765	139	422	1437	458681	13.43
影剧院	596	9251	2131	54	142	748	405904	69.28
书场、曲艺场	8	20					640	0.17
杂技、马戏场	2	45	18		2	6	3462	0.01
音乐厅	14	495	119	2	10	29	15447	0.31
综合性	111	3645	1153	40	57	316	122910	6.62
其他艺术表演场馆	33	389	185	10	27	52	16358	0.23
按隶属关系分								
中央	7	275	17	1	4	12	6592	0.12
省、区、市	117	4696	1408	64	246	513	92746	12.00
地、市	375	9420	2978	93	273	1061	262356	42.78
县、市及以下	863	11439	2968	87	137	1002	661708	35.15

2016年全国文化部门所属

	机构数（个）	从业人员（人）	专业技术人才	正高级职称	副高级职称	中级职称	坐席数（个）	演(映)出场次合计（万场次）
总　计	**1265**	**21628**	**5983**	**178**	**561**	**2202**	**894641**	**67.50**
其中：附属剧场	174	1962	1150	53	188	508	98881	3.10
儿童剧场	31	413	136	5	13	57	22013	1.01
按机构类型分								
剧场	553	9874	3057	102	341	1162	391510	13.01
影剧院	568	8554	2050	51	141	726	376101	51.58
书场、曲艺场	8	20					640	0.17
杂技、马戏场	2	45	18		2	6	3462	0.01
音乐厅	12	433	105	2	6	19	12623	0.23
综合性	91	2365	594	14	44	240	95107	2.28
其他艺术表演场馆	31	337	159	9	27	49	15198	0.21
按隶属关系分								
中央	4	101					3138	0.08
省、区、市	106	3399	944	35	170	331	83423	11.70
地、市	346	7776	2293	64	258	967	219841	28.75
县、市及以下	809	10352	2746	79	133	904	588239	26.97

表演场馆基本情况

艺术演出场次	惠民演出	观众人次合计(万人次)	艺术演出观众	本年收入合计(千元)	财政拨款	艺术演出收入	本年支出合计(千元)	资产总计(千元)	实际使用房屋建筑面积(万平方米)
8.80	**2.11**	**7925.25**	**3098.05**	**4371844**	**1724938**	**940698**	**4286903**	**26125199**	**810.01**
0.90	0.31	767.46	434.77	52984	26	30924	49712	6223262	142.98
0.23	0.12	203.12	127.88	80148	26671	2591	78784	235771	17.11
3.15	1.07	3376.53	1592.55	2348510	1023245	617296	2312609	10986036	360.47
3.11	0.66	3109.94	656.86	1043642	233481	86561	1061528	4264177	215.04
0.17		12.89	12.89	6933	1171	817	6980	8989	0.62
0.01	0.00	9.86	9.86	19533		2512	7124	54297	1.43
0.25	0.09	225.27	201.04	206231	47001	60031	186318	674839	19.83
2.00	0.25	1007.87	529.91	699879	391727	159224	662093	10004755	202.88
0.11	0.04	182.89	94.95	47116	28313	14257	50251	132106	9.75
0.12	0.07	58.85	41.45	93452	508	48213	80579	55260	8.24
1.38	0.43	1237.52	854.11	1580339	616602	458873	1596357	8280016	122.83
4.63	0.61	3464.44	1034.36	1445961	530353	254340	1406700	11208790	321.58
2.68	1.00	3164.43	1168.13	1252092	577475	179272	1203267	6581133	357.36

艺术表演场馆基本情况

艺术演出场次	惠民演出	观众人次合计(万人次)	艺术演出观众	本年收入合计(千元)	财政拨款	艺术演出收入	本年支出合计(千元)	资产总计(千元)	实际使用房屋建筑面积(万平方米)
6.81	**1.91**	**6721.53**	**2589.17**	**3056842**	**1173000**	**553087**	**2979570**	**16717072**	**635.52**
0.70	0.27	555.70	355.46					349977	61.57
0.19	0.08	178.71	110.66	74299	24089	1736	73190	228565	14.39
2.78	0.98	3120.24	1364.80	1385051	549502	310960	1339541	8331452	306.20
3.02	0.65	2565.00	610.85	864357	213282	64542	888755	3809046	179.83
0.17		12.89	12.89	6933	1171	817	6980	8989	0.62
0.01	0.00	9.86	9.86	19533		2512	7124	54297	1.43
0.19	0.07	155.62	135.49	184430	47001	60031	165047	664300	19.11
0.55	0.18	688.17	373.33	552330	335790	100817	525515	3720133	118.81
0.10	0.03	169.76	81.95	44208	26254	13408	46608	128855	9.52
0.08	0.06	27.55	14.25	40468	482	17289	30867	21708	3.13
1.08	0.36	1052.64	669.81	798438	225353	222755	781175	6426363	95.33
3.11	0.54	2844.88	849.10	1191138	459252	190983	1162477	4525228	227.36
2.54	0.96	2796.47	1056.02	1026798	487913	122060	1005051	5743773	309.70

2016年全国文化部门执行事业

	机构数(个)	从业人员(人)	专业技术人才	正高级职称	副高级职称	中级职称	坐席数(个)	演(映)出场次合计(万场次)	艺术演出场次
总　　计	**925**	**13758**	**4025**	**120**	**354**	**1574**	**631638**	**31.93**	**4.96**
其中:附属剧场	131	1481	985	47	155	458	68490	2.02	0.45
儿童剧场	20	173	47	1	2	23	13645	0.61	0.06
按机构类型分									
剧场	401	6349	2171	69	228	904	282389	6.69	1.71
影剧院	429	6064	1493	46	107	526	278688	24.22	2.81
书场、曲艺场	4	11					200	0.06	0.06
杂技、马戏场	1						900		
音乐厅	7	253	59	1	5	14	6357	0.12	0.11
综合性	60	926	222	3	12	100	52284	0.77	0.23
其他艺术表演场馆	23	155	80	1	2	30	10820	0.07	0.04
按隶属关系分									
中央									
省、区、市	57	2041	601	22	103	232	47717	6.32	0.67
地、市	219	4234	1255	31	134	602	122940	13.21	2.13
县、市及以下	649	7483	2169	67	117	740	460981	12.41	2.15

续表

	本年支出合计(千元)	基本支出	项目支出	经营支出	在支出合计中:工资福利支出	商品和服务支出	差旅费	劳务费
总　　计	**1631715**	**1025943**	**369987**	**234324**	**549953**	**750573**	**7279**	**53272**
其中:附属剧场								
儿童剧场	21037	13668	2939	4430	9026	7796	114	2026
按机构类型分								
剧场	791253	503924	181127	106154	260493	403321	4269	29683
影剧院	492755	353216	44642	94535	209292	180133	1889	16546
书场、曲艺场	6153	847	324	4982	1232	4634	1	112
杂技、马戏场								
音乐厅	73827	58245	12957	2625	22024	41151	381	2798
综合性	254325	99719	130717	22838	48966	118226	607	4008
其他艺术表演场馆	13402	9992	220	3190	7946	3108	132	125
按隶属关系分								
中央								
省、区、市	538975	325687	146148	67140	124278	291190	1899	18284
地、市	513666	287667	130731	95168	176692	226305	2606	11602
县、市及以下	579074	412589	93108	72016	248983	233078	2774	23386

会计制度的艺术表演场馆基本情况

惠民演出	观众人次合计（万人次）	艺术演出观众人次	本年收入合计（千元）	财政补贴收入	上级补助收入	事业收入	演出收入	经营收入	附属单位上缴收入	其他收入
1.45	**3299.45**	**1612.55**	**1672077**	**768470**	**74589**	**417498**	**194179**	**256209**	**2405**	**152906**
0.23	357.29	219.57								
0.04	74.47	40.27	20892	8837	1030	6656		3757		612
0.70	1330.97	858.25	828812	366909	50786	227970	137791	118489	120	64538
0.56	1581.65	503.06	484056	168191	18503	101972	24614	117208	2011	76171
	5.67	5.67	6141	1074		5067	132			
0.05	86.25	75.56	86617	26535	3387	50988	14429	2840		2867
0.12	263.23	151.95	254476	196676	1913	30664	16376	17112	274	7837
0.02	31.68	18.06	11975	9085		837	837	560		1493
0.26	600.32	412.45	561879	166545	36073	237940	155173	67282		54039
0.33	821.59	407.45	519215	250418	12787	89455	19657	113922	100	52533
0.86	1877.54	792.66	590983	351507	25729	90103	19349	75005	2305	46334

福利费	各种税金支出	对个人和家庭补助支出	抚恤金和生活补助	其他资本性支出	各种设备、交通工具、图书购置费	资产总计（千元）	固定资产原价	实际使用房屋建筑面积（万平方米）	演(映)出业务用房	实际拥有产权面积（万平方米）
11593	**42210**	**116396**	**11299**	**178734**	**53093**	**11791315**	**8493978**	**382.40**	**203.96**	**223.99**
								41.87	23.50	16.90
201	1334	3111	290	1104	13	132631	84648	6.85	3.83	3.81
5171	22749	55006	6802	46754	24881	6366980	4271936	186.25	99.17	108.10
5113	15537	47064	3869	48085	10603	2655218	2265704	123.41	67.45	79.05
52	20	287	287			8124	5938	0.40	0.14	0.08
								0.13	0.13	0.13
397	1675	5904		4748	4480	591982	445938	8.76	4.08	2.10
847	1661	6749	301	78185	12652	2135514	1472850	59.22	31.23	31.92
13	568	1386	315	962	477	33497	31612	4.24	1.76	2.62
3587	18042	23123	3145	97586	32847	5393058	2786322	55.87	34.68	33.99
4091	12479	48878	3509	37575	10906	2719936	2363594	114.46	54.49	69.44
3915	11689	44395	4645	43573	9340	3678321	3344062	212.08	114.78	120.56

2016年全国文化部门执行企业

	机构数(个)	从业人员(人)	专业技术人才	正高级职称	副高级职称	中级职称	坐席数(个)	演(映)出场次合计(万场次)
总　计	**340**	**7870**	**1958**	**58**	**207**	**628**	**263003**	**35.58**
其中:附属剧场	43	481	165	6	33	50	30391	1.07
儿童剧场	11	240	89	4	11	34	8368	0.41
按机构类型分								
剧场	152	3525	886	33	113	258	109121	6.33
影剧院	139	2490	557	5	34	200	97413	27.36
书场、曲艺场	4	9					440	0.11
杂技、马戏场	1	45	18		2	6	2562	0.01
音乐厅	5	180	46	1	1	5	6266	0.11
综合性	31	1439	372	11	32	140	42823	1.51
其他艺术表演场馆	8	182	79	8	25	19	4378	0.14
按隶属关系分								
中央	4	101					3138	0.08
省、区、市	49	1358	343	13	67	99	35706	5.38
地、市	127	3542	1038	33	124	365	96901	15.55
县、市及以下	160	2869	577	12	16	164	127258	14.56

续表

	损益(千元)							
	营业收入	艺术演出收入	营业成本	养老、医疗、失业等保险费	住房公积金和住房补贴	差旅费	工会经费	营业利润
总　计	**919706**	**358908**	**1326359**	**73907**	**29509**	**6966**	**2672**	**-406653**
其中:附属剧场								
儿童剧场	36246	1736	48446	2400	873	139	142	-12200
按机构类型分								
剧场	357770	173169	539378	29566	11908	2293	1096	-181608
影剧院	315114	39928	389540	26002	9410	1124	630	-74426
书场、曲艺场	685	685	813					-128
杂技、马戏场	5183	2512	6964		101	57		-1781
音乐厅	77085	45602	90244	2030	973	234	255	-13159
综合性	148805	84441	267873	15232	6503	3069	590	-119068
其他艺术表演场馆	15064	12571	31547	1077	614	189	101	-16483
按隶属关系分								
中央	39986	17289	30753	292	177	1		9233
省、区、市	167491	67582	237626	10288	4521	1593	433	-70135
地、市	433039	171326	640629	36358	16559	3783	1531	-207590
县、市及以下	279190	102711	417351	26969	8252	1589	708	-138161

会计制度的艺术表演场馆基本情况

				资产、负债、所有者权益(千元)						
艺术演出场次	惠民演出	观众人次合计(万人次)	艺术演出观众人次	资产总计	固定资产原值	当年提取的折旧总额	负债合计	所有者权益合计	实收资本(股本)	国家资本
1.85	**0.47**	**3422.09**	**976.62**	**4925757**	**3731972**	**237878**	**2226327**	**2699430**	**1415282**	**1232621**
0.25	0.05	198.41	135.89	349977	244346	17793	98774	251203	100029	86191
0.13	0.04	104.24	70.39	95934	40469	2223	55963	39971	24663	19663
1.07	0.28	1789.26	506.55	1964472	1603454	108626	1057550	906922	611878	556674
0.22	0.09	983.35	107.79	1153828	831499	94313	560123	593705	407819	360014
0.11		7.22	7.22	865	413		105	760	676	100
0.01	0.00	9.86	9.86	54297	39689	37	2845	51452	1350	1350
0.07	0.01	69.37	59.93	72318	14162	1442	46623	25695	6851	3851
0.32	0.07	424.94	221.38	1584619	1149244	29659	542753	1041866	332743	256667
0.06	0.01	138.09	63.89	95358	93511	3801	16328	79030	53965	53965
0.08	0.06	27.55	14.25	21708	6607	538	3204	18504	8590	3590
0.41	0.10	452.32	257.36	1033305	906631	70528	493670	539635	306411	299720
0.98	0.21	2023.29	441.65	1805292	1070165	97570	731300	1073992	495276	403079
0.39	0.11	918.93	263.36	2065452	1748569	69242	998153	1067299	605005	526232

				工资、福利费、税金(千元)					
营业外收入	政府补助(补贴收入)	营业外支出	利润总额	本年发放工资总额	本年发放福利费总额	本年应交税金	实际使用房屋建筑面积(万平方米)	演(映)出业务用房	实际拥有产权面积(万平方米)
465059	**404530**	**21496**	**36910**	**342570**	**22331**	**66884**	**253.12**	**116.55**	**126.37**
							19.71	12.31	7.75
17161	15252	3707	1254	15433	1977	1999	7.54	2.62	5.27
198469	182593	8910	7951	149540	10273	31141	119.94	51.87	46.64
65187	45091	6460	-15699	96685	4749	17989	56.42	32.16	38.49
107	97	14	-35	244	2	29	0.22	0.10	0.01
14350		160	12409	2667	1	246	1.31	0.62	1.31
20728	20466	976	6593	16017	1710	4942	10.36	2.15	4.14
149049	139114	3317	26664	65361	5515	11857	59.59	26.65	31.71
17169	17169	1659	-973	12056	81	680	5.28	3.00	4.07
482	482	114	9601	3910	486	4453	3.13	0.77	1.33
69068	58808	4574	-5641	62309	3395	10679	39.46	16.91	12.81
238884	208834	8182	23112	171123	11940	24533	112.91	52.15	54.15
156625	136406	8626	9838	105228	6510	27219	97.63	46.73	58.08

2016年全国非公有制

	机构数（个）	从业人员（人）	专业技术人才	坐席数（个）
总　计	**923**	**25466**	**6599**	**665866**
按机构类型分				
剧场	368	12593	2908	392536
影剧院	31	326	75	20793
书场、曲艺场	12	97	36	2075
杂技、马戏场	2	457	142	10851
音乐厅	26	595	87	5430
综合性	192	6377	2233	142907
其他艺术表演场馆	292	5021	1118	91274

续表

	营业成本	养老、医疗、失业等各种社会保险费	本年发放工资总额	本年应交税金总额
总　计	**3478309**	**171267**	**1068589**	**468931**
按机构类型分				
剧场	1605071	87795	503203	318637
影剧院	48541	2860	12710	2353
书场、曲艺场	4081	100	2021	219
杂技、马戏场	37182	629	15120	910
音乐厅	32835	3765	17476	2370
综合性	1219497	56302	342813	113851
其他艺术表演场馆	531102	19816	175246	30591

艺术表演场馆基本情况

演(映)出场次合计(万场次)	艺术演出场次	惠民演出	观众人次合计(万人次)	经营情况(千元) 营业收入	艺术演出收入
29.36	**10.29**	**1.26**	**4958.36**	**4806105**	**1789903**
13.85	5.15	0.45	2813.39	2490657	1125148
5.45	0.13	0.04	110.40	57136	6874
0.25	0.25	0.09	29.14	4437	4377
0.02	0.01		41.59	50981	32580
0.42	0.35	0.00	71.67	54692	19892
4.36	2.59	0.51	1291.18	1611804	433569
5.01	1.82	0.17	601.00	536398	167463

营业利润	营业外收入	政府补贴	资产总计(千元)	实际使用房屋建筑面积(万平方米)
1424144	**467682**	**152158**	**16724260**	**315.57**
885586	238501	105340	9603333	141.25
8595	10842	8196	172002	9.35
356	760		155250	3.21
13799	22530	12400	1065517	11.11
21857	8870	520	123760	5.91
392308	70733	24902	4585717	87.66
101643	115446	800	1018681	57.09

2016年各地区艺术表演

地区	总计						
	机构数(个)	从业人员数(人)	专业技术人才	正高级职称	副高级职称	中级职称	机构数(个)
总　计	**12301**	**332920**	**149165**	**4737**	**12922**	**28532**	**1534**
北　京	485	10523	4661	140	278	632	11
天　津	84	3019	1957	207	429	676	16
河　北	712	16581	8779	181	474	1063	86
山　西	546	17619	7041	103	498	1261	94
内蒙古	186	7226	4997	188	680	1441	97
辽　宁	246	4937	2925	167	444	979	21
吉　林	54	2601	1952	132	394	628	4
黑龙江	57	3520	2730	317	624	931	21
上　海	205	7102	3641	215	578	1059	17
江　苏	444	11163	6644	281	825	1764	91
浙　江	1245	39071	11129	238	653	960	45
安　徽	1879	34932	16229	76	303	1004	11
福　建	429	13004	5243	127	394	1109	67
江　西	304	8164	3368	29	174	652	43
山　东	567	13637	7438	204	853	1824	88
河　南	1006	29462	10091	190	578	1496	159
湖　北	308	8699	4940	248	594	1462	70
湖　南	452	11763	5366	95	347	1225	77
广　东	357	11532	4841	128	357	844	41
广　西	100	4716	2073	65	218	431	11
海　南	74	3232	1219	9	31	142	14
重　庆	770	10015	3555	46	175	357	13
四　川	621	12406	4996	43	278	960	39
贵　州	113	3687	1864	46	155	342	23
云　南	221	8725	3588	116	539	1116	72
西　藏	87	2376	712	24	103	209	85
陕　西	281	12516	5888	219	420	1220	57
甘　肃	227	7224	3108	46	204	708	20
青　海	60	1676	788	5	68	129	12
宁　夏	34	1278	608	30	45	113	4
新　疆	131	5547	4017	115	432	1102	110

团体机构数和从业人员数

按执行会计制度分类							
事业					企业		
从业人员数（人）	专业技术人才				机构数（个）	从业人员数（人）	专业技术人才
		正高级职称	副高级职称	中级职称			
82075	**56515**	**3218**	**9190**	**20429**	**10767**	**250845**	**92650**
1153	838	85	137	311	474	9370	3823
1962	1642	207	429	676	68	1057	315
3053	2159	94	296	740	626	13528	6620
4907	2818	53	330	903	452	12712	4223
5499	4319	188	680	1441	89	1727	678
1516	1282	111	270	513	225	3421	1643
754	669	87	177	256	50	1847	1283
1960	1635	190	416	588	36	1560	1095
2313	1976	160	451	762	188	4789	1665
3494	2748	119	454	1073	353	7669	3896
2759	2208	184	502	736	1200	36312	8921
613	486	17	80	186	1868	34319	15743
3511	2564	127	389	1084	362	9493	2679
1255	982	7	80	331	261	6909	2386
4839	4077	177	758	1608	479	8798	3361
7813	3390	166	480	1298	847	21649	6701
3787	2513	95	305	1075	238	4912	2427
3011	2218	77	274	939	375	8752	3148
2241	1235	57	170	470	316	9291	3606
783	717	25	98	195	89	3933	1356
806	420	7	22	74	60	2426	799
639	520	26	90	221	757	9376	3035
2230	1731	31	248	859	582	10176	3265
607	424	12	27	62	90	3080	1440
3164	2373	113	465	975	149	5561	1215
2370	711	24	103	209	2	6	1
3403	2276	63	200	650	224	9113	3612
1412	930	18	119	385	207	5812	2178
478	381	4	52	99	48	1198	407
81	75		3	20	30	1197	533
5206	3857	115	432	1102	21	341	160

续表

地区				按单位所属部门分			
				文化部门			
				机构数（个）	从业人员数（人）	专业技术人才	
	正高级职称	副高级职称	中级职称				正高级职称
总　计	**1519**	**3732**	**8103**	**2031**	**115235**	**79738**	**4648**
北　京	55	141	321	20	2351	1743	140
天　津				16	1962	1642	207
河　北	87	178	323	117	4761	3148	181
山　西	50	168	358	148	7658	4334	99
内蒙古				97	5499	4319	188
辽　宁	56	174	466	35	2864	2226	167
吉　林	45	217	372	40	2245	1788	132
黑龙江	127	208	343	28	3078	2459	317
上　海	55	127	297	21	3002	2462	208
江　苏	162	371	691	112	5859	4665	281
浙　江	54	151	224	59	3892	3073	238
安　徽	59	223	818	45	3010	2254	74
福　建		5	25	68	3586	2584	127
江　西	22	94	321	72	2244	1716	17
山　东	27	95	216	102	5517	4636	201
河　南	24	98	198	171	8844	4044	190
湖　北	153	289	387	86	5496	3899	248
湖　南	18	73	286	99	4133	3008	95
广　东	71	187	374	67	4225	2419	128
广　西	40	120	236	22	1948	1494	65
海　南	2	9	68	19	1117	595	9
重　庆	20	85	136	21	1549	1055	46
四　川	12	30	101	50	3005	2082	43
贵　州	34	128	280	41	1612	1150	46
云　南	3	74	141	86	3511	2604	116
西　藏				85	2370	711	24
陕　西	156	220	570	90	6135	4052	207
甘　肃	28	85	323	66	3571	2166	46
青　海	1	16	30	16	850	663	5
宁　夏	30	42	93	13	692	378	30
新　疆				110	5206	3857	115

		其他部门					
副高级职称	中级职称	机构数(个)	从业人员数(人)	专业技术人才	正高级职称	副高级职称	中级职称
12724	**27921**	**10270**	**217685**	**69427**	**89**	**198**	**611**
278	632	465	8172	2918			
429	676	68	1057	315			
474	1009	595	11820	5631			54
495	1245	398	9961	2707	4	3	16
680	1441	89	1727	678			
444	979	211	2073	699			
394	628	14	356	164			
624	931	29	442	271			
541	977	184	4100	1179	7	37	82
825	1764	332	5304	1979			
653	960	1186	35179	8056			
288	930	1834	31922	13975	2	15	74
393	1093	361	9418	2659		1	16
148	546	232	5920	1652	12	26	106
829	1769	465	8120	2802	3	24	55
578	1496	835	20618	6047			
594	1462	222	3203	1041			
347	1213	353	7630	2358			12
354	815	290	7307	2422		3	29
218	431	78	2768	579			
31	142	55	2115	624			
175	357	749	8466	2500			
278	960	571	9401	2914			
146	310	72	2075	714		9	32
525	1070	135	5214	984		14	46
103	209	2	6	1			
417	1214	191	6381	1836	12	3	6
204	708	161	3653	942			
68	129	44	826	125			
45	113	21	586	230			
432	1102	21	341	160			

2016年各地区艺术表演团体分剧种机构数

单位：个

地区	总计	话剧、儿童剧、滑稽剧类	其中：儿童剧团	歌舞、音乐类	京剧、昆曲类	其中：京剧	地方戏曲类	杂技、魔术、马戏类	曲艺类	乌兰牧骑	综合性艺术表演团体
总计	**12301**	**1590**	**57**	**2329**	**133**	**120**	**3282**	**803**	**519**	**109**	**3536**
北京	485	61	3	34	5	4	25	8	9		343
天津	84	16	1	18	4	4	15	2	10		19
河北	712	67		108	11	10	178	87	41		220
山西	546	37	3	132	3	3	236	2	55		81
内蒙古	186	8		31			10		1	72	64
辽宁	246	70	3	28	3	3	10	7	7		121
吉林	54	5	1	15			12		1		21
黑龙江	57	5	1	16	2	2	7	3	4		20
上海	205	58	14	57	4	2	29	7	8		42
江苏	444	65		72	11	6	108	37	27		124
浙江	1245	120	1	131	30	27	670	14	82		198
安徽	1879	405	8	103	6	6	312	517	40		496
福建	429	25		24	6	6	329	1	19		25
江西	304	62		76	2	2	84	7	5		68
山东	567	59	3	61	24	24	172	23	34		194
河南	1006	149	5	83	2	2	439	56	90		187
湖北	308	42	1	64	4	4	71	3	8		116
湖南	452	48	1	131	2	1	104	4	10		153
广东	357	49	5	69	2	2	151	6	18		62
广西	100	10	1	44			5	1	1		39
海南	74	4	1	21			35	1	13		
重庆	770	62	2	314	4	4	9	2	7		372
四川	621	82		144	1	1	42	7	4		341
贵州	113	7		74	1	1	4	1	1		25
云南	221	10		152	1	1	11	1	1		45
西藏	87	1		49						32	5
陕西	281	23	1	54	1	1	128	1	11		63
甘肃	227	24		53	1	1	73	1	10	1	64
青海	60	2		40			1			2	15
宁夏	34	9	1	14	1	1	7				3
新疆	131	3		105	1	1	5	4	2	2	9

2016年各地区艺术表演团体分剧种原创首演剧目数

单位：个

地区	总计	话剧、儿童剧、滑稽剧类	其中：儿童剧团	歌舞、音乐类	京剧、昆曲类	其中：京剧	地方戏曲类	杂技、魔术、马戏类	曲艺类	乌兰牧骑	综合性艺术表演团体
总计	**1423**	**122**	**21**	**453**	**55**	**40**	**516**	**25**	**51**	**52**	**149**
北京	27	9	4	6	5	2	3	1	3		
天津	29	14	6	1	2	2	2	2	8		
河北	28			8	1	1	10				9
山西	61			8	1	1	51				1
内蒙古	72	1		9			1			46	15
辽宁	10	3		2				1			4
吉林	18	1		4			7				6
黑龙江	19	2		2			2	1			12
上海	57	22	4	22	2	2	7		4		
江苏	134	5		36	10	1	47	4	17		15
浙江	47	3		6	4	2	29	1	1		3
安徽	54	3		15	1	1	26	2	2		5
福建	84	4		18	1	1	57	2	1		1
江西	74	2		41	1	1	23	1	1		5
山东	83	8	3	16	19	19	33	2	2		3
河南	39			3			34	1			1
湖北	98	11		26	1	1	45	4	2		9
湖南	67	4		14	2	1	40		2		5
广东	39	7		12			14	1	3		2
广西	24			10			3				11
海南	33			28			5				
重庆	15	2		5			3		1		4
四川	30	5		6			7		2		10
贵州	22	1		16	1	1	1		1		2
云南	53	1		29	1	1	19				3
西藏	39	1		25						5	8
陕西	52	3	1	12			34	1	1		1
甘肃	31			11			12			1	7
青海	10			9							1
宁夏	6	2		3			1				
新疆	40	1		32	2	2		1			4

2016年各地区艺术表演团体分剧种国内演出场次

单位：万场次

地　区	总计	话剧、儿童剧、滑稽剧类	其中：儿童剧团	歌舞、音乐类	京剧、昆曲类	其中：京剧	地方戏曲类	杂技、魔术、马戏类	曲艺类	乌兰牧骑	综合性艺术表演团体
总　计	**229.03**	**30.66**	**0.60**	**28.07**	**2.46**	**2.20**	**67.16**	**29.63**	**11.22**	**1.10**	**58.73**
北　京	2.62	0.46	0.11	0.19	0.16	0.14	0.18	0.16	0.26		1.20
天　津	0.78	0.14	0.04	0.08	0.04	0.04	0.13	0.04	0.20		0.15
河　北	9.01	0.42		0.85	0.14	0.10	3.01	2.46	0.31		1.81
山　西	9.21	0.48	0.01	1.00	0.01	0.01	5.38	0.07	0.72		1.56
内蒙古	2.44	0.20		0.35			0.15		0.03	0.85	0.86
辽　宁	1.74	0.41	0.02	0.21	0.03	0.03	0.06	0.05	0.07		0.92
吉　林	0.55	0.03		0.15			0.18				0.19
黑龙江	0.59	0.05	0.03	0.16	0.02	0.02	0.06	0.04	0.04		0.24
上　海	2.29	0.50	0.11	0.61	0.06	0.02	0.71	0.14	0.10		0.18
江　苏	8.72	0.27		0.93	0.14	0.06	1.38	0.94	3.02		2.04
浙　江	28.84	1.46	0.01	2.41	1.15	1.08	15.81	0.20	1.17		6.65
安　徽	45.83	8.47	0.03	0.88	0.05	0.05	5.21	18.20	0.51		12.51
福　建	8.56	0.40		0.27	0.03	0.03	7.34	0.02	0.22		0.29
江　西	4.70	0.91		0.84	0.02	0.02	2.25	0.08	0.09		0.52
山　东	8.33	0.57	0.05	0.90	0.33	0.33	2.69	0.54	1.22		2.09
河　南	46.25	10.17	0.03	0.72	0.02	0.02	12.71	6.17	2.10		14.36
湖　北	3.78	0.33	0.01	1.08	0.10	0.10	1.29	0.09	0.10		0.79
湖　南	5.48	0.95		1.70	0.02	0.01	1.21	0.08	0.10		1.42
广　东	3.84	0.45	0.04	0.62	0.00	0.00	2.10	0.03	0.15		0.50
广　西	1.15	0.08		0.43			0.09	0.01	0.01		0.54
海　南	0.89	0.05	0.01	0.32			0.40	0.00	0.12		
重　庆	8.99	0.65	0.02	4.33	0.03	0.03	0.06	0.05	0.08		3.78
四　川	8.39	2.50		1.28	0.01	0.01	0.55	0.12	0.17		3.77
贵　州	1.05	0.03		0.73	0.02	0.02	0.03	0.00	0.01		0.23
云　南	4.40	0.02		3.37	0.01	0.01	0.10				0.90
西　藏	0.55	0.01		0.30						0.22	0.03
陕　西	3.84	0.31	0.03	0.58	0.01	0.01	2.29	0.04	0.13		0.49
甘　肃	3.12	0.20		0.44	0.02	0.02	1.65	0.06	0.24	0.00	0.50
青　海	0.66	0.00		0.56			0.01			0.00	0.09
宁　夏	0.53	0.06	0.00	0.30	0.03	0.03	0.10				0.04
新　疆	1.64	0.02		1.37	0.01	0.01	0.01	0.07	0.05	0.03	0.08

2016年各地区艺术表演团体分剧种国内演出观众人次

单位：万人次

地区	总计	话剧、儿童剧、滑稽剧类	其中：儿童剧团	歌舞、音乐类	京剧、昆曲类	其中：京剧	地方戏曲类	杂技、魔术、马戏类	曲艺类	乌兰牧骑	综合性艺术表演团体
总　计	**118138**	**5483**	**359**	**39056**	**1925**	**1818**	**44379**	**5711**	**2542**	**823**	**18220**
北　京	877	170	57	137	70	57	82	37	79		303
天　津	398	61	39	51	67	67	111	55	24		28
河　北	5419	326		276	63	53	2691	989	209		863
山　西	4642	69	2	744	10	10	3174	32	123		491
内蒙古	1241	10		113			33		3	643	439
辽　宁	565	134	9	103	11	11	53	14	8		241
吉　林	358	17	0	94			113		1		134
黑龙江	332	23	15	84	17	17	49	9	2		147
上　海	1034	152	56	257	34	19	189	73	28		303
江　苏	4051	105		1396	76	61	1163	225	421		665
浙　江	18040	749	0	936	1038	993	12035	31	416		2837
安　徽	32968	743	28	23291	20	20	2857	3138	134		2785
福　建	2286	66		117	16	16	1939	17	65		67
江　西	1625	354		335	6	6	668	8	20		233
山　东	4093	258	46	429	341	341	2176	207	75		608
河　南	11994	492	16	562	8	8	8954	556	412		1011
湖　北	3052	161	6	616	58	58	1409	70	93		644
湖　南	2443	224		489	20	11	747	18	120		825
广　东	2427	151	21	453	1	1	1492	29	82		219
广　西	848	78		340			37	4	1		388
海　南	811	11	0	466			270	2	62		
重　庆	3081	217	9	735	9	9	39	23	21		2037
四　川	2304	132		425	1	1	426	55	65		1200
贵　州	817	6		591	9	9	20	2	15		174
云　南	3883	11		3139	8	8	141				583
西　藏	391	5		182						165	39
陕　西	3241	155	13	541	9	9	2084	21	39		393
甘　肃	2775	487		423	4	4	1351	32	22	1	456
青　海	284	2		244			1			5	33
宁　夏	360	18	1	259	4	4	66				13
新　疆	1190	9		1050	3	3	8	65	3	9	44

2016年各地区艺术表演团体分剧种财政拨款收入

单位：万元

地　区	总计	话剧、儿童剧、滑稽剧类	其中：儿童剧团	歌舞、音乐类	京剧、昆曲类	其中：京剧	地方戏曲类	杂技、魔术、马戏类	曲艺类	乌兰牧骑	综合性艺术表演团体
总　计	**1376352**	**88403**	**18394**	**508334**	**116190**	**96674**	**391184**	**43288**	**31929**	**29068**	**167956**
北　京	48469	6294	1806	7637	22646	15683	6771	3080	1528		513
天　津	41764	5779	2641	11512	8581	8581	9579	4404	1909		0
河　北	31486	30		4048	3168	3168	12033	358	257		11593
山　西	40128	1857	8	13830	1110	1110	20586	299	288		2159
内蒙古	81909	856		22564			2309			24878	31302
辽　宁	38859	6177	2030	15412	6541	6541	3419	2041	5		5264
吉　林	24453	380		9994			7322				6758
黑龙江	40561	2347		6154	3549	3549	6572	1464	3941		16534
上　海	76772	11336	4277	28965	12170	8463	19218	3200	1750		134
江　苏	57742	4194		6816	6068	2085	21295	2638	4155		12575
浙　江	72004	1257	5	18301	5897	2581	40818	416	805		4511
安　徽	23725	1033		6374	2551	2551	8061	1345	142		4222
福　建	45721	1920		15354	2457	2457	19817	1508	3726		938
江　西	24184	500		6445	1063	1063	8724	455	471		6526
山　东	67568	3089	957	17252	10091	10091	22092	5914	787		8344
河　南	53227	1691	225	5523	1650	1650	38896	2163	234		3070
湖　北	62645	5318		18762	8309	8309	21830	2254	794		5378
湖　南	43827	2275		6389	3081	1532	23050	1667	1871		5494
广　东	54976	3482	193	24615	58	58	19358	1888	2853		2723
广　西	20474	45		7530			6692	257			5951
海　南	8994			5294			3654		46		
重　庆	19659	1282		5786	1113	1113	4858	921	1530		4172
四　川	42520	1657		15537			10049	1765	3343		10169
贵　州	13725	60		6853	1186	1186	3463	902	10		1252
云　南	43527	1539		27080	2076	2076	9518				3315
西　藏	19847	1751		14680						3178	238
陕　西	48517	3111	506	13134	992	992	27392	1330	1066		1492
甘　肃	28620	898		15368	83	83	9601	526	409	507	1228
青　海	6449	16		6432							1
宁　夏	8538	995		3798	1842	1842	1897				5
新　疆	63805	2321		48304	1304	1304	2311	2495	10	505	6554

2016年各地区艺术表演团体分剧种演出收入

单位：万元

地区	总计	话剧、儿童剧、滑稽剧类	其中：儿童剧团	歌舞、音乐类	京剧、昆曲类	其中：京剧	地方戏曲类	杂技、魔术、马戏类	曲艺类	乌兰牧骑	综合性艺术表演团体
总计	**1308591**	**107374**	**9805**	**309930**	**18409**	**15682**	**268122**	**60199**	**22567**	**259**	**521730**
北京	32204	9064	3445	3234	3711	2900	3595	1923	3772		6906
天津	5913	1093	386	1508	793	793	1357	203	621		339
河北	35498	1894		3429	416	256	7528	8138	766		13327
山西	31355	1466	7	6382	241	241	16228	246	1275		5516
内蒙古	5025	103		855			490		39	185	3354
辽宁	9506	3809	22	1626	169	169	166	284	173		3280
吉林	4334	310	1	2083			930		150		862
黑龙江	3113	162	59	940	27	27	217	167	100		1500
上海	41314	9141	1404	20878	1557	662	4057	2604	707		2371
江苏	57925	4191		9059	513	314	7695	2300	2220		31948
浙江	454278	8490	75	50427	6143	5511	95851	1140	3043		289184
安徽	99902	21182	66	7458	328	328	16478	33181	1053		20223
福建	39620	2729		2752	208	208	32159	112	579		1083
江西	18798	3350		3428	22	22	5606	168	436		5787
山东	21905	2034	298	5604	708	708	4064	1877	670		6948
河南	48606	4222	734	3637	88	88	29471	3998	2126		5064
湖北	16405	2223	12	4485	274	274	4073	1696	740		2916
湖南	42244	10186		18734	43	12	3210	182	712		9177
广东	38915	6042	811	10407	40	40	15487	378	886		5676
广西	30885	1075		3686			100	20	17		25988
海南	37845	253	7	33621			2932	18	1022		
重庆	29352	1931	180	9239	283	283	355	388	398		16756
四川	61109	3439		12424	38	38	2168	438	287		42315
贵州	10621	87		5025	682	682	118	39	102		4568
云南	58456	369		49423	11	11	387				8266
西藏	211			122						74	15
陕西	29059	1905	209	15615	176	176	8418	500	305		2139
甘肃	11714	1056		3097	62	62	4712	48	196		2544
青海	2048	10		1760			16				262
宁夏	1009	245	25	515	19	19	201				29
新疆	2105	28		1233	8	8	52	155	173		455

2016年各地区艺术表演

地区	剧团数(个)	从业人员(人)	专业技术人才	演出场次(万场次)	国内演出场次	农村演出场次
总计	**12301**	**332920**	**149165**	**230.60**	**229.03**	**151.60**
北京	485	10523	4661	2.69	2.62	0.90
天津	84	3019	1957	0.79	0.78	0.14
河北	712	16581	8779	9.19	9.01	5.86
山西	546	17619	7041	9.25	9.21	6.92
内蒙古	186	7226	4997	2.45	2.44	1.59
辽宁	246	4937	2925	1.82	1.74	0.78
吉林	54	2601	1952	0.59	0.55	0.32
黑龙江	57	3520	2730	0.64	0.59	0.16
上海	205	7102	3641	2.48	2.29	0.57
江苏	444	11163	6644	8.81	8.72	3.91
浙江	1245	39071	11129	28.87	28.84	20.82
安徽	1879	34932	16229	45.87	45.83	38.73
福建	429	13004	5243	8.60	8.56	7.13
江西	304	8164	3368	4.75	4.70	3.37
山东	567	13637	7438	8.43	8.33	5.03
河南	1006	29462	10091	46.27	46.25	26.02
湖北	308	8699	4940	3.85	3.78	2.33
湖南	452	11763	5366	5.55	5.48	3.33
广东	357	11532	4841	3.88	3.84	2.75
广西	100	4716	2073	1.20	1.15	0.46
海南	74	3232	1219	0.89	0.89	0.52
重庆	770	10015	3555	9.00	8.99	7.14
四川	621	12406	4996	8.42	8.39	3.36
贵州	113	3687	1864	1.07	1.05	0.68
云南	221	8725	3588	4.45	4.40	1.49
西藏	87	2376	712	0.58	0.55	0.45
陕西	281	12516	5888	3.88	3.84	2.77
甘肃	227	7224	3108	3.14	3.12	2.28
青海	60	1676	788	0.68	0.66	0.33
宁夏	34	1278	608	0.53	0.53	0.20
新疆	131	5547	4017	1.69	1.64	1.20

团体演出及收支基本情况

国内演出观众人次（万人次）	农村观众人次	总收入（千元）	财政补贴收入	演出收入	总支出（千元）	资产总计（千元）	实际使用房屋建筑面积（万平方米）
118137.67	**62052.11**	**31137994**	**13763519**	**13085907**	**26217433**	**56320835**	**825.46**
877.01	255.85	1077582	484687	322044	999221	4232916	24.04
397.52	131.98	509386	417637	59129	493597	621243	9.51
5418.56	3359.13	730258	314862	354980	719429	1483304	40.36
4642.21	3431.71	789947	401282	313546	779454	1441581	31.87
1241.10	755.39	903511	819089	50252	854695	1391358	29.06
565.18	267.59	766124	388593	95060	622799	1034092	19.39
358.29	189.82	333539	244533	43344	344559	341991	10.55
331.89	102.72	466650	405606	31131	460399	694724	18.72
1034.41	210.63	1580042	767723	413144	1330452	2685136	16.35
4051.15	1664.78	1229784	577416	579251	1179020	1358144	36.40
18040.49	14399.03	5479919	720044	4542775	3842011	10665801	74.39
32968.50	8258.37	1402798	237252	999023	1130972	1804617	58.65
2285.87	1834.28	969093	457205	396202	890705	1640416	26.15
1624.95	1157.69	465615	241838	187979	373391	947809	17.14
4093.49	2884.12	1034422	675675	219049	957235	1325927	40.05
11994.32	8933.02	1159702	532267	486062	916765	1220475	42.44
3051.78	1883.85	879057	626447	164053	807967	1052300	28.03
2443.05	1278.03	1129015	438270	422438	881664	1767759	37.44
2427.28	1894.62	1152492	549763	389151	999895	1930759	33.09
848.44	266.50	665393	204743	308846	467015	1258034	10.07
811.18	324.07	614121	89937	378454	375064	1367144	6.94
3080.58	1327.36	556955	196594	293515	502319	1936344	18.15
2303.74	980.68	1111977	425199	611091	916209	1901853	34.52
817.44	398.45	348620	137254	106214	301349	1100543	14.18
3883.17	923.37	1411110	435270	584555	1085689	2171745	26.59
390.74	282.82	212803	198472	2106	210383	298608	10.70
3241.27	2138.87	913472	485165	290586	777517	1459020	30.42
2774.92	1391.50	469451	286199	117142	440970	1001769	17.33
284.44	96.58	96755	64486	20482	90884	321920	6.02
359.92	157.18	126210	85376	10091	192979	1504355	4.42
1190.16	819.68	709601	638053	21045	680826	476988	25.38

2016年各地区省级艺术表演

地区	剧团数(个)	从业人员(人)	专业技术人才	演出场次(万场次)	国内演出场次	农村演出场次
总计	**191**	**29831**	**23829**	**5.86**	**5.37**	**1.76**
北京	13	2261	1693	0.65	0.58	0.05
天津	11	1873	1565	0.26	0.24	0.01
河北	3	1036	799	0.14	0.11	0.06
山西	9	1092	840	0.14	0.14	0.05
内蒙古	1	681	597	0.05	0.05	0.02
辽宁	5	668	551	0.09	0.09	0.00
吉林	4	611	540	0.11	0.11	0.04
黑龙江	4	1177	917	0.16	0.14	0.03
上海	18	3173	2585	0.99	0.81	0.22
江苏	2	1089	1062	0.57	0.56	0.27
浙江	9	973	729	0.38	0.37	0.12
安徽	7	867	644	0.16	0.16	0.01
福建	6	749	722	0.10	0.10	0.02
江西	6	469	355	0.14	0.14	0.10
山东	7	802	730	0.13	0.11	0.05
河南	6	1133	948	0.17	0.17	0.11
湖北	5	878	801	0.15	0.13	0.04
湖南	7	899	734	0.11	0.10	0.03
广东	10	1221	884	0.12	0.12	0.05
广西	2	816	579	0.21	0.17	0.05
海南	3	456	281	0.03	0.02	0.01
重庆	8	1181	806	0.16	0.15	0.08
四川	5	780	507	0.06	0.06	0.01
贵州	5	587	454	0.06	0.06	0.02
云南	4	451	410	0.06	0.06	0.03
西藏	3	342	277	0.03	0.03	0.02
陕西	6	1399	1162	0.19	0.18	0.03
甘肃	8	862	620	0.22	0.21	0.08
青海	1	159	142	0.05	0.04	0.04
宁夏	5	449	279	0.11	0.11	0.06
新疆	8	697	616	0.10	0.10	0.07

团体演出及收支基本情况

国内演出观众人次(万人次)	农村观众人次	总收入(千元)	财政补贴收入	演出收入	总支出(千元)	资产总计(千元)	实际使用房屋建筑面积(万平方米)
3788.79	**1203.75**	**7100614**	**5026316**	**1097550**	**6815444**	**13368184**	**142.33**
339.25	26.71	725883	457410	181433	751977	2097043	11.08
187.13	8.58	474236	407043	39961	459051	489071	7.96
160.65	103.92	143076	97356	31856	163647	179800	6.10
112.51	42.63	143368	77260	33415	157507	226872	2.70
49.75	2.94	218536	207011	1812	219815	860523	6.78
55.31	1.25	211367	190351	10974	170614	154329	5.48
50.98	28.70	110764	94965	11212	123393	130210	2.58
103.98	30.78	196648	178490	7759	194889	356380	3.63
328.41	40.15	1321887	744131	237536	1169065	2305947	10.08
100.53	52.67	190589	80665	109656	195257	219709	4.78
258.22	74.13	271467	198661	54481	280646	475329	4.15
189.78	5.00	163835	115197	27898	156210	305860	1.76
84.03	13.90	198115	146202	9988	159608	1065785	5.84
70.03	52.97	63589	49934	7309	74990	224801	3.55
76.16	30.38	193665	153269	10580	183984	254108	4.67
273.26	168.50	288399	211195	37492	242390	330567	3.32
100.63	36.07	156079	131934	13999	154567	163947	4.66
84.84	19.68	193235	142724	11871	160704	227143	6.02
120.49	45.51	308903	217809	63744	291383	552896	6.51
133.70	42.60	172591	108411	22729	170196	453690	3.33
50.90	20.25	89689	54410	32374	93507	64482	1.60
89.12	37.90	238275	156307	38772	245825	469737	6.37
42.43	8.01	166366	137603	25784	162371	366264	1.27
28.35	14.50	79901	64408	2284	73165	179824	0.79
49.90	33.48	99569	85148	6103	94246	156948	1.79
25.74	13.75	65618	65618		67727	127865	4.17
178.35	67.93	206432	135192	35823	194411	282982	6.72
137.54	61.87	128626	77363	17459	137210	213845	3.81
106.25	3.92	13662	6300	4918	13740	241653	1.65
98.28	54.27	92652	79566	5161	90868	82812	1.41
102.31	60.83	173592	154383	3167	162481	107762	7.78

2016年各地区地市级艺术表演

地　区	剧团数 (个)	从业人员 (人)	专业技术 人才	演出场次 (万场次)	国内演出 场次	农村演出 场次
总　计	**496**	**37769**	**29167**	**9.56**	**9.08**	**4.12**
北　京						
天　津						
河　北	32	1787	1336	0.52	0.47	0.35
山　西	34	2535	1952	0.57	0.54	0.38
内蒙古	16	1868	1417	0.24	0.23	0.10
辽　宁	21	1911	1461	0.32	0.25	0.08
吉　林	11	827	713	0.17	0.16	0.11
黑龙江	16	1582	1285	0.24	0.21	0.05
上　海						
江　苏	37	2645	2099	1.56	1.49	0.21
浙　江	14	1402	1161	0.29	0.29	0.08
安　徽	21	1526	1164	0.45	0.43	0.19
福　建	20	1499	1114	0.39	0.39	0.16
江　西	15	678	562	0.14	0.14	0.10
山　东	38	2814	2458	0.94	0.90	0.50
河　南	26	2049	1436	0.67	0.67	0.50
湖　北	19	2039	1588	0.66	0.65	0.20
湖　南	22	1287	1031	0.35	0.32	0.20
广　东	25	1750	1069	0.31	0.28	0.10
广　西	8	829	690	0.17	0.16	0.08
海　南	3	180	123	0.03	0.03	0.02
重　庆						
四　川	28	1931	1389	0.42	0.41	0.12
贵　州	9	573	450	0.12	0.11	0.03
云　南	17	1470	1375	0.20	0.19	0.11
西　藏	8	351	271	0.05	0.05	0.04
陕　西	12	908	560	0.18	0.18	0.12
甘　肃	14	1150	763	0.16	0.15	0.11
青　海	8	544	463	0.07	0.07	0.03
宁　夏	3	133	16	0.10	0.10	0.07
新　疆	19	1501	1221	0.26	0.24	0.13

团体演出及收支基本情况

国内演出观众人次（万人次）	农村观众人次	总收入（千元）	财政补贴收入	演出收入	总支出（千元）	资产总计（千元）	实际使用房屋建筑面积（万平方米）
8486.60	**4451.49**	**5867773**	**4573603**	**689328**	**5738528**	**6952688**	**169.05**
596.89	487.64	188986	159008	20468	186144	269788	6.15
603.47	463.62	262131	194165	54301	254109	211372	6.00
155.16	49.93	349295	328803	5707	309526	244047	5.69
161.42	39.59	238767	190871	22360	246116	326607	7.51
128.49	45.79	135776	100661	19996	136629	110555	3.68
130.69	16.90	229259	203713	11606	233173	204509	13.67
651.43	170.21	445143	322961	102782	447425	331745	13.09
303.70	97.14	384347	259617	74154	355062	485648	9.28
299.37	170.49	175437	65726	48457	157378	354114	4.10
241.24	102.95	260958	203027	25175	258893	298153	6.42
85.64	57.77	82603	71028	5538	83096	84602	4.32
875.47	534.52	447713	340648	39550	431066	419877	14.22
1059.81	854.99	227526	174955	28071	219602	238842	5.04
699.57	176.01	369833	286652	40784	369792	475922	6.61
295.75	150.57	211150	186339	11062	209148	153325	5.77
323.13	184.39	365669	255853	67320	361155	690802	10.08
265.92	91.53	115863	77027	11420	113313	89323	2.89
53.68	29.00	21399	13420	4845	22973	47976	0.35
317.62	100.63	312150	245251	37244	319568	332812	9.11
140.84	27.25	78605	40027	24763	91981	293829	4.95
325.83	160.44	237865	214445	8436	236585	289970	4.95
24.68	16.75	91088	90913	25	88129	72679	3.84
172.05	120.13	109262	81990	5346	106668	145361	4.90
239.58	170.10	180418	165950	9514	173199	538894	5.78
60.70	23.48	65216	53411	4879	63907	55242	2.04
108.20	51.50	10050	1100	1390	9971	9180	2.09
166.28	58.18	271264	246042	4135	253920	177514	6.54

2016年各地区县级艺术表演

地 区	剧团数(个)	从业人员(人)	专业技术人才	演出场次(万场次)	国内演出场次	农村演出场次
总 计	**11598**	**260353**	**93392**	**214.86**	**214.29**	**145.64**
北 京	472	8262	2968	2.04	2.04	0.85
天 津	73	1146	392	0.53	0.53	0.13
河 北	677	13758	6644	8.53	8.43	5.45
山 西	503	13992	4249	8.54	8.54	6.49
内 蒙 古	169	4677	2983	2.17	2.16	1.47
辽 宁	220	2358	913	1.40	1.40	0.70
吉 林	39	1163	699	0.31	0.29	0.17
黑 龙 江	37	761	528	0.24	0.24	0.08
上 海	187	3929	1056	1.49	1.49	0.35
江 苏	405	7429	3483	6.69	6.66	3.44
浙 江	1222	36696	9239	28.20	28.19	20.63
安 徽	1851	32539	14421	45.26	45.24	38.52
福 建	403	10756	3407	8.10	8.08	6.96
江 西	283	7017	2451	4.47	4.43	3.17
山 东	522	10021	4250	7.37	7.33	4.47
河 南	974	26280	7707	45.44	45.42	25.41
湖 北	284	5782	2551	3.05	3.00	2.09
湖 南	423	9577	3601	5.08	5.06	3.10
广 东	322	8561	2888	3.45	3.44	2.60
广 西	90	3071	804	0.83	0.81	0.33
海 南	68	2596	815	0.84	0.84	0.49
重 庆	762	8834	2749	8.84	8.84	7.06
四 川	588	9695	3100	7.94	7.92	3.24
贵 州	99	2527	960	0.89	0.88	0.63
云 南	200	6804	1803	4.19	4.16	1.36
西 藏	76	1683	164	0.50	0.47	0.39
陕 西	263	10209	4166	3.52	3.49	2.63
甘 肃	205	5212	1725	2.77	2.76	2.09
青 海	51	973	183	0.56	0.55	0.27
宁 夏	26	696	313	0.32	0.32	0.08
新 疆	104	3349	2180	1.33	1.30	1.00

团体演出及收支基本情况

国内演出观众人次（万人次）	农村观众人次	总收入（千元）	财政补贴收入	演出收入	总支出（千元）	资产总计（千元）	实际使用房屋建筑面积（万平方米）
105557.62	**56344.41**	**16327013**	**2947015**	**11025855**	**12071456**	**32117797**	**486.97**
537.76	229.14	351699	27277	140611	247244	2135873	12.96
210.39	123.40	35150	10594	19168	34546	132172	1.55
4661.02	2767.57	398196	58498	302656	369638	1033716	28.11
3926.23	2925.46	384448	129857	225830	367838	1003337	23.17
1036.19	702.52	335680	283275	42733	325354	286788	16.59
348.45	226.75	315990	7371	61726	206069	553156	6.40
178.82	115.32	86999	48907	12136	84537	101226	4.29
97.22	55.05	40743	23403	11766	32337	133835	1.43
706.00	170.48	258155	23592	175608	161387	379189	6.27
3299.19	1441.90	594052	173790	366813	536338	806690	18.52
17478.57	14227.76	4824105	261766	4414140	3206303	9704824	60.97
32479.34	8082.88	1063526	56329	922668	817384	1144643	52.80
1960.60	1717.44	510020	107976	361039	472204	276478	13.89
1469.29	1046.95	319423	120876	175132	215305	638406	9.28
3141.86	2319.22	393044	181758	168919	342185	651942	21.16
10661.25	7909.54	643777	146117	420499	454773	651066	34.08
2251.58	1671.77	353145	207861	109270	283608	412431	16.75
2062.47	1107.78	724630	109207	399505	511812	1387291	25.66
1983.66	1664.72	477920	76101	258087	347357	687061	16.51
448.82	132.37	376939	19305	274697	183506	715021	3.86
706.60	274.82	503033	22107	341235	258584	1254686	4.99
2991.46	1289.45	318680	40287	254743	256494	1466607	11.78
1943.69	872.03	633461	42345	548063	434270	1202777	24.14
648.25	356.70	190114	32819	79167	136203	626890	8.45
3507.44	729.46	1073676	135677	570016	754858	1724827	19.84
340.32	252.32	56097	41941	2081	54527	98064	2.69
2890.88	1950.80	597778	267983	249417	476438	1030677	18.80
2397.80	1159.53	160407	42886	90169	130561	249030	7.74
117.49	69.19	17877	4775	10685	13237	25025	2.32
153.45	51.41	23508	4710	3540	92140	1412363	0.92
921.57	700.68	264745	237628	13743	264425	191712	11.06

2016年各地区公有制

地区	剧团数（个）	从业人员（人）	专业技术人才	正高级职称	副高级职称	中级职称
总计	**2111**	**119469**	**81566**	**4737**	**12922**	**28532**
北京	20	2351	1743	140	278	632
天津	16	1962	1642	207	429	676
河北	121	4947	3236	181	474	1063
山西	150	7783	4389	103	498	1261
内蒙古	97	5499	4319	188	680	1441
辽宁	35	2864	2226	167	444	979
吉林	40	2245	1788	132	394	628
黑龙江	28	3078	2459	317	624	931
上海	23	3271	2681	215	578	1059
江苏	112	5859	4665	281	825	1764
浙江	63	4025	3171	238	653	960
安徽	51	3326	2476	76	303	1004
福建	70	3657	2613	127	394	1109
江西	84	2584	1979	29	174	652
山东	103	5651	4756	204	853	1824
河南	171	8844	4044	190	578	1496
湖北	86	5496	3899	248	594	1462
湖南	100	4153	3024	95	347	1225
广东	72	4379	2496	128	357	844
广西	22	1948	1494	65	218	431
海南	20	1145	595	9	31	142
重庆	21	1549	1055	46	175	357
四川	50	3005	2082	43	278	960
贵州	42	1746	1254	46	155	342
云南	98	3963	2815	116	539	1116
西藏	85	2370	711	24	103	209
陕西	93	6220	4075	219	420	1220
甘肃	69	3684	2197	46	204	708
青海	30	1000	670	5	68	129
宁夏	13	692	378	30	45	113
新疆	110	5206	3857	115	432	1102

艺术表演团体基本情况

本团原创首演剧目(个)	演出场次(万场次)	国内演出场次	农村演出场次	国内演出观众人次(万人次)	农村观众人次	本年收入合计(千元)
1423	**40.02**	**38.45**	**25.25**	**34430.96**	**22728.63**	**18394519**
27	0.75	0.67	0.05	363.83	26.71	751149
29	0.32	0.30	0.06	258.43	66.33	489583
28	2.15	1.97	1.65	1963.76	1653.97	433074
61	2.80	2.76	2.36	2591.46	2056.34	564399
72	1.25	1.24	0.77	946.65	500.75	855149
10	0.46	0.38	0.10	236.07	51.64	463059
18	0.51	0.48	0.30	351.62	187.46	326813
19	0.46	0.42	0.12	302.53	96.42	449760
57	1.03	0.84	0.24	352.13	50.31	1355541
134	4.44	4.34	2.18	2087.85	1184.06	888647
47	1.34	1.32	0.71	1395.32	834.69	932102
54	1.21	1.16	0.70	1020.84	611.96	413015
84	1.11	1.07	0.63	771.38	478.97	601055
74	1.28	1.23	1.02	798.18	606.27	302943
83	2.73	2.63	1.96	2442.80	1819.55	824004
39	4.63	4.60	4.01	5481.40	4719.63	724125
98	2.17	2.09	1.22	2219.42	1240.88	744654
67	1.42	1.36	0.95	1097.54	688.04	537954
39	0.93	0.89	0.56	1014.63	693.91	771968
24	0.49	0.43	0.19	504.60	183.07	308804
33	0.20	0.19	0.15	245.49	145.65	152592
15	0.26	0.25	0.16	226.10	131.70	291240
30	0.60	0.57	0.19	442.56	155.89	510888
22	0.42	0.41	0.23	557.65	243.58	190996
53	0.89	0.84	0.60	1079.10	639.30	482147
39	0.58	0.55	0.45	390.74	282.82	212353
52	1.97	1.94	1.29	1789.25	1178.54	679810
31	1.35	1.32	0.95	1548.45	1143.12	396287
10	0.20	0.18	0.10	225.53	60.90	89010
6	0.24	0.24	0.15	258.26	141.57	107685
40	1.55	1.49	1.13	1162.75	802.13	701119

续表

地区	财政补贴收入	演出收入	本年支出合计(千元)	资产总计(千元)	实际使用房屋建筑面积(万平方米)	排练练功用房
总计	**13395783**	**2682342**	**17555272**	**28080327**	**486.46**	**107.13**
北京	473582	186595	774949	2112442	11.70	1.02
天津	417536	44815	471985	500431	7.96	1.92
河北	300563	101390	439266	516363	17.26	4.09
山西	351622	154644	562877	649617	18.20	3.45
内蒙古	817455	9940	815582	1272728	25.87	5.11
辽宁	388400	33852	429539	499157	13.49	3.37
吉林	244512	37187	339678	312273	9.32	2.20
黑龙江	405306	19620	451675	574874	17.98	3.62
上海	761885	249300	1201623	2347961	10.28	1.20
江苏	568802	270180	888983	778404	26.97	4.99
浙江	655807	174134	906867	1178121	20.67	3.41
安徽	222914	94045	381892	734078	7.99	2.15
福建	451302	56443	551325	1460836	19.08	1.93
江西	239689	35778	252433	450061	11.47	1.44
山东	638339	75598	795978	780917	24.07	8.25
河南	516489	129817	665406	681115	17.92	5.02
湖北	585897	80757	740005	869812	23.44	5.86
湖南	424850	41986	500166	531816	20.65	4.98
广东	524952	162585	741920	1324041	20.06	3.93
广西	203428	35472	304710	553290	7.21	3.51
海南	83182	58189	156990	145428	3.51	0.68
重庆	194505	44893	303085	1162533	8.77	1.77
四川	408565	67352	517170	731269	12.59	2.07
贵州	122671	37951	206419	513478	7.72	1.96
云南	425311	23412	471759	554763	12.54	3.10
西藏	198472	2106	210153	297878	10.65	3.37
陕西	481368	90468	624786	988135	25.07	5.29
甘肃	285069	56533	392865	857333	14.17	2.75
青海	64361	13072	87277	303100	4.27	1.86
宁夏	84421	7699	104769	96573	3.67	1.05
新疆	637943	13355	671135	419334	24.82	7.27

实际拥有产权面积（万平方米）	流动舞台车演出情况			政府采购的公益演出活动情况		
	流动舞台车数量（辆）	利用流动舞台车演出场次（万场次）	利用流动舞台车演出观众人次（万人次）	演出场次（万场次）	演出观众人次（万人次）	演出补贴收入（千元）
275.65	**1,415**	**11.55**	**10568.68**	**14.23**	**12007.65**	**1021416**
2.80				0.11	58.53	20250
3.20	3	0.05	62.75	0.03	16.05	500
15.25	74	0.55	563.58	0.38	395.94	23807
14.82	108	0.52	337.41	0.90	738.96	51384
14.23	85	0.41	280.06	0.42	299.82	10346
7.27	15	0.03	19.39	0.09	71.95	4028
6.10	42	0.21	155.14	0.25	157.24	13229
4.08	18	0.06	68.66	0.14	89.19	10158
4.12		0.00	1.00	0.16	33.76	8640
14.43	52	0.47	453.04	0.77	575.86	87137
9.10	17	0.06	58.95	0.44	450.55	31410
3.77	47	0.56	458.21	0.57	463.02	39201
9.65	16	0.05	26.33	0.47	246.95	38054
4.60	63	0.56	329.72	0.61	367.42	73190
13.45	99	1.59	1576.85	1.56	1411.81	65764
12.73	174	3.04	3271.80	1.97	2230.74	123652
19.25	75	0.85	899.40	0.87	715.47	39806
14.30	122	0.92	637.18	0.78	571.55	51081
10.55	4	0.00	1.66	0.14	155.11	47281
1.23	14	0.05	55.12	0.21	268.83	15605
1.81	15	0.07	44.23	0.09	86.78	11881
5.86	6	0.03	33.10	0.12	100.91	12050
9.64	14	0.04	28.83	0.31	229.21	55506
2.43	11	0.02	27.71	0.16	131.98	29901
7.03	74	0.20	212.39	0.37	445.47	13686
8.43	19	0.04	29.74	0.16	85.64	1141
20.68	71	0.40	342.01	0.66	466.43	41322
6.26	52	0.21	188.78	0.32	301.41	18544
3.33	12	0.01	21.59	0.04	35.26	1232
1.66	14	0.14	59.74	0.17	114.90	10898
7.11	99	0.43	324.33	0.93	633.05	26913

2016年各地区文化部门

地区	剧团数(个)	从业人员(人)	专业技术人才	正高级职称	副高级职称	中级职称
总计	**2031**	**115235**	**79738**	**4648**	**12724**	**27921**
北京	20	2351	1743	140	278	632
天津	16	1962	1642	207	429	676
河北	117	4761	3148	181	474	1009
山西	148	7658	4334	99	495	1245
内蒙古	97	5499	4319	188	680	1441
辽宁	35	2864	2226	167	444	979
吉林	40	2245	1788	132	394	628
黑龙江	28	3078	2459	317	624	931
上海	21	3002	2462	208	541	977
江苏	112	5859	4665	281	825	1764
浙江	59	3892	3073	238	653	960
安徽	45	3010	2254	74	288	930
福建	68	3586	2584	127	393	1093
江西	72	2244	1716	17	148	546
山东	102	5517	4636	201	829	1769
河南	171	8844	4044	190	578	1496
湖北	86	5496	3899	248	594	1462
湖南	99	4133	3008	95	347	1213
广东	67	4225	2419	128	354	815
广西	22	1948	1494	65	218	431
海南	19	1117	595	9	31	142
重庆	21	1549	1055	46	175	357
四川	50	3005	2082	43	278	960
贵州	41	1612	1150	46	146	310
云南	86	3511	2604	116	525	1070
西藏	85	2370	711	24	103	209
陕西	90	6135	4052	207	417	1214
甘肃	66	3571	2166	46	204	708
青海	16	850	663	5	68	129
宁夏	13	692	378	30	45	113
新疆	110	5206	3857	115	432	1102

所属艺术表演团体基本情况

本团原创首演剧目(个)	演出场次(万场次)	国内演出场次	农村演出场次	国内演出观众人次(万人次)	农村观众人次	本年收入合计(千元)
1389	**38.93**	**37.43**	**24.52**	**33523.80**	**22157.29**	**17591476**
27	0.75	0.67	0.05	363.83	26.71	751149
29	0.32	0.30	0.06	258.43	66.33	489583
27	2.07	1.91	1.59	1924.66	1615.07	420495
53	2.73	2.69	2.30	2491.86	1964.74	559458
72	1.25	1.24	0.77	946.65	500.75	855149
10	0.46	0.38	0.10	236.07	51.64	463059
18	0.51	0.48	0.30	351.62	187.46	326813
19	0.46	0.42	0.12	302.53	96.42	449760
51	0.98	0.79	0.24	323.13	48.26	1257880
134	4.44	4.34	2.18	2087.85	1184.06	888647
47	1.23	1.21	0.60	1320.12	759.49	927497
49	1.04	1.01	0.59	886.60	511.64	395252
80	1.06	1.03	0.58	743.48	451.07	597959
73	1.16	1.12	0.94	737.48	571.95	237484
83	2.69	2.59	1.94	2424.80	1809.55	807804
39	4.63	4.60	4.01	5481.40	4719.63	724125
98	2.17	2.09	1.22	2219.42	1240.88	744654
67	1.42	1.35	0.94	1088.54	680.54	536148
39	0.89	0.85	0.53	945.05	650.56	753944
24	0.49	0.43	0.19	504.60	183.07	308804
33	0.20	0.19	0.15	238.49	140.65	151492
15	0.26	0.25	0.16	226.10	131.70	291240
30	0.60	0.57	0.19	442.56	155.89	510888
20	0.39	0.37	0.22	497.11	238.58	172422
52	0.77	0.73	0.51	942.21	553.22	455754
39	0.58	0.55	0.45	390.74	282.82	212353
50	1.92	1.88	1.25	1771.00	1170.51	674126
30	1.32	1.29	0.93	1519.99	1120.11	389335
9	0.16	0.14	0.08	203.10	49.07	84522
6	0.24	0.24	0.15	258.26	141.57	107685
40	1.55	1.49	1.13	1162.75	802.13	701119

续表

地区	财政补贴收入	演出收入	本年支出合计(千元)	资产总计(千元)	实际使用房屋建筑面积(万平方米)	排练练功用房
总计	**12885844**	**2568770**	**16848676**	**26862595**	**475.94**	**104.38**
北京	473582	186595	774949	2112442	11.70	1.02
天津	417536	44815	471985	500431	7.96	1.92
河北	300513	89397	431003	511108	16.91	3.98
山西	351322	150003	557640	627915	16.73	3.39
内蒙古	817455	9940	815582	1272728	25.87	5.11
辽宁	388400	33852	429539	499157	13.49	3.37
吉林	244512	37187	339678	312273	9.32	2.20
黑龙江	405306	19620	451675	574874	17.98	3.62
上海	720051	229069	1107014	2243606	9.75	1.12
江苏	568802	270180	888983	778404	26.97	4.99
浙江	655807	169529	902638	1176743	20.56	3.37
安徽	215444	91671	366726	716501	7.34	1.99
福建	450246	54403	548170	1460471	19.08	1.93
江西	181623	31100	243703	420549	11.32	1.40
山东	625599	73928	779816	746687	24.07	8.25
河南	516489	129817	665406	681115	17.92	5.02
湖北	585897	80757	740005	869812	23.44	5.86
湖南	423116	41967	496592	529310	20.60	4.98
广东	512085	157827	725695	1308327	19.34	3.81
广西	203428	35472	304710	553290	7.21	3.51
海南	82082	58189	155890	144428	3.45	0.63
重庆	194505	44893	303085	1162533	8.77	1.77
四川	408565	67352	517170	731269	12.59	2.07
贵州	115624	36734	189740	395240	7.18	1.91
云南	408494	17108	449272	516316	11.26	2.75
西藏	198472	2106	210153	297878	10.65	3.37
陕西	479281	89583	619004	974757	24.91	5.21
甘肃	279561	56235	387451	852110	13.97	2.72
青海	64118	10834	84114	299915	4.16	1.80
宁夏	84421	7699	104769	96573	3.67	1.05
新疆	637943	13355	671135	419334	24.82	7.27

实际拥有产权面积（万平方米）	流动舞台车演出情况			政府采购的公益演出活动情况		
	流动舞台车数量（辆）	利用流动舞台车演出场次（万场次）	利用流动舞台车演出观众人次（万人次）	演出场次（万场次）	演出观众人次（万人次）	演出补贴收入（千元）
272.33	**1380**	**11.31**	**10380.59**	**13.90**	**11725.42**	**947997**
2.80				0.11	58.53	20250
3.20	3	0.05	62.75	0.03	16.05	500
14.90	71	0.53	547.58	0.37	395.30	23757
14.80	106	0.52	332.61	0.90	736.96	51184
14.23	85	0.41	280.06	0.42	299.82	10346
7.27	15	0.03	19.39	0.09	71.95	4028
6.10	42	0.21	155.14	0.25	157.24	13229
4.08	18	0.06	68.66	0.14	89.19	10158
4.03		0.00	1.00	0.16	31.84	7995
14.43	52	0.47	453.04	0.77	575.86	87137
9.08	17	0.06	58.95	0.44	446.12	31410
3.64	40	0.46	371.19	0.47	358.31	35881
9.65	16	0.05	26.33	0.47	246.95	38054
4.51	58	0.49	294.13	0.57	347.23	18740
13.45	98	1.59	1575.35	1.52	1398.81	62764
12.73	174	3.04	3271.80	1.97	2230.74	123652
19.25	75	0.85	899.40	0.87	715.47	39806
14.25	121	0.91	635.58	0.78	568.55	51071
10.38	4	0.00	1.66	0.12	128.39	46491
1.23	14	0.05	55.12	0.21	268.83	15605
1.81	14	0.06	41.23	0.08	84.78	11081
5.86	6	0.03	33.10	0.12	100.91	12050
9.64	14	0.04	28.83	0.31	229.21	55506
2.32	11	0.02	27.71	0.13	101.98	29901
6.40	66	0.18	188.19	0.33	409.64	13036
8.43	19	0.04	29.74	0.16	85.64	1141
20.56	68	0.40	339.42	0.65	462.93	40962
6.20	49	0.21	177.49	0.30	283.41	18316
3.31	11	0.01	21.09	0.04	32.05	1232
1.66	14	0.14	59.74	0.17	114.90	10898
7.11	99	0.43	324.33	0.93	633.05	26913

2016年各地区文化部门执行事业

地　区	剧团数（个）	补贴团数	从业人员（人）	专业技术人才	正高级职称	副高级职称	中级职称
总　计	**1520**	**1455**	**80168**	**55988**	**3162**	**9090**	**20253**
北　京	11	7	1153	838	85	137	311
天　津	16	16	1962	1642	207	429	676
河　北	86	71	3053	2159	94	296	740
山　西	94	86	4907	2818	53	330	903
内蒙古	97	97	5499	4319	188	680	1441
辽　宁	21	21	1516	1282	111	270	513
吉　林	4	4	754	669	87	177	256
黑龙江	21	20	1960	1635	190	416	588
上　海	15	13	2044	1757	153	414	680
江　苏	91	85	3494	2748	119	454	1073
浙　江	44	44	2729	2208	184	502	736
安　徽	10	10	573	448	17	80	175
福　建	67	66	3511	2564	127	389	1084
江　西	43	40	1255	982	7	80	331
山　东	88	88	4839	4077	177	758	1608
河　南	159	156	7813	3390	166	480	1298
湖　北	70	70	3787	2513	95	305	1075
湖　南	77	74	3011	2218	77	274	939
广　东	40	39	2236	1230	57	170	470
广　西	11	11	783	717	25	98	195
海　南	13	13	778	420	7	22	74
重　庆	13	12	639	520	26	90	221
四　川	39	36	2230	1731	31	248	859
贵　州	23	22	607	424	12	27	62
云　南	72	71	3164	2373	113	465	975
西　藏	85	83	2370	711	24	103	209
陕　西	57	56	3403	2276	63	200	650
甘　肃	20	17	1412	930	18	119	385
青　海	11	9	467	381	4	52	99
宁　夏	4	2	81	75	1	3	20
新　疆	110	108	5206	3857	115	432	1102

会计制度的艺术表演团体基本情况

本团原创首演剧目（个）	演出场次（万场次）	国内演出场次	农村演出场次	国内演出观众人次（万人次）	农村观众人次	本年收入合计（千元）	财政补贴收入	上级补助收入
1017	**27.44**	**26.51**	**18.48**	**24004.12**	**16744.27**	**12856034**	**10169724**	**668984**
10	0.25	0.24		109.12		448163	331984	574
29	0.32	0.30	0.06	258.43	66.33	489583	417536	13842
16	1.42	1.30	1.09	1396.15	1192.95	266845	209499	2180
30	1.64	1.60	1.37	1163.77	960.84	362716	252774	26444
72	1.25	1.24	0.77	946.65	500.75	855149	817455	7310
2	0.17	0.17	0.03	99.29	14.01	348752	321912	150
3	0.07	0.07	0.03	42.87	16.42	140072	125872	
12	0.20	0.19	0.08	167.28	69.60	304746	289082	5333
25	0.68	0.50	0.21	159.68	32.44	948574	561453	237242
113	3.38	3.35	1.82	1595.11	1031.35	511196	367251	16345
34	0.65	0.64	0.36	819.75	507.07	741123	589160	29082
6	0.19	0.19	0.13	128.70	81.27	103384	63102	29923
79	1.02	0.99	0.55	683.78	403.37	594120	449901	55961
55	0.64	0.61	0.54	437.62	356.95	158954	134780	2258
79	2.41	2.34	1.75	2136.05	1595.77	717255	568148	64171
34	4.33	4.31	3.77	5183.28	4481.61	625026	465369	18911
74	1.63	1.59	1.05	1826.69	1089.49	429697	339279	31156
48	1.11	1.06	0.77	879.93	557.41	392861	330105	9648
19	0.52	0.50	0.38	653.23	501.87	435109	322305	14748
12	0.21	0.20	0.09	243.88	79.54	154701	127263	17723
30	0.13	0.13	0.10	171.39	94.90	102812	60227	2260
9	0.12	0.11	0.07	122.70	82.17	121790	95205	
19	0.37	0.34	0.15	292.29	130.70	373962	337757	5501
13	0.24	0.22	0.17	351.80	171.75	48402	37086	905
44	0.65	0.62	0.43	791.89	438.41	420292	385886	4387
39	0.58	0.55	0.45	390.74	282.82	212353	198472	10840
31	1.09	1.07	0.85	1154.99	881.39	330241	265535	23031
11	0.28	0.26	0.17	280.30	195.39	222221	200138	6835
5	0.09	0.08	0.04	91.65	41.56	52680	43788	1236
	0.03	0.03	0.02	48.50	33.00	4253	3345	200
40	1.55	1.49	1.13	1162.75	802.13	701119	637943	30788

续表 1

地　　区	事业收入	演出收入	经营收入	附属单位上缴收入	其他收入	本年支出合计（千元）	基本支出
总　　计	**1538812**	**1323202**	**13671**	**1932**	**462911**	**12207198**	**8253944**
北　　京	86883	75527	1546		27176	462600	305094
天　　津	50875	44815			7330	471985	284578
河　　北	43234	41636	850		11082	264246	244374
山　　西	78224	76545	729		4545	358087	245466
内 蒙 古	10193	9940			20191	815582	602543
辽　　宁	15128	14503	1189		10373	322816	237490
吉　　林	9605	9598			4595	150349	128786
黑 龙 江	9456	8836			875	297051	251394
上　　海	145896	126133			3983	851730	589905
江　　苏	120390	99835	351		6859	504600	394675
浙　　江	101327	82086	710	650	20194	712169	423001
安　　徽	9282	9282	152		925	104081	98076
福　　建	56289	51162	1000		30969	543103	358147
江　　西	17093	13239	328	1202	3293	156899	131494
山　　东	73692	61258	305		10939	707728	595235
河　　南	109587	107396	1249	50	29860	566436	423733
湖　　北	41623	37656	1140		16499	421214	288366
湖　　南	28472	24652	1526		23110	360171	267285
广　　东	85822	81320			12234	407880	252667
广　　西	3135	3135			6580	147100	90415
海　　南	39844	36223	7		474	107055	49540
重　　庆	10273	8471			16312	123285	90949
四　　川	19298	16842			11406	377865	230991
贵　　州	9310	9255	10	10	1081	57278	38529
云　　南	11880	8684	2066	20	16053	412632	342985
西　　藏	3041	2106				210153	180027
陕　　西	35819	32141	102		5754	325326	251915
甘　　肃	14474	14474	210		564	222116	175531
青　　海	4426	4258			3230	54571	51131
宁　　夏	708	628				3172	2950
新　　疆	14666	13355	201		17521	671135	566174

项目支出	经营支出	在支出合计中：工资福利支出	商品和服务支出	差旅费	劳务费	福利费	各种税金支出
3762827	**167078**	**5969371**	**3590271**	**276543**	**738737**	**55533**	**56023**
157506		231128	139383	6166	18022	1639	1719
187407		214796	149460	4432	37887	1777	1165
16232	3640	174298	57587	5369	8527	1175	673
98968	13653	205759	99244	10978	26035	674	1362
211032	2007	405750	255222	19181	72802	2973	435
83772	1554	123426	81877	4774	23732	132	662
21563		63229	28961	5601	4124	282	551
43247	2410	125507	52828	2689	6898	162	180
261825		422245	341794	4979	18816	6297	11940
103115	6810	254783	165384	11005	36472	3005	757
288981	187	327072	238574	19517	78362	5518	1142
5767	238	35133	35880	857	2166	510	217
170786	14070	267804	161987	9023	39530	1582	2086
20921	4484	77800	30975	2277	11094	1181	234
99303	13190	365244	182787	5513	28522	3176	2440
131603	11100	262657	163870	10841	19546	1408	2126
119972	12876	195166	118079	7868	23484	1601	2450
86431	6139	164289	126122	7521	17525	2790	1533
151253	3960	159020	144461	19910	50381	2805	1308
54845	1840	57040	58609	7205	14036	1651	409
27920	27908	43847	47984	2693	5880	319	1736
32336		39517	46535	4221	12127	752	1143
142655	4219	198153	112301	7338	30311	1131	701
9512	1024	28725	9888	314	170	816	288
67289	2358	239571	86038	13896	11620	1182	752
21149	7174	131737	31984	4162	3034	80	
40601	21580	170866	68688	4555	16999	1843	711
45036	1549	83704	33023	6632	8256	865	512
3440		37104	6057	540	312	2	3
	222	2932	183	6	19	27	66
102075	2886	428218	111435	12872	20521	1537	1470

续表 2

地　区	对个人和家庭补助支出	抚恤金和生活补助	其他资本性支出	各种设备购置费	资产总计（千元）	固定资产原值	实际使用房屋建筑面积（万平方米）
总　计	**1750515**	**116554**	**810141**	**326501**	**18006796**	**11086056**	**336.22**
北　京	72741	5293	16791	16784	1378404	383047	7.41
天　津	57099	1522	49900	15053	500431	236451	7.96
河　北	25599	1060	6762	4147	363078	197042	10.10
山　西	33936	2026	19133	9873	441622	289019	10.71
内蒙古	112284	4539	42325	22519	1272728	1082762	25.87
辽　宁	83928	10289	33585	29427	256942	193714	8.35
吉　林	54185	2027	3974	3375	167966	106889	3.18
黑龙江	103405	4197	15311	3423	207250	159957	10.05
上　海	34477	3441	53214	32366	1725194	1040053	6.41
江　苏	59634	2668	24799	7090	388219	255040	16.57
浙　江	71475	2684	75047	19304	752693	448127	15.35
安　徽	27238	624	5830	1289	52647	31485	1.15
福　建	67504	4374	43050	14189	1452055	934095	19.02
江　西	41044	1643	6606	1699	169862	127877	6.70
山　东	132277	3183	27420	9228	691574	493945	21.32
河　南	86340	7613	48306	11499	533194	327337	15.34
湖　北	78218	2027	25176	6362	460696	342096	17.05
湖　南	43276	5260	26274	8743	367476	268040	15.97
广　东	86314	17818	17788	5899	590882	401217	10.08
广　西	27914	2993	1779	111	102243	92034	3.23
海　南	3113	260	9911	6548	71594	54825	2.54
重　庆	36015	3524	1218	1212	818979	128866	4.01
四　川	36055	5422	31356	2232	279555	188627	9.33
贵　州	6804	161	11861		64056	32105	1.56
云　南	66941	2132	18578	9180	486237	251555	9.97
西　藏	23605	3253	21859	5820	297878	253707	10.65
陕　西	49303	2442	28502	13787	298435	168387	12.12
甘　肃	69186	2665	36031	1024	556589	357387	6.43
青　海	5148	376	5690	2249	26953	22584	1.99
宁　夏			57		3571	2630	2.06
新　疆	77464	6236	50533	11341	419334	289730	24.82

		流动舞台车演出情况			政府采购的公益演出活动情况		
排练练功用房	实际拥有产权面积（万平方米）	流动舞台车数量（辆）	利用流动舞台车演出场次（万场次）	利用流动舞台车演出观众人次（万人次）	演出场次（万场次）	演出观众人次（万人次）	演出补贴收入（千元）
73.42	**193.30**	**1032**	**8.95**	**8443.76**	**9.89**	**8627.94**	**529910**
0.63	1.90				0.00	1.51	1520
1.92	3.20	3	0.05	62.75	0.03	16.05	500
2.25	8.22	44	0.31	295.53	0.26	242.26	11557
1.87	11.12	70	0.27	140.48	0.56	415.46	26287
5.11	14.23	85	0.41	280.06	0.42	299.82	10346
1.90	3.08	7	0.01	4.99	0.04	36.58	1615
0.72	3.59	4	0.02	12.00	0.03	20.05	4187
2.49	2.62	13	0.05	52.01	0.09	62.14	6263
0.57	1.70				0.15	29.53	7795
3.10	8.89	45	0.43	397.94	0.48	385.94	27091
2.19	5.27	12	0.05	42.75	0.26	276.84	16547
0.27	0.79	9	0.11	57.09	0.09	60.77	3717
1.90	9.65	16	0.05	26.33	0.47	246.95	37709
0.64	2.21	31	0.31	196.06	0.26	203.46	7879
7.15	11.92	85	1.43	1408.83	1.33	1216.95	44576
4.07	11.18	160	2.88	3138.05	1.76	2026.30	98711
4.46	15.15	65	0.75	838.90	0.64	556.43	21564
3.63	10.87	96	0.76	557.47	0.60	449.83	35171
1.57	4.31	2	0.00	1.26	0.06	67.17	19159
2.75	0.43	9	0.04	33.14	0.12	160.78	10215
0.51	1.53	8	0.03	23.28	0.06	66.68	7463
1.34	3.58	5	0.02	31.96	0.06	74.04	5722
1.22	7.30	12	0.03	16.78	0.19	143.98	25176
0.66	0.76	4	0.01	16.50	0.05	47.45	1851
2.22	6.11	55	0.15	157.45	0.25	298.60	7047
3.37	8.43	19	0.04	29.74	0.16	85.64	1141
2.97	8.62	49	0.29	254.10	0.38	308.77	20646
1.05	2.69	13	0.04	14.98	0.08	100.95	6193
0.42	1.66	9	0.01	21.09	0.03	30.55	32
0.20	0.16	3	0.01	7.90	0.02	32.54	2150
7.27	7.11	99	0.43	324.33	0.93	633.05	26913

2016年各地区文化部门执行企业

地　区	剧团数（个）	补贴团数	从业人员（人）	专业技术人才	正高级职称	副高级职称	中级职称
总　计	**511**	**438**	**35067**	**23750**	**1486**	**3634**	**7668**
北　京	9	9	1198	905	55	141	321
天　津							
河　北	31	13	1708	989	87	178	269
山　西	54	43	2751	1516	46	165	342
内蒙古							
辽　宁	14	9	1348	944	56	174	466
吉　林	36	35	1491	1119	45	217	372
黑龙江	7	6	1118	824	127	208	343
上　海	6	6	958	705	55	127	297
江　苏	21	20	2365	1917	162	371	691
浙　江	15	15	1163	865	54	151	224
安　徽	35	34	2437	1806	57	208	755
福　建	1	1	75	20		4	9
江　西	29	25	989	734	10	68	215
山　东	14	13	678	559	24	71	161
河　南	12	12	1031	654	24	98	198
湖　北	16	15	1709	1386	153	289	387
湖　南	22	21	1122	790	18	73	274
广　东	27	23	1989	1189	71	184	345
广　西	11	10	1165	777	40	120	236
海　南	6	6	339	175	2	9	68
重　庆	8	8	910	535	20	85	136
四　川	11	10	775	351	12	30	101
贵　州	18	16	1005	726	34	119	248
云　南	14	10	347	231	3	60	95
西　藏							
陕　西	33	29	2732	1776	144	217	564
甘　肃	46	38	2159	1236	28	85	323
青　海	5	2	383	282	1	16	30
宁　夏	9	8	611	303	30	42	93
新　疆							

会计制度的艺术表演团体基本情况

本团原创首演剧目(个)	演出场次(万场次)	国内演出场次	农村演出场次	国内演出观众人次(万人次)	农村观众人次	资产、负债、所有者权益(千元)	
						资产总计	固定资产原价
372	**11.49**	**10.92**	**6.04**	**9519.68**	**5413.02**	**8855799**	**4989611**
17	0.50	0.43	0.05	254.72	26.71	734038	151333
11	0.64	0.61	0.49	528.51	422.12	148030	123971
23	1.09	1.09	0.93	1328.09	1003.90	186293	133752
8	0.28	0.21	0.07	136.78	37.64	242215	165822
15	0.44	0.41	0.27	308.75	171.04	144307	114195
7	0.26	0.23	0.04	135.25	26.82	367624	256140
26	0.30	0.29	0.03	163.45	15.82	518412	254874
21	1.06	1.00	0.36	492.74	152.70	390185	191580
13	0.58	0.57	0.24	500.37	252.42	424050	185040
43	0.84	0.82	0.46	757.91	430.37	663854	199621
1	0.04	0.04	0.03	59.70	47.70	8416	1875
18	0.52	0.51	0.41	299.85	215.00	250687	232111
4	0.28	0.25	0.19	288.75	213.78	55113	40955
5	0.30	0.30	0.24	298.12	238.02	147921	55259
24	0.53	0.50	0.17	392.72	151.39	409116	334770
19	0.30	0.29	0.18	208.62	123.13	161834	84610
20	0.37	0.35	0.15	291.81	148.69	717445	644608
12	0.28	0.24	0.10	260.72	103.53	451047	205995
3	0.06	0.06	0.05	67.10	45.75	72834	66963
6	0.15	0.14	0.09	103.40	49.53	343554	189171
11	0.23	0.22	0.04	150.26	25.20	451714	163062
7	0.15	0.14	0.05	145.31	66.83	331184	180894
8	0.12	0.11	0.08	150.33	114.81	30079	16186
19	0.83	0.81	0.40	616.01	289.12	676322	395598
19	1.04	1.03	0.76	1239.70	924.72	295521	166245
4	0.07	0.06	0.04	111.45	7.52	272962	134368
6	0.21	0.21	0.13	209.76	108.57	93002	73127

续表 1

地　区	本年折旧	负债合计	所有者权益合计	实收资本（股本）	国家资本	营业收入	演出收入
总　计	**542502**	**2800089**	**6055710**	**3091320**	**2794263**	**1765151**	**1245568**
北　京	34398	181874	552164	588892	531892	153871	111068
天　津							
河　北	30124	59953	88077	83946	73626	61891	47761
山　西	21014	107112	79181	30916	25908	89500	73458
内蒙古							
辽　宁	5924	70153	172062	121090	121090	47028	19349
吉　林	10592	43984	100323	43256	32577	52222	27589
黑龙江	12202	44388	323236	133811	132350	16603	10784
上　海	15436	130536	387876	16500	15500	150708	102936
江　苏	19329	124571	265614	40745	39935	172612	170345
浙　江	13516	110631	313419	158185	157560	105225	87443
安　徽	34011	260045	403809	240980	203299	107006	82389
福　建	240	1813	6603	5000	5000	3494	3241
江　西	22320	20776	229911	48092	45000	28636	17861
山　东	7434	27152	27961	20525	16712	28021	12670
河　南	28336	121474	26447	25463	20449	47494	22421
湖　北	25915	149582	259534	167776	167776	55152	43101
湖　南	11829	79961	81873	34157	16569	29196	17315
广　东	52753	197204	520241	115221	113243	123642	76507
广　西	85383	235194	215853	157114	67114	77500	32337
海　南	10832	27836	44998	27193	26893	25725	21966
重　庆	26537	125202	218352	78317	78317	59078	36422
四　川	16792	48321	403393	129131	129081	58770	50510
贵　州	10731	57741	273443	137781	137781	32532	27479
云　南	1466	11647	18432	8186	6186	11092	8424
西　藏							
陕　西	13098	202880	473442	258022	253827	89016	57442
甘　肃	7680	118872	176649	104439	67197	60442	41761
青　海	6380	136566	136396	40000	40000	11182	6576
宁　夏	10870	20304	72698	32842	25641	16006	7071
新　疆							

损益(千元)							
营业成本	养老、医疗、失业等各种社会保险费	住房公积金和住房补贴	差旅费	工会经费	营业利润	营业外收入	政府补助(补贴收入)
4212220	**329427**	**133765**	**76604**	**14033**	**-2447069**	**2970291**	**2716120**
308379	19436	9141	3153	1637	-154508	149115	141598
157932	31794	5425	1649	551	-96041	91759	91014
148201	13426	2685	3188	101	-58701	107242	98548
98180	14097	3973	801	454	-51152	67279	66488
145339	8340	5128	3811	140	-93117	134519	118640
154623	17743	10143	1005	627	-138020	128411	116224
255122	23733	4404	2215	1975	-104414	158598	158598
307241	27300	14976	5617	526	-134629	204839	201551
189528	14063	4711	5854	1615	-84303	81149	66647
246325	20870	6284	6402	1101	-139319	184862	152342
5067	612	236	357		-1573	345	345
71088	3615	1847	1672	151	-42452	49894	46843
65412	12078	4665	604	16	-37391	62528	57451
95643	6907	2022	3352	18	-48149	51605	51120
311180	10132	7329	10498	1316	-256028	259805	246618
134716	8443	2559	573	378	-105520	114091	93011
304970	10761	17344	6296	1535	-181328	195193	189780
145505	12801	3529	1524	88	-68005	76603	76165
42521	3574	1336	334	45	-16796	22955	21855
136043	5293	2231	4093	449	-76965	110372	99300
102163	5368	2244	700	121	-43393	78156	70808
129425	8768	1587	1002	253	-96893	91488	78538
33594	4846	1102	124	232	-22502	24370	22608
263181	14312	3564	3271	471	-174165	254869	213746
154405	9019	4972	4589	110	-93963	106672	79423
29521	3974	879	85	70	-18339	20660	20330
79104	5838	1700	753	53	-63098	87426	81076

续表 2

地区	营业外支出	利润总额	工资、福利费、税金(千元) 本年发放工资总额	本年支付的职工福利费	本年应交税金总额	实际使用房屋建筑面积(万平方米)
总计	**429258**	**78729**	**1668269**	**68031**	**95151**	**139.72**
北京	3970	-9363	96908	4594	9788	4.29
天津						
河北	8825	-13107	67260	1459	3903	6.81
山西	51352	-2811	67269	1082	3752	6.02
内蒙古						
辽宁	8543	7584	45386	19	768	5.14
吉林	43990	-2588	76012	1251	1824	6.14
黑龙江	1	-9610	86994	1872	1148	7.93
上海	162	54022	75807	3526	4339	3.34
江苏	77142	-6932	81975	6520	8732	10.40
浙江	941	-4095	85170	8142	6246	5.21
安徽	16320	29223	110092	4738	4946	6.19
福建		-1228	3625	237	123	0.06
江西	15716	-8274	33604	1291	1095	4.62
山东	6676	3226	34070	124	368	2.76
河南	3327	129	35581	1295	3014	2.58
湖北	7611	-3834	110828	2039	2977	6.38
湖南	1705	6866	46062	2092	1169	4.63
广东	12845	1020	118327	6891	10848	9.26
广西	12105	-3507	54443	579	5568	3.98
海南	6314	-155	19287	701	1361	0.91
重庆	43757	-10350	49988	1290	3857	4.76
四川	37142	-2379	29652	704	3084	3.26
贵州	3037	-8442	44269	3589	1772	5.62
云南	3046	-1178	18741	44	480	1.29
西藏						
陕西	30497	50207	106312	4726	6426	12.79
甘肃	10930	1779	78942	2622	1912	7.54
青海	22	2299	19246	15	430	2.18
宁夏	22493	1835	25612	1513	644	1.61
新疆						

排练练功用房	实际拥有产权面积（万平方米）	流动舞台车演出情况			政府采购的公益演出活动情况		
		流动舞台车数量（辆）	利用流动舞台车演出场次（万场次）	利用流动舞台车演出观众人次（万人次）	演出场次（万场次）	演出观众人次（万人次）	演出补贴收入（千元）
30.96	**79.03**	**348**	**2.36**	**1936.83**	**4.02**	**3097.48**	**418087**
0.39	0.90				0.11	57.03	18730
1.74	6.68	27	0.22	252.05	0.11	153.04	12200
1.51	3.68	36	0.25	192.13	0.34	321.50	24897
1.47	4.19	8	0.02	14.40	0.05	35.37	2413
1.48	2.51	38	0.19	143.14	0.22	137.19	9042
1.13	1.45	5	0.01	16.65	0.05	27.05	3895
0.55	2.33		0.00	1.00	0.01	2.31	200
1.89	5.54	7	0.04	55.10	0.29	189.92	60046
1.17	3.81	5	0.01	16.20	0.18	169.27	14863
1.72	2.85	31	0.35	314.10	0.37	297.54	32164
0.02							345
0.76	2.30	27	0.18	98.06	0.31	143.76	10861
1.10	1.53	13	0.16	166.52	0.19	181.86	18188
0.95	1.55	14	0.15	133.75	0.21	204.44	24941
1.40	4.10	10	0.10	60.49	0.23	159.05	18242
1.35	3.38	25	0.16	78.11	0.17	118.73	15900
2.24	6.07	2		0.40	0.07	61.23	27332
0.77	0.81	5	0.02	21.98	0.09	108.05	5390
0.12	0.29	6	0.04	17.95	0.02	18.10	3618
0.43	2.28	1	0.01	1.14	0.06	26.87	6328
0.85	2.34	2	0.01	12.05	0.12	85.23	30330
1.25	1.56	7	0.01	11.21	0.08	54.54	28050
0.54	0.29	11	0.03	30.75	0.08	111.04	5989
2.23	11.94	19	0.11	85.31	0.27	154.16	20316
1.66	3.51	36	0.17	162.51	0.22	182.46	12123
1.38	1.65	2			0.01	1.50	1200
0.85	1.50	11	0.13	51.84	0.15	82.36	8748

2016年各地区非公有制

地　　区	机构数(个)	从业人员(人)	专业技术人才	国内演出场次(万场次)	农村演出场次	国内演出观众人次(万人次)	农村观众人次	营业收入	演出收入
总　　计	**10190**	**213451**	**67599**	**190.58**	**126.35**	**83706.72**	**39323.49**	**12149380**	**10403565**
北　　京	465	8172	2918	1.94	0.85	513.18	229.14	288092	135449
天　　津	68	1057	315	0.48	0.08	139.09	65.65	18896	14314
河　　北	591	11634	5543	7.04	4.21	3454.80	1705.16	278207	253590
山　　西	396	9836	2652	6.45	4.56	2050.75	1375.37	171323	158902
内 蒙 古	89	1727	678	1.20	0.82	294.45	254.63	43502	40312
辽　　宁	211	2073	699	1.36	0.68	329.11	215.95	300932	61208
吉　　林	14	356	164	0.08	0.02	6.67	2.36	6700	6157
黑 龙 江	29	442	271	0.18	0.04	29.36	6.31	16490	11511
上　　海	182	3831	960	1.45	0.33	682.28	160.32	216302	163844
江　　苏	332	5304	1979	4.37	1.73	1963.30	480.72	326089	309071
浙　　江	1182	35046	7958	27.53	20.11	16645.17	13564.34	4468009	4368641
安　　徽	1828	31606	13753	44.67	38.03	31947.66	7646.41	951185	904978
福　　建	359	9347	2630	7.49	6.50	1514.48	1355.32	357782	339759
江　　西	220	5580	1389	3.47	2.35	826.77	551.42	157277	152201
山　　东	464	7986	2682	5.70	3.06	1650.69	1064.58	169049	143451
河　　南	835	20618	6047	41.65	22.01	6512.92	4213.40	396584	356245
湖　　北	222	3203	1041	1.69	1.11	832.37	642.97	91199	83296
湖　　南	352	7610	2342	4.12	2.38	1345.51	589.99	567156	380452
广　　东	285	7153	2345	2.95	2.19	1412.65	1200.71	347774	226566
广　　西	78	2768	579	0.71	0.27	343.84	83.42	349441	273374
海　　南	54	2087	624	0.69	0.37	565.69	178.42	454127	320265
重　　庆	749	8466	2500	8.73	6.98	2854.48	1195.65	259181	248622
四　　川	571	9401	2914	7.82	3.17	1861.19	824.78	574944	543739
贵　　州	71	1941	610	0.65	0.45	259.79	154.87	102176	68263
云　　南	123	4762	773	3.56	0.89	2804.07	284.08	911136	561143
西　　藏	2	6	1					450	
陕　　西	188	6296	1813	1.91	1.48	1452.01	960.33	225611	200118
甘　　肃	158	3540	911	1.80	1.33	1226.47	248.38	71019	60609
青　　海	30	676	118	0.48	0.23	58.91	35.68	7620	7410
宁　　夏	21	586	230	0.29	0.05	101.67	15.61	12926	2392
新　　疆	21	341	160	0.15	0.07	27.41	17.55	8202	7690

艺术表演团体基本情况

经营情况(千元)							资产总计(千元)	实际使用房屋建筑面积(万平方米)
营业成本	养老、医疗、失业等各种社会保险费	本年发放工资总额	本年应交税金总额	营业利润	营业外收入	政府补贴		
8662161	**306854**	**4131951**	**1051516**	**3487892**	**594095**	**367736**	**28240508**	**339.00**
224272	14482	94228	15011	63821	38341	11105	2120474	12.34
21612	1286	8967	448	-2717	907	101	120812	1.55
280163	5339	154680	12002	-1971	18977	14299	966941	23.11
216577	6048	96405	5481	-45254	54225	49660	791964	13.67
39113	1739	28573	788	4389	4860	1634	118630	3.19
193260	3970	28480	13164	107671	2133	193	534935	5.90
4881	463	3112	292	1819	26	21	29718	1.24
8724	490	4475	458	7766	400	300	119850	0.74
128829	5875	59210	10603	87473	8199	5838	337175	6.07
290037	15473	111131	8832	36053	15048	8614	579740	9.43
2935144	62150	1109237	628736	1532866	79808	64237	9487680	53.72
749080	14756	505826	18276	202106	38598	14338	1070539	50.66
339380	3891	305170	3280	18403	10256	5903	179580	7.07
120958	9815	85492	3478	36320	5395	2149	497748	5.67
161257	10734	94368	6371	7791	41369	37336	545010	15.98
251359	10470	168496	7669	145225	38993	15778	539360	24.51
67962	5437	41588	2284	23626	43204	40550	182488	4.59
381498	23141	193462	54993	185658	23905	13420	1235943	16.79
257975	18687	159963	13362	89801	32750	24811	606718	13.03
162305	6298	66967	27994	187136	7148	1315	704744	2.86
218074	8388	73613	78380	236054	7402	6755	1221716	3.43
199234	5679	145324	5755	59948	6534	2089	773811	9.38
399039	20765	180573	30668	175908	26145	16634	1170584	21.93
94930	3701	41542	2607	7246	55448	14583	587065	6.46
613930	38970	247005	89039	297206	17827	9959	1616982	14.05
230		50		220			730	0.04
152731	5320	69310	8880	73180	8051	3797	470885	5.35
48105	1070	38466	1765	22914	2145	1130	144436	3.17
3607	120	2835	185	4013	125	125	18820	1.75
88210	993	6400	157	-75284	5599	955	1407782	0.75
9691	1309	7009	558	-1489	280	110	57654	0.57

2016年各地区艺术表演

地　区	机构数（个）	从业人员（人）	专业技术人才	坐席数（个）	演(映)出场次合计（万场次）	艺术演出场次	惠民演出
总　计	**2285**	**51296**	**13970**	**1689268**	**119.41**	**19.09**	**3.37**
北　京	69	4152	1065	213291	6.75	1.65	0.41
天　津	51	760	149	23475	2.58	0.56	0.27
河　北	112	1586	514	66132	6.17	0.93	0.08
山　西	127	1929	462	84068	8.17	0.71	0.09
内蒙古	31	395	127	21127	2.38	0.38	0.05
辽　宁	123	3316	465	49923	3.12	1.50	0.25
吉　林	50	853	303	26639	3.02	1.09	0.09
黑龙江	48	773	364	23853	0.35	0.26	0.05
上　海	47	2086	488	57006	2.25	0.78	0.14
江　苏	223	5796	1356	195619	41.24	2.55	0.23
浙　江	326	5811	1382	170138	9.82	2.81	0.27
安　徽	88	1780	658	50102	2.56	0.57	0.06
福　建	58	1160	356	43235	4.95	0.19	0.08
江　西	57	846	338	33772	0.59	0.28	0.04
山　东	100	1674	480	73013	1.22	0.40	0.13
河　南	150	3443	469	86657	0.87	0.33	0.11
湖　北	58	1270	295	80844	5.42	0.24	0.07
湖　南	86	2510	967	60055	2.19	0.59	0.15
广　东	75	2756	1012	88004	2.76	0.67	0.15
广　西	34	1136	292	16834	2.31	0.22	0.06
海　南	16	905	205	15679	0.44	0.10	0.02
重　庆	22	451	114	12228	0.12	0.10	0.02
四　川	88	1584	652	68139	0.90	0.83	0.15
贵　州	12	170	44	1075	0.60	0.01	0.00
云　南	30	994	243	21725	1.07	0.30	0.02
西　藏	14	28	15	3614	0.02	0.01	0.00
陕　西	92	1564	671	52002	0.86	0.50	0.23
甘　肃	48	763	224	20602	2.58	0.25	0.05
青　海	20	147	18	8724	0.28	0.09	0.03
宁　夏	6	93	87	1854	0.09	0.04	0.01
新　疆	17	290	138	13247	3.65	0.06	0.02

场馆演出及收支基本情况

观众人次合计(万人次)	艺术演出观众	本年收入合计(千元)	财政拨款	艺术演出收入	本年支出合计(千元)	资产总计(千元)	实际使用房屋建筑面积(万平方米)
12883.61	**3098.05**	**9645631**	**1877096**	**2730601**	**7765212**	**42849459**	**1125.59**
1173.40	188.85	1815192	415134	628381	1349657	3748340	67.30
264.83	110.05	130647	13412	14918	113982	441844	21.06
223.83	53.27	170406	74997	14828	167396	1246255	41.44
381.83	143.85	204233	88948	30636	189897	828256	50.86
143.76	63.87	72705	35407	10547	61389	1109883	20.67
537.72	92.23	565279	41111	72584	418639	1461655	35.23
260.18	86.34	94052	34949	33403	87447	322562	12.71
108.37	46.71	47226	15061	17678	36779	121257	19.99
819.42	255.42	759004	66774	292058	505858	4814112	45.56
1974.22	363.76	1012798	175196	231099	915967	8438180	199.50
2237.05	290.24	1013444	220450	195063	786673	2665651	132.99
550.37	87.39	149780	48509	54906	144940	1141157	50.97
314.65	49.71	206767	73551	38569	154487	2262954	38.66
125.43	62.42	84238	47876	9712	87176	895445	31.53
393.03	183.22	164452	77751	32164	172344	404313	47.79
304.44	111.47	140202	52825	33426	155770	766958	38.20
328.85	142.17	177343	45162	53710	168696	2534268	34.27
572.24	130.87	392542	38418	112393	277028	1221386	26.34
563.25	248.30	840993	162289	188066	772929	3748068	76.78
123.23	9.39	264685	1439	11055	148098	487456	6.93
384.65	18.35	358002	5156	315151	211142	1173199	7.48
73.30	16.61	63590	4490	55100	55630	282078	8.05
228.35	62.70	176334	26255	68920	122292	1170048	40.19
5.50		11745	650	1172	13257	112891	1.22
218.29	20.21	336506	2930	98864	306854	184033	7.19
7.22	5.05	3115	1225	230	3165	62550	1.77
251.73	147.80	154030	74023	47618	136851	482931	25.55
103.87	37.44	54277	1757	9531	41065	247193	9.68
68.60	10.42	32776	1452	5495	14266	175675	4.22
11.77		16230	14096	1000	23688	21324	5.20
71.39	18.52	39585	15295	4112	41271	222280	8.04

2016年各地区省级艺术表演

地区	机构数（个）	从业人员（人）	专业技术人才	坐席数（个）	演(映)出场次合计（万场次）	艺术演出场次	惠民演出
总计	**117**	**4696**	**1408**	**92746**	**12.00**	**1.38**	**0.43**
北京	8	907	223	7182	0.18	0.18	0.07
天津	13	179	48	6120	0.17	0.14	0.10
河北	5	53	3	4717	0.04	0.03	0.02
山西	4	177	52	5659	2.52	0.03	0.01
内蒙古							
辽宁	3	117	7	3011	0.04	0.03	0.03
吉林	3	112	38	2369	0.04	0.04	
黑龙江	2	21	6	750			
上海	12	808	296	13850	0.42	0.39	0.04
江苏	3	40	6	1961	0.02	0.02	
浙江	5	141	64	5358	0.67	0.06	0.03
安徽	2	98	16	2311	0.05	0.05	0.01
福建	3	203	15	3574	1.94	0.02	
江西	6	201	74	3800	0.06	0.05	0.01
山东	4	146	33	3505	0.05	0.04	0.01
河南	2	209	14	3975	0.08	0.02	
湖北	3	64	23	2849	0.03	0.02	0.01
湖南	7	271	130	4959	0.10	0.07	0.04
广东	2	120	12	3185	0.06	0.04	0.02
广西	1	32	6	728	1.42		
海南	2	54	13	1230	0.01	0.00	
重庆	6			3245	0.05	0.04	0.01
四川	2	258	163	1900	0.02	0.02	
贵州	4	53	19				
云南	1						
西藏							
陕西	4	130	70	1571	0.04	0.04	
甘肃	5	161	45	2542	0.84	0.03	0.01
青海	1	12	1				
宁夏	1	15	10				
新疆	3	114	21	2395	3.14	0.01	0.01

场馆演出及收支基本情况

观众人次合计（万人次）	艺术演出观众	本年收入合计（千元）	财政拨款	艺术演出收入	本年支出合计（千元）	资产总计（千元）	实际使用房屋建筑面积（万平方米）
1237.52	**854.11**	**1580339**	**616602**	**458873**	**1596357**	**8280016**	**122.83**
144.67	144.67	773817	391249	231617	807120	1637530	24.39
108.10	88.69	26342	500	479	26577	29152	5.52
38.17	23.02	44179	42334	450	45147	391600	3.86
100.28	29.20	78775	44613	6921	75478	45185	9.61
20.40	17.32	18411	3360		15795	24726	3.88
25.08	22.21	16851	331	8966	16296	113935	2.48
					131	12970	
249.67	226.31	214504	16504	130438	187240	3377888	18.69
15.96	12.00	7430		4514	10154	62077	2.39
59.73	43.61	46931		15047	40869	212142	3.24
34.05	29.35	22959	4427	5711	19740	55506	1.95
47.34	7.02	37771	10750		38337	56642	1.53
21.31	15.22	32836	17220	331	38897	641251	7.57
32.49	21.60	16041	1860	7558	24127	48136	3.88
61.52	18.80	50725	26308	15133	51252	52952	1.73
26.00	14.89	15569	1160	9132	17598	82795	2.01
59.31	41.43	21287	9931	1454	21540	149571	4.72
49.70	41.97	39941	16440		33645	350861	1.96
37.56		12793	161		11237	12105	0.24
7.90	3.09	3466		1640	3427	1257	2.73
12.41	7.61						3.55
16.02	14.07	26321		9982	25817	600408	3.01
		8403			8066	103340	0.75
17.20	15.88	16195	8031	8164	14787	75433	3.79
17.40	11.42	9797		1336	10209	57105	2.67
		229			1438	3243	0.00
		13746	13746		22466	14557	4.86
35.26	4.75	25020	7677		28967	67649	1.85

2016年各地区地市级艺术表演

地　区	机构数(个)	从业人员(人)		坐席数(个)	演(映)出场次合计(万场次)		
			专业技术人才			艺术演出场次	
							惠民演出
总　计	**375**	**9420**	**2978**	**262356**	**42.78**	**4.63**	**0.61**
北　京							
天　津							
河　北	24	561	110	6292	1.47	0.62	0.01
山　西	21	492	110	17268	4.10	0.08	0.04
内蒙古	9	122	60	7345	0.50	0.21	0.02
辽　宁	15	286	45	9018	0.35	0.15	0.05
吉　林	12	265	50	6531	2.02	0.62	0.03
黑龙江	16	214	124	10123	0.05	0.05	
上　海							
江　苏	42	2159	700	47914	23.63	1.77	0.15
浙　江	18	532	138	18234	1.08	0.25	0.05
安　徽	20	579	317	12877	0.31	0.13	0.02
福　建	13	275	83	9690	1.20	0.03	0.02
江　西	10	237	131	6425	0.18	0.09	0.01
山　东	30	544	149	20729	0.19	0.11	0.04
河　南	28	785	71	8808	0.23	0.06	0.03
湖　北	16	389	120	17403	4.64	0.09	0.03
湖　南	10	332	229	4636	0.22	0.03	0.02
广　东	22	884	276	23372	0.89	0.23	0.06
广　西	7	49	8	2784	0.42	0.01	
海　南	1	11	4	1586	0.01	0.01	0.01
重　庆							
四　川	19	132	62	10652	0.04	0.04	0.03
贵　州	2	16	16				
云　南	9	84	18	4457	0.04	0.03	
西　藏	4	9		1510	0.01	0.01	
陕　西	14	226	80	5837	0.03	0.02	0.01
甘　肃	7	125		3921	0.73	0.01	
青　海	3	14		1540	0.03		
宁　夏							
新　疆	3	98	77	3404	0.43	0.01	

场馆演出及收支基本情况

观众人次合计(万人次)	艺术演出观众	本年收入合计(千元)	财政拨款	艺术演出收入	本年支出合计(千元)	资产总计(千元)	实际使用房屋建筑面积(万平方米)
3464.44	**1034.36**	**1445961**	**530353**	**254340**	**1406700**	**11208790**	**321.58**
77.50	12.96	57951	22410	7765	57955	93833	9.60
137.50	62.55	63730	11934	8487	57874	313672	13.79
64.41	57.14	22960	17183	149	26779	919232	10.40
82.74	60.30	59532	24490	20828	59718	84610	12.74
140.96	53.12	46982	27431	7523	46995	136199	5.12
27.98	25.98	12364	9524		9906	18305	14.30
871.94	262.35	370624	69387	73785	361274	7141805	108.28
1162.68	119.78	183056	106419	33366	168968	229664	26.40
187.63	37.33	75536	37582	24969	71868	614950	15.23
51.90	16.14	28969	4386	1454	28610	104572	8.08
21.98	16.46	31962	22537	3751	32242	74942	3.55
80.28	52.41	54884	28490	2353	61168	150280	14.36
57.12	25.99	29312	2860	2022	33463	104228	8.80
113.51	39.27	59795	1230	5371	53583	313728	8.64
51.31	18.67	3083	705		5285	15936	3.56
168.38	99.31	213387	93364	49584	210575	373095	29.85
14.87	4.29	4864	100	380	5581	29431	2.51
9.36	5.83	3119	1000		1843		0.70
26.72	22.21	19897	13934	313	21173	72082	8.37
					181	1681	
26.77	14.91	24482	975	11730	25238	32757	3.02
4.70	4.50	1255	805	230	1305	47000	1.53
16.20	11.89	41673	27712	280	38277	120401	6.17
31.24	7.40	29711			18787	118913	2.78
19.06		807	807		807	10059	0.81
17.72	3.60	6026	5088		7245	87415	3.00

2016年各地区县级艺术表演

地区	机构数(个)	从业人员(人)	专业技术人才	坐席数(个)	演(映)出场次合计(万场次)	艺术演出场次	惠民演出
总计	**1786**	**36905**	**9567**	**1327574**	**64.51**	**12.97**	**2.26**
北京	61	3245	842	206109	6.56	1.47	0.34
天津	38	581	101	17355	2.41	0.42	0.17
河北	83	972	401	55123	4.66	0.27	0.04
山西	102	1260	300	61141	1.55	0.59	0.05
内蒙古	22	273	67	13782	1.88	0.17	0.03
辽宁	105	2913	413	37894	2.74	1.32	0.19
吉林	35	476	215	17739	0.96	0.43	0.04
黑龙江	30	538	234	12980	0.30	0.21	0.05
上海	35	1278	192	43156	1.83	0.39	0.10
江苏	178	3597	650	145744	17.59	0.76	0.08
浙江	303	5138	1180	146546	8.07	2.50	0.20
安徽	66	1103	325	34914	2.19	0.40	0.03
福建	42	682	258	29971	1.81	0.14	0.06
江西	41	408	133	23547	0.35	0.14	0.03
山东	66	984	298	48779	0.98	0.25	0.08
河南	120	2449	384	73874	0.56	0.26	0.08
湖北	39	817	152	60592	0.74	0.13	0.03
湖南	69	1907	608	50460	1.87	0.49	0.08
广东	51	1752	724	61447	1.81	0.41	0.07
广西	26	1055	278	13322	0.46	0.21	0.06
海南	13	840	188	12863	0.42	0.09	0.01
重庆	16	451	114	8983	0.06	0.06	0.01
四川	67	1194	427	55587	0.84	0.77	0.12
贵州	6	101	9	1075	0.60	0.01	
云南	20	910	225	17268	1.03	0.28	0.02
西藏	10	19	15	2104	0.01	0.01	
陕西	74	1208	521	44594	0.79	0.44	0.22
甘肃	36	477	179	14139	1.02	0.20	0.03
青海	16	121	17	7184	0.25	0.09	0.03
宁夏	5	78	77	1854	0.09	0.04	0.01
新疆	11	78	40	7448	0.09	0.05	0.01

场馆演出及收支基本情况

观众人次合计(万人次)	艺术演出观众	本年收入合计(千元)	财政拨款	艺术演出收入	本年支出合计(千元)	资产总计(千元)	实际使用房屋建筑面积(万平方米)
8122.79	**1168.13**	**6525879**	**729633**	**1969175**	**4681576**	**23305393**	**672.93**
1028.73	44.18	1041375	23885	396764	542537	2110810	42.91
156.73	21.36	104305	12912	14439	87405	412692	15.54
108.16	17.30	68276	10253	6613	64294	760822	27.98
144.05	52.10	61728	32401	15228	56545	469399	27.46
79.35	6.73	49745	18224	10398	34610	190651	10.27
434.58	14.61	487336	13261	51756	343126	1352319	18.62
94.13	11.00	30219	7187	16914	24156	72428	5.12
80.39	20.73	34862	5537	17678	26742	89982	5.69
569.75	29.11	544500	50270	161620	318618	1436224	26.87
1086.33	89.41	634744	105809	152800	544539	1234298	88.82
1014.64	126.85	783457	114031	146650	576836	2223845	103.35
328.69	20.72	51285	6500	24226	53332	470701	33.78
215.41	26.55	140027	58415	37115	87540	2101740	29.05
82.15	30.74	19440	8119	5630	16037	179252	20.41
280.26	109.22	93527	47401	22253	87049	205897	29.56
185.80	66.68	60165	23657	16271	71055	609778	27.68
189.34	88.01	101979	42772	39207	97515	2137745	23.62
461.62	70.77	368172	27782	110939	250203	1055879	18.06
345.17	107.02	587665	52485	138482	528709	3024112	44.97
70.81	5.10	247028	1178	10675	131280	445920	4.18
367.39	9.43	351417	4156	313511	205872	1171942	4.06
60.90	9.01	63590	4490	55100	55630	282078	4.50
185.61	26.42	130116	12321	58625	75302	497558	28.81
5.50		3342	650	1172	5010	7870	0.47
191.52	5.30	312024	1955	87134	281616	151276	4.16
2.52	0.55	1860	420		1860	15550	0.24
218.33	120.03	96162	38280	39174	83787	287097	15.59
55.23	18.62	14769	1757	8195	12069	71175	4.24
49.54	10.42	31740	645	5495	12021	162373	3.40
11.77		2484	350	1000	1222	6767	0.34
18.41	10.17	8539	2530	4112	5059	67216	3.19

2016年各地区公有制艺术

地区	机构数（个）	从业人员（人）					坐席数（个）	演(映)出场次合计（万场次）
			专业技术人才					
				正高级职称	副高级职称	中级职称		
总计	**1362**	**25830**	**7371**	**245**	**660**	**2588**	**1023402**	**90.05**
北京	17	1130	254	7	30	65	14541	0.96
天津	29	350	62	1		6	16963	2.18
河北	75	1085	246	2	10	72	49703	2.42
山西	93	1415	347	2	14	125	77517	7.67
内蒙古	20	246	100	6	6	39	13661	2.03
辽宁	34	587	92		8	26	20421	0.58
吉林	27	561	176	4	34	41	16659	2.29
黑龙江	34	394	175	26	35	87	19924	0.14
上海	24	951	327	25	48	154	21895	0.98
江苏	119	3446	953	33	41	222	113660	40.15
浙江	76	1495	438	8	20	160	93967	6.25
安徽	48	976	430	15	36	156	36654	0.61
福建	54	773	219	2	16	76	33292	4.88
江西	47	656	300	4	32	94	28717	0.48
山东	93	1602	448	6	39	168	70592	1.14
河南	140	3024	321	30	33	92	81996	0.57
湖北	52	1077	263	5	14	131	54848	4.91
湖南	66	1236	618	11	67	294	49519	1.41
广东	48	1503	353	19	59	108	55762	1.63
广西	16	128	26			4	11221	1.86
海南	8	163	27		4	16	7922	0.08
重庆	16	141	39	1	4	7	7958	0.08
四川	45	553	304	11	41	172	26699	0.23
贵州	6	69	35		2	4		
云南	16	97	26		2	11	8130	0.06
西藏	14	28	15			5	3614	0.02
陕西	82	1059	508	15	30	156	47058	0.78
甘肃	23	471	104	3	12	36	12922	1.66
青海	15	60	11			3	7474	0.21
宁夏	3	25	19	2		3	854	0.05
新疆	15	254	118	6	19	43	12667	3.64

表演场馆基本情况

艺术演出场次	观众人次合计(万人次)	艺术演出观众人次	总收入(千元)	财政拨款	艺术演出收入	总支出(千元)	资产总计(千元)	实际使用房屋建筑面积(万平方米)	演(映)出业务用房	实际拥有产权面积(万平方米)
8.80	**7925.25**	**3098.05**	**4371844**	**1724938**	**940698**	**4286903**	**26125199**	**810.01**	**397.69**	**468.10**
0.28	277.30	188.85	797876	391807	231924	833101	1827147	31.34	26.85	27.89
0.18	194.36	110.05	63005	13122	3013	64925	196829	14.15	5.88	2.43
0.69	158.68	53.27	126987	73587	8969	134132	700003	32.06	20.68	15.25
0.32	345.26	143.85	185580	88748	17236	176349	794317	47.13	24.66	23.10
0.27	100.13	63.87	36675	25407	252	39980	940653	13.06	3.86	11.36
0.24	147.33	92.23	97560	41031	21056	94546	141377	21.24	15.51	15.04
0.69	182.04	86.34	72786	34749	16527	73419	276160	10.18	5.90	8.69
0.10	63.87	46.71	18311	14899	50	15987	92398	17.65	9.81	10.28
0.45	319.54	255.42	272197	46256	131676	249342	3511273	25.36	17.39	11.69
1.93	1521.65	363.76	634024	162840	104987	624681	7732949	161.52	57.52	95.26
0.55	1536.23	290.24	455833	191273	82366	415644	1801230	71.52	33.86	40.44
0.23	281.04	87.39	115402	47989	33038	106067	705841	23.61	11.81	11.45
0.16	266.57	49.71	131364	51941	4589	108948	783720	27.01	12.85	15.39
0.20	113.79	62.42	77708	47856	4362	83466	882185	30.72	12.21	14.87
0.32	371.69	183.22	155572	77701	30294	166418	376763	44.52	24.88	28.71
0.19	255.40	111.47	119117	48105	20198	123609	545787	33.53	15.28	18.55
0.22	271.72	142.17	172156	45162	53210	164996	760496	30.99	16.99	17.68
0.25	332.76	130.87	74905	37248	7085	77077	408636	22.19	11.72	18.45
0.40	444.14	248.30	304492	147361	51034	293976	1397185	52.92	22.33	34.40
0.02	58.50	9.39	19671	1159	465	18833	46354	4.76	2.15	1.71
0.03	47.64	18.35	7579	1096	1790	6015	103801	5.38	1.48	1.57
0.06	26.15	16.61	540	540		540	10028	6.50	4.12	2.31
0.19	80.04	62.70	61104	25855	10320	61932	828158	18.33	9.73	7.36
			8403			8247	105021	0.75		0.75
0.04	35.08	20.21	26647	2323	11730	27714	40149	4.17	2.28	3.10
0.01	7.22	5.05	3115	1225	230	3165	62550	1.77	0.57	1.17
0.44	226.03	147.80	142725	73763	41033	129076	443237	24.70	11.27	15.59
0.13	69.51	37.44	45317	1094	3294	36424	239463	7.90	4.78	1.76
0.04	61.10	10.42	3326	1452	1645	5256	107425	3.83	2.17	1.00
	0.77		14530	13846		23288	19524	5.05	0.14	5.05
0.05	70.89	18.52	33885	14995	112	39171	189280	7.96	4.35	3.79

2016年各地区文化部门所属

地区	机构数（个）	从业人员（人）					坐席数（个）	演(映)出场次合计（万场次）
			专业技术人才	正高级职称	副高级职称	中级职称		
总计	**1265**	**21628**	**5983**	**178**	**561**	**2202**	**894641**	**67.50**
北京	8	223	31			4	7359	0.78
天津	29	350	62	1		6	16963	2.18
河北	70	979	227	2	10	69	42823	2.40
山西	83	1285	286	2	11	88	68766	7.64
内蒙古	20	246	100	6	6	39	13661	2.03
辽宁	33	580	91		8	26	19276	0.58
吉林	26	517	176	4	34	41	14259	2.26
黑龙江	34	394	175	26	35	87	19924	0.14
上海	21	561	86	3	2	33	19754	0.86
江苏	93	2045	460	5	33	175	77738	18.67
浙江	68	1377	395	4	19	142	63763	6.22
安徽	44	797	392	14	34	146	31568	0.52
福建	54	773	219	2	16	76	33292	4.88
江西	43	536	220	3	31	82	24100	0.43
山东	88	1474	388	5	37	150	62670	1.12
河南	140	3024	321	30	33	92	81996	0.57
湖北	49	829	245	5	13	128	51894	4.87
湖南	65	1211	618	11	67	294	48719	1.38
广东	44	1371	323	18	59	102	51153	1.33
广西	15	128	26			4	9921	1.86
海南	8	163	27		4	16	7922	0.08
重庆	16	141	39	1	4	7	7958	0.08
四川	44	530	281	11	41	153	26699	0.23
贵州	6	69	35		2	4		
云南	16	97	26		2	11	8130	0.06
西藏	13	28	15			5	3614	0.02
陕西	80	1019	476	14	29	138	46108	0.76
甘肃	23	471	104	3	12	36	12922	1.66
青海	12	40	6			3	6020	0.15
宁夏	3	25	19	2		3	854	0.05
新疆	13	244	114	6	19	42	11677	3.63

艺术表演场馆基本情况

	总收入（千元）			总支出（千元）	资产总计（千元）	实际使用房屋建筑面积（万平方米）		实际拥有产权面积（万平方米）
艺术演出场次		财政拨款	艺术演出收入				排练练功房	
2589.17	**3056842**	**1173000**	**553087**	**2979570**	**16717072**	**635.52**	**320.50**	**350.36**
44.18	24059	558	307	25981	189617	6.95	4.87	4.17
110.05	63005	13122	3013	64925	196829	14.15	5.88	2.43
50.67	119802	72520	8848	123861	648302	28.87	18.47	13.89
137.06	176606	87234	17023	173175	692453	39.99	19.96	18.33
63.87	36675	25407	252	39980	940653	13.06	3.86	11.36
92.23	97225	40696	21056	94211	140968	20.81	15.08	14.74
68.40	59543	29749	10969	59317	274701	9.51	5.60	8.69
46.71	18311	14899	50	15987	92398	17.65	9.81	10.28
215.78	264113	46256	127175	241280	3295150	22.24	16.08	9.68
198.05	396531	123936	55153	399194	1014354	75.68	33.40	26.06
282.30	392668	154486	70841	377305	1348356	65.43	30.84	35.34
75.86	79531	30909	15429	71344	696366	16.57	8.97	10.41
49.71	131364	51941	4589	108948	783720	27.01	12.85	15.39
56.56	59102	33336	1456	65716	868676	17.29	11.62	14.40
171.19	145641	72129	29743	151520	309363	41.05	22.64	26.52
111.47	119117	48105	20198	123609	545787	33.53	15.28	18.55
109.75	114201	20762	28874	108276	735880	23.99	13.67	17.38
130.27	74905	37248	7085	77077	400003	21.50	11.42	17.76
232.35	281900	134692	44843	271423	1346991	47.80	17.82	29.42
8.79	19643	1131	465	18805	46004	4.47	1.89	1.71
18.35	7579	1096	1790	6015	103801	5.38	1.48	1.57
16.61	540	540		540	10028	6.50	4.12	2.31
62.70	58397	23148	10320	59225	825736	18.23	9.63	7.36
	8403			8247	105021	0.75		0.75
20.21	26647	2323	11730	27714	40149	4.17	2.28	3.10
5.05	3115	1225	230	3165	62550	1.77	0.57	1.17
138.10	142695	73733	41033	129046	439437	24.48	11.09	15.46
37.44	45317	1094	3294	36424	239463	7.90	4.78	1.76
4.38	1631	1402		4191	95593	3.45	1.86	0.65
	14530	13846		23288	19524	5.05	0.14	5.05
16.84	33578	14995	32	38914	187491	7.18	3.80	3.37

2016年各地区文化部门所属执行

地 区	机构数（个）	从业人员（人）	专业技术人才	正高级职称	副高级职称	中级职称
总 计	**925**	**13758**	**4025**	**120**	**354**	**1574**
北 京	8	223	31			4
天 津	22	247	55	1		4
河 北	60	775	185	2	7	60
山 西	68	899	201		9	68
内 蒙 古	20	246	100	6	6	39
辽 宁	25	387	56		7	23
吉 林	21	492	169	4	29	39
黑 龙 江	32	369	168	22	34	86
上 海	14	432	70	1	1	25
江 苏	17	343	134	3	12	46
浙 江	40	531	207		11	85
安 徽	18	125	45			17
福 建	46	554	178	1	12	66
江 西	36	365	155	3	16	55
山 东	47	624	210	2	15	82
河 南	124	2705	293	30	33	88
湖 北	41	579	187	5	6	100
湖 南	58	977	567	11	62	275
广 东	26	795	116	2	8	52
广 西	13	96	20			4
海 南	5	29	11			8
重 庆	10	117	36	1	4	7
四 川	43	523	279	11	41	153
贵 州						
云 南	13	39	15		2	9
西 藏	13	28	15			5
陕 西	64	686	331	7	17	101
甘 肃	16	280	54		3	25
青 海	11	28	5			3
宁 夏	2	25	19	2		3
新 疆	12	239	113	6	19	42

事业会计制度的艺术表演场馆基本情况

坐席数（个）	演(映)出场次合计（万场次）	艺术演出场次	观众人次合计（万人次）	艺术演出观众人次	本年收入合计（千元）	财政补贴收入
631638	**31.93**	**4.96**	**3299.45**	**1612.55**	**1672077**	**768470**
7359	0.78	0.09	132.63	44.18	24059	558
13773	1.02	0.16	157.86	102.43	44864	9104
37083	2.32	0.60	112.40	18.74	90724	57260
56588	2.44	0.25	157.17	92.01	85690	62586
13661	2.03	0.27	100.13	63.87	36675	25407
11241	0.40	0.15	76.92	43.65	53001	21196
12324	2.21	0.65	126.82	60.11	56957	29418
18294	0.14	0.10	58.77	44.92	18236	14849
13861	0.78	0.27	225.70	165.87	225921	45896
15185	0.12	0.07	72.32	45.22	78667	50921
27822	2.16	0.23	243.80	119.10	159399	63514
9204	0.09	0.08	11.18	8.62	15846	5180
24468	4.06	0.13	220.22	36.47	73742	21109
21499	0.32	0.18	87.77	51.85	52424	33336
33897	0.33	0.16	208.82	80.94	40962	25750
79048	0.51	0.18	244.85	108.80	110706	47127
41375	4.56	0.14	148.87	61.49	46272	14802
42205	1.14	0.21	267.29	107.16	47289	24755
31877	0.65	0.21	163.10	97.91	167814	97878
8093	0.43	0.01	17.34	7.39	6850	970
5632	0.03	0.02	39.30	15.16	3283	1096
5183	0.04	0.03	16.62	10.09	540	540
25899	0.23	0.19	79.80	62.70	58337	23148
6361	0.03	0.03	14.81	9.50	5310	1473
3614	0.02	0.01	7.22	5.05	3115	1225
38820	0.47	0.36	143.88	105.18	74678	58035
9663	0.81	0.10	46.81	23.34	41413	1094
6020	0.15	0.04	49.45	4.38	1402	1402
854	0.05		0.77		14530	13846
10735	3.62	0.04	66.86	16.44	33371	14995

续表 1

地区	上级补助收入	事业收入	演出收入	经营收入	附属单位上缴收入	其他收入
总计	**74589**	**417498**	**194179**	**256209**	**2405**	**152906**
北京	1340	904	307	19185		2072
天津	3449	16287	1746	8385	930	6709
河北	100	9120	1495	13374		10870
山西	1045	10881	1773	5309		5869
内蒙古	2163	1978	252	6526		601
辽宁	3022	12467	78	13518		2798
吉林	935	13794	9839	2575		10235
黑龙江	30	368	50	2864		125
上海	29134	141654	107041			9237
江苏	10	20304	1505	5407	806	1219
浙江	9537	39152	17333	17981	274	28941
安徽	2023	3956	1865	367		4320
福建	2653	19128	2457	13403		17449
江西	308	4033	1445	11993		2754
山东	678	4304	740	7834		2396
河南	566	31916	19984	11725	60	19312
湖北	703	6178	3396	23563		1026
湖南	2693	13326	4937	2078	35	4402
广东	227	34852	6175	24823	180	9854
广西	335	650	465	3123	100	1672
海南	899	31	30	1257		
重庆						
四川	5633	12507	10320	13696		3353
贵州						
云南	2	2700	100	168		967
西藏		1890	230			
陕西	5683	7343	584	2736		881
甘肃	852	7039		28170	20	4238
青海						
宁夏				249		435
新疆	569	736	32	15900		1171

本年支出合计(千元)	基本支出	项目支出	经营支出	在支出合计中：工资福利支出	商品和服务支出	差旅费
1631715	**1025943**	**369987**	**234324**	**549953**	**750573**	**7279**
25981	13885	243	11853	10151	10753	37
45466	31750	5453	8001	15713	22121	9
93588	39876	42718	10994	29706	16918	103
84274	47379	30273	6622	27299	27842	263
39980	26588	8351	5041	14912	14887	217
51060	35791	4381	10888	17472	23161	155
57286	53025	1975	2286	17246	14147	469
15778	10768	2331	2679	8081	5136	17
195930	144637	46311	4982	40640	148634	543
71618	54116	10550	6952	25694	37629	865
151750	96641	37316	17745	55014	70128	627
12537	10903	1190	444	4331	4802	96
72616	47622	10204	14790	25849	28856	143
58475	30534	16619	11322	21168	31081	455
42217	18384	15153	8680	17953	20693	291
112463	87103	5323	20037	51510	49880	263
51367	37432	1655	12280	20811	26904	170
48769	39805	7025	1939	20747	14124	623
157806	71435	66076	20295	35212	86450	258
7568	3632		3936	3015	3782	33
1993	1501	151	341	1506	468	4
540	540			540		
59082	38298	9808	10976	23603	29897	308
6695	3728	30	2837	2554	2751	23
3165	3063		102	2173	5	5
67760	46105	15990	5665	31438	14691	948
31216	14508	50	16658	8942	18880	241
2753	1302	150	250	1172	217	7
23288	2191	20788	309	1848	12605	29
38694	13401	9873	15420	13653	13131	77

续表 2

地区	劳务费	福利费	各种税金支出	对个人和家庭补助支出	抚恤金和生活补助
总计	**53272**	**11593**	**42210**	**116396**	**11299**
北京	3785	694	688	45	
天津	2806	89	1707	2820	62
河北	430	159	1407	2379	136
山西	6452	565	1256	1407	43
内蒙古	1387	153	266	3499	211
辽宁	911	691	2080	642	269
吉林	1806	2	602	25525	415
黑龙江	655	12		2206	56
上海	11003	1255	5884	3284	609
江苏	1719	177	534	4448	13
浙江	5979	2185	6556	16481	1495
安徽	43	98	837	1975	203
福建	940	772	4186	6582	469
江西	514	335	1942	3917	48
山东	267	62	372	1328	396
河南	636	921	2013	5773	485
湖北	1001	228	596	2030	371
湖南	3563	542	659	5419	631
广东	5296	1049	3135	8882	1359
广西		36	267	515	98
海南	2			3	
重庆					
四川	1064	856	1854	4047	2654
贵州					
云南	123	390	29	980	14
西藏				5	5
陕西	779	201	729	7163	417
甘肃	1	31	4368	2413	518
青海	13			13	
宁夏	3	2	21	323	
新疆	2094	88	222	2292	322

其他资本性支出	各种设备购置费	资产总计(千元)	固定资产原值	实际使用房屋建筑面积(万平方米)	演(映)出业务用房	实际拥有产权面积(万平方米)
178734	**53093**	**11791315**	**8493978**	**382.40**	**203.96**	**223.99**
48	48	189617	174694	6.95	4.87	4.17
4812	4365	105045	83899	11.23	4.28	1.20
44585	107	538746	418501	21.09	12.24	11.51
26731	4167	582233	506593	26.99	15.46	16.19
6682	113	940653	934120	13.06	3.86	11.36
9785	8340	104160	88046	9.58	5.30	4.18
368	341	269200	183405	8.45	4.60	8.07
355	63	79377	75205	17.33	9.49	10.28
3372	1061	3021585	1797266	16.90	12.38	8.35
3847	3700	246118	207814	16.88	8.12	5.48
9619	2979	559864	456170	22.42	12.15	13.91
1429		73763	66264	4.05	1.71	3.04
9127	4830	201752	155245	17.70	10.48	7.07
2309	1217	797411	200261	14.92	10.75	12.47
2243	4	92194	85591	14.03	9.76	7.66
4452	507	492791	435255	29.48	14.85	17.35
1622	45	463153	437159	14.05	9.50	13.05
8479	774	204623	181883	16.51	9.54	12.05
4041	1470	1038774	936688	30.02	10.31	19.05
256	35	33899	31486	3.78	1.35	1.71
16		90000	90000	2.56	1.33	1.22
		1888	1509	3.37	1.90	1.27
1535	1178	822722	238537	18.03	9.48	7.16
410	9	17429	13999	2.57	1.86	1.50
982	360	62550	61340	1.77	0.57	1.17
14468	1119	249042	202464	17.85	9.40	12.72
981	820	213471	155156	5.38	2.87	1.76
		92350	92350	3.44	1.86	0.65
8512	8341	19524	19255	5.05	0.14	5.05
7668	7100	187381	163823	6.96	3.58	3.37

2016年各地区文化部门执行企业

地区	机构数（个）	从业人员（人）	专业技术人才	正高级职称	副高级职称	中级职称	坐席数（个）	演(映)出场次合计（万场次）
总计	**340**	**7870**	**1958**	**58**	**207**	**628**	**263003**	**35.58**
北京								
天津	7	103	7			2	3190	1.16
河北	10	204	42		3	9	5740	0.09
山西	15	386	85	2	2	20	12178	5.20
内蒙古								
辽宁	8	193	35		1	3	8035	0.18
吉林	5	25	7		5	2	1935	0.05
黑龙江	2	25	7	4	1	1	1630	0.00
上海	7	129	16	2	1	8	5893	0.09
江苏	76	1702	326	2	21	129	62553	18.55
浙江	28	846	188	4	8	57	35941	4.06
安徽	26	672	347	14	34	129	22364	0.43
福建	8	219	41	1	4	10	8824	0.82
江西	7	171	65		15	27	2601	0.11
山东	41	850	178	3	22	68	28773	0.79
河南	16	319	28			4	2948	0.05
湖北	8	250	58		7	28	10519	0.31
湖南	7	234	51		5	19	6514	0.24
广东	18	576	207	16	51	50	19276	0.68
广西	2	32	6				1828	1.43
海南	3	134	16		4	8	2290	0.05
重庆	6	24	3				2775	0.04
四川	1	7	2				800	0.00
贵州	6	69	35		2	4		
云南	3	58	11			2	1769	0.03
西藏								
陕西	16	333	145	7	12	37	7288	0.28
甘肃	7	191	50	3	9	11	3259	0.85
青海	1	12	1					
宁夏	1							
新疆	1	5	1				942	0.01

会计制度的艺术表演场馆基本情况

艺术演出场次	观众人次合计(万人次)	艺术演出观众人次	资产、负债、所有者权益(千元) 资产总计	固定资产原值	当年提取的折旧总额	负债合计	所有者权益合计	实收资本(股本)	国家资本
1.85	**3422.09**	**976.62**	**4925757**	**3731972**	**237878**	**2226327**	**2699430**	**1415282**	**1232621**
0.02	36.50	7.63	91784	8442	304	93967	-2183	4075	4075
0.08	42.90	31.94	109556	82240	24858	80733	28823	49253	48903
0.06	171.68	45.04	110220	72093	11773	68554	41666	27939	27939
0.09	70.36	48.58	36808	20021	124	31682	5126	24958	15112
0.02	15.05	8.29	5501	3746	1459	1118	4383	2252	2252
0.00	5.10	1.79	13021	3221	839	15883	-2862	14459	14459
0.07	53.63	49.92	273565	220294	1494	149438	124127	27074	27074
0.39	730.32	152.83	768236	783273	62897	323762	444474	305417	279695
0.30	1273.87	163.20	788492	698202	12337	553543	234949	235424	225394
0.14	220.04	67.24	622603	134198	15364	376089	246514	162200	92608
0.03	46.35	13.24	581968	579975	3134	15718	566250	15950	12740
0.01	9.33	4.71	71265	69614	1230	8058	63207	18889	18889
0.14	149.14	90.26	217169	152593	20001	101895	115274	117722	76005
0.01	10.55	2.67	52996	50544	858	12034	40962	27651	27175
0.06	87.44	48.26	272727	189110	43304	96174	176553	28373	28373
0.04	63.97	23.11	195380	168508	1421	73079	122301	88530	88530
0.17	233.52	134.44	308217	236166	8247	75685	232532	82566	78950
0.00	40.56	1.40	12105	6782	597	4581	7524	5000	
0.01	8.34	3.20	13801	12904	3417	11599	2202	5870	2735
0.03	9.53	6.52	8140	12614	769	9005	-865	100	100
	0.24		3014	843		3869	-855	255	
			105021	16399	1206	25327	79694	40006	40006
0.02	20.27	10.71	22720	18386	3718	6884	15836	21100	21100
0.06	71.15	32.91	190395	161187	17754	76481	113914	82955	79574
0.04	22.70	14.10	25992	23961	234	7857	18135	17122	15791
			3243	49	1	105	3138	1552	1552
0.00	2.00	0.40	110			3	107		

续表

地区	损益(千元)							
	营业收入	艺术演出收入	营业成本	养老、医疗、失业等保险费	住房公积金和住房补贴	差旅费	工会经费	营业利润
总　计	**919706**	**358908**	**1326359**	**73907**	**29509**	**6966**	**2672**	**-406653**
北　京								
天　津	13992	1267	19459	2169	1422	7	10	-5467
河　北	13801	7353	30253	1467	634	196	2	-16452
山　西	63032	15250	88587	4016	1231	144	150	-25555
内蒙古								
辽　宁	24430	20978	42877	2263	748	177	10	-18447
吉　林	2255	1130	2032					223
黑龙江	25		109			1		-84
上　海	35008	20134	45342	2944	432	166	120	-10334
江　苏	235296	53648	323405	20298	9290	1454	691	-88109
浙　江	137312	53508	223906	8287	4017	535	513	-86594
安　徽	36134	13564	55367	5105	1988	1056	134	-19233
福　建	24256	2132	35361	1111	681	1329	165	-11105
江　西	6402	11	6859	1265	971		32	-457
山　东	52915	29003	107644	10263	2051	639	139	-54729
河　南	6871	214	10512	1749	261	2	23	-3641
湖　北	45431	25478	55966	2630	760	127	89	-10535
湖　南	11970	2148	26580	1874	328	74	24	-14610
广　东	75735	38668	112360	3604	2685	687	400	-36625
广　西	12628		11235	310	72	14		1393
海　南	4053	1760	4020	360	28	1	5	33
重　庆								
四　川	60		143					-83
贵　州	1957		8242	319	868		24	-6285
云　南	20487	11630	21019	901	348	55	41	-532
西　藏								
陕　西	51659	40449	57462	2378	418	166	83	-5803
甘　肃	3776	3294	5208	30	21	120	4	-1432
青　海	28		1438	272	78	10	13	-1410
宁　夏								
新　疆	207		220			5		-13

营业外收入	政府补助(补贴收入)	营业外支出	利润总额	工资、福利费、税金(千元) 本年发放工资总额	本年发放福利费总额	本年应交税金	实际使用房屋建筑面积(万平方米)	演(映)出业务用房	实际拥有产权面积(万平方米)
465059	**404530**	**21496**	**36910**	**342570**	**22331**	**66884**	**253.12**	**116.55**	**126.37**
4149	4018		-1318	5860	94	1473	2.93	1.59	1.23
15277	15260	20	-1195	7754	437	1245	7.77	6.23	2.38
27884	24648	314	2015	17919	1184	3321	13.00	4.51	2.14
19794	19500	274	1073	8884	619	1084	11.23	9.78	10.56
331	331	-1	555	559	28	64	1.06	1.00	0.62
50	50	100	-134	25			0.32	0.32	
3184	360	8	-7158	9352	722	2043	5.34	3.70	1.32
82568	73015	4171	-9712	78086	6536	10651	58.80	25.28	20.58
95957	90972	1649	7714	56761	4193	11099	43.01	18.69	21.44
27551	25729	3440	4878	22111	1205	2822	12.52	7.25	7.37
33366	30832	971	21290	11353	362	1911	9.30	2.38	8.32
276		382	-563	3079	161	882	2.36	0.87	1.93
51764	46379	1659	-4624	35192	1711	3297	27.02	12.88	18.87
1540	978	634	-2735	4558	51	509	4.05	0.44	1.21
22498	5960	943	11020	11770	459	2402	9.94	4.17	4.33
15646	12493	1728	-692	5445	615	790	4.99	1.89	5.71
38351	36814	1257	469	31136	2227	3196	17.78	7.51	10.37
165	161	2	1556	1601	26	694	0.70	0.54	
243		2	274	2370		1003	2.83	0.15	0.35
							3.13	2.22	1.04
			-83	131	12		0.20	0.15	0.20
6446		5	156	2669	86	46	0.75		0.75
850	850		318	4142	259	1698	1.60	0.42	1.60
16358	15698	3824	6731	15033	774	11953	6.62	1.69	2.74
128			-1304	1771	23	191	2.52	1.91	
201			-1209	889	61	40	0.00		0.00
			-13	210		17	0.22	0.22	

2016年各地区非公有制

地区	机构数（个）	从业人员（人）	专业技术人才	坐席数（个）	演(映)出场次合计（万场次）	艺术演出场次	惠民演出	观众人次合计（万人次）	营业收入
总计	**923**	**25466**	**6599**	**665866**	**29.36**	**10.29**	**1.26**	**4958.36**	**4806105**
北京	52	3022	811	198750	5.78	1.38	0.29	896.11	989280
天津	22	410	87	6512	0.40	0.38	0.16	70.47	51864
河北	37	501	268	16429	3.75	0.23	0.04	65.15	41269
山西	34	514	115	6551	0.50	0.39	0.01	36.57	18401
内蒙古	11	149	27	7466	0.35	0.10	0.00	43.63	24700
辽宁	89	2729	373	29502	2.55	1.26	0.18	390.40	454028
吉林	23	292	127	9980	0.73	0.40	0.01	78.14	20016
黑龙江	14	379	189	3929	0.20	0.16	0.05	44.51	28563
上海	23	1135	161	35111	1.28	0.33	0.09	499.87	451913
江苏	104	2350	403	81959	1.09	0.62	0.03	452.58	322422
浙江	250	4316	944	76171	3.56	2.26	0.13	700.83	467310
安徽	40	804	228	13448	1.95	0.34	0.02	269.33	32632
福建	4	387	137	9943	0.07	0.03	0.00	48.08	43583
江西	10	190	38	5055	0.11	0.08	0.00	11.65	6300
山东	7	72	32	2421	0.08	0.08	0.01	21.33	8820
河南	10	419	148	4661	0.30	0.14	0.04	49.04	15265
湖北	6	193	32	25996	0.51	0.02	0.00	57.13	5187
湖南	20	1274	349	10536	0.78	0.34	0.03	239.48	309153
广东	27	1253	659	32242	1.13	0.27	0.02	119.11	484513
广西	18	1008	266	5613	0.45	0.20	0.06	64.74	174514
海南	8	742	178	7757	0.35	0.07	0.01	337.01	346302
重庆	6	310	75	4270	0.04	0.04	0.00	47.15	57100
四川	43	1031	348	41440	0.67	0.64	0.02	148.31	100710
贵州	6	101	9	1075	0.60	0.01	0.00	5.50	2642
云南	14	897	217	13595	1.01	0.26	0.02	183.22	308917
西藏									
陕西	10	505	163	4944	0.08	0.06	0.01	25.70	10225
甘肃	25	292	120	7680	0.92	0.12	0.02	34.36	7887
青海	5	87	7	1250	0.08	0.04	0.02	7.50	16890
宁夏	3	68	68	1000	0.04	0.04	0.01	11.00	1200
新疆	2	36	20	580	0.02	0.01	0.00	0.50	4500

艺术表演场馆基本情况

经营情况(千元)									资产总计(千元)	实际使用房屋建筑面积(万平方米)	
	营业成本					营业利润	营业外收入				
艺术演出收入	营业成本	养老、医疗、失业等各种社会保险费	本年发放工资总额	本年应交税金总额			营业外收入	政府补贴			演(映)出业务用房
1789903	**3478309**	**171267**	**1068589**	**468931**		**1424144**	**467682**	**152158**	**16724260**	**315.57**	**137.33**
396457	516556	40121	149321	95720		472724	28036	23327	1921193	35.96	21.56
11905	49057	1680	22463	2336		2807	15778	290	245015	6.91	2.67
5859	33264	811	10608	1477		8005	2150	1410	546252	9.39	3.81
13400	13548	230	4131	498		4853	252	200	33939	3.74	0.82
10295	21409	1124	5658	740		3291	11330	10000	169230	7.61	1.96
51528	324093	8488	65247	44078		129935	13691	80	1320278	13.99	4.45
16876	14028	1090	9184	731		5988	1250	200	46402	2.53	1.32
17628	20792	5516	12233	370		7771	352	162	28859	2.33	0.84
160382	256516	17915	73712	56355		195395	34894	20518	1302839	20.20	3.90
126112	291286	17289	93290	15370		31136	56352	12356	705231	37.98	14.59
112697	371029	13357	143634	18633		96281	90301	29177	864421	61.47	30.79
21868	38873	2475	20508	1382		-6241	1746	520	435316	27.35	14.58
33980	45539	711	18230	6480		-1956	31820	21610	1479234	11.65	2.46
5350	3710	105	2420	390		2590	230	20	13260	0.81	0.30
1870	5926	390	2302	460		2894	60	50	27550	3.27	0.43
13228	32161	1013	9328	569		-16896	5820	4720	221171	4.67	1.50
500	3700	523	1866	20691		1488			1773772	3.28	2.63
105308	199951	6069	70669	46241		109202	8484	1170	812750	4.16	2.99
137032	478953	17362	90766	34790		5559	51988	14928	2350883	23.86	16.39
10590	129265	4190	38664	17827		45249	70500	280	441102	2.17	0.63
313361	205127	4942	60813	78359		237523	4121	4060	1069398	2.10	0.16
55100	55090	1045	8050	1860		2010	5950	3950	272050	1.56	0.61
58600	60360	4787	28170	4439		40350	14520	400	341890	21.86	2.87
1172	5010	89	2712	147		-2369	700	650	7870	0.47	0.22
87134	279140	19118	112100	17944		29777	942	607	143884	3.01	2.74
6585	7775	130	5122	440		2450	1080	260	39694	0.86	0.53
6237	4641	268	3947	386		3246	1073	663	7730	1.78	1.20
3850	9010	15	2320	105		7880	12560		68250	0.39	0.27
1000	400	15	320	15		800	500	250	1800	0.15	0.10
4000	2100	400	800	100		2400	1200	300	33000	0.08	0.03

2016年各地区执行事业

地区	机构数(个)	从业人员(人)	专业技术人才	正高级职称	副高级职称
总计	**424**	**7428**	**2446**	**80**	**260**
北京	7	907	223	7	30
天津	9	158	30	1	
河北	21	292	68		2
山西	25	327	83		1
内蒙古	2	23	22		2
辽宁	12	273	33		5
吉林	6	195	45		5
黑龙江	13	179	138	22	29
上海	10	361	50	1	1
江苏	15	222	87	3	12
浙江	30	411	142	4	9
安徽	12	75	27		
福建	16	227	64	1	7
江西	22	182	84	2	5
山东	28	328	88		5
河南	40	691	44	2	11
湖北	20	231	90		5
湖南	28	567	399	11	55
广东	10	335	66	1	6
广西	8	62	14		
海南	2	11	4		
重庆	6	95	36	1	4
四川	33	454	281	11	40
贵州					
云南	2				
西藏	2	9			
陕西	33	441	221	7	7
甘肃	8	185	20		
青海					
宁夏					
新疆	4	187	87	6	19

会计制度的剧场基本情况

中级职称	坐席数（个）	演(映)出场次合计（万场次）	艺术演出场次	惠民演出	观众人次合计（万人次）
1005	**325648**	**6.87**	**1.89**	**0.75**	**1461.86**
61	5382	0.14	0.14	0.05	93.43
	6596	0.15	0.13	0.08	103.29
22	15362	0.90	0.02	0.00	67.86
26	20032	0.16	0.06	0.03	58.86
10	2957	0.02	0.02	0.01	10.57
16	5362	0.31	0.13	0.06	58.91
15	3049	0.05	0.05	0.01	32.56
75	5795	0.06	0.02	0.00	10.22
19	10592	0.25	0.21	0.02	179.00
32	12861	0.08	0.05	0.03	60.31
62	46563	0.24	0.11	0.07	136.47
12	5461	0.02	0.02	0.01	5.58
30	9132	0.12	0.06	0.03	45.21
31	11593	0.10	0.09	0.01	25.50
25	18946	0.15	0.08	0.05	74.69
16	25388	0.08	0.04	0.02	61.19
44	20500	0.14	0.08	0.04	59.57
186	20303	0.16	0.12	0.06	78.41
25	12738	0.14	0.07	0.02	55.90
3	5061	0.02	0.01	0.01	8.11
2	1586	0.01	0.01	0.01	9.36
7	3361	0.03	0.02	0.02	14.04
156	19838	0.17	0.14	0.09	58.85
	2388	0.00	0.00		4.01
	1510	0.01	0.01		4.70
80	25308	0.13	0.09	0.05	77.46
12	4985	0.10	0.08	0.01	28.97
38	2999	3.14	0.01	0.01	38.86

续表

地区		本年收入合计(千元)			本年支出合计(千元)
	艺术演出观众		财政拨款	艺术演出收入	
总计	**980.94**	**1658173**	**793436**	**373909**	**1631132**
北京	93.43	773817	391249	231617	807120
天津	86.68	30198	5865	452	30769
河北	5.66	19674	4622	671	21564
山西	28.13	25695	20072	231	25742
内蒙古	10.57	8398	8218		12664
辽宁	36.12	34204	8629	50	34821
吉林	27.30	27771	8162	8544	27448
黑龙江	4.94	2975	2673	50	2975
上海	149.32	188757	44503	97961	162833
江苏	34.28	53124	43591	145	51789
浙江	89.28	147362	81237	15666	119222
安徽	3.92	7729	2193	65	5377
福建	21.32	16320	4456	690	15438
江西	20.08	16041	12472	952	17210
山东	51.68	33427	22337	440	34637
河南	33.27	20942	9583	1258	21106
湖北	37.82	10438	5999	2370	12667
湖南	58.79	12606	7939	1576	12415
广东	34.67	65798	45085	44	64997
广西	6.31	2349	420	465	2602
海南	5.83	3119	1000		1843
重庆	9.78				
四川	45.45	49269	18814	9982	50486
贵州					
云南	1.71				
西藏	4.50	1255	805	230	1305
陕西	56.91	46128	35485	450	39269
甘肃	16.95	35757	350		25866
青海					
宁夏					
新疆	6.25	25020	7677		28967

人员支出	资产总计（千元）	年末固定资产原值	实际使用房屋建筑面积（万平方米）	演(映)出业务用房	实际拥有产权面积（万平方米）
457352	**8722050**	**5119767**	**218.59**	**127.49**	**136.92**
120582	1637530	445036	24.39	21.98	23.73
8850	24851	11997	7.63	2.64	0.45
10469	56602	35784	6.81	5.45	2.47
11854	234164	230998	10.87	5.34	5.75
2645	852457	851023	7.94	1.09	7.94
12655	69374	64707	7.06	3.95	3.06
20354	135679	66485	3.19	1.64	3.34
2944	17192	17146	3.00	1.59	0.24
40239	2794179	1633982	15.39	11.30	7.49
18405	158639	106888	12.07	5.77	3.33
56699	900042	560421	17.27	10.10	12.86
2959	29524	26268	2.33	0.92	2.11
9851	92328	85787	7.76	5.51	2.99
13842	147458	98955	5.66	3.32	4.21
12814	98439	94421	8.64	6.08	4.87
15762	120341	115367	8.89	4.32	4.61
8201	46330	43835	6.54	5.27	6.03
8299	45840	42073	7.52	4.69	4.91
11462	52327	49910	12.86	5.04	16.31
1948	18274	15886	2.53	0.68	1.00
1381			0.95	0.82	0.25
			2.78	1.50	1.06
22876	730447	170016	15.43	8.02	3.45
			0.63	0.63	
685	47000	47000	0.78	0.36	1.05
21396	192334	160665	13.11	6.23	9.99
9382	153050	96645	3.76	1.70	1.56
10798	67649	48472	2.82	1.55	1.86

2016年各地区执行事业

地区	机构数(个)	从业人员(人)	专业技术人才	正高级职称	副高级职称
总计	**433**	**6067**	**1493**	**46**	**107**
北京	9	223	31		
天津	12	89	25		
河北	34	406	109	2	4
山西	31	384	78		5
内蒙古	17	221	76	6	4
辽宁	9	86	14		1
吉林	15	297	124	4	24
黑龙江	8	129	18		2
上海	3	37	13		
江苏	3	26	6		
浙江	12	162	60		2
安徽	6	50	18		
福建	27	290	83		4
江西	9	101	40		8
山东	18	288	107	2	11
河南	80	1746	229	27	20
湖北	17	326	95	5	1
湖南	27	390	159		7
广东	13	289	19		1
广西	4	30	6		
海南	2	8	1		
重庆	2	6			
四川	8	92	21		1
贵州					
云南	10	39	15		2
西藏	4				
陕西	30	240	109		10
甘肃	5	41	2		
青海	10	22	2		
宁夏	1	10	9		
新疆	7	39	24		

会计制度的影剧院基本情况

中级职称	坐席数（个）	演(映)出场次合计（万场次）	艺术演出场次	惠民演出	观众人次合计（万人次）
526	**281150**	**24.22**	**2.81**	**0.56**	**1582.20**
4	7359	0.78	0.09	0.05	132.63
4	7177	0.87	0.03	0.02	54.57
32	16726	1.39	0.58	0.01	34.44
33	24352	2.23	0.14	0.02	53.23
29	9986	2.01	0.26	0.04	88.95
4	4718	0.09	0.01	0.00	15.66
24	9275	2.16	0.60	0.04	94.27
5	6017	0.04	0.03	0.00	21.72
4	2482	0.48	0.02	0.01	38.41
1	3330	0.03	0.00	0.00	9.50
23	7303	1.85	0.08	0.02	99.89
5	3743	0.07	0.06		5.60
32	13300	3.91	0.05	0.03	165.25
11	6582	0.19	0.07	0.01	44.92
55	13647	0.17	0.08	0.01	128.51
56	47655	0.38	0.11	0.03	111.01
54	17856	4.40	0.05	0.01	76.99
85	20093	0.95	0.07	0.03	169.47
11	14189	0.45	0.09	0.03	52.24
1	2566	0.41	0.00		8.33
	2046	0.01	0.00	0.00	5.94
	1442	0.01	0.00		2.59
16	5177	0.05	0.05	0.04	20.33
9	3973	0.03	0.03	0.00	10.80
21	13512	0.34	0.26	0.16	66.42
2	3454	0.70	0.01	0.01	14.08
	5600	0.12	0.01	0.00	41.65
1	854	0.05			0.77
4	6736	0.06	0.03	0.00	14.06

续表

地　区	艺术演出观众	本年收入合计(千元)	财政拨款	艺术演出收入	本年支出合计(千元)
总　计	**503.46**	**484116**	**168191**	**24674**	**492815**
北　京	44.18	24059	558	307	25981
天　津	15.74	14666	3239	1294	14697
河　北	9.21	25080	8673	434	24954
山　西	23.60	22919	7849	1104	22862
内蒙古	52.79	28149	17073	252	27188
辽　宁	5.13	9747	7234	28	9747
吉　林	32.81	29186	21256	1295	29838
黑龙江	15.72	2206	1961		2206
上　海	11.56	11776	1393	265	12402
江　苏	3.50	2600	854	200	2062
浙　江	24.66	45145	6320	1582	42176
安　徽	4.70	8117	2987	1800	7160
福　建	5.60	47768	7696	1767	47226
江　西	19.18	9178	1573	162	14501
山　东	28.76	7482	3413	280	8178
河　南	43.73	33189	7132	2752	35949
湖　北	21.40	34525	8443	1026	37391
湖　南	36.53	34683	16816	3361	36354
广　东	15.28	32164	6828	6131	29304
广　西	0.28	4475	524		4940
海　南	2.33	164	96	30	150
重　庆	0.32				
四　川	16.63	11775	7041	338	11303
贵　州					
云　南	7.79	5310	1473	100	6695
西　藏					
陕　西	48.27	28149	22149	134	28090
甘　肃	4.02	5254	342		4938
青　海	1.48	1252	1252		1252
宁　夏		784	100		822
新　疆	8.27	4314	3916	32	4449

人员支出	资产总计(千元)	年末固定资产原值	实际使用房屋建筑面积(万平方米)	演(映)出业务用房	实际拥有产权面积(万平方米)
256416	**2655368**	**2265854**	**124.26**	**68.15**	**79.05**
10196	189617	174694	6.95	4.87	4.17
9683	80114	71823	3.60	1.64	0.75
16646	107011	72030	8.80	3.53	4.82
10730	176277	150621	8.19	5.10	6.07
15650	85996	80897	5.01	2.68	3.32
3327	23254	19078	1.44	0.94	0.67
22417	133521	116920	5.26	2.96	4.72
2186	47788	47552	2.01	1.33	1.79
2779	28013	23614	1.03	0.66	0.62
1302	10588	6235	1.54	0.75	1.01
19532	99171	57957	6.05	2.43	2.66
3347	44239	39996	1.72	0.80	0.93
19698	107483	67517	7.24	4.23	3.72
6042	123137	76990	3.61	2.10	2.42
7006	42298	40466	3.71	2.62	2.48
24656	300604	264348	16.84	9.11	11.05
13860	406602	385475	6.96	3.91	6.67
17867	158783	139810	8.31	4.43	7.08
13881	95906	81291	6.89	2.96	2.67
1528	15919	15894	1.02	0.53	0.50
128	90000	90000	1.08	0.46	0.39
			0.43	0.25	0.13
7191	94697	70775	2.50	1.38	3.65
3534	17429	13999	1.95	1.23	1.50
16856	56640	41734	4.74	3.16	2.73
1732	60009	58109	1.30	1.04	0.20
1035	22350	22350	2.99	1.58	0.65
622	4967	4967	0.19	0.14	0.19
2985	32955	30712	2.94	1.33	1.51

主要统计指标解释

1．**本团原创首演剧目**：指由戏曲、话剧、歌剧、舞剧、歌舞剧、木偶、皮影等艺术表演团体原生创作并首演且单个剧目演出时间超过一小时的表演剧目，但不包括音乐、舞蹈、曲艺、杂技等单个小节目的创作演出。

2．**演出场次**：指以场为计量单位的在国内和国外的艺术表演的次数。包括售票、包场等有演出收入的场次和政府采购的公益性演出场次及参加汇演、调演等无演出收入的公开演出场次，包括流动舞台车演出场次，不包括彩排和内部观摩等无演出收入的场次。

场数的计算，通常以售票、发票一次（或在其他地点进行一次艺术表演活动相当于剧场演出一场的时间）为一场。按时收费的，按日场、晚场或早场等一般习惯（约 1 至 2 小时）计算。评弹等曲艺演出计算场数，可按演出 1 至 2 小时为一场的原则进行折算。独幕剧或音乐、舞蹈、曲、杂、木、皮节目组成专场演出时，不论包括几个独幕剧或节目，一律按一场计算。

3．**农村演出场次及观众人次**：指本团到（乡镇及以下）农村和林区、牧区、渔区的演出。不论在本省或外省，凡到上述地区演出，均计入农村演出。

4．**演出收入**：指艺术表演团体通过售票或包场演出所取得的票房收入，不包括政府采购的公益性演出补贴收入。

5．**政府采购的公益性演出场次、观众人次**：指本团报告期内不进行售票、免费给社会公众演出并从财政部门获取一定场次补贴的公益性演出场次、观众人次。

6．**政府采购的公益性演出补贴收入**：指本团报告期内因进行公益性演出而取得的补贴收入，为财政拨款的其中项。

7．**座席数**：指公开营业艺术表演场馆可向观众售票的实际座席数。

8．**演（映）出业务用房**：指在艺术表演场馆中用于演（映）出服务的设施面积。多功能艺术表演的场所应包括观众厅、门厅、舞台部分（主台、侧台、后台）的建筑面积和辅助设施——休息室、化妆间、服装间、道具间、舞台设备控制间（灯控间、音控间、放映间等）的建筑面积以及配电设施、消防通道的建筑面积。若属非独立建筑的，则按使用面积计算。

5 文化市场

近年来全国文化市场经营机构基本情况

年 份	机构数（个）	从业人员（人）	资产总计（万元）	营业收入（万元）	利润总额（万元）
2006年	166406	945418	4515546	4148403	885730
2007年	217643	1197610	12956212	7089004	1749171
2008年	221253	1254641	12532138	7465936	1593758
2009年	223893	1288615	12074316	5736445	2939123
2010年	230659	1375660	13806937	8654903	3264805
2011年	238455	1415526	16540928	9766472	3620262
2012年	231132	1416028	18997555	10337954	3585366
2013年	226584	1451818	44258484	13665714	3930246
2014年	220164	1323902	25641255	16142494	4682893
2015年	231709	1564660	53671039	29656347	10020910
2016年	242686	1609329	66760690	44989191	10345244

注：文化市场数据仅包括网吧、娱乐场所和民营艺术表演团体.

近年来全国娱乐场所基本情况

年 份	机构数（个）	从业人员（人）	资产总计（万元）	营业收入（万元）	利润总额（万元）
2006年	51742	490289	2990424	2101890	329557
2007年	82174	611108	5927457	3546201	583689
2008年	84356	639511	7048155	3709413	659403
2009年	82200	636800	6271305	4130085	1367846
2010年	85854	703520	7635552	4772099	1718734
2011年	92577	758377	9661392	5661798	1939320
2012年	90271	765250	11136779	6048764	1982344
2013年	89652	835658	34317748	8842052	2084672
2014年	84179	729516	16144969	11023662	2606315
2015年	79816	673640	11050577	5570354	1361661
2016年	77071	632527	10510102	5387254	1257926

近年来全国网吧基本情况

年　份	机构数（个）	从业人员（人）	资产总计（万元）	营业收入（万元）	利润总额（万元）
2006年	114273	443745	2210843	2016913	329557
2007年	133163	539460	4304405	3434114	1036162
2008年	134267	565707	5307279	3645153	913361
2009年	138048	580749	5585437	3785362	1510735
2010年	140376	584912	5864306	3626809	1490620
2011年	141275	567170	6282208	3754922	1565375
2012年	135683	529362	8818719	3539807	1431362
2013年	131013	478242	8051486	3879399	1425890
2014年	129368	452368	7431831	4479929	1962960
2015年	134847	480260	6939291	4009643	1302975
2016年	141587	488209	7484979	4323160	1312916

2016年全国文化市场经营机构基本情况

	机构数（个）	从业人员（人）	资产总计（千元）	损益（千元）					
				营业收入	营业成本	养老、医疗、失业等保险费	本年发放工资总额	本年应交税金总额	营业利润
总　计	**242686**	**1609329**	**667606897**	**449891909**	**346507883**	**9075908**	**77129137**	**16386567**	**103452442**
按城乡分									
城市	87853	733333	505826973	363313011	281908167	7128508	56131424	12792648	81372661
县城	96626	678493	123716283	59117964	41235882	1480766	15795141	2902126	17980318
县以下	58207	197503	38063641	27460934	23363834	466634	5202572	691793	4099463
按经营范围分									
娱乐场所	77071	632527	105101022	53872539	41293754	1784239	15475616	2525287	12579260
互联网上网服务营业场所(网吧)	141587	488209	74849794	43231601	30106162	1152476	11423464	1228025	13129161
非公有制艺术表演团体	10190	213451	28240508	12149380	8662161	306854	4131951	1051516	3487892
非公有制艺术表演场馆	923	25466	16724260	4806105	3478309	171267	1068589	468931	1424144
经营性互联网文化单位	5642	185668	389239219	313939963	242615841	5201974	41814954	10084448	71307831
艺术品经营机构	5039	29586	23900759	5875042	3582242	102832	851360	174890	2292795
演出经纪机构	2234	34422	29551335	16017279	16769414	356266	2363203	853470	-768641

2016年全国娱乐场所基本情况

	机构数(个)	从业人员(人)	资产总计(千元)	损益(千元)						游戏游艺设备数量
				营业收入	营业成本				营业利润	
						养老、医疗、失业等保险费	本年发放工资总额	本年应交税金总额		
总　计	**77071**	**632527**	**105101022**	**53872539**	**41293754**	**1784239**	**15475616**	**2525287**	**12579260**	**806260**
按城乡分										
城市	28586	299088	48356327	26227433	21102644	1003738	7355552	1402479	5125105	383909
县城	34655	259258	43164419	21747759	15591621	597072	6335977	859915	6156210	310145
县以下	13830	74181	13580276	5897347	4599489	183429	1784087	262893	1297945	112206
按经营类别分										
歌舞娱乐场所	52765	570601	90847380	49058131	37744937	1603670	14198509	2326441	11313632	165485
游艺娱乐场所	23706	58365	13097120	4388848	3222064	165343	1186193	173996	1166821	637061
其它	600	3561	1156522	425560	326753	15226	90914	24850	98807	3714

2016年全国互联网上网服务营业场所(网吧)基本情况

	机构数(个)	从业人员(人)	资产总计(千元)	损益(千元)						经营面积(万平方米)	终端数量(个)
				营业收入	营业成本				营业利润		
						养老、医疗、失业等保险费	本年发放工资总额	本年应交税金总额			
总　计	**141587**	**488209**	**74849794**	**43231601**	**30106162**	**1152476**	**11423464**	**1228025**	**13129161**	**3609.21**	**12396032**
按城乡分											
城市	49487	209756	32352795	20320065	14907378	583642	5208649	656414	5412712	1545.23	5367665
县城	48416	164270	26854407	14186710	9293102	343409	3694668	349155	4895030	1254.19	4263042
县以下	43684	114183	15642592	8724826	5905682	225425	2520147	222456	2821419	809.79	2765325

2016年全国经营性互联网

	机构数(个)	从业人员(人)	资产总计(千元)	损益(千元)					
				营业收入	网络游戏	网络音乐	网络动漫	其他	营业成本
总　计	**5642**	**185668**	**389239219**	**313939963**	**153149903**	**4380885**	**1220628**	**108822104**	**242615841**
按城乡分									
城市	5389	178424	377931051	297475341	149676653	4343440	1218445	96042566	227604378
县城	215	4137	4199751	4436256	3364190	33745	903	874868	2829558
县以下	38	3107	7108417	12028366	109060	3700	1280	11904670	12181905
按经营类别分									
网络游戏	204	6074	16969669	10654050	601755	3990775	14763	5088662	9439324
网络音乐	4640	138422	222307162	220803741	131306468	273434	303909	60960377	158557719
网络动漫	635	36330	145162131	79396476	21176218	99773	7946	41716070	72289615
其他	163	4842	4800257	3085696	65462	16903	894010	1056995	2329183

续表

	本年应交税金总额	经营面积(万平方米)	知识产权(种)	拥有自主知识产权网络游戏数	拥有自主知识产权网络音乐数	注册用户数(个)	运营网络文化产品数(个)	网络游戏数	PC端网络游戏数
总　计	**10084448**	**250.09**	**508956**	**20429**	**90174**	**39612242964**	**41598409**	**325816**	**35405**
按城乡分									
城市	9781258	237.61	433965	19713	79904	39117703503	27216013	301098	34746
县城	128385	6.49	74138	671	10270	215515989	14381327	24639	601
县以下	174805	5.99	853	45		279023472	1069	79	58
按经营类别分									
网络游戏	558873	7.20	268497	145	64335	1802193336	39196292	1891	281
网络音乐	7408719	176.62	221181	17934	23456	30185041058	882870	241024	21141
网络动漫	1966567	59.59	9453	2119	551	7115142666	680845	82478	13761
其他	150289	6.68	9825	231	1832	509865904	838402	423	222

文化单位基本情况

							工资、福利费、税金(千元)	
养老、医疗、失业等保险费	住房公积金和住房补贴	差旅费	工会经费	营业利润	营业外收入	政府补助	本年发放工资总额	本年支付的职工福利费
5201974	**1631884**	**4957381**	**1733452**	**71307831**	**4279407**	**1579516**	**41814954**	**1440705**
5125335	1579437	4924782	1721274	69854672	4209686	1527191	40823541	1356972
32913	35185	20443	2145	1606696	50565	46936	251525	20210
43726	17262	12156	10033	-153537	19156	5389	739888	63523
249492	41782	41014	124039	1214724	82650	55199	3209454	136453
4345696	1290645	4568338	1555000	62229719	3686257	1140566	33872293	938981
549736	278208	323412	51557	7106872	445567	328125	4359127	350657
57050	21249	24617	2856	756516	64933	55626	374080	14614

								出口情况	
移动端网络游戏数	进口网络游戏数量	网络音乐数	国产网络音乐数量	进口网络音乐数量	网络动漫数	国产网络漫画数量	进口网络动画数量	出口额(千元)	出口网络文化产品数量(个)
258833	**403**	**39643610**	**6041113**	**21884661**	**355775**	**302822**	**15203**	**3613354**	**12849**
234928	403	25286198	4216381	20827661	355668	302718	15202	3604314	12840
23884		14356448	1823768	1057000	83	81		7040	8
21		964	964		24	23	1	2000	1
1610		39186444	5906957	21601469	6805	6368	436	800	10013
203356	397	369172	94865	274252	11449	9260	2177	3598036	653
53666	6	82633	35350	8520	157484	107556	12307	12001	2157
201		5361	3941	420	180037	179638	283	2517	26

2016年全国艺术品

	机构数(个)	从业人员(人)	资产总计(千元)	损益(千元)					
				营业收入	营业成本	养老、医疗、失业等保险费	住房公积金和住房补贴	差旅费	工会经费
总　计	**5039**	**29586**	**23900759**	**5875042**	**3582242**	**102832**	**44234**	**85999**	**16600**
按城乡分									
城市	2375	14137	18604823	3998166	2196262	74597	32018	43952	8176
县城	2055	10027	3758339	1213887	893043	17218	5369	22200	5745
县以下	609	5422	1537597	662989	492937	11017	6847	19847	2679
按经营类别分									
艺术品销售	3702	22837	12080587	3597267	2510499	72963	32365	59723	13781
艺术品拍卖	41	620	6483078	1094942	106145	3664	1845	7669	98
艺术品展览	144	1297	2606438	439861	402786	9603	4412	9200	1075
艺术品经纪代理	31	145	194173	158280	145449	872	91	1257	77
其他	1121	4687	2536481	584692	417363	15730	5521	8151	1569

2016年全国演出经纪

	机构数(个)	从业人员(人)	资产总计(千元)	损益(千元)	
				营业收入	营业成本
总　计	**2234**	**34422**	**29551335**	**16017279**	**16769414**
按城乡分					
城市	2016	31928	28581977	15292006	16097505
县城	172	1884	774599	577867	488088
县以下	46	610	194759	147406	183821

经营机构基本情况

营业利润	工资、福利费、税金(千元)			经营面积(万平方米)	拍卖情况					
	本年发放工资总额	本年支付的职工福利费	本年应交税金总额		交易量(件)	交易金额(千元)	结算数量(件)	结算金额(千元)	展览/预展场次(次)	艺术活动数量(次)
2292795	**851360**	**62292**	**174890**	**143.11**	**21637311**	**21265783**	**21230972**	**8184101**	**84077**	**16311**
1801905	498205	36649	122239	63.31	21002783	18864096	20885886	5771909	33487	5381
320839	231416	13373	27410	51.37	435083	2248287	311454	2276646	41585	8834
170051	121739	12270	25241	28.43	199445	153400	33632	135546	9005	2096
1086763	636959	49847	120236	106.87	21525159	12787669	21135429	5803270	67146	11035
988797	18030	1136	14913	3.36	61661	4938792	54728	326688	2298	411
37074	63392	4338	18921	12.45	1995	1490302	1976	1486909	1934	3322
12831	6173	414	2325	0.89	402	29657	324	29147	850	65
167329	126807	6557	18496	19.52	48094	2019363	38515	538088	11848	1478

机构基本情况

		工资、福利费、税金(千元)			
养老、医疗、失业等保险费	营业利润	本年发放工资总额	本年应交税金总额	演出场次(万场次)	观众人次(万人次)
356266	**-768641**	**2363203**	**853470**	**22**	**12064**
341196	-821733	2245477	830258	21	11026
12033	89507	81015	16814	1	859
3037	-36415	36711	6398		179

2016年全国各地区文化市场经营机构基本情况

地区	机构数(个)	从业人员(人)	资产总计(千元)	损益(千元)					
				营业收入	营业成本	养老、医疗、失业等保险费	本年发放工资总额	本年应交税金总额	营业利润
全国	**242686**	**1609329**	**667606897**	**449891909**	**346507883**	**9075908**	**77129137**	**16386567**	**103452442**
北京	3187	76075	214631328	86714407	63241633	2223628	10462786	3872597	23472775
天津	1422	11078	12392011	13611819	11159648	117213	697664	530171	2453171
河北	8217	45354	5798974	2321498	1876767	66978	799166	57776	444748
山西	5438	36367	4645577	1854756	1495094	42556	533507	55289	354571
内蒙古	6378	20422	3816403	1763743	1103392	48994	334948	52102	660349
辽宁	9706	42920	14970057	7414981	7245485	260862	3307699	336159	170090
吉林	4350	15311	2546557	1209421	711296	26092	285812	44592	498105
黑龙江	5822	20954	3287185	1454018	1013805	47952	367512	54860	440022
上海	4182	54108	37208312	21982236	16933836	515166	2649288	334627	5048407
江苏	18832	105449	32731649	21958281	16822392	599418	3861126	764117	5135651
浙江	16160	147453	51670343	39406013	32052339	511494	5621105	1751573	7353820
安徽	13274	88363	14768881	9528419	6938529	155006	2001033	253176	2589360
福建	5077	60596	17938714	17368459	14595558	727277	2222115	703674	2772919
江西	8020	42297	9438288	4549485	3396044	137896	1363452	178496	1145263
山东	11865	51561	7683955	3417564	2375481	123648	995926	93095	1042088
河南	11481	68994	9134221	5370629	4366507	330100	1920907	161895	991092
湖北	8907	49677	10253187	5566501	4465633	176181	1397797	236047	1101289
湖南	16509	89519	24264410	13781738	10978379	371493	2794403	622647	2802086
广东	20128	207591	108624449	118335359	103944256	1295292	23675542	4268432	14389243
广西	6589	42631	6523144	3631917	2658101	88705	975102	173856	974058
海南	1446	13413	4478594	2305881	1627777	42522	442356	260062	774454
重庆	6579	46267	14839448	36019965	14024955	428233	2949782	332702	21995015
四川	16172	88734	17398707	11714447	9115690	370030	2775441	482006	2598808
贵州	6725	41173	9188452	4946212	3850939	85829	1253771	168632	1095271
云南	11290	53171	8533606	4630933	3536261	136387	1361318	232961	1094708
西藏	278	1494	232027	183815	69671	804	46235	855	114145
陕西	4915	35552	6275461	2698409	2036481	56786	711997	76762	662252
甘肃	3503	20648	4258214	1682100	2083051	15593	535319	58894	-401011
青海	875	6053	1153418	478220	374052	4979	129304	57758	103971
宁夏	2029	9959	3125729	891719	600650	11490	211882	44235	291070
新疆	3330	16145	5795611	3098970	1814200	57321	444854	126528	1284666

2016年各地区娱乐场所基本情况

地区	机构数(个)	从业人员(人)	资产总计(千元)	损益(千元)					
				营业收入	营业成本	养老、医疗、失业等保险费	本年发放工资总额	本年应交税金总额	营业利润
全国	**77071**	**632527**	**105101022**	**53872539**	**41293754**	**1784239**	**15475616**	**2525287**	**12579260**
北京	1023	15120	4119730	1198863	1057253	48034	302138	62577	141609
天津	395	3768	1467608	431342	368769	13553	123946	12510	62573
河北	2211	15497	1815029	841327	627920	20488	285011	20680	213407
山西	1408	12609	1503202	654146	502944	16632	209907	27129	151208
内蒙古	2495	8161	1545182	793171	481509	29116	145962	32039	311662
辽宁	3869	18626	2694036	1237786	846640	40739	316875	52802	391707
吉林	1673	7252	966182	480669	277483	11442	123872	18142	203182
黑龙江	2304	9445	1022729	527807	311249	9052	147809	17975	216589
上海	2152	25138	7654974	2921127	2475886	139506	684388	178066	445253
江苏	7345	48464	8640256	5819190	4397336	190601	1511397	252606	1421855
浙江	4746	58115	9930994	6387847	5375699	175296	1708032	300855	1012173
安徽	3667	24693	4605709	1639509	1242069	46557	541605	41846	397443
福建	2073	34092	6307316	3628722	3048647	62077	911334	181002	580091
江西	2776	17338	2601261	1463354	946414	56516	489302	51721	516942
山东	2130	17352	2520219	1136094	808538	43138	327943	33147	327558
河南	1857	16651	2544187	1072442	759564	27189	318274	33390	312877
湖北	1864	17328	2823636	1426517	1015990	50726	410227	55867	410436
湖南	3041	27770	3975772	2492091	1671128	113540	721522	137983	820963
广东	6427	92106	14000755	6777461	5744710	349348	2178490	457065	1032790
广西	2461	21516	2489716	1497559	1111492	46572	462366	70456	386068
海南	470	5580	554076	380643	301774	12756	121005	18563	78869
重庆	2175	17799	2554123	1602798	1320140	46509	543090	52357	282660
四川	5225	35321	5438194	3172074	2194099	126791	1028150	165484	977997
贵州	2422	18434	2855343	1627358	1146768	35126	496842	57308	480589
云南	5897	29215	3871672	1837079	1357387	37042	591115	72732	479724
西藏	125	873	122897	122119	38302	734	26737	767	83818
陕西	1004	10898	2151291	837133	582005	12466	227595	26695	255137
甘肃	1327	8829	1748696	705538	487667	4839	197659	18491	217878
青海	317	2309	402806	188654	138311	805	55749	39429	50146
宁夏	908	5363	857111	409430	236961	2068	104357	15097	172469
新疆	1284	6865	1316320	562689	419100	14981	162917	20506	143587

2016年各地区歌舞娱乐场所基本情况

地区	机构数(个)	从业人员(人)	资产总计(千元)	损益(千元)					
				营业收入	营业成本	养老、医疗、失业等保险费	本年发放工资总额	本年应交税金总额	营业利润
全国	**52765**	**570601**	**90847380**	**49058131**	**37744937**	**1603670**	**14198509**	**2326441**	**11313632**
北京	718	13135	3289492	1100536	974871	45451	268519	57984	125665
天津	231	3223	770722	357193	293465	8719	103962	11522	63728
河北	1750	14274	1613511	770476	571888	18795	258455	19112	198588
山西	1404	12601	1502902	653946	502814	16630	209807	27117	151138
内蒙古	1782	7293	1445255	756181	460408	27147	137145	30925	295773
辽宁	3131	16802	2392123	1120842	763597	36181	285739	46676	357803
吉林	1350	6680	874812	449628	261749	10319	116489	16595	187875
黑龙江	1526	7446	807443	433043	256527	7044	122049	15862	176540
上海	1280	19298	3292611	2054905	1851197	104516	522338	129161	203717
江苏	3742	39631	6776756	4884432	3740470	160076	1298594	221177	1143963
浙江	3572	55315	9229379	6125741	5152139	167661	1634219	291152	973617
安徽	1803	20267	4017487	1439244	1090169	41309	480394	38111	349076
福建	1742	32618	5660796	3482047	2912895	58176	870203	173203	569161
江西	1187	14001	2219567	1224035	796609	47890	396633	44065	427428
山东	1717	15446	2158124	1006513	695740	38257	293528	26953	310775
河南	1441	15334	2372867	1009853	707235	25121	300872	30256	302617
湖北	1298	15228	2443963	1219001	863860	43473	361300	49569	355056
湖南	1959	24449	3658773	2291201	1552917	102729	666689	124203	738285
广东	4343	87092	13570663	6488031	5488362	330821	2080654	442366	999704
广西	1359	18964	2303315	1348013	992491	37734	412605	63522	355524
海南	367	5423	545183	375934	298276	12499	119184	18385	77659
重庆	1500	16013	2366919	1467957	1209531	42936	493784	49346	258425
四川	4286	33645	5195346	3034561	2112145	121498	994798	160762	922434
贵州	1541	17746	2773104	1601412	1129148	34525	488042	56729	472263
云南	3530	26999	3689572	1759085	1304332	32677	565395	67726	454785
西藏	117	862	121887	121799	37292	734	26737	767	84508
陕西	887	10296	1965837	798900	550610	11409	215305	24901	248297
甘肃	1070	7550	1554096	625326	434620	3398	171864	16471	190713
青海	196	1937	343673	173949	128243	669	52910	38935	45506
宁夏	873	5255	849961	404949	234274	1943	102697	14955	170675
新疆	1063	5778	1041241	479398	377063	13333	147599	17933	102334

2016年各地区游艺娱乐场所基本情况

地区	机构数(个)	从业人员(人)	资产总计(千元)	损益(千元)					
				营业收入	营业成本	养老、医疗、失业等保险费	本年发放工资总额	本年应交税金总额	营业利润
全国	**23706**	**58365**	**13097120**	**4388848**	**3222064**	**165343**	**1186193**	**173996**	**1166821**
北京	301	1933	698324	85451	69859	2117	31785	3654	15591
天津	162	534	693416	71969	73754	4814	19564	825	-1785
河北	457	1217	200998	70487	55862	1693	26458	1568	14625
山西									
内蒙古	672	771	89657	32930	18271	1499	6957	734	14659
辽宁	727	1753	296663	111991	79000	4374	29836	5935	32994
吉林	298	498	86790	28886	14199	1057	6523	1332	14687
黑龙江	768	1983	214416	94372	54536	2008	25690	2107	39843
上海	837	5205	3789508	685933	485748	27113	135876	35353	200188
江苏	3574	8591	1848940	908218	634781	30451	211963	31236	273437
浙江	1161	2513	616149	201915	169228	5686	62055	6448	32697
安徽	1841	4327	580972	194350	147812	5128	59949	3645	46540
福建	325	1383	643100	143015	131875	3632	39337	7465	11147
江西	1529	3112	350014	216364	134335	8318	83916	7299	82029
山东	404	1841	280635	127521	111188	4826	33495	6139	16333
河南	408	1315	171120	62509	52269	2068	17342	3134	10240
湖北	557	2052	375873	203606	148920	6953	47445	5955	54680
湖南	1035	2909	263859	176680	107983	9918	48925	12569	68696
广东	2075	4943	417792	284810	252673	18347	95596	14399	32141
广西	1098	2473	168401	140346	113681	8838	47781	6614	26664
海南	103	157	8893	4709	3498	257	1821	178	1210
重庆	658	1605	172524	124961	102559	3061	44060	2541	22405
四川	932	1645	241013	135981	80992	5118	32622	4667	54993
贵州	868	659	79569	23716	16100	450	7960	558	7616
云南	2334	2049	154030	69387	47083	4303	22261	4347	22304
西藏									
陕西	99	502	153914	32033	25977	877	9966	1399	6058
甘肃	210	1099	178090	64882	42227	658	19880	1040	22655
青海	59	211	47901	8714	5795	114	1832	441	2922
宁夏	23	72	4250	2481	1447	30	880	47	1034
新疆	191	1013	270309	80631	40412	1635	14418	2367	40218

2016年各地区按城乡分娱乐场所基本情况(城市)

地区	机构数(个)	从业人员(人)	资产总计(千元)	损益(千元)					
				营业收入	营业成本	养老、医疗、失业等保险费	本年发放工资总额	本年应交税金总额	营业利润
全国	**28586**	**299088**	**48356327**	**26227433**	**21102644**	**1003738**	**7355552**	**1402479**	**5125105**
北京	763	11607	2565177	912470	888140	36064	245491	51878	24328
天津	311	2910	905895	316002	252476	7442	93751	10235	63526
河北	691	7125	776083	423813	337800	9896	125635	10549	86013
山西	671	7614	733180	401143	327438	10879	130842	19337	73706
内蒙古	512	2250	369270	249244	127882	17687	48697	22111	121362
辽宁	1976	11261	1384780	705149	531204	31220	194544	38141	174501
吉林	477	3548	319616	245925	148649	7620	62749	7761	97276
黑龙江	693	5059	446348	281841	176992	3239	84591	11998	104851
上海	1374	15635	5894771	2211872	1897981	112456	474586	144981	313901
江苏	2543	20503	3746913	2665910	2057257	94657	666094	106561	608653
浙江	1626	21204	3798144	2270937	1959612	68437	578483	123237	311342
安徽	1481	12239	2638035	901526	740279	32019	287078	27829	161248
福建	628	14375	1736584	1364277	1172015	32161	313599	88134	192264
江西	923	7043	1223612	664154	431203	28076	197970	24119	232951
山东	939	8633	962968	565845	450661	25910	164658	21114	115185
河南	884	9157	1406816	622264	460332	20513	174295	23475	161933
湖北	916	9614	1704009	894571	680586	25116	249963	33633	213899
湖南	1145	13334	1706539	1225402	894047	66416	339187	69767	331356
广东	2375	44013	5922856	3330648	2905891	189436	1045464	256672	424761
广西	867	10413	1055642	869965	679988	30208	251701	42641	189977
海南	124	2316	248461	156293	127129	3926	54870	7962	29165
重庆	1206	12278	1743246	1131755	977689	38406	377407	40917	154068
四川	1560	15423	1961487	1306816	998115	58159	489952	81758	308703
贵州	427	4732	755862	440283	355522	11979	142381	19947	84760
云南	1528	9061	824918	539098	440914	18831	171975	29522	98186
西藏	10	121	10480	9230	5780		4270		3450
陕西	321	5285	1199962	426340	304533	7216	106498	15643	121810
甘肃	495	4080	789032	379009	280120	3407	98147	12122	98890
青海	78	1115	186562	108565	86663	292	34647	33377	21702
宁夏	488	3575	558320	260304	133817	335	47622	13611	126487
新疆	554	3565	780759	346782	271929	11735	98405	13447	74851

2016年各地区按城乡分娱乐场所基本情况(县城)

地区	机构数(个)	从业人员(人)	资产总计(千元)	损益(千元)					
				营业收入	营业成本	养老、医疗、失业等保险费	本年发放工资总额	本年应交税金总额	营业利润
全　国	**34655**	**259258**	**43164419**	**21747759**	**15591621**	**597072**	**6335977**	**859915**	**6156210**
北　京	195	2991	1394573	247930	130931	9733	43714	9037	116999
天　津	32	336	489615	91720	94152	5148	22038	1490	-2432
河　北	1282	7267	910601	370378	256749	9479	139051	9039	113629
山　西	597	3874	639136	218939	149354	4784	65798	6221	69589
内蒙古	1564	4917	1056914	490439	330420	10731	87256	9186	160019
辽　宁	1328	5693	1070721	427047	255813	8597	98263	13190	171238
吉　林	942	3170	591670	209447	114745	3093	52868	8907	94698
黑龙江	1169	3422	496967	205896	114170	5108	53445	5380	91746
上　海	454	7323	841689	371467	319855	19278	130797	21826	51611
江　苏	3268	21556	3725289	2330714	1704724	71436	650383	103044	625991
浙　江	1978	26720	4570380	3154743	2627350	77340	828454	134623	527394
安　徽	1422	9841	1623744	619040	424915	11061	208064	10627	194127
福　建	985	14688	3568491	1708876	1405834	22795	431067	71469	303049
江　西	1567	9164	1280039	743864	477291	25516	266466	25977	266575
山　东	1031	7866	1121060	504735	317632	13486	141450	9938	187104
河　南	810	6681	1032617	418506	280632	6341	133680	9434	137872
湖　北	823	7130	1026777	497663	312515	23855	149647	20547	185143
湖　南	1514	12731	2057747	1118147	689532	40591	333481	59537	428615
广　东	2042	25916	3384898	1901270	1454721	87125	624176	108358	446561
广　西	1150	10085	1259238	580217	399754	14888	195114	25673	180464
海　南	216	2477	249013	181568	141152	7134	49016	9239	40415
重　庆	563	4335	667630	379798	278350	6590	130577	10204	101447
四　川	2780	17191	2971410	1652144	1066940	62970	480046	78441	585219
贵　州	1640	12475	1942302	1089554	735439	22020	329422	35171	354116
云　南	2749	16239	2558207	1079340	776201	16271	348908	38212	303140
西　藏	105	718	109392	111223	30992	724	21157	757	80232
陕　西	575	4993	856357	370109	251682	4830	108924	10316	118432
甘　肃	716	4195	807164	289759	186453	1223	89074	5562	103312
青　海	180	704	97851	45942	30639	503	10808	700	15305
宁　夏	381	1676	276091	141120	97544	1483	53807	1403	43576
新　疆	597	2884	486836	196164	135140	2939	59026	6407	61024

2016年各地区按城乡分娱乐场所基本情况(县以下)

地区	机构数(个)	从业人员(人)	资产总计(千元)	损益(千元)					
				营业收入	营业成本	养老、医疗、失业等保险费	本年发放工资总额	本年应交税金总额	营业利润
全国	**13830**	**74181**	**13580276**	**5897347**	**4599489**	**183429**	**1784087**	**262893**	**1297945**
北京	65	522	159980	38463	38182	2237	12933	1662	282
天津	52	522	72098	23620	22141	963	8157	785	1479
河北	238	1105	128345	47136	33371	1113	20325	1092	13765
山西	140	1121	130886	34064	26152	969	13267	1571	7913
内蒙古	419	994	118998	53488	23207	698	10009	742	30281
辽宁	565	1672	238535	105590	59623	922	24068	1471	45968
吉林	254	534	54896	25297	14089	729	8255	1474	11208
黑龙江	442	964	79414	40070	20087	705	9773	597	19992
上海	324	2180	918514	337788	258050	7772	79005	11259	79741
江苏	1534	6405	1168054	822566	635355	24508	194920	43001	187211
浙江	1142	10191	1562470	962167	788737	29519	301095	42995	173437
安徽	764	2613	343930	118943	76875	3477	46463	3390	42068
福建	460	5029	1002241	555569	470798	7121	166668	21399	84778
江西	286	1131	97610	55336	37920	2924	24866	1625	17416
山东	160	853	436191	65514	40245	3742	21835	2095	25269
河南	163	813	104754	31672	18600	335	10299	481	13072
湖北	125	584	92850	34283	22889	1755	10617	1687	11394
湖南	382	1705	211486	148542	87549	6533	48854	8679	60992
广东	2010	22177	4693001	1545543	1384098	72787	508850	92035	161468
广西	444	1018	174836	47377	31750	1476	15551	2142	15627
海南	130	787	56602	42782	33493	1696	17119	1362	9289
重庆	406	1186	143247	91245	64101	1513	35106	1236	27145
四川	885	2707	505297	213114	129044	5662	58152	5285	84075
贵州	355	1227	157179	97521	55807	1127	25039	2190	41713
云南	1620	3915	488547	218641	140272	1940	70232	4998	78398
西藏	10	34	3025	1666	1530	10	1310	10	136
陕西	108	620	94972	40684	25790	420	12173	736	14895
甘肃	116	554	152500	36770	21094	209	10438	807	15676
青海	59	490	118393	34147	21009	10	10294	5352	13139
宁夏	39	112	22700	8006	5600	250	2928	83	2406
新疆	133	416	48725	19743	12031	307	5486	652	7712

2016年各地区互联网上网服务营业场所(网吧)基本情况

地区	机构数(个)	从业人员(人)	资产总计(千元)	损益(千元)						
				营业收入	营业成本					营业利润
						养老、医疗、失业等保险费	本年发放工资总额	本年应交税金总额		
全国	**141587**	**488209**	**74849794**	**43231601**	**30106162**	**1152476**	**11423464**	**1228025**		**13129161**
北京	910	4230	625723	238166	191676	6285	87947	9168		46492
天津	816	2768	404366	248436	205469	5761	70028	6106		42967
河北	5201	15115	1770726	846097	566445	14969	266232	14856		279652
山西	3466	11491	1588911	723487	530785	15499	179725	14089		192703
内蒙古	3634	9595	1659584	818326	481384	14474	136424	16229		336941
辽宁	5010	14769	1836432	1176901	807887	33120	277789	39584		369046
吉林	2580	6475	1078990	557204	323649	8527	114780	16340		233540
黑龙江	3420	9494	1209079	654949	385924	21100	146365	20034		268784
上海	1413	6812	976350	601270	516859	29703	186431	24434		84411
江苏	9941	29037	5925141	3611095	2458731	103613	776235	112018		1152365
浙江	8884	30305	5305907	3234298	2604208	77778	961116	85943		630205
安徽	7243	23533	4151147	2057340	1451551	23689	548597	19178		605685
福建	2360	9150	1417365	703926	601921	10605	251112	14465		102004
江西	4893	17235	3137996	1704401	1047571	48591	518743	41701		656880
山东	8422	21521	2697168	1532306	924526	43430	380336	37513		607784
河南	8532	28247	4192163	1872119	1198740	36151	513469	37233		676650
湖北	6699	25292	3943827	2474261	1606156	76207	591923	88060		868228
湖南	12548	39771	6931619	4445275	2629932	130501	1012420	167741		1815340
广东	9408	42870	5794950	3279554	2728073	137192	1079356	109217		551832
广西	3927	14896	1477221	1003431	759834	15814	278706	13323		243837
海南	839	3409	397009	219039	142050	6350	77319	10195		76990
重庆	3513	16211	2323570	1736631	1346571	40057	427422	30821		390062
四川	10058	37669	5324073	3789322	2625066	151980	1065078	158376		1164256
贵州	4110	17088	2744009	1620895	1036489	28160	398840	27124		584408
云南	5102	16842	2405047	1370784	1078759	34769	349201	38328		292026
西藏	151	615	108400	61246	31139	70	19448	88		30107
陕西	3528	15336	2228838	1063264	759169	15545	293126	19942		304095
甘肃	1556	5565	1027493	512865	325706	2433	124383	4971		187160
青海	452	2043	334815	153868	117569	1810	46066	16260		36299
宁夏	1068	3664	737574	421704	247681	6246	89573	25904		174024
新疆	1903	7161	1094305	499142	374644	12052	155277	8786		124397

2016年各地区按城乡分互联网上网服务营业场所(网吧)基本情况(城市)

地区	机构数(个)	从业人员(人)	资产总计(千元)	损益(千元)					
				营业收入	营业成本	养老、医疗、失业等保险费	本年发放工资总额	本年应交税金总额	营业利润
全　国	**49487**	**209756**	**32352795**	**20320065**	**14907378**	**583642**	**5208649**	**656414**	**5412712**
北　京	655	3127	455137	172138	149479	5517	63649	6273	22660
天　津	595	2090	288513	186184	153965	5427	51842	5431	32219
河　北	1322	5242	725809	334768	220581	4705	83751	4797	114187
山　西	1408	4951	773361	390211	292108	9877	93266	7528	98104
内蒙古	1066	3733	687510	385404	236428	2388	50140	5362	148975
辽　宁	2735	9379	1202200	754267	541821	26223	189507	30678	212447
吉　林	1028	3088	507425	324613	202458	5330	62598	8684	122155
黑龙江	1268	4773	569503	305142	191219	5464	59948	3455	113962
上　海	1009	4881	662510	355794	308573	20367	121704	17373	47221
江　苏	3389	11584	2395837	1358881	930426	50991	332835	46227	428456
浙　江	2630	9624	1707123	912267	773392	21308	297802	16552	138991
安　徽	2867	10310	1754955	962429	757593	10840	229274	8394	204837
福　建	678	3318	517147	253069	225991	4762	94306	4584	27077
江　西	1430	6006	1113280	685461	430618	22431	224002	19964	254842
山　东	3159	8848	1084427	595091	367391	13998	151979	17850	227700
河　南	2726	11393	1573720	747605	574723	15868	219973	14757	172883
湖　北	2773	14003	2209590	1537404	1051171	36930	359810	50110	486234
湖　南	4280	19194	3626082	2636788	1647094	78970	546023	103194	989694
广　东	3124	16084	2294202	1401686	1181176	69762	404896	62946	220440
广　西	1045	6223	613637	464744	388317	9247	133387	7086	76427
海　南	247	1397	174748	89871	54259	2204	35053	3361	35612
重　庆	1943	10427	1509778	1315681	1047995	31997	296829	28478	267686
四　川	2716	14485	1811539	1652933	1269015	75114	487095	100065	383919
贵　州	681	3711	594023	402184	310176	9648	100243	6023	92008
云　南	1362	5129	734296	648975	572657	25628	135402	23294	76318
西　藏	74	325	60960	39880	20400		10650		19480
陕　西	1199	6860	951566	487363	369418	6350	138596	8402	117945
甘　肃	487	2264	469599	248636	167335	416	54534	975	81301
青　海	155	991	158540	80607	65147	730	23840	15319	15461
宁　夏	584	2200	469504	289945	160206	1964	54806	23593	129739
新　疆	852	4116	656276	300043	246246	9189	100912	5661	53737

2016年各地区按城乡分互联网上网服务营业场所(网吧)基本情况(县城)

地区	机构数(个)	从业人员(人)	资产总计(千元)	损益(千元)					
				营业收入	营业成本	养老、医疗、失业等保险费	本年发放工资总额	本年应交税金总额	营业利润
全国	**48416**	**164270**	**26854407**	**14186710**	**9293102**	**343409**	**3694668**	**349155**	**4895030**
北京	120	545	80815	36397	19957	530	11258	1027	16441
天津	66	214	33150	24909	21724	189	6330	201	3185
河北	2524	6812	761532	376448	251702	7587	125557	7064	124746
山西	1357	4594	597873	242267	161659	4359	63613	5033	80608
内蒙古	2140	5069	864524	382484	219801	11372	76908	10102	162683
辽宁	1339	3561	436921	289472	178339	5296	61598	6402	111164
吉林	1126	2804	489155	195052	101220	2372	43457	5928	93812
黑龙江	1564	3640	520587	294014	167646	14466	74057	15605	126088
上海	169	775	97249	97058	89072	5128	22202	2480	7986
江苏	3599	10362	2347076	1522489	1066616	32274	274512	39479	455873
浙江	2993	10605	1920794	1211826	952541	23732	331767	29886	259285
安徽	2026	7443	1479860	669827	424420	7759	195376	5687	245407
福建	932	3678	545776	265321	220714	3771	94243	6065	44607
江西	1682	6820	1324545	659037	390090	16559	188745	14248	268947
山东	3498	8728	1159350	689614	413923	22879	165150	14181	275690
河南	2835	9572	1547677	676804	382763	11973	175407	13140	295372
湖北	2050	6812	1165758	602679	354995	26749	144681	24860	247805
湖南	3656	11542	2181344	1117865	631134	29508	277727	39179	486731
广东	2012	9479	1166750	640060	510806	23250	214722	17642	129254
广西	1034	4398	523176	282448	186461	3542	78404	3610	96227
海南	224	977	124580	68988	46509	1938	22112	4659	22480
重庆	739	3350	505829	241545	172160	3789	74799	1373	69386
四川	3570	13494	2223014	1270803	813831	48466	354403	36936	456972
贵州	1800	8802	1550010	898830	552660	13951	216967	17022	346171
云南	2087	7906	1146936	500089	357706	7508	148697	9664	142382
西藏	62	256	42520	18845	9029	70	7088	88	9816
陕西	1265	5416	893991	399631	268741	6862	106370	9260	130890
甘肃	758	2574	451024	205191	125714	1639	54896	3353	79477
青海	201	708	119505	53169	38044	1035	12061	889	15124
宁夏	293	1017	190830	94842	60981	2540	26109	1337	33862
新疆	695	2317	362257	158706	102144	2317	45452	2755	56562

2016年各地区按城乡分互联网上网

地　区	机构数（个）	从业人员（人）	资产总计（千元）	
				营业收入
全　国	**43684**	**114183**	**15642592**	**8724826**
北　京	135	558	89771	29631
天　津	155	464	82703	37343
河　北	1355	3061	283385	134881
山　西	701	1946	217677	91009
内蒙古	428	793	107550	50438
辽　宁	936	1829	197311	133162
吉　林	426	583	82410	37539
黑龙江	588	1081	118989	55793
上　海	235	1156	216591	148418
江　苏	2953	7091	1182228	729725
浙　江	3261	10076	1677990	1110205
安　徽	2350	5780	916332	425084
福　建	750	2154	354442	185536
江　西	1781	4409	700171	359903
山　东	1765	3945	453391	247601
河　南	2971	7282	1070766	447710
湖　北	1876	4477	568479	334178
湖　南	4612	9035	1124193	690622
广　东	4272	17307	2333998	1237808
广　西	1848	4275	340408	256239
海　南	368	1035	97681	60180
重　庆	831	2434	307963	179405
四　川	3772	9690	1289520	865586
贵　州	1629	4575	599976	319881
云　南	1653	3807	523815	221720
西　藏	15	34	4920	2521
陕　西	1064	3060	383281	176270
甘　肃	311	727	106870	59038
青　海	96	344	56770	20092
宁　夏	191	447	77240	36917
新　疆	356	728	75772	40393

服务营业场所(网吧)基本情况(县以下)

损益(千元)				
营业成本	养老、医疗、失业等保险费	本年发放工资总额	本年应交税金总额	营业利润
5905682	**225425**	**2520147**	**222456**	**2821419**
22240	238	13040	1868	7391
29780	145	11856	474	7563
94162	2677	56924	2995	40719
77018	1263	22846	1528	13991
25155	714	9376	765	25283
87727	1601	26684	2504	45435
19971	825	8725	1728	17573
27059	1170	12360	974	28734
119214	4208	42525	4581	29204
461689	20348	168888	26312	268036
878275	32738	331547	39505	231929
269538	5090	123947	5097	155441
155216	2072	62563	3816	30320
226863	9601	105996	7489	133091
143212	6553	63207	5482	104394
241254	8310	118089	9336	208395
199990	12528	87432	13090	134189
351704	22023	188670	25368	338915
1036091	44180	459738	28629	202138
185056	3025	66915	2627	71183
41282	2208	20154	2175	18898
126416	4271	55794	970	52990
542220	28400	223580	21375	323365
173653	4561	81630	4079	146229
148396	1633	65102	5370	73326
1710		1710		811
121010	2333	48160	2280	55260
32657	378	14953	643	26382
14378	45	10165	52	5714
26494	1742	8658	974	10423
26254	546	8913	370	14098

2016年各地区经营性

地区	机构数（个）	从业人员（人）	资产总计（千元）	损益(千元)					
				营业收入	网络游戏	网络音乐	网络动漫	其他	营业成本
总计	**5642**	**185668**	**389239219**	**313939963**	**153149903**	**4380885**	**1220628**	**108822104**	**242615841**
北京	600	43376	194098079	80413484	33770008	241054	243351	39512114	58881308
天津	50	2250	8014863	12002983	8979963	33110	3772	2801729	9925111
河北	29	464	115745	148206	133072	1130	10	11934	155265
山西	11	187	72921	4395	319	196	150	1929	9061
内蒙古	13	220	41876	11253	3233	1473		5560	11350
辽宁	64	2369	7263134	3628124	42175	2874050	876	708209	3785838
吉林	16	590	389349	127107	78886			14502	70940
黑龙江	17	368	379241	84039	39880	1000	1800	25188	70113
上海	299	16297	25531806	17424981	15797313	4996	981	992935	13194483
江苏	257	10695	9229192	9053934	6623502	170	29985	1449344	7144732
浙江	514	16330	22499592	23699369	17961660	350912	545026	2542091	19841804
安徽	236	5655	3474837	4456372	3118427	150	1289	917475	3149976
福建	95	5881	7277582	11830634	11204570	2563	75836	368322	9818326
江西	28	973	2439228	1029466	88260		14013	335505	959594
山东	36	1080	804612	245917	16221	284		64165	198378
河南	60	1968	1267376	1840836	1328575	500	43313	466778	1998111
湖北	23	1694	1018456	1062881	62031		602	980878	1225012
湖南	160	6615	5953870	3415938	341475	1163	88844	2788829	3681397
广东	2776	55523	79808121	103818149	26270401	807294	162395	51474368	91600615
广西	32	955	491570	313407	243839		50	69012	225121
海南	56	1159	867181	687602	594223			83534	564014
重庆	36	1889	8509088	31941255	23214713	210		355168	10642586
四川	60	3531	4640921	3809386	1770885	2004	420	1991434	3624161
贵州	28	2173	2257953	1035757	44129	42761	4181	556616	820319
云南	14	408	210943	34622	11370	25	496	21671	60865
西藏									
陕西	45	1394	616772	234000	74498	250	2608	133556	208744
甘肃	25	484	288215	86874	370	776	100	34194	100108
青海	9	89	39660	4245	500			2805	5644
宁夏	11	153	104610	40398	33198	1000		6200	19969
新疆	42	898	1532426	1454349	1302207	13814	530	106059	622896

互联网文化单位基本情况

							工资、福利费、税金(千元)	
养老、医疗、失业等保险费	住房公积金和住房补贴	差旅费	工会经费	营业利润	营业外收入	政府补助	本年发放工资总额	本年支付的职工福利费
5201974	**1631884**	**4957381**	**1733452**	**71307831**	**4279407**	**1579516**	**41814954**	**1440705**
2069378	854008	290645	1492748	21532176	1984033	257255	9645493	393831
86584	34664	15230	121	2077872	109005	91473	418460	9249
2632	474	1037	55	-7059	530	516	20721	693
105	26	203	19	-4666	50	40	4985	318
501	153	897	260	-98	1		4807	230
156599	19664	149736	122838	-157713	43236	13544	2549188	106179
3523	1876	1050	122	56166	8867	7665	25503	603
2487	1011	1650	409	13925	6592	2763	13382	722
307667	88503	93794	4894	4230495	275912	160072	1576062	84070
208622	41847	65778	26377	1909213	102851	77141	908687	51799
164854	79644	64466	8347	3857571	313075	154220	1550826	163573
51344	8092	18407	593	1306401	49676	40596	289135	32456
639679	40701	16366	12027	2012307	102299	85337	641133	38996
19209	6306	3190	256	69872	16017	10656	122358	6252
9955	2482	2416	1315	47539	8505	7807	80936	1650
252445	69071	19202	1070	-173576	161201	10383	881873	2913
15612	14785	10692	9960	-162132	3064	2734	193028	19399
59015	17064	28457	4931	-265460	276621	38508	470220	24277
706346	293592	3843581	37419	12217535	672259	490133	19715996	420451
5409	1494	1139	188	88286	7794	7023	53974	10880
9161	24405	2854	1197	123587	7609	6158	93389	1746
328868	9162	290382	191	21298669	15732	15553	1756226	30994
61756	15124	22272	5169	185221	47831	43875	419755	20445
6662	1296	3108	816	215437	50030	42918	223009	4685
1782	225	935	55	-26241	459	188	17327	1509
19336	2396	3439	501	25257	6331	4745	73496	4689
2651	499	2010	153	-13235	2180	1040	19564	898
253		235	3	-1399	2110	2110	2042	36
1703	1790	2335	947	20429	1300	1300	9611	713
7836	1530	1875	471	831452	4237	3763	33768	6449

续表

地　区	本年应交税金总额	经营面积(万平方米)	知识产权(种)	拥有自主知识产权网络游戏数	拥有自主知识产权网络音乐数	注册用户数(个)	运营网络文化产品数(个)	网络游戏数	PC端网络游戏数
总　计	**10084448**	**250.09**	**508956**	**20429**	**90174**	**39612242964**	**41598409**	**325816**	**35405**
北　京	3610431	45.98	199063	2766	22388	7088329659	4498894	43679	1556
天　津	427591	2.67	294	216	5	241295711	10006094	5976	81
河　北	1865	0.57	123	100		11016861	264	166	80
山　西	100	0.23	5597	20	5524	720780	25371	4	1
内蒙古	524	0.25	9190	13	9170	107782	20397	13	9
辽　宁	100214	3.57	8549	86	8000	54243130	17920	107	37
吉　林	8884	2.68	191	162		18662226	171	157	86
黑龙江	4251	0.81	644	332	200	3789471	427	221	85
上　海	45652	18.16	141104	2366	2	3010488442	140901	3543	1258
江　苏	266037	14.30	2327	1508	46	6129132020	53459	5845	2384
浙　江	669110	25.01	8674	3549	1830	7518088005	1886871	125917	20738
安　徽	159818	10.80	932	387	211	80339443	1208	808	256
福　建	466966	18.55	4429	1220	354	1246308837	27857	4044	571
江　西	73047	0.98	126	118		13658870	22704	18669	8
山　东	7961	1.50	184	37	105	52087970	607	73	11
河　南	73450	10.67	718	109	270	39391233	61277	271	236
湖　北	37696	2.88	836	91		206361218	822	513	233
湖　南	118775	7.85	4310	244	529	670991358	140427	2040	1412
广　东	3466125	63.20	21512	6141	8666	12146619902	20573571	111787	5852
广　西	31979	1.75	153	143		263539575	2132	61	42
海　南	55744	0.67	177	138		176955039	222	220	49
重　庆	234515	2.44	6806	81	6700	327543391	7346	113	81
四　川	111295	5.87	1040	375	544	186283399	4001384	617	239
贵　州	53383	2.11	295	53		30141213	1814	694	12
云　南	5164	1.51	72769	19	9992	10971280	77703	20	16
西　藏									
陕　西	10375	1.58	606	74	2	43247143	308	118	41
甘　肃	951	1.43	18	5	6	398943	3020	16	12
青　海	235	0.42	9			22745	6508	6	
宁　夏	2870	0.13				27500	11	11	1
新　疆	39440	1.51	18280	76	15630	41479818	18719	107	18

								出口情况	
移动端网络游戏数	进口网络游戏数量	网络音乐数	国产网络音乐数量	进口网络音乐数量	网络动漫数	国产网络漫画数量	进口网络动画数量	出口额（千元）	出口网络文化产品数量（个）
258833	**403**	**39643610**	**6041113**	**21884661**	**355775**	**302822**	**15203**	**3613354**	**12849**
42020	30	3655993	1148078	2467995	185221	144708	2854	1420116	101
5850	1	10000103	1600103	1040000	11	11		40440	6
84	1	87	87		2	2			
3		25323	25003	320	43	43		6	1
4		20382	15382	5000					
56	1	15487	5737	9350	1286	1130	79	7	2
65					1	1			
66	70	100	80	20	56	25	21	3307	11
2142	46	137154	137154		140	140		247252	81
3367	4	119	119		2706	2706		882058	61
74852	9	1335588	479800	654788	22372	22303	68	7450	13
412	4	171	171		24	24		9025	11
3464		8194	8194		15573	15563	10	96326	32
18661		4000	4000		35	35		10	2
61		528	426	102				150	2
35		55864	55864		119	119		8697	4
280					256	256			
515		23906	15417	8489	114130	102017	12113	10321	12177
105455	233	20250962	1454865	14681096	13535	13474	58	816283	324
17		1	1		68	68			
159								5000	7
30	2	7218	7217		12	12			
376	1	4000525	1000524	3000001	5	5		35673	10
681		1088	1088		30	30			
4		72680	55000	17000	2	2		233	1
73	1	55	54		122	122			1
3		3001	3001		1	1			
6		6500	6500						
10									
82		18581	17248	500	25	25		31000	2

2016年各地区艺术品

地区	机构数(个)	从业人员(人)	资产总计(千元)	损益(千元)					
				营业收入	营业成本	养老、医疗、失业等保险费	住房公积金和住房补贴	差旅费	工会经费
总计	**5039**	**29586**	**23900759**	**5875042**	**3582242**	**102832**	**44234**	**85999**	**16600**
北京	79	839	8682030	1521327	376275	14758	6368	6729	829
天津	16	74	26287	24386	21984	336	81	316	17
河北	95	841	201847	37515	24435	2076	387	579	161
山西	66	1120	372718	140966	91931	266	44	2931	427
内蒙古	115	353	119135	41015	32749	483	420	695	634
辽宁	376	1649	453920	121498	62235	2191	1180	881	221
吉林	30	61	4090	1280	690				
黑龙江	10	44	100740	2162	600	9	1	1	1
上海	110	781	1312518	255933	264482	12557	2995	6470	399
江苏	534	5508	4630801	1137085	779443	21235	12606	14291	5364
浙江	412	1396	2224807	454568	332932	5674	1282	4710	161
安徽	216	857	575651	97788	73158	4951	4948	5570	504
福建	107	569	304978	154258	142443	1700	358	1207	174
江西	46	328	71910	45371	33573	401	123	2153	223
山东	762	2973	880303	224339	155413	10145	922	3908	512
河南	146	656	199223	73413	38399	475	148	787	125
湖北	29	230	108541	18584	32311	1198	51	546	32
湖南	327	3963	1396771	363302	211420	6490	2167	9470	2760
广东	635	1846	565474	269659	224516	11136	8872	7808	2353
广西	29	121	97760	91312	61017	420		740	400
海南									
重庆	58	599	119472	251679	228506	756	115	4557	135
四川	176	1369	351141	168674	125367	1717	393	6335	269
贵州	14	156	22270	36370	31598	353		112	52
云南	120	659	44525	41984	25516	1511	490	770	560
西藏									
陕西	94	435	93229	29677	20382	240		235	64
甘肃	365	1455	683212	166393	111752	1680	285	2594	223
青海	55	614	245775	99628	76190	76		1558	
宁夏	17	90	11630	4877	2930			49	
新疆									

经营机构基本情况

营业利润	工资、福利费、税金(千元)			经营面积(万平方米)	拍卖情况					
	本年发放工资总额	本年支付的职工福利费	本年应交税金总额		交易量(件)	交易金额(千元)	结算数量(件)	结算金额(千元)	展览/预展场次(次)	艺术活动数量(次)
2292795	**851360**	**62292**	**174890**	**143.11**	**21637311**	**21265783**	**21230972**	**8184101**	**84077**	**16311**
1145052	39587	2879	27775	4.07	38555	4819042	34999	230913	1120	89
2402	1752	61	2087	0.73	894	8708	392	2741	146	7
13080	10519	690	1748	3.38	31469	10192	29436	8650	1498	168
49037	14928	660	1128	6.27	43384	66990	35695	44496	1003	89
8266	4672	590	471	2.78	10640	92303	9831	4714	2755	78
59264	12985	834	2362	7.70	105394	7022442	5375	24679	7243	110
590	530	20	27	0.34	30	50	30	50	100	10
1562	578	2	8	0.24	62	10	202	22	100	12
-8549	56951	2086	13752	4.76	7975	60097	4607	144494	1516	1841
357642	204755	15237	41590	23.99	20144	176146	18546	158187	8458	2266
121636	44342	2618	7836	6.92	20779105	4303870	20777155	4294392	5735	542
24595	29458	2643	2839	5.00	27094	257962	26826	256552	7131	296
11817	16458	658	4243	3.42	3486	6237	3405	6034	3163	573
11798	15804	1230	5748	1.29	6963	1715	6963	1715	1300	276
68926	82667	4673	4838	13.16	25987	297274	18579	277358	6710	1291
35014	14294	746	3371	4.72	3637	8471	3647	8321	4188	882
-13727	8191	810	1024	1.31	1566	28186	1553	28726	655	486
151882	83340	5165	20561	16.21	86937	3116925	25861	1557150	6235	1097
45142	64992	9451	18957	8.17	14160	21430	13809	19633	1971	88
30295	4176	480	1300	0.33	600	12				10
23174	30242	3195	1601	3.28	243806	135291	46192	135347	3070	1206
43337	37137	3434	4458	6.70	6367	11892	6327	10992	2870	79
4772	4333	170	549	0.35	200	2000				
16468	16662	790	2019	2.97	208	2220	113	890	290	63
9295	8362	446	555	2.91	47457	6317	47487	5063	2488	179
54641	30939	966	2766	8.06	61911	121074	60413	105067	10540	3933
23438	12041	1760	1136	3.18	49222	87120	45714	56780	2311	421
1947	665		144	0.89	20058	601807	7815	801137	1480	219

2016年各地区演出

地区	机构数(个)	从业人员(人)	资产总计(千元)	损益(千元)	
				营业收入	营业成本
总计	**2234**	**34422**	**29551335**	**16017279**	**16769414**
北京	58	1316	3064099	2065195	1994293
天津	55	751	2113060	833912	567646
河北	53	1302	382434	128877	189275
山西	57	610	281922	142038	130248
内蒙古	21	217	162766	31776	35878
辽宁	87	705	867322	495712	1225532
吉林	14	285	31826	16445	19625
黑龙江	28	782	426687	140008	216403
上海	3	114	92650	110710	96781
江苏	319	4091	3021288	1688466	1460827
浙江	172	1945	1356942	694612	591523
安徽	44	1215	455682	293593	233822
福建	79	1170	972659	649554	599302
江西	47	653	676885	143316	284224
山东	44	577	209093	101039	121443
河南	41	435	170741	99970	88173
湖北	64	1737	402467	487872	514502
湖南	61	2516	3957685	2188823	2203053
广东	570	6840	5497548	3358249	2909414
广西	44	1367	821031	202253	209067
海南	19	436	369214	218168	196738
重庆	42	993	287334	171321	232828
四川	39	412	131904	99337	87598
贵州	74	1280	713942	521014	715825
云南	20	388	240553	126411	120664
西藏					
陕西	46	688	674752	298499	305675
甘肃	47	483	358432	131524	1005072
青海	7	235	43292	7315	23721
宁夏	1	35	5222	1184	4499
新疆	78	844	1761906	570088	385769

经纪机构基本情况

		工资、福利费、税金(千元)				
养老、医疗、失业等保险费	营业利润	本年发放工资总额	本年应交税金总额	演出场次(万场次)	观众人次(万人次)	经营面积(万平方米)
356266	**-768641**	**2363203**	**853470**	**22**	**12064**	**366**
30570	70901	144072	51915	3	579	5
8013	267267	52048	79093	1	108	6
20663	-60366	51395	5148		233	10
3776	6690	23426	6864		182	9
1557	-4102	8852	1311		29	5
15755	-729820	57135	83955	1	258	19
1047	-3180	8831	176		81	1
9298	-76375	42670	11764		139	4
1943	13929	12534	5765			
42585	227387	255631	67664	1	1485	65
12385	103088	103918	40460	2	1557	27
11234	59371	65904	9837		309	9
8614	50253	78678	27238		410	10
3259	-149139	129333	2411		332	9
5856	-20404	27374	2805		210	10
2357	11798	15173	6213		253	1
26478	-26630	150974	30425		340	25
32737	-15499	242770	76353		278	17
55221	446584	385979	168916	7	2286	36
10002	-6813	70249	10977		688	17
925	21431	16217	18821		123	9
5319	-61508	39428	5793		156	12
2234	11739	16578	7286		146	5
11738	-194812	86493	27514		134	3
3195	5748	27908	7735		117	9
3749	-7162	34986	9875		1244	6
2652	-873615	120361	29564		205	12
1900	-16406	8251	408		39	3
465	-3315	956	48		2	
20743	184319	85083	57138		143	15

文物业

6

按年份各地区文物业藏品数

单位：件/套

地　区	1995年	2000年	2005年	2010年	2014年	2015年	2016年
总　计	**11331575**	**12491531**	**19964963**	**28642200**	**40635827**	**41388558**	**44558807**
北　京	167342	181864	1152341	3735879	3712745	3678397	3684368
天　津	546695	553684	598813	955735	1034701	1025328	986885
河　北	617098	668097	527123	554831	603224	613234	558198
山　西	394648	397373	897875	775959	1126165	1197673	1458367
内蒙古	352021	367847	442177	461499	557494	572423	731444
辽　宁	225092	214994	423106	724758	779775	754521	827168
吉　林	163694	168976	190796	299574	419123	461091	482126
黑龙江	162820	166115	168899	218877	722207	773220	1013359
上　海	203424	268984	1496698	1444185	4059742	3850202	4005831
江　苏	771836	803066	1933152	2490474	2654416	2601976	2519959
浙　江	396543	494206	869053	896263	1308647	1331284	1446109
安　徽	328780	432385	446566	822095	1005945	1021742	1006694
福　建	218598	263587	419697	445866	546100	561053	541462
江　西	202575	241239	387165	643335	755188	609512	517401
山　东	591720	792763	811316	1448056	1958437	2090547	4306999
河　南	1021544	1260014	1435202	1833281	2043967	2101398	1963555
湖　北	560737	615162	983730	1464517	2158845	1947865	1980655
湖　南	278609	277841	532768	857677	967200	985246	976723
广　东	456762	498102	988920	1121797	1735546	1283237	1290857
广　西	232666	211091	301908	347472	481919	508649	342356
海　南	24938	48731	30140	58398	44440	45155	75795
重　庆		237413	301849	754363	717462	689914	603577
四　川	675154	457941	752459	1147088	3579967	3679655	4455953
贵　州	36892	41579	54690	119594	152462	139048	149523
云　南	214693	244475	299465	453712	1344957	1301043	1345420
西　藏	127026	68650	212691	143071	235462	262984	278587
陕　西	502005	533192	883408	946083	1636437	2885836	2617470
甘　肃	249723	280812	429726	546332	611757	609895	573857
青　海	75233	97052	141121	186276	192902	179008	189988
宁　夏	37881	48620	77025	84093	105768	103783	75362
新　疆	72457	94477	107777	150646	222037	241046	228185

按年份各地区博物馆机构数

单位：个

地　区	1995年	2000年	2005年	2010年	2014年	2015年	2016年
总　计	**1194**	**1384**	**1581**	**2435**	**3658**	**3852**	**4109**
北　京	17	25	34	41	41	40	41
天　津	14	14	18	18	22	22	22
河　北	31	43	46	65	105	107	111
山　西	69	76	86	89	99	100	105
内蒙古	17	25	33	54	75	84	87
辽　宁	26	30	39	61	63	64	65
吉　林	16	16	18	57	78	76	77
黑龙江	29	41	46	76	158	158	176
上　海	12	11	25	27	103	99	99
江　苏	72	86	99	213	301	312	317
浙　江	59	68	80	100	187	224	275
安　徽	30	37	43	120	164	171	171
福　建	64	81	82	94	98	98	98
江　西	82	81	82	108	137	137	138
山　东	56	59	75	114	243	312	393
河　南	66	70	79	111	248	248	270
湖　北	88	94	91	120	174	175	183
湖　南	57	66	73	81	109	113	115
广　东	114	128	146	169	176	177	177
广　西	37	39	49	64	106	124	125
海　南	17	15	16	16	18	18	18
重　庆		14	18	37	78	78	82
四　川	54	50	55	108	206	225	239
贵　州	4	8	11	59	74	73	73
云　南	22	30	32	120	86	86	90
西　藏	2	2	2	2	4	7	7
陕　西	59	67	82	106	238	249	274
甘　肃	52	65	69	102	147	150	152
青　海	8	14	15	18	22	23	23
宁　夏	3	4	6	6	12	12	13
新　疆	12	23	28	71	82	86	90

2016年全国文物业

	机构数(个)	从业人员(人)				
			专业技术人才	正高级职称	副高级职称	中级职称
总　　计	**8954**	**151430**	**47895**	**2300**	**6170**	**18929**
按单位类型分						
文物科研机构	122	4763	2734	342	586	1021
文物保护管理机构	3318	33407	9226	175	916	3814
博物馆	4109	93431	34177	1680	4465	13404
文物商店	68	1364	558	3	50	262
其他文物机构	1337	18465	1200	100	153	428
按隶属关系分						
中央	12	3285	1807	180	463	662
省区市	300	18616	8594	709	1593	3289
地市	1622	47140	16113	737	2255	6834
县市区	7020	82389	21381	674	1859	8144
按部门分						
文物部门	7737	129956	41775	1727	5352	16661
其他部门	1217	21474	6120	573	818	2268

续表 1

	在藏品数中(件/套)		本年修复藏品数(件/套)			
	本年从有关部门接收文物数	本年藏品征集数		一级品	二级品	三级品
总　　计	**99675**	**417577**	**84395**	**455**	**1692**	**14044**
按单位类型分						
文物科研机构		2883	27886	74	173	4264
文物保护管理机构	5029	30388	3168	5	57	279
博物馆	87483	379944	52209	371	1458	9497
文物商店						
其他文物机构	7163	4362	1132	5	4	4
按隶属关系分						
中央	398	2991	1432	22	131	127
省区市	5886	40043	29194	167	672	5424
地市	44977	92282	24620	148	381	6280
县市区	48414	282261	29149	118	508	2213
按部门分						
文物部门	88830	225932	72514	381	1387	13554
其他部门	10845	191645	11881	74	305	490

基本情况

安全保卫人员	登记注册志愿者(人)	文物藏品(件/套)	一级品	二级品	三级品	本年新增藏品
28978	**114281**	**44558807**	**109768**	**764735**	**3631641**	**1399202**
526	227	1187938	1703	3941	27397	92724
5331	8201	2521238	7721	21786	148211	79615
22888	105696	33293561	98832	730608	3370635	1172439
		6997098	52	95	33472	
233	157	558972	1460	8305	51926	54424
374	526	3324574	22630	444356	981974	3590
3119	21142	14815094	32357	158812	1470775	142975
8631	40654	9219349	23683	77488	630561	515101
16854	51959	17199790	31098	84079	548331	737536
24459	88751	33036257	97917	743585	3565140	1144651
4519	25530	11522550	11851	21150	66501	254551

基本陈列(个)	临时展览(个)	参观人次(万人次)	未成年人参观人次	门票销售总额(千元)	本年收入合计(千元)	财政补助收入
12202	**12419**	**101267.45**	**26297.57**	**7282925**	**47148302**	**35454059**
17	32	408.31	26.49	309173	2924636	1754246
864	599	15798.11	2713.31	3073444	9953573	5938291
11321	11788	85061.03	23557.77	3900308	23485213	19020416
					543826	9734
					10241054	8731372
39	102	2682.65	455.87	1128403	2155571	1574476
458	981	10131.32	2759.29	1189618	9827727	7298372
2881	4348	34680.05	8566.85	2815496	15559574	11750987
8824	6988	53773.43	14515.56	2149408	19605430	14830224
8849	10480	82007.07	21643.69	5968819	42774073	33105870
3353	1939	19260.38	4653.88	1314106	4374229	2348189

续表 2

	本年收入合计(千元)					本年支出合计(千元)
	上级补助收入	事业收入	经营收入	附属单位上缴收入	其他收入	
总　计	**1905125**	**4301551**	**1492579**	**42787**	**3952201**	**43690262**
按单位类型分						
文物科研机构	40208	1021801	51282		57099	2450580
文物保护管理机构	1015709	1478861	379903	32910	1107899	8356643
博物馆	829724	1623220	1058451	9877	943525	22869509
文物商店					534092	511727
其他文物机构	19484	177669	2943		1309586	9501803
按隶属关系分						
中央		409921	11080	15000	145094	2324584
省区市	49263	1610374	88444	1070	780204	8857170
地市	720700	1233846	205137	1221	1647683	13787338
县市区	1135162	1047410	1187918	25496	1379220	18721170
按部门分						
文物部门	1632291	3994724	973905	22677	3044606	38958898
其他部门	272834	306827	518674	20110	907595	4731364

续表 3

	福利费	各种税金支出	对个人和家庭补助支出	抚恤金和生活补助	其他资本性支出	各种设备、交通工具、图书购置费
总　计	**129121**	**235310**	**2297068**	**133357**	**9635986**	**911242**
按单位类型分						
文物科研机构	4689	21076	141315	5939	296501	100239
文物保护管理机构	30844	98881	416366	23239	1650301	47335
博物馆	83810	95664	1434660	74805	5329138	639883
文物商店						
其他文物机构	9778	19689	304727	29374	2360046	123785
按隶属关系分						
中央	2761	6196	238837	4012	485411	88145
省区市	19274	29306	494629	20462	1635940	263859
地市	37186	105971	939009	54871	2775952	263009
县市区	69900	93837	624593	54012	4738683	296229
按部门分						
文物部门	104962	182147	2124077	117461	8566107	811985
其他部门	24159	53163	172991	15896	1069879	99257

基本支出	项目支出	经营支出	在支出合计中：			
			工资福利支出	商品和服务支出	差旅费	劳务费
15783307	**25017437**	**1169666**	**9391598**	**18400592**	**429769**	**1803356**
822048	1586189	42278	404885	1598764	71458	414966
3721317	4276928	259727	2279279	3490984	39289	272878
9179900	12610892	865835	5649448	9738405	256775	912778
2060042	6543428	1826	1057986	3572439	62247	202734
869225	1372023	824	393015	994634	21274	75747
2498517	5800890	69084	1451497	4725567	141437	491816
5380158	7806527	154965	3128336	6068023	145872	752375
7035407	10037997	944793	4418750	6612368	121186	483418
14069027	22964356	668235	8382082	16672648	390086	1714311
1714280	2053081	501431	1009516	1727944	39683	89045

资产总计（千元）	固定资产原值	实际使用房屋建筑面积（万平方米）	展览用房	文物库房	实际拥有产权面积（万平方米）
136849766	**74542252**	**3721.60**	**1153.08**	**218.53**	**3558.81**
5573250	1710882	83.56		8.32	20.81
19431861	7517514	1334.35	93.22	16.82	378.38
99563699	61240045	2185.48	1058.75	185.19	2339.89
2320753	367607	15.51		7.98	11.65
9960203	3706204	102.71	1.11	0.22	808.08
7004613	2841403	60.48	8.45	4.19	30.40
32356694	14982047	292.45	96.51	46.54	166.71
38818913	21519784	930.07	379.69	67.95	1992.47
58669546	35199018	2438.61	668.42	99.85	1369.23
103958955	54045179	3176.81	878.70	172.66	3086.56
32890811	20497073	544.79	274.38	45.88	472.26

2016年全国文物保护

	机构数（个）	从业人员（人）	专业技术人才	正高级职称	副高级职称	中级职称	安全保卫人员
总　计	**3318**	**33407**	**9226**	**175**	**916**	**3814**	**5331**
按隶属关系分							
中　央	1	132	25	2	6	15	13
省区市	12	634	153	3	27	45	165
地　市	307	11319	2930	128	438	1215	1361
县 市 区	2998	21322	6118	42	445	2539	3792
按部门分类							
文物部门	3246	30218	8795	160	841	3635	4948
其他部门	72	3189	431	15	75	179	383
按机构类型分							
区域性文物保护管理机构	1922	18117	6455	130	641	2738	2719
专门为一处或几处文物保护单位设立的保护管理机构	1396	15290	2771	45	275	1076	2612

续表 1

	基本陈列（个）	临时展览（个）	参观人次（万人次）	未成年人参观人次	门票销售总额（千元）	省部级及以上科研课题数（个）
总　计	**864**	**599**	**15798.11**	**2713.31**	**3073444**	**12**
按隶属关系分						
中　央	4	28	308.00	50.00	73961	
省区市	6	2	75.33	1.58	175894	
地　市	172	107	5459.53	702.25	1678279	8
县 市 区	682	462	9955.25	1959.48	1145310	4
按部门分类						
文物部门	842	569	13398.94	2544.64	2308267	12
其他部门	22	30	2399.17	168.67	765177	
按机构类型分						
区域性文物保护管理机构	633	443	6825.98	1428.61	1355856	9
专门为一处或几处文物保护单位设立的保护管理机构	231	156	8972.13	1284.69	1717588	3

管理机构基本情况

登记注册志愿者(人)	藏品数(件/套)				在藏品数中(件/套)			本年修复文物数(件/套)			
		一级品	二级品	三级品	本年新增藏品	本年从有关部门接收文物数	本年藏品征集数		一级品	二级品	三级品
8201	**2521238**	**7721**	**21786**	**148211**	**79615**	**5029**	**30388**	**3168**	**5**	**57**	**279**
100	12489				523		523				
	111987	373	1152	7761	88		5				
1614	251167	982	2344	16250	4593	508	2544	918		15	43
6487	2145595	6366	18290	124200	74411	4521	27316	2250	5	42	236
7925	2496761	7640	21600	146695	78854	4792	29864	2957	5	57	279
276	24477	81	186	1516	761	237	524	211			
5818	2109609	5536	15513	117567	75097	3603	29672	2845	4	55	269
2383	411629	2185	6273	30644	4518	1426	716	323	1	2	10

本年完成科研成果					本年收入合计(千元)		本年收入合计(千元)			
专著或图录(册)	论文数(篇)	古建维修、考古发掘报告(册)	获国家奖(个)	获省、部奖(个)		财政补助收入	上级补助收入	事业收入	经营收入	附属单位上缴收入
1452	**238**	**38**	**5**	**20**	**9953573**	**5938291**	**1015709**	**1478861**	**379903**	**32910**
1	10				118972	13811		89236		15000
	16			1	190180	87756	2293	99200		
18	115	10	3	11	4543426	2356004	542008	711368	16953	1033
1433	97	28	2	8	5100995	3480720	471408	579057	362950	16877
1451	226	38	5	20	8970374	5151461	987915	1382789	376890	17910
1	12				983199	786830	27794	96072	3013	15000
1444	192	36	5	19	6577242	3837629	882676	587197	325213	141
8	46	2		1	3376331	2100662	133033	891664	54690	32769

续表 2

	其他收入	本年支出合计（千元）	基本支出	项目支出	文物本体保护	藏品技术保护	展示利用等保护性设施建设
总　计	**1107899**	**8356643**	**3721317**	**4276928**	**1296052**	**12959**	**169498**
按隶属关系分							
中　央	925	102799	82564	20159			
省区市	931	151470	87422	48113	145	20	1230
地　市	916060	3228188	1572209	1637648	230223	1872	30521
县 市 区	189983	4874186	1979122	2571008	1065684	11067	137747
按部门分类							
文物部门	1053409	7470048	3409930	3706061	1246065	12759	168548
其他部门	54490	886595	311387	570867	49987	200	950
按机构类型分							
区域性文物保护管理机构	944386	5265061	2290635	2777264	1016913	11979	78876
专门为一处或几处文物保护单位设立的保护管理机构	163513	3091582	1430682	1499664	279139	980	90622

续表 3

	各种设备、交通工具、图书购置费	资产总计（千元）	固定资产原值	实际使用房屋建筑面积（万平方米）	展览用房	文物库房（含标本室）	实际拥有产权面积（万平方米）
总　计	**47335**	**19431861**	**7517514**	**1334.345**	**93.220**	**16.823**	**378.381**
按隶属关系分							
中　央	1853	454409	323951	2.14	0.07		
省区市	62	271564	74521	2.43	0.95	0.04	4.75
地　市	22207	10467920	3690515	97.91	20.65	3.00	119.55
县 市 区	23213	8237968	3428527	1231.86	71.55	13.79	254.08
按部门分类							
文物部门	40102	16438846	6506844	1302.93	91.96	16.75	359.33
其他部门	7233	2993015	1010670	31.42	1.26	0.07	19.05
按机构类型分							
区域性文物保护管理机构	30889	10435187	4044540	175.97	52.25	10.35	208.45
专门为一处或几处文物保护单位设立的保护管理机构	16446	8996674	3472974	1158.38	40.97	6.47	169.93

		在支出合计中：								
保护管理体系	经营支出	工资福利支出	商品和服务支出	差旅费	劳务费	福利费	各种税金支出	对个人和家庭补助支出	抚恤金和生活补助	其他资本性支出
129002	**259727**	**2279279**	**3490984**	**39289**	**272878**	**30844**	**98881**	**416366**	**23239**	**1650301**
		22665	47885	471	6465	1963	876	7508	165	12527
4915		42286	73984	1603	2461	369	327	10141	501	9364
43182	18330	818965	1685498	13345	117620	14681	79916	242394	11546	322517
80905	241397	1395363	1683617	23870	146332	13831	17762	156323	11027	1305893
128852	255462	2124115	2947010	35882	262748	28164	83206	361315	16738	1591476
150	4265	155164	543974	3407	10130	2680	15675	55051	6501	58825
73669	194243	1336213	2162558	25925	203769	20048	45515	254228	12130	1096548
55333	65484	943066	1328426	13364	69109	10796	53366	162138	11109	553753

文物保护规划和方案设计（个）	文物保护维修情况				进行考古发掘情况				主办刊物（种）	国际合作项目数（个）
	国保单位保护维修项目数（个）	保护维修面积（平方米）	省保单位保护维修项目数（个）	市、县保单位保护维修项目数（个）	考古发掘面积（万平方米）	出土器物（件/套）	原址保护展示面积（万平方米）	异地保护展示面积（万平方米）		
1095	**802**	**37102593**	**509**	**641**	**208.94**	**46549**	**44.43**	**0.31**	**19**	**1**
1	7	500			0.02	20				
117	225	21446466	55	39	28.99	8095	2.46		10	
977	570	15655627	454	602	179.93	38434	41.96	0.31	9	1
1083	789	37064630	506	640	208.94	46549	44.43	0.31	19	1
12	13	37963	3	1						
945	497	13146553	457	605	199.04	45156	14.78	0.31	12	
150	305	23956040	52	36	9.90	1393	29.65		7	1

2016年全国博物馆

	机构数（个）	从业人员（人）	专业技术人才	正高级职称	副高级职称	中级职称	安全保卫人员	登记注册志愿者（人）
总　计	**4109**	**93431**	**34177**	**1680**	**4465**	**13404**	**22888**	**105696**
其中：免费开放	3393	69530	27221	1325	3565	10682	17440	87892
按机构类型分								
综合性	1569	38588	16878	695	2308	6888	9689	43543
历史类	1493	37809	11387	464	1371	4352	9039	33974
艺术类	371	5221	1966	207	257	691	1227	9681
自然科技类	135	3019	1362	117	211	565	582	9655
其他	541	8794	2584	197	318	908	2351	8843
按隶属关系分								
中央	3	2588	1456	122	354	539	355	426
省区市	121	12501	5981	419	1105	2290	2638	21062
地市	960	29795	11965	538	1630	5126	7020	38780
县市区	3025	48547	14775	601	1376	5449	12875	45428
按系统分类								
文物部门	3024	76125	28932	1158	3759	11480	18754	80442
其他部门	446	10043	3132	188	391	1262	2193	15536
民办	639	7263	2113	334	315	662	1941	9718

续表 1

	基本陈列（个）	临时展览（个）	参观人次（万人次）	未成年人参观人次	门票销售总额（千元）	本年完成科研成果：省部级及以上科研课题数（个）	本年完成科研成果：专利（个）	本年完成科研成果：专著或图录（册）
总　计	**11321**	**11788**	**85061.03**	**23557.77**	**3900308**	**451**	**318**	**1022**
其中：免费开放	9496	10474	67806.29	20169.80	202035	349	302	770
按机构类型分								
综合性	4492	6281	28091.69	8668.38	358634	196	48	445
历史类	3362	3066	42305.63	10734.88	2935883	125	223	291
艺术类	903	1204	4324.32	1193.00	26062	32	35	140
自然科技类	480	224	3379.70	1195.59	289521	57	1	63
其他	2084	1013	6959.68	1765.92	290208	41	11	83
按隶属关系分								
中央	35	74	2374.65	405.87	1054442	25		88
省区市	440	960	9843.14	2755.49	808400	190	45	266
地市	2705	4229	29025.06	7840.35	1033368	99	43	328
县市区	8141	6525	43818.18	12556.07	1004098	137	230	340
按系统分类								
文物部门	7990	9879	68199.82	19072.56	3351379	342	260	783
其他部门	1228	838	11786.46	3187.34	484576	83	3	98
民办	2103	1071	5074.76	1297.88	64353	26	55	141

基本情况

藏品数(件/套)				在藏品数中(件/套)			本年修复文物数(件/套)			
	一级品	二级品	三级品	本年新增藏品	本年从有关部门接收文物数	本年藏品征集数		一级品	二级品	三级品
33293561	**98832**	**730608**	**3370635**	**1172439**	**87483**	**379944**	**52209**	**371**	**1458**	**9497**
24072561	72948	444724	2610813	952580	62348	268373	45711	219	1115	8241
15277363	56543	333303	2200060	655055	63205	110364	29307	135	719	4666
6798964	26491	300892	856188	263224	16054	74669	16394	130	393	2524
2326854	3410	48239	164897	20084	275	14650	1659	35	70	125
2882173	8780	15977	24487	127376	465	92485	2955	68	273	2020
6008207	3608	32197	125003	106700	7484	87776	1894	3	3	162
3299804	22630	444356	981974	3067	398	2468	1229		109	26
8205352	30337	150273	1413122	68473	5886	37157	16118	120	567	4298
7169162	22284	72911	579927	482188	37666	86851	15048	143	320	3200
14619243	23581	63068	395612	618711	43533	253468	19814	108	462	1973
24204137	87081	709732	3306417	918649	76875	188823	40539	297	1153	9007
2242265	7247	10404	22296	30014	2852	21004	8278	31	104	235
6847159	4504	10472	41922	223776	7756	170117	3392	43	201	255

				本年收入合计(千元)		本年收入合计(千元)			
论文数(篇)	古建维修、考古发掘报告(册)	获国家奖(个)	获省、部奖(个)		财政补助收入	上级补助收入	事业收入	经营收入	附属单位上缴收入
6016	**121**	**112**	**323**	**23485213**	**19020416**	**829724**	**1623220**	**1058451**	**9877**
4937	102	83	259	16193815	14250068	650633	405848	119670	8634
3315	97	43	130	10355229	9019840	422442	554095	130171	3642
1896	14	13	70	9406408	7324819	242615	825303	679391	1970
274	4	42	71	894438	648942	40755	25652	32085	1590
272		11	24	1109234	702539	15443	179598	129426	
259	6	3	28	1719904	1324276	108469	38572	87378	2675
494	1		2	1432286	1202109		174467	11080	
2589	27	24	92	6024259	5287324	23252	555573	66118	1070
1785	50	35	107	7690425	6661670	144478	427256	161247	188
1148	43	53	122	8338243	5869313	661994	465924	820006	8619
5341	116	61	214	20594413	17464156	594730	1412465	542790	4767
506		22	60	2432473	1507477	198017	202131	412560	160
169	5	29	49	458327	48783	36977	8624	103101	4950

续表 2

	其他收入	本年支出合计(千元)	基本支出	项目支出	文物征集	馆藏品保护	陈列展览	教育与科研
总　计	**943525**	**22869509**	**9179900**	**12610892**	**902033**	**610939**	**1307289**	**303492**
其中：免费开放	758962	16039517	6415148	9183039	746342	518049	1116286	246915
按机构类型分								
综合性	225039	10054223	3911934	5842126	399424	404748	755659	185324
历史类	332310	8958970	3752332	4654900	157703	132811	347526	65574
艺术类	145414	1028673	464837	508131	86235	16473	54029	13325
自然科技类	82228	1092772	486324	525202	124816	25314	52983	22193
其他	158534	1734871	564473	1080533	133855	31593	97092	17076
按隶属关系分								
中央	44630	1656832	596392	1059615	107554	19132	60548	8918
省区市	90922	5533985	1686420	3793730	177970	198477	434830	186445
地市	295586	7561779	3105657	4149537	261539	214791	408482	62309
县市区	512387	8116913	3791431	3608010	354970	178539	403429	45820
按系统分类								
文物部门	575505	19478850	7781206	11128878	565709	530151	1077992	264459
其他部门	112128	2372885	1108253	920221	52041	36197	153169	27028
民办	255892	1017774	290441	561793	284283	44591	76128	12005

续表 3

	各种设备、交通工具、图书购置费	资产总计(千元)	固定资产原值	实际使用房屋建筑面积(万平方米)	展览用房	文物库房(含标本室)面积	实际拥有产权面积(万平方米)	文物保护规划和方案设计(个)
总　计	**639883**	**99563699**	**61240045**	**2185.48**	**1058.75**	**185.19**	**2339.89**	**1399**
其中：免费开放	469841	76300688	48624477	1718.11	845.56	149.63	1854.68	1275
按机构类型分								
综合性	272733	41362662	23419523	1006.53	454.54	101.35	1173.80	738
历史类	205529	29375558	19077958	722.70	353.77	40.13	699.02	404
艺术类	77044	8485107	5651030	125.63	67.09	13.61	70.76	128
自然科技类	38412	10827629	7506403	94.43	49.80	7.40	76.65	18
其他	46165	9512743	5585131	236.19	133.55	22.71	319.66	111
按隶属关系分								
中央	77553	5084838	1973477	48.45	8.38	3.91	24.62	7
省区市	180839	24503019	13079906	247.42	94.77	34.89	135.90	255
地市	204065	24762623	16594466	734.35	359.03	60.65	1093.70	232
县市区	177426	45213219	29592196	1155.27	596.57	85.74	1085.67	905
按系统分类								
文物部门	547859	70934505	42089231	1680.93	785.67	142.00	1892.87	1224
其他部门	59880	14907345	10560616	263.88	143.18	11.62	219.89	51
民办	32144	13721849	8590198	240.67	129.90	31.57	227.13	124

经营支出	在支出合计中：工资福利支出	商品和服务支出	差旅费	劳务费	福利费	各种税金支出	对个人和家庭补助支出	抚恤金和生活补贴	其他资本性支出
865835	**5649448**	**9738405**	**256775**	**912778**	**83810**	**95664**	**1434660**	**74805**	**5329138**
241419	3958868	6717332	219573	765342	47076	25143	1050742	60292	3910671
108976	2366653	4274060	149196	558549	31685	22781	712579	38729	2426773
541524	2370074	3977507	66430	241660	33684	60543	568960	30659	1703865
55522	305195	406834	14557	33778	6738	3079	58541	1792	239668
80035	238694	451443	7071	24051	3957	2828	32137	445	359808
79778	368832	628561	19521	54740	7746	6433	62443	3180	599024
824	310168	570775	7593	50091	345	3887	200228	3574	462794
53835	1012131	3040768	64568	177584	13307	9592	349858	13499	1085826
108965	1939951	3086234	107108	436547	19573	19898	565988	36251	1744288
702211	2387198	3040628	77506	248556	50585	62287	318586	21481	2036230
368669	4796116	8557614	220499	833863	62331	58176	1316720	65410	4318284
333603	644963	994480	19361	56217	13397	26805	103077	5673	426057
163563	208369	186311	16915	22698	8082	10683	14863	3722	584797

文物保护单位保护维修情况				进行考古发掘情况				国际合作项目数（个）	主办刊物（种）
国保单位保护维修项目数（个）	保护维修面积（平方米）	省保单位保护维修项目数（个）	市、县保单位保护维修项目数（个）	考古发掘面积（万平方米）	出土器物（件/套）	原址保护展示面积（万平方米）	异地保护展示面积（万平方米）		
481	**25523291**	**403**	**408**	**58.13**	**127913**	**6.99**	**0.59**	**117**	**283**
362	23030996	350	388	53.32	103617	4.43	0.53	89	241
263	23972602	274	290	51.42	76037	4.29	0.20	44	96
177	967280	99	84	5.63	46550	0.86	0.40	21	97
12	17472	3	6	0.24		0.34		21	48
5	494401	7	3	0.13				7	11
24	71536	20	25	0.70	5326	1.51		24	31
				0.88	12000	0.19		3	2
20	38003	8		3.23	4010	1.86		44	36
159	475701	43	23	24.05	17011	3.55	0.17	11	96
302	25009587	352	385	29.96	94892	1.40	0.43	59	149
459	25402854	396	393	58.12	118157	6.99	0.59	65	178
21	117937	5	8	0.01	8756			10	46
1	2500	2	7		1000	0.00		42	59

2016年全国文物

	机构数(个)	从业人员(人)	专业技术人才				库存文物数(件/套)	
				正高级职称	副高级职称	中级职称		一级品
总　计	**68**	**1364**	**558**	**3**	**50**	**262**	**6997098**	**52**
按隶属关系分								
中央								
省区市	21	761	330	3	32	142	5901876	26
地市	41	550	209		14	112	1022107	26
县市区	6	53	19		4	8	73115	
按系统分类								
文物部门	62	1118	504	2	49	225	4594728	49
其他部门	6	246	54	1	1	37	2402370	3

续表

	损益(千元)							
	主营业务收入	营业成本	养老、医疗、失业等各种社会保险费	住房公积金和住房补贴	差旅费	工会经费	营业利润	营业外收入
总　计	**475282**	**508776**	**32257**	**14001**	**5286**	**2539**	**18997**	**16053**
按隶属关系分								
中央								
省区市	251771	277116	22728	9766	2650	1790	5809	10026
地市	214764	223177	9350	4213	2592	749	12590	5732
县市区	8747	8483	179	22	44		598	295
按系统分类								
文物部门	404634	442784	21317	10885	5075	1937	12534	15399
其他部门	70648	65992	10940	3116	211	602	6463	654

商店基本情况

二级品	三级品	资产、负债、所有者权益(千元)							营业收入
		资产总计	固定资产原价	当年提取的折旧总额	负债合计	所有者权益合计	实收资本	国家资本金	
95	**33472**	**2320753**	**367607**	**12344**	**465792**	**1854961**	**221860**	**198430**	**527773**
31	31358	1696539	222676	8671	257673	1438866	132901	132901	282925
64	2114	586416	133515	3482	201405	385011	75612	52401	235767
		37798	11416	191	6714	31084	13347	13128	9081
52	32758	1899902	238540	7026	443191	1456711	198680	190430	455318
43	714	420851	129067	5318	22601	398250	23180	8000	72455

政府补助(补贴收入)	营业外支出	利润总额	工资、福利费、税金(千元)			实际使用房屋建筑面积(万平方米)			实际拥有产权面积(万平方米)
			本年发放工资总额	本年支付的职工福利费	本年应交税金总额		营业用房	库房	
9734	**2951**	**32099**	**128420**	**5665**	**28694**	**15.51**	**5.96**	**7.98**	**11.65**
7496	2335	13500	80699	3760	14982	10.08	2.52	6.49	7.80
1964	610	17712	45833	1834	13471	5.09	3.29	1.39	3.72
274	6	887	1888	71	241	0.34	0.16	0.10	0.12
9734	1469	26464	97859	4032	23502	12.10	5.15	5.40	8.83
	1482	5635	30561	1633	5192	3.41	0.82	2.59	2.82

2016年文物保护科学

	机构数（个）	从业人员（人）						登记注册志愿者人数（人）
			专业技术人才				安全保卫人员	
				正高级职称	副高级职称	中级职称		
总　计	**122**	**4763**	**2734**	**342**	**586**	**1021**	**526**	**227**
按性质分类								
考古研究	78	2605	1722	241	360	643	184	91
古建研究	13	504	354	26	67	135	57	
其他研究	31	1654	658	75	159	243	285	136
按隶属关系分类								
中央	1	122	115	17	52	37	4	
省区市	44	3044	1698	247	360	647	305	61
地市	66	1474	838	66	162	312	182	166
县市区	11	123	83	12	12	25	35	
按经费来源分类								
文物经费	103	4187	2339	279	507	856	481	222
科研经费	11	481	340	59	66	150	35	
其它经费	8	95	55	4	13	15	10	5

续表 1

	三级品	基本陈列（个）	临时展览（个）	参观人次（万人次）	未成年人参观人次	门票销售总额（千元）	省部级及以上科研课题数（个）	专利（个）
总　计	**4264**	**17**	**32**	**408.31**	**26.49**	**309173**	**187**	**20**
按性质分类								
考古研究	403	9	10	124.58	22.23	25385	51	1
古建研究		2	9	4.90	1.50		16	
其他研究	3861	6	13	278.84	2.76	283788	120	19
按隶属关系分类								
中央	101						19	1
省区市	1126	12	19	212.85	2.23	205324	138	18
地市	3037	4	12	195.46	24.26	103849	27	1
县市区		1	1				3	
按经费来源分类								
文物经费	1169	14	18	394.84	22.89	308324	162	19
科研经费	3095	1	1				23	1
其它经费		2	13	13.47	3.60	849	2	

研究机构基本情况

藏品数(件/套)				在藏品数中(件/套)			本年修复文物数(件/套)		
	一级品	二级品	三级品	本年新增藏品	本年从有关部门接收文物数	本年藏品征集数		一级品	二级品
1187938	**1703**	**3941**	**27397**	**92724**		**2883**	**27886**	**74**	**173**
783297	1547	3009	21750	89880		2801	21640	6	43
392750	34	696	4635	2762			375		30
11891	122	236	1012	82		82	5871	68	100
							203	22	22
562926	1430	2377	14571	74403		2881	13076	47	105
619626	207	1480	11852	18319			8547	5	46
5386	66	84	974	2		2	6060		
921664	1448	3540	25645	85247		2883	24214	73	168
264815	246	360	1384	7477			3672	1	5
1459	9	41	368						

本年完成科研成果					本年收入合计(千元)			
专著或图录(册)	论文数(篇)	古建维修、考古发掘报告(册)	获国家奖(个)	获省、部奖(个)		财政补助收入	上级补助收入	事业收入
125	**934**	**278**	**9**	**51**	**2924636**	**1754246**	**40208**	**1021801**
76	656	148	4	44	2079112	1139826	29668	853657
9	75	93	1	2	222336	117777		84148
40	203	37	4	5	623188	496643	10540	83996
12	56	37		2	100431	38841		60697
70	690	185	5	43	2183330	1201231	15780	907240
42	180	47	4	6	615685	495296	23428	53864
1	8	9			25190	18878	1000	
110	808	271	9	46	2426568	1414289	30111	891299
12	122	7		5	480710	329303	10097	126813
3	4				17358	10654		3689

续表 2

	本年收入合计(千元)		本年支出合计(千元)				
	经营收入	其他收入		基本支出	项目支出	文物征集	馆藏品保护
总　计	**51282**	**57099**	**2450580**	**822048**	**1586189**	**94398**	**698**
按性质分类							
考古研究	20349	35612	1647054	465425	1163151	64235	381
古建研究	19231	1180	192033	56887	123069	12800	317
其他研究	11702	20307	611493	299736	299969	17363	
按隶属关系分类							
中央		893	98679	81769	16910	13762	
省区市	21491	37588	1786498	532522	1239674	77519	605
地市	24829	18268	540566	195625	318150	2817	93
县市区	4962	350	24837	12132	11455	300	
按经费来源分类							
文物经费	39130	51739	2091737	751867	1309620	91899	698
科研经费	11702	2795	337154	62236	263195	2399	
其它经费	450	2565	21689	7945	13374	100	

续表 3

	对个人和家庭补助支出	抚恤金和生活补贴	其他资本性支出	各种设备购置费	资产总计(千元)	固定资产原值	公用房屋建筑面积(万平方米)	文物库房(含标本室)面积
总　计	**141315**	**5939**	**296501**	**100239**	**5573250**	**1710882**	**83.56**	**8.32**
按性质分类								
考古研究	90352	4647	125123	52544	2915500	744555	22.43	6.48
古建研究	12033	122	14790	4826	428991	88465	46.18	0.64
其他研究	38930	1170	156588	42869	2228759	877862	14.95	1.20
按隶属关系分类								
中央	16278	203	1352	1352	536972	209386	1.32	0.28
省区市	91915	5219	217890	74729	4497827	1253928	25.63	5.07
地市	31414	271	70883	23785	529392	238817	55.96	2.84
县市区	1708	246	6376	373	9059	8751	0.65	0.13
按经费来源分类								
文物经费	121314	2757	268664	95990	4856343	1497495	33.62	7.35
科研经费	18724	3171	27657	4249	694804	207767	6.41	0.97
其它经费	1277	11	180		22103	5620	43.54	0.00

			在支出合计中：					
陈列展览	教育与科研	经营支出	工资福利支出	商品和服务支出	差旅费	劳务费	福利费	税金支出
5120	**14804**	**42278**	**404885**	**1598764**	**71458**	**414966**	**4689**	**21076**
1783	476	18478	225930	1205349	54683	339301	2812	9849
230	10153	12077	38958	126252	2716	53559	515	8149
3107	4175	11723	139997	267163	14059	22106	1362	3078
			22588	58461	6108	10989		924
4890	14409	14302	273666	1194212	59730	267744	3834	17574
230	395	26791	100082	338187	4967	134432	767	2163
		1185	8549	7904	653	1801	88	415
5120	14792	30185	359942	1333002	62128	343617	3897	20013
	12	11723	38143	252330	9026	68584	792	1063
		370	6800	13432	304	2765		

			进行考古发掘情况					
实验室面积	实际拥有产权面积（万平方米）	文物保护规划和方案设计（个）	考古发掘面积（万平方米）	出土器物（件/套）	原址保护展示面积（万平方米）	异地保护展示面积（万平方米）	国际合作项目数（个）	主办刊物（种）
1.58	**20.81**	**389**	**75.24**	**139208**	**2.94**	**4.76**	**14**	**21**
0.69	10.43	155	71.51	136446	2.94	4.76	9	13
0.03	0.82	95	1.03	2762				2
0.86	9.57	139	2.70				5	6
0.13	3.15	49						1
0.78	15.10	325	52.69	121126	1.84	4.76	14	16
0.60	2.36	15	21.58	16392	1.09			4
0.07	0.21		0.97	1690	0.02			
1.34	19.54	380	64.45	120819	2.08		10	17
0.24	1.27	8	8.10	18389	0.86	4.76	4	3
	0.01	1	2.69					1

2016年全国各地区

地区	机构数(个)	从业人员(人)	专业技术人才	正高级职称	副高级职称	中级职称	安全保卫人员	登记注册志愿者(人)
总计	**8954**	**151430**	**47895**	**2300**	**6170**	**18929**	**28978**	**114281**
北京	113	4711	749	11	82	306	649	878
天津	39	973	602	13	94	260	155	989
河北	309	8745	2249	103	346	820	1577	2961
山西	348	7632	1719	29	152	652	1499	2836
内蒙古	187	2429	1312	66	204	525	417	2317
辽宁	144	3686	1545	83	230	808	568	2864
吉林	140	1572	807	61	166	321	245	2307
黑龙江	268	3232	1445	96	287	628	666	3428
上海	109	3273	1692	57	162	718	518	7571
江苏	426	7805	2535	163	330	986	1814	8849
浙江	443	9106	2706	214	425	1024	1528	14947
安徽	277	3243	1362	55	151	490	832	3393
福建	146	2580	967	63	115	380	650	2703
江西	239	4191	1362	62	136	502	911	2653
山东	587	12253	4347	218	556	1711	1903	9472
河南	564	11755	2773	136	362	1172	2375	6896
湖北	310	5162	2303	97	261	1033	955	2590
湖南	268	4813	1250	31	119	518	833	2352
广东	269	4546	1915	48	166	791	931	5527
广西	208	2575	1108	42	87	426	581	3732
海南	44	606	138	3	9	38	165	55
重庆	117	2681	931	62	130	294	570	7591
四川	480	8781	2296	106	209	801	1932	4752
贵州	186	2161	638	22	58	169	401	524
云南	225	1970	1323	38	219	656	390	951
西藏	1183	2335	174	4	17	45	429	6
陕西	654	15075	3307	156	347	1280	2986	6339
甘肃	319	6867	1514	51	163	516	1333	3030
青海	108	691	244	6	37	99	121	14
宁夏	39	709	293	8	41	107	150	244
新疆	193	1987	482	16	46	191	520	984

文物业基本情况

文物藏品(件/套)	一级品	二级品	三级品	在藏品数中(件/套)			本年修复藏品数(件/套)	一级品
				本年新增藏品数	本年从有关部门接收文物数	本年藏品征集数		
44558807	**109768**	**764735**	**3631641**	**1399202**	**99675**	**417577**	**84395**	**455**
3684368	971	10910	72324	15030	2925	1812	945	1
986885	1043	5376	134274	1333	935	391	2337	36
558198	1349	12880	60510	9863	298	2047	833	4
1458367	4169	9368	81372	128050	8151	1425	3481	3
731444	2342	7293	13788	150305	3533	20730	518	2
827168	2320	15441	162381	4989	545	3668	1513	
482126	556	5990	62133	13865	1260	11076	1348	1
1013359	2832	6390	46244	21783	993	13478	955	
4005831	2104	49487	172078	12979	2271	9129	425	27
2519959	4077	18536	467377	16940	1876	9171	6916	25
1446109	3992	12174	80759	78644	15855	32070	1569	29
1006694	2550	5615	60121	15400	6887	3492	1495	6
541462	1085	2999	100066	7324	454	4664	228	1
517401	3131	6607	55519	3940	259	2902	715	2
4306999	12640	15542	95375	457747	526	53224	19842	29
1963555	2641	17071	258252	50316	9051	23304	5207	75
1980655	8079	13406	135653	39126	602	30240	8652	2
976723	1962	7102	65483	42906	12811	8062	6985	10
1290857	1399	15111	65133	43474	9875	20824	1429	1
342356	320	5265	27866	7935	2	5765	316	
75795	124	459	2400	4077	162	3683	2	
603577	1375	2945	27554	5906	1360	2686	3507	7
4455953	5651	14809	125645	183405	7247	120848	3349	19
149523	741	2323	6098	2300	253	1634	569	33
1345420	1013	2257	18908	20487	585	3855	772	5
278587	3651	21181	47430	752	100	120	17	
2617470	8560	14779	84770	39291	6025	17451	4802	72
573857	4751	12922	106613	6843	4345	1730	2785	16
189988	664	1054	2559	158	3	86	575	17
75362	367	3756	6962	5557	1	4081	233	4
228185	679	1331	4020	4887	87	938	643	6

续表 1

地　区	二级品	三级品	基本陈列（个）	临时展览（个）	参观人次（万人次）	未成年人参观人次	门票销售总额（千元）	本年收入合计（千元）
总　计	**1692**	**14044**	**12202**	**12419**	**101267.45**	**26297.57**	**7282925**	**47148302**
北　京	13	66	126	172	1994.35	413.06	420373	3733333
天　津	162	1935	71	113	1036.75	291.31	20921	325649
河　北	10	385	281	437	3559.82	1053.84	381983	1689885
山　西	168	1453	186	166	2409.42	423.96	409564	1973610
内蒙古			326	192	1218.08	343.29	13146	807027
辽　宁	12	202	250	240	1753.02	432.88	169065	832457
吉　林	1	3	120	244	945.34	349.18	43351	473398
黑龙江	92	128	482	430	2217.37	669.65	50378	619973
上　海	83	38	672	431	2226.20	523.08	239748	2022084
江　苏	40	200	884	1129	8789.95	2224.37	179517	1934901
浙　江	72	127	844	1354	8598.83	1939.91	319435	4305555
安　徽	18	273	527	417	2995.85	932.14	18953	673526
福　建		136	274	654	2588.31	920.63	330	754345
江　西	4	84	311	278	3685.08	1188.58	4968	963694
山　东	174	1242	1469	1051	7334.68	2097.29	915281	3084038
河　南	119	1160	578	578	5997.47	1805.98	408787	1859330
湖　北	111	3310	564	467	3690.61	1057.89	25475	1580200
湖　南	94	575	249	251	5365.59	1640.46	22782	1630797
广　东	1	49	764	1060	5011.03	1127.76	231186	2096044
广　西	7	39	300	277	1951.58	563.77	2079	745945
海　南			59	74	248.49	35.27	4091	277061
重　庆	73	164	237	230	2602.23	746.16	111218	892218
四　川	104	436	684	582	6676.77	1678.91	641734	2263340
贵　州	13	261	169	121	1786.18	493.40	600	527519
云　南	11	78	331	272	2383.66	638.72	13950	513788
西　藏		12	13	19	374.91	76.16	184317	1158824
陕　西	102	1408	792	467	6907.06	1124.45	960005	4241298
甘　肃	53	58	357	361	2876.94	729.75	335246	1777768
青　海	11	30	42	25	311.53	57.74	1210	293960
宁　夏	9	58	44	77	324.83	63.79	16763	378419
新　疆	4	7	157	148	722.92	198.38	8066	562745

财政补助收入	上级补助收入	事业收入	经营收入	附属单位上缴收入	其他收入	本年支出合计(千元)	基本支出	项目支出
35454059	**1905125**	**4301551**	**1492579**	**42787**	**3952201**	**43690262**	**15783307**	**25017437**
2691360	1476	495359	303940		241198	3448687	851126	2350726
245758	1205	29748	2592	1070	45276	320783	200256	75274
1160780	23096	446580	13052		46377	1607725	770702	793603
1641566	49543	175806	12947	10021	83727	1816694	546734	1229289
768960	7647	9201			21219	817264	275719	540795
729680	53748	24462	100		24467	839155	475192	346648
446762	1045	15401			10190	421796	152501	260533
452364	55007	1559	3443		107600	538176	245615	261111
1206215	46727	573865	45085	60	150132	1778716	750011	943749
1529336	53974	75677	67818		208096	1888429	824076	855344
2539284	356994	350070	33779	1518	1023910	3426452	1334689	1987087
512233	41819	47326	9391		62757	725654	264954	419692
664944	26085	13182	2398		47736	626353	199241	417577
725909	151638	14786	9243		62118	740629	322960	378853
1663510	92311	296437	361266	5730	664784	2991839	1030729	1163668
1416536	40637	294700	31605	30	75822	1724446	834615	840454
1225342	143633	96061	35439	6340	73385	1585623	386411	971100
1428671	42694	42121	6001	60	111250	1413080	429007	940717
1908578	29934	86290	4093	1	67148	1998775	728536	1214992
649201	22397	27420	24312	5	22610	557071	157091	379001
268222	2769	4527	1115	5	423	282730	85258	195898
667727	138241	44819	7195		34236	754937	226084	508983
1782584	50130	261370	11192	50	158014	2222386	666924	1487319
425934	46007	21718	250		33610	443597	154641	282946
422378	24290	40246	537	100	26237	624066	214874	399824
1005161	13729	82847	13566	475	43046	1294862	248522	810962
3077708	301935	148783	458222	2319	252331	3715194	1511899	1889555
1563110	33356	159031	16611		5660	1701908	738105	948224
275564	1267	5507			11622	244071	62276	179347
349045	15487	1834	6149		5904	235101	68015	160304
435161	36304	4897	158	3	86222	579479	157319	411839

续表 2

地　区		在支出合计中：						
	经营支出	工资福利支出	商品和服务支出	差旅费	劳务费	福利费	各种税金支出	对个人和家庭补助支出
总　计	**1169666**	**9391598**	**18400592**	**429769**	**1803356**	**129121**	**235310**	**2297068**
北　京	124035	500720	1539583	3675	21155	10489	1704	110913
天　津	2247	92560	134566	1445	4163	1342	746	38609
河　北	28673	459918	697864	6646	89823	3502	9790	108089
山　西	24519	385049	729898	12247	81570	2107	6234	75977
内蒙古	351	159430	220946	12741	48106	690	162	37540
辽　宁	1220	229413	387321	8643	93168	575	631	105912
吉　林	195	91638	196110	4413	27365	28	2367	40431
黑龙江	30728	142893	176224	9253	23700	1633	198	55170
上　海	24819	428821	897974	5265	8326	5933	3107	22126
江　苏	58874	516559	846807	24593	74289	3994	2723	137729
浙　江	49374	723082	1661774	18154	125127	25016	24641	174637
安　徽	30270	153816	316278	10717	34546	2571	1538	52547
福　建	2560	146475	278051	9206	22628	435	322	27118
江　西	8653	187753	298083	10531	30129	3799	735	56446
山　东	292881	606535	1057687	16935	50933	7867	42861	119717
河　南	43156	475334	802429	22767	195295	5103	6706	85933
湖　北	24057	267720	701489	54329	208451	4287	4520	75981
湖　南	10095	261315	676840	20034	65619	3821	1014	56633
广　东	8041	402576	877331	9916	50396	6389	13505	216117
广　西	17317	127020	221261	11375	13469	842	7443	29189
海　南	1574	38919	85057	3438	6675	222	184	7804
重　庆	13438	142265	357474	18253	46604	1497	1823	43086
四　川	46972	539261	925140	31041	104841	6748	18767	59305
贵　州	2216	106907	169306	6969	13435	488	796	26577
云　南	2802	132517	252396	9002	29319	490	435	21463
西　藏	8404	242071	116937	3004	1143	392		11080
陕　西	287250	877737	1944380	29449	152996	20534	28003	130523
甘　肃	12093	363345	526172	19612	54096	4385	46777	94164
青　海	57	39679	39135	1995	4159	468	230	10373
宁　夏	6782	47070	57690	3241	11996	33	141	8989
新　疆	5189	110185	213755	9606	34087	680	1011	18053

			资产总计(千元)	固定资产原值	实际使用房屋建筑面积(万平方米)	展览用房	文物库房	实际拥有产权面积(万平方米)
抚恤金和生活补助	其他资本性支出	各种设备购置费						
133357	**9635986**	**911242**	**136849766**	**74542252**	**3721.60**	**1153.08**	**218.53**	**3558.81**
6573	787924	37197	6794197	3025957	69.60	16.53	4.27	27.19
398	12042	3839	1109154	594980	21.46	9.87	3.90	2.56
2545	317087	12371	3855282	2562556	89.18	40.04	5.41	67.45
3674	445297	46483	3062851	1649445	82.77	30.31	6.28	116.38
2695	389486	41797	3215424	2069810	65.02	31.23	4.79	31.13
12400	83700	30258	2349843	1702350	61.80	28.64	5.54	101.59
1537	70068	12972	634704	347694	31.88	16.70	2.30	13.21
3008	162297	10999	3583757	2314676	69.45	41.94	4.87	26.40
889	326467	24627	10034406	6186027	75.96	34.11	9.24	34.65
2201	216753	35467	8493101	6261058	224.73	111.87	14.33	172.78
3993	668798	48930	11632653	5331709	178.73	75.68	12.08	94.20
5166	180917	10290	2521714	1640502	73.84	36.82	6.20	81.54
1400	134436	8403	1507806	672707	53.53	23.40	4.18	52.05
3218	159016	11983	2680545	1307281	117.78	34.69	5.75	165.70
8532	554353	81235	12449712	6257920	270.99	132.70	25.38	240.81
3934	348334	44612	5517544	2363453	135.21	62.09	15.28	97.74
2169	476774	16831	3415076	1975253	93.51	38.84	9.47	63.74
5130	382237	27777	3608764	1746623	70.43	26.90	5.64	64.26
24168	301476	34346	4109796	2595822	131.65	50.72	10.48	137.38
1301	147916	20223	1937734	1074900	58.33	31.95	5.03	37.64
1490	149961	31987	564943	344390	7.11	2.76	0.22	6.93
1344	194112	6036	1942387	1071313	57.84	26.43	5.00	34.37
4104	552533	76411	12416446	7477483	170.56	77.37	15.64	119.12
1318	84322	5157	1553317	695682	38.69	17.54	2.84	37.46
420	194979	6391	1737295	851395	62.87	23.64	3.87	39.26
684	140663	263	1672126	459688	1058.48	3.99	3.97	803.32
17511	613044	53228	9503280	5146269	154.32	61.44	12.21	729.07
6431	665532	61272	5476755	2834304	75.55	29.82	5.50	95.16
191	73268	8388	234904	209182	10.63	3.56	1.62	9.23
483	93624	615	569830	196529	14.47	6.86	0.90	11.72
438	223159	12709	1659807	733891	34.77	16.16	2.19	14.40

2016年全国各地区

地　区	机构数(个)	从业人员(人)	专业技术人才				安全保卫人员	登记注册志愿者(人)
				正高级职称	副高级职称	中级职称		
总　计	**300**	**18616**	**8594**	**709**	**1593**	**3289**	**3119**	**21142**
北　京	48	1507	448	11	75	188	211	304
天　津	11	725	468	13	80	208	96	655
河　北	16	918	405	42	102	151	325	1458
山　西	17	991	310	15	57	107	206	1771
内蒙古	4	197	149	36	33	52	22	1186
辽　宁	5	246	174	15	36	85	17	85
吉　林	6	183	143	25	53	47	11	297
黑龙江	13	461	260	28	91	80	105	255
上　海	10	724	526	33	73	222	34	507
江　苏	8	1017	298	21	43	89	276	350
浙　江	10	595	339	69	86	111	52	1098
安　徽	8	371	268	16	44	100	32	432
福　建	8	551	221	19	31	92	158	805
江　西	9	750	333	18	44	138	143	1374
山　东	9	496	267	18	34	106	37	257
河　南	8	774	334	42	76	140	182	454
湖　北	8	627	311	34	62	98	55	557
湖　南	13	725	316	20	46	114	150	332
广　东	7	265	177	11	26	72	11	132
广　西	7	410	285	23	27	115	55	834
海　南	4	176	79	3	8	28	61	
重　庆	6	786	363	30	64	107	66	4070
四　川	6	368	181	10	32	74	30	530
贵　州	4	175	76	11	20	25	10	
云　南	5	192	141	15	30	52	18	300
西　藏	7	649	142	4	15	38	114	
陕　西	11	1444	616	58	134	262	170	1451
甘　肃	13	1522	520	42	92	220	320	1372
青　海	7	221	106	5	26	40	57	
宁　夏	6	239	134	8	23	52	33	123
新　疆	6	311	204	14	30	76	62	153

省级文物业基本情况

文物藏品(件/套)	在藏品数中(件/套)						本年修复藏品数(件/套)	
	一级品	二级品	三级品	本年新增藏品数	本年从有关部门接收文物数	本年藏品征集数		一级品
14815094	**32357**	**158812**	**1470775**	**142975**	**5886**	**40043**	**29194**	**167**
3622345	670	10171	69078	10295		7	798	1
969956	1042	5356	134055	1145	927	214	2297	36
246541	537	3574	32719	713		674	426	3
626030	2176	1751	57193	55324	718	649	1988	3
163222	854	2284	3071	165			333	
313808	892	5054	58571	93		93	867	
161624	295	3404	45335	1			400	
383262	2268	3605	22020	3966	189	3464	59	
3019640	1093	43558	158653	1608	147	1251	114	2
432389	1062	9379	360591	267	153	92	4639	8
305878	1319	5735	36671	22532		21205	402	3
486567	897	2481	13353	3302	185	349	106	1
211549	572	502	42446	77	42	35	30	1
86114	549	1775	13169	255		15	37	2
271900	3423	3768	46042	491		56	2348	
332763	619	3197	79724	5325	2370	525	494	1
490071	1028	2564	36005	4841		1214	3426	
410690	613	2087	25952	125		103	1970	1
358137	419	6608	13137	1990	1054	930	467	
125890	158	2322	7884	1611		1611	191	
54296	75	233	1534	3219		3219		
256990	1129	2164	18655	547		268	1951	7
253654	750	2186	42669	18372	1	98	587	
42084	472	1000	4002	200			425	2
226585	509	1391	12210	891		891	208	
177127	1407	16868	34502	100	100		8	
432052	3614	5100	18603	1807		6	1606	70
187744	2725	6460	76861	288		205	2512	10
67550	465	689	615	12		6	116	6
40036	281	2834	3837	2844		2844	207	4
58600	444	712	1618	569		19	182	6

续表 1

地　区	二级品	三级品	基本陈列（个）	临时展览（个）	参观人次（万人次）	未成年人参观人次	门票销售总额（千元）	本年收入合计（千元）
总　计	**672**	**5424**	**458**	**981**	**10131.32**	**2759.29**	**1189618**	**9827727**
北　京	13	59	55	91	457.88	75.84	9051	1426465
天　津	162	1935	33	68	900.38	269.59	5716	255158
河　北	10	374	34	51	335.48	93.66	400	259989
山　西	105	950	17	40	238.54	102.32	638	267082
内蒙古			12	18	198.61	66.21		97599
辽　宁	6	56		15	55.08	16.53		140453
吉　林			3	20	102.64	60.09		109271
黑龙江	6	13	35	58	293.67	140.86		113464
上　海	6	31	17	38	349.22	63.79	70	860078
江　苏	15	81	26	52	652.04	87.62	92857	268248
浙　江	4	43	21	50	527.71	245.96		625051
安　徽	1	36	14	15	146.29	70.78		172950
福　建		26	11	50	339.20	85.38		115656
江　西	2	33	19	8	682.88	237.25		211477
山　东	77	582	11	35	139.50	69.15		330145
河　南	8	166	14	29	172.70	41.17		243765
湖　北	29	197	12	20	201.94	19.61		576159
湖　南	37	167	9	17	947.02	256.19	236	508806
广　东			9	15	199.19	48.32		241333
广　西	7	14	14	27	243.99	50.57		135978
海　南			5	33	70.78	1.02		99561
重　庆	15	32	20	52	1182.00	401.04	4401	392124
四　川	6	24	8	9	98.72	8.85		151232
贵　州	9	231		2	15.00	5.70		69467
云　南			7	12	91.20	45.62		102416
西　藏		4	7	16	88.78	2.22	169992	209187
陕　西	101	274	14	42	818.50	148.38	695564	1180258
甘　肃	31	26	13	27	338.72	17.20	208330	390385
青　海	9	6	3	6	111.50	20.68		53841
宁　夏	9	58	8	59	51.87	1.56	363	80883
新　疆	4	6	7	6	80.31	6.14	2000	139246

财政补助收入	上级补助收入	事业收入	经营收入	附属单位上缴收入	其他收入	本年支出合计(千元)	基本支出	项目支出
7298372	**49263**	**1610374**	**88444**	**1070**	**780204**	**8857170**	**2498517**	**5800890**
877712		355146			193607	1146590	261694	762095
183450	1205	25252		1070	44181	256907	152217	61684
174976		82677	1353		983	258128	102764	154767
167330	150	86757	1212		11633	262686	56406	195164
88048		6601			2950	116402	32998	83404
121530		110			18813	156323	63440	80865
101571		9603			-1903	106745	26463	77525
112675		350			439	100584	49891	50643
430599	634	340151			88694	703943	175689	477262
161314	17438	41994	37141		10361	259939	88739	130484
533499		39580			51972	479535	107842	338459
120002	200	38277	1654		12817	175305	45714	118803
100422	2838	7875	2325		2196	112486	35065	75067
156916			8541		46020	197674	47198	116905
201039		87366			41740	258956	65149	156021
134947	90	98458	4662		5608	216479	62251	151766
459574		68822	4272		43491	478819	77077	380473
457841		23209	1075		26681	381475	62280	291774
200024	370	23683	3439		13817	215456	48294	149256
83078		23472	19231		10197	126434	21263	91271
98141		1384			36	102912	15751	87161
334162	12090	39436			6436	331777	92426	239351
93089	150	40806			17187	144101	40087	91063
57516		11678			273	100636	15731	84905
51112		39460			11844	105469	58277	40997
102378	1830	76181			28798	213942	79378	116969
1143819	150	931			35358	1060460	297786	738499
346305		30844			13236	433776	222110	209952
46824	30	4088			2899	58508	22647	33638
70728	2000	1740	3539		2876	103172	32986	67152
87751	10088	4443			36964	191551	38904	147515

续表 2

地区		在支出合计中：						
	经营支出	工资福利支出	商品和服务支出	差旅费	劳务费	福利费	各种税金支出	对个人和家庭补助支出
总　计	**69084**	**1451497**	**4725567**	**141437**	**491816**	**19274**	**29306**	**494629**
北　京		129702	615719	2489	5514	2050	603	39986
天　津		70090	107705	1343	2188	1149	727	29436
河　北	597	61550	141702	3186	37627	517	4673	34183
山　西	947	46154	166956	3691	50115	333	1466	22935
内蒙古		14765	73050	6012	30130	17	143	6132
辽　宁		18114	93429	4263	8836		3	9434
吉　林		13273	73348	1417	18197		1803	9712
黑龙江	50	24439	38219	1026	7983	59	44	24517
上　海		124771	347297	1563	3465	1602	26	6631
江　苏	33859	59381	156490	9927	15121	53		20198
浙　江		66357	151158	6617	24356	3194	1953	11548
安　徽	1066	22341	108551	4362	20433	765	67	21929
福　建	2354	31609	56623	4289	4817	3	117	8534
江　西	4471	45472	103071	5696	13336	1137	282	14646
山　东		33417	133432	4069	16968	171	1149	22658
河　南	2462	43682	149264	6401	34693	749	493	12157
湖　北	2025	39714	241918	9356	34892	1151	2428	26470
湖　南	1059	37994	245281	7209	27378	204	161	10919
广　东	5083	24453	150249	1035	864	557	552	20881
广　西	12077	35660	60732	6816	6448	536	7353	5538
海　南		14145	26172	2600	1839		91	1634
重　庆		59026	216949	9726	25833	274	1213	23178
四　川		36119	76378	8355	7957	303	1259	7952
贵　州		12600	45486	1899	3567		399	4499
云　南		20123	74648	3319	13951	67	69	2010
西　藏		44893	75296	2080	16	1		4026
陕　西		154151	685172	6413	42560	2482	136	46789
甘　肃		105702	187941	9603	20063	1645	1056	31062
青　海		16531	22973	1436	2977	5	226	6435
宁　夏	3034	21439	29733	1575	4936	31	140	4769
新　疆		23830	70625	3664	4756	219	674	3831

抚恤金和生活补助	其他资本性支出	各种设备购置费	资产总计(千元)	固定资产原值	实际使用房屋建筑面积(万平方米)	展览用房	文物库房	实际拥有产权面积(万平方米)
20462	**1635940**	**263859**	**32356694**	**14982047**	**292.45**	**96.51**	**46.54**	**166.71**
698	236026	3448	2940288	1716450	27.04	10.68	3.72	7.39
398	6670	3578	1015931	563124	16.42	6.20	3.41	2.47
874	20693	7363	841185	713926	15.51	8.21	1.66	10.81
327	15942	5229	928754	768914	9.54	3.58	1.36	21.62
173	22455	13213	820008	784499	7.44	2.00	1.20	7.42
2742	23328	21782	546999	333834	10.90	2.41	1.14	0.31
152	7655	4104	170910	133024	7.16	1.74	0.76	2.06
174	12849	451	431329	337627	6.37	3.97	0.82	5.23
394	174252	16063	3640750	1602208	16.20	2.57	6.18	1.72
195	17013	10031	1241510	746292	14.94	5.23	1.61	5.28
281	213018	23609	1289135	657250	9.91	4.41	1.65	1.45
3528	12762	47	488432	356243	7.63	2.86	0.55	5.16
303	15720	3981	194712	68687	7.50	2.52	0.79	14.14
66	1375	587	661135	291882	9.66	4.17	1.33	12.98
580	31663	15172	2049476	374725	9.51	2.18	1.08	1.64
314	9754	7089	671570	464670	9.70	2.84	2.13	6.42
213	151473	7902	1232039	429348	9.44	3.60	2.69	1.81
2935	60919	18077	1682724	598036	6.11	2.06	0.63	3.86
131	7050	5418	1307549	325189	8.76	2.25	1.02	0.91
183	16838	11692	717349	326549	4.96	1.60	0.60	0.37
5	60961	2177	118962	59496	2.38	1.01	0.10	
340	32624	2793	772612	421989	14.14	4.72	1.09	1.90
59	10701	4435	266590	103794	3.89	1.00	0.67	1.16
49	4909	20	597020	29708	4.65	1.66	0.95	1.31
	2493	1204	739393	50901	6.30	1.65	0.77	6.28
227	72372		353134	50513	2.92	1.05	0.27	5.93
2764	150173	29564	4065831	1572930	17.48	3.91	4.74	13.02
1772	107357	35161	1904686	742142	12.10	2.52	1.87	10.56
165	10346	8019	165682	147122	3.67	1.37	0.50	5.08
318	47231	193	198684	103914	5.76	1.83	0.65	5.55
102	79318	1457	302315	107061	4.50	0.71	0.59	2.91

2016年全国各地区

地区	机构数(个)	从业人员(人)	专业技术人才	正高级职称	副高级职称	中级职称	安全保卫人员	登记注册志愿者(人)
总计	**1622**	**47140**	**16113**	**737**	**2255**	**6834**	**8631**	**40654**
北京								
天津								
河北	58	3290	942	51	163	347	286	549
山西	66	2543	684	10	77	261	515	325
内蒙古	27	941	521	22	99	214	147	895
辽宁	48	2121	848	64	164	413	337	2095
吉林	35	735	344	34	72	124	139	1898
黑龙江	59	980	423	35	92	214	142	746
上海								
江苏	162	3868	1515	113	216	619	749	5623
浙江	96	4142	1129	81	166	464	591	2944
安徽	64	1046	410	11	49	157	293	1499
福建	31	890	314	17	38	122	168	955
江西	64	1357	450	30	53	179	271	339
山东	123	3802	1378	50	214	589	460	3932
河南	130	4006	1552	56	215	649	859	4803
湖北	49	1383	758	23	106	352	252	928
湖南	48	1138	366	8	57	191	203	1279
广东	79	2183	1131	33	114	517	442	4004
广西	79	1330	469	19	49	193	316	2655
海南	13	214	35		1	5	67	25
重庆								
四川	85	4039	873	42	86	361	888	1541
贵州	23	633	101	6	11	51	128	207
云南	39	605	421	10	74	207	101	325
西藏	40	140	3		1		3	
陕西	96	3124	832	17	73	361	680	1707
甘肃	46	1449	375	3	40	147	357	615
青海	20	124	50	1	5	16	22	10
宁夏	11	221	39		6	12	51	21
新疆	31	836	150	1	14	69	164	734

地市级文物业基本情况

文物藏品(件/套)	一级品	二级品	三级品	在藏品数中(件/套)			本年修复藏品数(件/套)	
				本年新增藏品数	本年从有关部门接收文物数	本年藏品征集数		一级品
9219349	**23683**	**77488**	**630561**	**515101**	**44977**	**92282**	**24620**	**148**
98295	339	6962	14671	6384	238	966	25	
138329	505	1853	7413	2145		591	446	
376433	797	2194	3670	116104	18	54	161	2
402450	995	8125	84920	3108	40	2945	139	
195072	197	2356	15688	11554	1000	10446	648	1
313000	195	1098	10378	7194	10	1259	594	
1783205	2436	7466	98266	8331	414	6149	1372	11
345263	1031	2964	17097	42257	15673	4307	261	2
275386	444	1179	21969	8967	6464	1314	603	1
142691	318	600	16358	2668		1577	103	
174446	434	1202	8731	1862	259	1513	100	
861459	7416	6171	27565	196338	38	5729	1831	10
1077028	1408	8801	93312	40606	6627	21454	4286	72
661311	1351	4436	75123	3510	9	3019	4882	2
302927	724	2558	21600	10494	5552	3908	4661	8
552464	826	6711	33131	31809	7682	15063	846	1
136545	69	1772	9496	4809	2	3400	119	
5140	15	78	140	34		34		
532097	1381	2598	19915	3530	345	1896	680	7
50105	83	539	1055	583	30	553	97	31
100484	150	217	2511	2181	444	1721	21	
7165	16	43	53	39				
350925	1719	5276	38425	7704	60	4025	2335	
141030	564	1532	6689	328	72	204	75	
44187	29	76	190	18		18		
13216	44	223	648	1475				
138696	197	458	1547	1069		137	335	

续表 1

地　区			基本陈列（个）	临时展览（个）	参观人次（万人次）		门票销售总额（千元）	本年收入合计（千元）
	二级品	三级品				未成年人参观人次		
总　计	**381**	**6280**	**2881**	**4348**	**34680.05**	**8566.85**	**2815496**	**15559574**
北　京								
天　津								
河　北			83	178	1359.07	360.92	284909	648799
山　西	10	5	42	48	694.09	119.89	189352	772708
内蒙古			69	63	409.04	128.82	9992	452784
辽　宁		73	130	151	1309.05	285.96	148552	482081
吉　林	1	3	40	82	500.44	133.36	42722	243959
黑龙江	5	32	107	143	702.89	232.98	13716	161750
上　海								
江　苏	9	31	363	537	5345.45	1341.05	65927	1138658
浙　江	12	13	178	369	3298.98	708.30	303962	2452470
安　徽	2	52	139	189	1061.94	315.65	5248	191085
福　建		25	63	203	949.84	391.18		294206
江　西		37	89	109	1244.32	370.03	1410	247486
山　东	71	548	320	401	2327.50	539.94	499698	1037044
河　南	96	586	180	278	2359.67	719.05	337446	971810
湖　北	79	3106	104	186	1068.97	291.72	525	490153
湖　南	49	342	68	139	1024.71	370.26	99	344204
广　东	1	25	209	485	2856.93	550.42	201022	1183168
广　西		25	126	160	1109.06	336.24	963	290447
海　南			22	8	121.08	14.34	1976	37621
重　庆								
四　川	42	227	149	200	2288.52	506.26	494711	1208979
贵　州	4	22	20	39	425.71	132.26	120	128066
云　南			92	121	854.95	221.53	12990	187641
西　藏								115370
陕　西		1128	149	98	2141.81	207.46	78201	1338752
甘　肃			61	67	685.98	156.23	107849	643436
青　海			20	8	76.19	15.88		26943
宁　夏			15	13	182.10	26.20	14106	223380
新　疆			43	73	281.78	90.95		246574

财政补助收入	上级补助收入	事业收入	经营收入	附属单位上缴收入	其他收入	本年支出合计(千元)	基本支出	项目支出
11750987	**720700**	**1233846**	**205137**	**1221**	**1647683**	**13787338**	**5380158**	**7806527**
322092	400	283685	2440		40182	580857	403041	144465
702541	21453	32159	9983		6572	721902	219882	492441
448703	160				3921	486609	111746	374856
469883	6045	657	100		5396	484217	285464	194546
232540	90	5798			5531	209342	83386	125956
119271	28097	49	3063		11270	175443	73942	79104
905635	22457	27522	7019		176025	1118951	468088	501816
942485	305196	299897	4361	1028	899503	1693888	873407	800308
163886	5447	7518	868		13366	227471	73711	148155
264654	3688	2794	73		22997	261167	70487	183643
235124	660	6523	352		4827	217210	113298	101187
807166	2870	20898	124926		81184	1001768	372027	592196
765556	10648	144576	24020	30	26980	887246	400720	452379
399970	57383	12136	11702		8962	629849	133692	299503
325773	446	1045	3974	50	12916	291047	115020	167182
1093416	1637	39317			48798	1119662	445731	639666
268431	6018	1180	3216	5	11597	225820	70794	150588
34566		2083	950	5	17	31439	11864	18753
947508	2800	216071	7272		35328	1144129	314432	811862
110690	2150				15226	112700	41858	68564
176235	250		400	100	10656	189722	65360	123961
105124	10046				200	81446	18143	63303
922451	225491	15437	330		175043	987105	354225	631692
523421	2560	112947			4508	575506	168224	404278
24226	936	1100			681	24441	16439	7987
218470	3371				1539	71856	11425	60431
221170	401	454	88	3	24458	236545	63752	167705

续表 2

地　区	经营支出	在支出合计中：						
		工资福利支出	商品和服务支出	差旅费	劳务费	福利费	各种税金支出	对个人和家庭补助支出
总　计	**154965**	**3128336**	**6068023**	**145872**	**752375**	**37186**	**105971**	**939009**
北　京								
天　津								
河　北	18604	225104	205809	1436	30551	1675	3064	59517
山　西	7829	147878	298292	5617	16982	521	1118	34688
内蒙古		70061	102872	4111	11431	524	11	21210
辽　宁	150	153993	180984	3386	37346	517	405	83857
吉　林		49237	97212	2094	6678	28	554	23140
黑龙江	22397	46805	66412	1798	8586	911	149	15239
上　海								
江　苏	5769	295058	466921	11627	47501	1528	1865	87107
浙　江	4133	396247	848423	5082	59656	15153	21981	125374
安　徽	5605	53771	85186	1685	3025	316	535	14249
福　建	73	52308	92837	2659	8242	347	97	9959
江　西	2052	61580	94368	1688	5611	391	132	23647
山　东	24718	214297	490296	5183	11808	2605	6040	62108
河　南	27926	191229	420873	10461	132751	2156	4628	54023
湖　北	11843	97259	356050	41279	163224	570	1805	26583
湖　南	2046	77981	131779	3920	16969	938	408	22575
广　东	402	249837	439989	7235	33374	2280	464	139975
广　西	2852	57661	92714	2732	5548	222	89	14294
海　南	822	12481	13605	185	1253		7	2181
重　庆								
四　川	9613	276873	554423	11834	61441	2936	17165	27547
贵　州		34866	46774	2056	2178	138	134	14259
云　南	400	47510	77468	3647	9066	342	210	9861
西　藏		8304	30960	134	358			1832
陕　西	490	177339	621625	9572	49980	1119	111	34070
甘　肃	2153	66622	146843	2179	13303	1252	44996	22623
青　海		8954	5035	337	520	430	3	1915
宁　夏		8963	15487	494	3640	2		1523
新　疆	5088	46118	84786	3441	11353	285		5653

抚恤金和生活补助	其他资本性支出	各种设备购置费	资产总计(千元)	固定资产原值	实际使用房屋建筑面积(万平方米)	展览用房	文物库房	实际拥有产权面积(万平方米)
54871	**2775952**	**263009**	**38818913**	**21519784**	**930.07**	**379.69**	**67.95**	**1992.47**
691	75221	3323	1156630	763655	32.42	14.03	1.59	19.89
2746	122897	17298	1290643	382566	38.03	14.30	2.98	57.60
2122	292459	6265	1704800	917386	27.40	10.94	1.99	11.12
9543	44612	7723	1258860	1000213	27.46	15.23	1.66	5.47
780	24778	6400	348739	140523	14.09	9.14	0.87	8.71
270	46959	5301	862563	818141	28.07	13.91	1.24	7.25
1006	116432	20917	4560150	3485783	105.94	50.71	6.44	56.00
2874	202739	11876	6912110	3109096	62.51	22.82	3.71	33.31
486	74105	1911	833454	546981	28.37	13.63	2.71	28.52
874	69924	2225	655957	240411	18.13	8.29	1.40	5.84
1640	35600	6573	678335	303329	73.13	11.80	1.81	15.38
5975	211425	42404	3467852	2077694	75.21	32.24	4.64	49.31
1662	214647	30164	3270946	1224073	61.74	26.48	7.99	42.46
220	149957	5345	481323	343510	22.45	9.02	3.01	13.47
635	51913	2070	595288	398050	23.86	7.74	2.65	11.02
10457	137367	22792	1697387	1471377	66.13	23.61	5.65	103.53
255	54134	7816	782598	471092	36.48	22.07	3.26	26.64
14	3001	293	235226	133520	2.06	0.71	0.03	3.84
3065	157557	19831	2801057	1193361	63.43	26.48	6.85	31.87
876	14254	470	216702	90536	9.97	4.07	0.58	0.90
219	40408	3917	475603	383797	20.48	9.36	1.45	16.70
36	30861		30587	30549	8.60	0.00	0.01	776.55
6623	153519	12570	1201448	544262	44.94	17.18	2.64	625.86
1696	324503	14794	2036425	1058288	16.49	7.34	0.78	33.40
6	8537	152	28512	21919	4.73	1.44	1.05	3.50
	18155	95	297257	25256	3.91	1.89	0.07	1.03
100	99988	10484	938461	344416	14.05	5.27	0.92	3.34

2016年全国各地区

地区	机构数（个）	从业人员（人）	专业技术人才				安全保卫人员	登记注册志愿者（人）
				正高级职称	副高级职称	中级职称		
总　计	**7020**	**82389**	**21381**	**674**	**1859**	**8144**	**16854**	**51959**
北　京	65	3204	301		7	118	438	574
天　津	28	248	134		14	52	59	334
河　北	235	4537	902	10	81	322	966	954
山　西	265	4098	725	4	18	284	778	740
内蒙古	156	1291	642	8	72	259	248	236
辽　宁	91	1319	523	4	30	310	214	684
吉　林	99	654	320	2	41	150	95	112
黑龙江	196	1791	762	33	104	334	419	2427
上　海	99	2549	1166	24	89	496	484	7064
江　苏	256	2920	722	29	71	278	789	2876
浙　江	337	4369	1238	64	173	449	885	10905
安　徽	205	1826	684	28	58	233	507	1462
福　建	107	1139	432	27	46	166	324	943
江　西	166	2084	579	14	39	185	497	940
山　东	455	7955	2702	150	308	1016	1406	5283
河　南	426	6975	887	38	71	383	1334	1639
湖　北	253	3152	1234	40	93	583	648	1105
湖　南	207	2950	568	3	16	213	480	741
广　东	183	2098	607	4	26	202	478	1391
广　西	122	835	354		11	118	210	243
海　南	27	216	24			5	37	30
重　庆	111	1895	568	32	66	187	504	3521
四　川	389	4374	1242	54	91	366	1014	2681
贵　州	159	1353	461	5	27	93	263	317
云　南	181	1173	761	13	115	397	271	326
西　藏	1136	1546	29		1	7	312	6
陕　西	547	10507	1859	81	140	657	2136	3181
甘　肃	260	3896	619	6	31	149	656	1043
青　海	81	346	88		6	43	42	4
宁　夏	22	249	120		12	43	66	100
新　疆	156	840	128	1	2	46	294	97

县级文物业基本情况

文物藏品(件/套)	一级品	二级品	三级品	在藏品数中(件/套) 本年新增藏品数	本年从有关部门接收文物数	本年藏品征集数	本年修复藏品数(件/套)	一级品
17199790	**31098**	**84079**	**548331**	**737536**	**48414**	**282261**	**29149**	**118**
62023	301	739	3246	4735	2925	1805	147	
16929	1	20	219	188	8	177	40	
213362	473	2344	13120	2766	60	407	382	1
694008	1488	5764	16766	70581	7433	185	1047	
191789	691	2815	7047	34036	3515	20676	24	
110910	433	2262	18890	1788	505	630	507	
125430	64	230	1110	2310	260	630	300	
317097	369	1687	13846	10623	794	8755	302	
986191	1011	5929	13425	11371	2124	7878	311	25
304365	579	1691	8520	8342	1309	2930	905	6
794968	1642	3475	26991	13855	182	6558	906	24
244741	1209	1955	24799	3131	238	1829	786	4
187222	195	1897	41262	4579	412	3052	95	
256841	2148	3630	33619	1823		1374	578	
3173640	1801	5603	21768	260918	488	47439	15663	19
553764	614	5073	85216	4385	54	1325	427	2
829273	5700	6406	24525	30775	593	26007	344	
263106	625	2457	17931	32287	7259	4051	354	1
380256	154	1792	18865	9675	1139	4831	116	
79921	93	1171	10486	1515		754	6	
16359	34	148	726	824	162	430	2	
346587	246	781	8899	5359	1360	2418	1556	
3670202	3520	10025	63061	161503	6901	118854	2082	12
57334	186	784	1041	1517	223	1081	47	
1018351	354	649	4187	17415	141	1243	543	5
94295	2228	4270	12875	613		120	9	
1834493	3227	4403	27742	29780	5965	13420	861	2
245083	1462	4930	23063	6227	4273	1321	198	6
78251	170	289	1754	128	3	62	459	11
22110	42	699	2477	1238	1	1237	26	
30889	38	161	855	3249	87	782	126	

续表 1

地区			基本陈列（个）	临时展览（个）	参观人次（万人次）		门票销售总额（千元）	本年收入合计（千元）
	二级品	三级品				未成年人参观人次		
总计	**508**	**2213**	**8824**	**6988**	**53773.43**	**14515.56**	**2149408**	**19605430**
北京		7	71	81	1536.46	337.22	411322	2306868
天津			38	45	136.37	21.72	15205	70491
河北		11	164	208	1865.27	599.25	96674	781097
山西	53	498	127	78	1476.80	201.76	219574	933820
内蒙古			245	111	610.42	148.27	3154	256644
辽宁	6	73	120	74	388.89	130.39	20513	209923
吉林			77	142	342.26	155.73	629	120168
黑龙江	81	83	340	229	1220.82	295.81	36662	344759
上海	77	7	655	393	1876.98	459.28	239678	1162006
江苏	16	88	495	540	2792.45	795.70	20733	527995
浙江	56	71	645	935	4772.14	985.65	15473	1228034
安徽	15	185	374	213	1787.62	545.71	13705	309491
福建		85	200	401	1299.27	444.06	330	344483
江西	2	14	203	161	1757.89	581.31	3558	504731
山东	26	112	1138	615	4867.67	1488.20	415583	1716849
河南	15	408	384	271	3465.10	1045.76	71341	643755
湖北	3	7	448	261	2419.70	746.56	24950	513888
湖南	8	66	172	95	3393.86	1014.01	22447	777787
广东		24	546	560	1954.90	529.02	30164	671543
广西			160	90	598.53	176.96	1116	319520
海南			32	33	56.63	19.92	2115	139879
重庆	58	132	217	178	1420.23	345.12	106817	500094
四川	56	185	527	373	4289.53	1163.80	147023	903129
贵州		8	149	80	1345.46	355.44	480	329986
云南	11	78	232	139	1437.51	371.57	960	223731
西藏		8	6	3	286.13	73.94	14325	834267
陕西	1	6	629	327	3946.76	768.61	186240	1722288
甘肃	22	32	283	267	1852.25	556.32	19067	743947
青海	2	24	19	11	123.84	21.18	1210	213176
宁夏			21	5	90.86	36.04	2294	74156
新疆		1	107	69	360.83	101.28	6066	176925

财政补助收入	上级补助收入	事业收入	经营收入	附属单位上缴收入	其他收入	本年支出合计(千元)	基本支出	项目支出
14830224	**1135162**	**1047410**	**1187918**	**25496**	**1379220**	**18721170**	**7035407**	**10037997**
1813648	1476	140213	303940		47591	2302097	589432	1588631
62308		4496	2592		1095	63876	48039	13590
663712	22696	80218	9259		5212	768740	264897	494371
771695	27940	56890	1752	10021	65522	832106	270446	541684
232209	7487	2600			14348	214253	130975	82535
138267	47703	23695			258	198615	126288	71237
112651	955				6562	105709	42652	57052
220418	26910	1160	380		95891	262149	121782	131364
775616	46093	233714	45085	60	61438	1074773	574322	466487
462387	14079	6161	23658		21710	509539	267249	223044
1063300	51798	10593	29418	490	72435	1253029	353440	848320
228345	36172	1531	6869		36574	322878	145529	152734
299868	19559	2513			22543	252700	93689	158867
333869	150978	8263	350		11271	325745	162464	160761
655305	89441	188173	236340	5730	541860	1731115	593553	415451
516033	29899	51666	2923		43234	620721	371644	236309
365798	86250	15103	19465	6340	20932	476955	175642	291124
645057	42248	17867	952	10	71653	740558	251707	481761
615138	27927	23290	654	1	4533	663657	234511	426070
297692	16379	2768	1865		816	204817	65034	137142
135515	2769	1060	165		370	148379	57643	89984
333565	126151	5383	7195		27800	423160	133658	269632
741987	47180	4493	3920	50	105499	934156	312405	584394
257728	43857	10040	250		18111	230261	97052	129477
195031	24040	786	137		3737	328875	91237	234866
797659	1853	6666	13566	475	14048	999474	151001	630690
1011438	76294	132415	457892	2319	41930	1667629	859888	519364
693384	30796	15240	16611		-12084	692626	347771	333994
204514	301	319			8042	161122	23190	137722
59847	10116	94	2610		1489	60073	23604	32721
126240	25815		70		24800	151383	54663	96619

续表 2

地区	经营支出	在支出合计中：						
		工资福利支出	商品和服务支出	差旅费	劳务费	福利费	各种税金支出	对个人和家庭补助支出
总　计	**944793**	**4418750**	**6612368**	**121186**	**483418**	**69900**	**93837**	**624593**
北　京	124035	371018	923864	1186	15641	8439	1101	70927
天　津	2247	22470	26861	102	1975	193	19	9173
河　北	9472	173264	350353	2024	21645	1310	2053	14389
山　西	15743	191017	264650	2939	14473	1253	3650	18354
内蒙古	351	74604	45024	2618	6545	149	8	10198
辽　宁	1070	57306	112908	994	46986	58	223	12621
吉　林	195	29128	25550	902	2490		10	7579
黑龙江	8281	71649	71593	6429	7131	663	5	15414
上　海	24819	304050	550677	3702	4861	4331	3081	15495
江　苏	19246	162120	223396	3039	11667	2413	858	30424
浙　江	45241	260478	662193	6455	41115	6669	707	37715
安　徽	23599	77704	122541	4670	11088	1490	936	16369
福　建	133	62558	128591	2258	9569	85	108	8625
江　西	2130	80701	100644	3147	11182	2271	321	18153
山　东	268163	358821	433959	7683	22157	5091	35672	34951
河　南	12768	240423	232292	5905	27851	2198	1585	19753
湖　北	10189	130747	103521	3694	10335	2566	287	22928
湖　南	6990	145340	299780	8905	21272	2679	445	23139
广　东	2556	128286	287093	1646	16158	3552	12489	55261
广　西	2388	33699	67815	1827	1473	84	1	9357
海　南	752	12293	45280	653	3583	222	86	3989
重　庆	13438	83239	140525	8527	20771	1223	610	19908
四　川	37359	226269	294339	10852	35443	3509	343	23806
贵　州	2216	59441	77046	3014	7690	350	263	7819
云　南	2402	64884	100280	2036	6302	81	156	9592
西　藏	8404	188874	10681	790	769	391		5222
陕　西	286760	546247	637583	13464	60456	16933	27756	49664
甘　肃	9940	191021	191388	7830	20730	1488	725	40479
青　海	57	14194	11127	222	662	33	1	2023
宁　夏	3748	16668	12470	1172	3420		1	2697
新　疆	101	40237	58344	2501	17978	176	337	8569

抚恤金和生活补助	其他资本性支出	各种设备购置费	资产总计（千元）	固定资产原值	实际使用房屋建筑面积（万平方米）	展览用房	文物库房	实际拥有产权面积（万平方米）
54012	**4738683**	**296229**	**58669546**	**35199018**	**2438.61**	**668.42**	**99.85**	**1369.23**
5875	551898	33749	3853909	1309507	42.56	5.85	0.55	19.81
	5372	261	93223	31856	5.04	3.67	0.49	0.09
980	221173	1685	1857467	1084975	41.25	17.80	2.16	36.76
601	306458	23956	843454	497965	35.20	12.43	1.94	37.17
400	74572	22319	690616	367925	30.18	18.29	1.59	12.59
115	15760	753	543984	368303	23.44	11.00	2.75	95.81
605	37635	2468	115055	74147	10.63	5.82	0.67	2.44
2564	102489	5247	2289865	1158908	35.01	24.06	2.81	13.92
495	152215	8564	6393656	4583819	59.76	31.55	3.06	32.93
1000	83308	4519	2691441	2028983	103.86	55.93	6.28	111.50
838	253041	13445	3431408	1565363	106.31	48.45	6.72	59.45
1152	94050	8332	1199828	737278	37.84	20.33	2.94	47.86
223	48792	2197	657137	363609	27.91	12.59	1.99	32.07
1512	122041	4823	1341075	712070	34.99	18.72	2.62	137.33
1977	311265	23659	6932384	3805501	186.26	98.28	19.66	189.86
1958	123933	7359	1575028	674710	63.77	32.77	5.16	48.87
1736	175344	3584	1701714	1202395	61.62	26.22	3.76	48.46
1560	269405	7630	1330752	750537	40.46	17.10	2.37	49.38
13580	157059	6136	1104860	799256	56.75	24.86	3.81	32.94
863	76944	715	437787	277259	16.90	8.28	1.16	10.63
1471	85999	29517	210755	151374	2.67	1.03	0.09	3.09
1004	161488	3243	1169775	649324	43.70	21.72	3.90	32.47
980	384275	52145	9348799	6180328	103.25	49.89	8.12	86.09
393	65159	4667	739595	575438	24.08	11.81	1.31	35.25
201	152078	1270	522299	416697	36.09	12.63	1.64	16.29
421	37430	263	1288405	378626	1046.96	2.94	3.70	20.85
8124	309352	11094	4236001	3029077	91.91	40.35	4.83	90.19
2963	233672	11317	1535644	1033874	46.96	19.97	2.84	51.20
20	54385	217	40710	40141	2.23	0.76	0.08	0.66
165	28238	327	73889	67359	4.80	3.14	0.19	5.14
236	43853	768	419031	282414	16.22	10.18	0.68	8.15

2016年全国各地区文物保护

地　区	机构数（个）	从业人员（人）						登记注册志愿者（人）
			专业技术人才	高级职称	副高级职称	中级职称	安全保卫人员	
总　计	**3318**	**33407**	**9226**	**175**	**916**	**3814**	**5331**	**8201**
北　京	26	2546	195		3	95	349	153
天　津	8	132	75	2	19	27	21	
河　北	166	3962	855	26	116	339	596	257
山　西	140	1968	545	1	24	193	496	479
内蒙古	90	684	386	3	51	160	60	47
辽　宁	60	1221	391	11	43	217	152	95
吉　林	52	164	110	7	16	54	7	2
黑龙江	87	301	232	19	44	110	25	17
上　海	5	61	45		1	16	3	20
江　苏	50	456	160	1	16	68	62	101
浙　江	94	2816	793	50	119	311	265	2524
安　徽	95	467	282	3	31	108	71	416
福　建	38	236	81	5	10	33	44	188
江　西	67	499	168	3	12	48	103	298
山　东	112	3159	960	4	93	428	186	21
河　南	123	2851	542	9	58	255	456	842
湖　北	48	733	291		16	173	117	40
湖　南	85	875	202		13	82	122	425
广　东	33	321	90	1	1	29	59	133
广　西	68	338	175		5	67	45	103
海　南	10	200	27		1	2	66	25
重　庆	29	235	98	2	10	37	65	1227
四　川	178	1897	506	12	39	154	305	76
贵　州	74	341	172		11	49	47	53
云　南	127	740	541	6	76	283	102	34
西　藏	1044	1430	89		8	24	399	2
陕　西	213	3163	766	4	39	319	691	441
甘　肃	60	748	219	4	14	46	209	13
青　海	29	65	36		4	19	14	2
宁　夏	22	312	112		16	35	65	42
新　疆	84	354	57		1	18	116	25

管理机构基本情况

文物藏品(件/套)	一级品	二级品	三级品	在藏品数中(件/套) 本年新增藏品数	本年从有关部门接收文物数	本年藏品征集数	本年修复藏品数(件/套)	一级品	二级品	三级品
2521238	**7721**	**21786**	**148211**	**79615**	**5029**	**30388**	**3168**	**5**	**57**	**279**
26210	216	505	1634	403		398	7			7
2813	1	4	91	131		131				
79889	218	1543	9456	503	60	139	15			
188985	513	750	3360	802	66	235	141		34	103
69765	113	412	1201	15612	668	14944	21			
39776	154	1203	8913	485	3	409	44		2	2
5377	4	18	127				300			
16694	36	249	972	530		59	30			
2970			10	1		1				
28749	76	178	862	69	34					
90845	218	577	4798	933	101	439	10			4
43410	265	487	11021	492	12	164				
4165	2	1	384	16						
67882	601	571	5700	94		61	266		1	4
820522	446	2773	6954	21634		1565	32	2		4
215798	305	1822	24192	2088	39	578	85			
19831	85	245	1689	348	301					
86590	212	614	7233	9930	2494	1592	783			
12565		23	404	1517	159	1296	1			
25748	25	359	3074	958		245	6			
608		3		2		2				
36723	24	293	2720	2296	964	809	513		5	46
177573	1080	1937	21840	4415	38	3482	633		15	55
8984	50	213	415	290	4	261				
114971	189	173	2560	11250	70	579	160	2		23
195831	2480	5195	19905	314			8			8
94519	272	813	5979	1614	12	1367	16			
2529	33	64	116	87	3	1	47			
2273	36	62	343	63		63	24	1		23
24559	65	688	2228	2165	1	1045	26			
1595	2	11	30	50						

续表 1

地区	基本陈列(个)	临时展览(个)	参观人次(万人次)	未成年人参观人次	门票销售总额(千元)	本年完成科研成果		
						省部级及以上科研课题数(个)	专利(个)	专著或图录(册)
总　计	**864**	**599**	**15798.11**	**2713.31**	**3073444**	**12**		**1452**
北　京	28	21	1345.44	285.31	407959			4
天　津	2	2	23.37	6.86	7030			
河　北	40	12	834.65	202.32	281539	1		3
山　西	9	6	822.13	89.23	102421			1100
内蒙古	47	18	94.08	27.51	10852			4
辽　宁	43	21	363.58	64.25	48307			
吉　林	5	7	2.00	1.10		1		
黑龙江	14	9	15.96	6.16				1
上　海	1	8	7.79	2.70				
江　苏	14	13	278.35	43.01	1916			1
浙　江	126	101	2592.28	291.81	291879	4		8
安　徽	46	31	198.30	88.25	12850			
福　建	3	14	42.95	13.87	330			
江　西	32	32	290.04	108.51	4590			
山　东	30	16	1498.57	113.10	747905			
河　南	17	3	1032.03	213.84	338771			
湖　北	23	20	1019.37	200.01	12455			2
湖　南	47	29	581.70	206.73	21707	2		4
广　东	51	40	283.58	45.81	28683			2
广　西	32	27	177.22	47.49	404			
海　南	18	3	144.46	20.24	4091			
重　庆	13	17	74.07	22.10	25			
四　川	54	51	690.96	85.67	254299			4
贵　州	24	12	132.67	42.41	300			
云　南	61	35	471.34	121.95	13190	3		311
西　藏	2	1	319.73	67.72	184317			
陕　西	63	13	1569.16	176.81	78679			2
甘　肃	3	1	354.21	44.70	121544	1		2
青　海	2		64.05	5.68	1210			
宁　夏	8	8	133.79	16.17	16400			3
新　疆	2		32.28	2.00	5830			

论文数(篇)	古建维修、考古发掘报告(册)	获国家奖(个)	获省、部奖(个)	本年收入合计(千元)	财政补助收入	上级补助收入	事业收入	经营收入	附属单位上缴收入
238	**38**	**5**	**20**	**9953573**	**5938291**	**1015709**	**1478861**	**379903**	**32910**
1				1046115	595350	1216	137690	303940	
				57479	34789	230	19239	2592	
6	1			653568	345106	22216	274637	2724	
				319423	241619	24531	42363		10021
5	1	1	3	176144	157758	3747			
4				244713	165180	53624	23984		
8	1		1	56047	54631				
2			3	54825	42408	9340		90	
				28275	27866		170		
4				132936	115561	5985	3494	5000	
25			1	2063980	661303	300622	259108	1804	1028
10	2			114555	94302	8015	739	2050	
3	1			80289	66078	6318	912		
21		1		151062	93147	53358	3292		
2				861305	591399	54463	194528	13195	
5	1			439300	309936	22160	89575	14533	
3	2	1		152218	60117	60498	11916	9361	6240
3	1			309228	234419	18811	10574	805	10
				101629	64992	13405	20470	210	
2	1			132903	115688	14749	408	1835	
				16645	12230	3	3143	1115	5
5			1	109605	92957	15288	595		
64	10	2	9	611585	584628	13178	3611		
9	5			99656	68516	21088	9763		
14	6			198686	174322	13450	319		
			1	169120	56327	3483	82647	12966	475
11	1			835665	434947	242133	77159	795	131
10	4			202779	71314	4723	119175	4208	
8	1		1	57399	57279	80	20		
2				256032	240435	10680	94	2610	
1				101435	59876	18315		70	

续表 2

地区	其他收入	本年支出合计(千元)	基本支出	项目支出	文物本体保护	藏品技术保护	展示利用等保护性设施建设	保护管理体系
总计	**1107899**	**8356643**	**3721317**	**4276928**	**1296052**	**12959**	**169498**	**129002**
北京	7919	1131975	436084	571857	227474	1592	18663	26756
天津	629	40786	25469	13070				80
河北	8885	686527	360850	322910	159436	745	23267	4888
山西	889	316510	133603	168457	43531	360		7387
内蒙古	14639	152727	78306	74029	11007	91	3117	489
辽宁	1925	229294	141612	86792	44767	63		20
吉林	1416	42630	16912	25718	8281		255	1454
黑龙江	2987	51935	26531	24848	13069		1984	1630
上海	239	28646	16694	11952				
江苏	2896	123061	65343	55380	10003			3183
浙江	840115	1213854	666912	543315	162025	1549	7212	20876
安徽	9449	110945	43791	64364	28614	443	10775	1562
福建	6981	93350	24178	69108	17466	1445	809	1012
江西	1265	70827	34028	36729	11801	20	307	155
山东	7720	813060	337911	419255	20863	200	919	5745
河南	3096	393486	201007	175657	83159		30729	2423
湖北	4086	120022	49792	66579	26647	180	1691	218
湖南	44609	292046	80726	207453	69891	475	23721	7181
广东	2552	94413	46191	47465	10623	150		6096
广西	223	97388	25445	70040	29998	10	3584	2066
海南	149	23819	11814	10431		25	22	
重庆	765	73907	17640	56067	27277	2170	5615	5742
四川	10168	556052	175278	380554	69068	1023	3093	2922
贵州	289	71134	31752	38202	12608	681	5159	3980
云南	10595	298381	73194	223811	140304	1068	1055	8873
西藏	13222	196798	78544	14636	1160	43	77	4915
陕西	80500	585175	283799	294044	38021	504	19963	5721
甘肃	3359	147513	100764	45075	3967	20	3970	1075
青海	20	22606	6045	16351	530	2	3	5
宁夏	2213	95033	23966	67319	6216		316	150
新疆	23174	79944	24572	55301	18246	100	3192	2398

本年支出合计(千元)									
	在支出合计中：								
经营支出	工资福利支出	商品和服务支出	差旅费	劳务费	福利费	各种税金支出	对个人和家庭补助支出	抚恤金和生活补贴	其他资本性支出
259727	**2279279**	**3490984**	**39289**	**272878**	**30844**	**98881**	**416366**	**23239**	**1650301**
124035	272089	350583	619	9360	7125	1002	35252	5114	226199
2247	13223	20694	334	641	94	308	6239	265	630
2767	222341	323001	1162	31576	1726	2003	34843	1224	106342
13385	93926	106471	1060	5396	643	574	10719	195	99290
	50554	48225	1664	4721	334	5	9494	488	34708
870	63788	89475	1726	46660	358	381	37696	1540	33348
	10353	28287	432	1082	8	106	3056	41	927
251	17227	23263	511	2793	93	3	6421	502	4996
	9874	17436	86	739	222		629		707
2338	39282	54849	693	2203	152		12708	219	7147
3626	308387	541250	2561	28236	12056	19140	100019	2137	168465
2790	27922	32620	1058	3215	257	402	7546	239	35858
53	14319	53543	691	1783	168	13	4136	320	20984
70	19759	22737	715	4245	500	48	4748	285	21674
55894	167927	469341	3114	2305	390	12695	15691	5212	154671
16822	117719	164321	1789	19992	419	1026	23963	512	86091
3651	34925	20491	682	1912	283	56	7608	80	16300
3867	48218	120025	4580	8517	961	303	8905	673	114898
757	21019	64967	52	3276	317	13	4354	127	2221
1770	18009	25109	654	968	58		3068	196	35132
1574	11195	8238	169	368	163	73	2151	14	2235
200	11976	35535	1410	5631	82		3537	53	14983
220	148686	272649	4878	39094	471	14146	19294	505	73132
940	19196	26991	770	1723	59	14	3161	169	20900
1376	51405	96652	2201	6048	167	319	8250	206	140843
8304	194259	49893	1007	102			6976	527	3255
6370	163783	255454	1306	9683	579	314	18378	1736	116291
1674	44416	60984	528	2585	1072	44957	3111	148	33895
57	4531	3951	109	116	38	15	899	19	13159
3748	18133	21787	1029	5352	2	1	3953	165	23432
71	18173	34277	1228	16091	84	88	2053	163	25061

续表 3

地区	各种设备购置费	资产总计(千元)	固定资产原值	实际使用房屋建筑面积(万平方米)	展览用房	文物库房(含标本室)	实际拥有产权面积(万平方米)	文物保护规划和方案设计(个)
总计	**47335**	**19431861**	**7517514**	**1334.35**	**93.22**	**16.82**	**378.381**	**1095**
北京	2890	1830731	334818	11.63	2.29	0.19	4.87	15
天津	248	91766	10511	1.37	0.98	0.02		6
河北	1203	948064	306782	12.38	4.27	1.15	6.015	24
山西	668	455269	195014	15.87	5.69	1.03	46.486	27
内蒙古	3228	233649	110129	5.53	2.42	0.51	2.852	18
辽宁	649	173223	109447	10.73	1.89	0.30	91.747	24
吉林	481	49884	6104	0.44	0.13	0.03	0.014	17
黑龙江	58	35536	20834	2.39	1.24	0.22	0.567	10
上海		37292	30982	1.06	0.65	0.05	0.167	
江苏	596	161083	87553	3.44	1.90	0.29	2.499	23
浙江	1841	4163496	1873965	28.45	11.09	0.61	10.246	103
安徽	404	156039	105547	5.31	2.41	0.35	1.937	53
福建	395	146009	78049	2.65	0.71	0.09	0.63	70
江西	1686	151975	39829	11.20	4.36	0.38	5.349	95
山东	2515	1792547	706383	33.46	12.17	0.65	6.968	47
河南	3687	1917298	350775	19.81	6.47	1.66	13.073	45
湖北	114	115591	86629	13.12	1.86	0.38	5.266	28
湖南	3817	654658	254325	10.84	3.86	0.52	18.189	113
广东	466	138927	85568	5.96	3.82	0.10	0.13	40
广西	112	126959	27608	5.85	2.03	0.28	1.432	20
海南	57	90964	69889	1.09	0.58	0.02	5.117	2
重庆	483	119936	53888	4.23	1.86	0.83	1.195	43
四川	8476	1482710	598990	24.04	4.64	1.66	33.176	90
贵州	56	106790	66902	3.98	2.34	0.27	18.231	34
云南	444	294336	188773	19.24	3.98	0.50	9.443	46
西藏		1321740	314818	1046.02	1.87	3.59	33.189	5
陕西	9388	774145	453920	22.06	4.05	0.86	49.791	44
甘肃	763	927655	499766	4.24	1.04	0.07	4.976	13
青海	15	5445	4707	0.88	0.52	0.02	2.995	18
宁夏	333	311843	33312	3.44	1.64	0.16	1.548	18
新疆	409	161892	87746	1.53	0.36	0.06	0.284	4

文物保护维修情况				进行考古发掘情况				主办刊物(种)	国际合作项目数(个)
国保单位保护维修项目数(个)	保护维修面积(平方米)	省保单位保护维项修目数(个)	市、县保单位保护维修项目数(个)	考古发掘面积(万平方米)	出土器物(件/套)	原址保护展示面积(万平方米)	异地保护展示面积(万平方米)		
802	**37102593**	**509**	**641**	**208.94**	**46549**	**44.43**	**0.31**	**19**	**1**
20	317510	1	52	0.07				1	1
1				0.09	20				
170	5594425	20	3	10.66	7969	0.00			
31	37890	24	31					1	
17	1959194	10	1	0.25	80		0.20		
13	227496	6	2	0.15					
7	84339	2		0.17	380	0.04			
20	270519	4		0.05	66				
1	172		6					1	
22	4256565	14	30	0.95	2840	0.05		2	
57	1091458	54	137	1.91	1429	1.24	0.03		
13	13030	47	29	0.65	1767	0.30	0.04		
25	41125	23	32	0.04	150	0.20			
45	753792	12	48	29.53	1060	6.00	0.03	1	
60	1888944	32	5	52.20					
49	1439502	23	13	17.71	2391	0.07		1	
19	61285	8	9	2.92	261	2.73			
34	2787096	27	34	15.53	1718	27.50		2	
4		5	35						
15	52887	15	27	7.02	646	2.00			
6	11637	11	7	0.16	2273	0.05			
46	118510	57	60	7.36	4653	0.30		5	
13	36269	15	12	0.20	700	0.20		2	
33	50803	52	53	3.74	3515		0.01	1	
2	420	16	10					1	
18	77649	12	3	53.17	5536			1	
27	223417	4							
6	49765	4							
21	15570732	5	1	0.12	8643	3.75			
7	86162	6	1	4.33	452				

2016年全国各地区

地 区	机构数(个)	从业人员(人)	专业技术人才	高级职称	副高级职称	中级职称	安全保卫人员	登记注册志愿者(人)
总 计	**4109**	**93431**	**34177**	**1680**	**4465**	**13404**	**22888**	**105696**
北 京	41	1196	414	8	56	136	297	725
天 津	22	760	479	11	67	209	134	989
河 北	111	3764	1272	59	194	438	969	2704
山 西	105	3303	916	10	73	356	948	2258
内蒙古	87	1625	854	41	144	344	354	2270
辽 宁	65	2159	1042	60	163	544	407	2769
吉 林	77	1218	635	50	133	244	238	2305
黑龙江	176	2867	1169	68	228	504	640	3411
上 海	99	3096	1583	57	160	677	515	7551
江 苏	317	6524	2254	156	293	869	1741	8650
浙 江	275	4960	1719	134	274	654	1244	12423
安 徽	171	2641	1012	45	110	352	758	2977
福 建	98	2259	841	47	99	331	603	2515
江 西	138	3007	1114	53	112	427	797	2355
山 东	393	7152	2902	186	414	1105	1715	9451
河 南	270	6209	1744	88	222	732	1821	6002
湖 北	183	3556	1842	79	217	800	816	2531
湖 南	115	3035	901	22	86	384	695	1927
广 东	177	3615	1717	36	144	717	866	5394
广 西	125	2013	847	31	75	319	523	3629
海 南	18	285	101	2	7	35	99	30
重 庆	82	2232	785	53	110	239	489	6364
四 川	239	6452	1689	87	152	613	1599	4633
贵 州	73	1465	436	13	41	116	354	471
云 南	90	1139	725	22	129	357	288	917
西 藏	7	226	62	1	8	15	28	4
陕 西	274	8947	2134	113	243	798	2093	5886
甘 肃	152	3371	928	13	86	304	951	2956
青 海	23	281	172	4	25	68	102	12
宁 夏	13	324	133	4	15	49	85	202
新 疆	90	1162	299	5	31	129	364	959

博物馆基本情况

藏品数(件/套)	一级品	二级品	三级品	在藏品数中(件/套)			本年修复藏品数(件/套)	一级品	二级品	三级品
				本年新增藏品数	本年从有关部门接收文物数	本年藏品征集数				
33293561	**98832**	**730608**	**3370635**	**1172439**	**87483**	**379944**	**52209**	**371**	**1458**	**9497**
1235102	561	5413	67426	4339	2925	1414	938	1	13	59
635938	1042	5372	134183	1202	935	260	2337	36	162	1935
427332	987	10313	43998	9360	238	1908	395	2		13
984459	3102	8194	75058	42854	8023	1190	2527	3	116	1349
645516	2025	6813	12293	134693	2865	5786	497	2		
534003	2101	13883	151302	4387	542	3259	456		8	198
437300	552	5947	30968	13865	1260	11076	648	1	1	3
991479	2785	6100	42015	21253	993	13419	905		92	128
2253481	2104	49487	172068	12978	2271	9128	425	27	83	38
1767257	4001	18358	466515	16723	1842	9043	6886	25	40	200
1315047	3742	11403	73797	77162	15754	31562	1337	29	72	123
743837	2246	5104	48325	12140	6875	3328	1495	6	18	273
496026	1083	2998	99682	7308	454	4664	228	1		136
402972	2470	5801	43861	3278	259	2307	429	2	3	80
3301398	12194	12767	88336	434998	526	51659	12045	27	147	996
935827	2107	13947	219884	33126	9012	22726	2364	69	68	972
1570685	7783	12350	111973	36418	289	27904	3881	2	111	338
576151	1550	5900	53795	22965	10299	6383	2452	10	94	575
953330	1374	15008	63465	29041	2658	19018	1271	1	1	49
265803	294	4886	24509	6977	2	5520	190		7	39
73945	121	446	2212	3935	162	3541				
508431	1351	2652	24834	3610	396	1877	1318	7	68	118
4199935	4516	12768	101724	178989	7208	117366	2288	19	84	366
105956	684	2031	5417	1667	249	1334	369	33	13	61
1227996	824	2082	16341	9237	515	3276	454	3	11	55
67961	1127	15808	26928	399	100	120	9			4
2409927	7735	13050	72742	34855	6004	15576	3568	42	63	1238
522853	4408	12352	105267	6674	4342	1647	369	7	53	56
163393	412	670	1143	59		10	232	11	10	6
47855	302	3068	4713	593		237	71	4	9	58
192562	619	1281	3887	4287	87	938	596	1	2	5

续表 1

地　区	基本陈列(个)	举办展览(个)	参观人次(万人次)	未成年人参观人次	门票销售总额(千元)	本年完成科研成果：省部级及以上科研课题数(个)	本年完成科研成果：专利(个)	本年完成科研成果：专著或图录(册)
总　计	**11321**	**11788**	**85061.03**	**23557.77**	**3900308**	**451**	**318**	**1022**
北　京	98	151	648.90	127.75	12414	8	3	21
天　津	69	111	1013.38	284.44	13891	2		2
河　北	240	424	2723.87	851.42	100422	3		5
山　西	177	160	1459.58	334.74	204174	5		9
内蒙古	277	169	1124.00	315.78	2294	1		6
辽　宁	207	219	1389.44	368.63	120758	7		17
吉　林	115	237	942.83	348.08	43351	3		11
黑龙江	468	421	2201.42	663.49	50378	15	7	18
上　海	671	423	2218.41	520.38	239748	54	4	78
江　苏	870	1116	8511.60	2181.35	177601	36	4	95
浙　江	717	1251	5956.55	1628.10	27556	18	9	151
安　徽	481	386	2797.56	843.88	6103	6	1	22
福　建	270	639	2545.36	906.76		4		19
江　西	277	240	3391.44	1078.97	378	2	30	4
山　东	1439	1035	5835.79	1984.15	167376	39	9	65
河　南	561	572	4964.14	1591.73	70016	29	13	38
湖　北	541	447	2671.24	857.88	13020	18		32
湖　南	202	222	4783.89	1433.73	1075	16	15	33
广　东	713	1020	4727.45	1081.95	202503	4	2	63
广　西	267	250	1773.50	516.16	1666	7	1	16
海　南	41	71	104.03	15.03				
重　庆	224	213	2528.17	724.06	111193	44	12	17
四　川	630	531	5975.94	1590.74	386586	38	36	69
贵　州	145	109	1653.50	450.99	300	7	168	7
云　南	270	237	1912.32	516.77	760	5		10
西　藏	11	18	55.18	8.44		2		3
陕　西	729	454	5337.90	947.65	881326	27	4	83
甘　肃	348	354	2317.13	683.05	10741	23		37
青　海	40	25	247.48	52.06				
宁　夏	36	61	188.11	47.53				1
新　疆	152	148	686.32	196.23	236	3		2

论文数（篇）	古建维修、考古发掘报告（册）	获国家奖（个）	获省、部奖（个）	本年收入合计（千元）	财政补助收入	上级补助收入	事业收入	经营收入	附属单位上缴收入
6016	**121**	**112**	**323**	**23485213**	**19020416**	**829724**	**1623220**	**1058451**	**9877**
179		1	1	784975	738039	260	27664		
10				225080	210546	975	10509		1070
130		2	8	577316	464709	880	90795	10328	
40				555516	459531	23498	64261	5194	
82	1		2	574257	561357	3900	3877		
129		1	1	479995	479215	124	478	100	
152		7	4	328056	316467	1045	7427		
207	4	3	22	550455	395337	45667	1559	3353	
407	1	12	27	1889699	1133567	46727	573695	45085	60
579	35	8	48	1437704	1218238	40919	72183	62818	
238	2	22	37	1412856	1224490	55786	43303	31975	490
193	2	12	10	459204	361997	33804	15079	7341	
146	5		2	548899	487076	18867	10435	2398	
62	8	1	10	632836	503281	98140	5402	9231	
306	9	5	50	1283955	774272	36588	11777	347621	5730
363	6	11	8	693116	568743	15707	56367	9217	30
238	11	1	10	962023	808781	73476	49124	14376	100
329	14	9	23	999009	943914	23883	10774	5196	50
291	2	2	3	1349812	1273291	16159	44442	3883	1
131	3	1	5	440582	402509	7648	8878	3246	5
13				72900	68710	2766	1384		
438	1	1	8	680637	505414	110863	31017	7195	
152	5	6	27	1471563	1086541	36802	216973	11192	50
102	1	3	5	255203	207621	24919	277	250	
74	4			249868	230587	10840	1642	537	100
				36666	35466	200	200	600	
293		4	5	2034884	1399359	56668	68688	452465	2188
179	4		4	652847	583527	28448	15576	12403	
4			1	96602	92947	1187	1796		
20				94247	85411	4807	1740	1279	
35	2			222165	197364	8171	1431	88	3

续表 2

地区	其他收入	本年支出合计(千元)	基本支出	项目支出	文物本体保护	馆藏品保护	陈列展览	教育与科研
总计	**943525**	**22869509**	**9179900**	**12610892**	**902033**	**610939**	**1307289**	**303492**
北京	19012	779120	251739	527381	2603	9375	39934	11918
天津	1980	236991	174787	62204	3076	6028	7465	1861
河北	10604	541278	314069	201303	3266	8616	31477	476
山西	3032	479400	197217	276427	12080	12918	12604	1197
内蒙古	5123	607984	182544	425089	36695	15017	11426	2364
辽宁	78	493305	300477	192478	17511	13304	11960	4885
吉林	3117	260577	124510	135872	2424	12999	16088	472
黑龙江	104539	471569	209417	231258	37771	10435	18157	1924
上海	90565	1654516	733317	887235	33445	23136	60150	24501
江苏	43546	1447553	723419	667062	38836	21730	111629	90394
浙江	56812	1383447	505884	831815	89248	25570	80879	21528
安徽	40983	521355	206745	286114	37311	32938	33231	4028
福建	30123	443299	158847	281945	15275	8355	38737	1104
江西	16782	513588	256539	248321	7571	10900	27235	1420
山东	107967	1352740	594115	517689	109652	41690	64194	16700
河南	43052	722827	378537	328849	15043	19103	42359	15383
湖北	16166	1057716	262163	602059	12288	53513	44939	7025
湖南	15192	849489	256991	586270	15753	37903	171622	8097
广东	12036	1270146	553235	709093	87718	23857	95731	19611
广西	18296	361064	116474	241000	8543	23396	35227	3261
海南	40	74616	20813	53803	6725	2698	14529	
重庆	26148	603636	203944	386062	43596	34502	38978	11904
四川	120005	1498120	454050	990264	117799	38890	54697	12286
贵州	22136	250669	76007	172010	977	6334	22387	210
云南	6162	258219	99295	157177	4783	5110	28165	1094
西藏	200	25169	14996	10073			100	
陕西	55516	1988015	818036	889629	17845	38100	75767	23661
甘肃	12893	660311	241285	406835	8950	23435	33423	5516
青海	672	95702	34248	61439	240	9071	2341	
宁夏	1010	105426	33006	71611	3961	10048	3916	
新疆	15108	204830	86802	112910	3494	12836	17394	1754

本年支出合计(千元)									
经营支出	在支出合计中：								
	工资福利支出	商品和服务支出	差旅费	劳务费	福利费	各种税金支出	对个人和家庭补助支出	抚恤金和生活补贴	其他资本性支出
865835	**5649448**	**9738405**	**256775**	**912778**	**83810**	**95664**	**1434660**	**74805**	**5329138**
	129146	447247	1747	5125	1995	696	32557	439	140987
	79337	113872	1111	3522	1248	438	32370	133	11412
25906	185576	234443	2614	29426	1332	3343	52479	814	67960
5755	149841	200755	3152	17672	929	4097	21259	212	102518
351	100772	133689	7357	18820	300	129	25489	2153	347925
350	146464	231756	3822	32869	214	247	59783	10776	43553
195	75216	122682	3031	10445	4	1487	34243	1487	28436
30477	121376	147652	8621	19508	1538	195	43716	2467	157261
24819	418947	835976	5179	7587	5711	3107	21497	889	325760
56536	449552	686674	22489	64863	3834	2723	119877	1982	179543
45748	322544	557029	10854	61704	10547	3332	58201	1476	420138
27480	118610	223983	6965	17791	2301	1136	36450	2060	136937
2507	128955	172402	7909	17364	265	307	21435	1076	113270
8338	145486	224558	5412	17613	3123	630	46803	2126	90434
236617	379805	406636	9317	33827	6981	28932	89140	3123	332030
15434	231615	311764	11399	37823	3618	1526	37876	2465	136762
8683	185086	538893	46983	187617	3047	2149	52761	1258	279295
6228	157704	426466	7894	26632	1870	701	33106	3692	231443
7284	314913	558702	7780	26683	5351	1119	154985	10941	149195
3470	92889	141080	7104	7003	555	958	23561	1104	95675
	16878	31076	1523	2381	58	111	2078	203	24584
13238	123599	263335	13691	25304	1385	1823	38795	1099	173823
46752	359182	568651	18272	54363	5831	4025	35936	3594	447932
1276	61873	102163	3543	6708	325	290	16259	955	37988
1426	74100	103540	4717	12209	256	116	12497	214	52847
100	13101	7489	1239	643	391		706	121	3873
279695	528597	1021057	11230	62771	18067	26980	76913	10786	334174
10419	131203	220074	7788	37797	1636	633	32426	3238	263725
	21574	19131	954	1900	427	105	5842	125	32194
809	20244	16967	1635	1816	31	69	3078	8	65137
5118	55095	97888	3850	12901	295	373	12314	215	39533

续表 3

地区	各种设备、交通工具、图书购置费	资产总计（千元）	固定资产原值	实际使用房屋建筑面积（万平方米）	展览用房	库房	实际拥有产权面积（万平方米）	文物保护规划和方案设计（个）
总　计	**639883**	**99563699**	**61240045**	**2185.48**	**1058.75**	**185.19**	**2339.89**	**1399**
北　京	2711	1923229	1706270	50.14	14.24	1.48	18.01	3
天　津	3591	756529	575629	18.86	8.89	3.07	2.56	5
河　北	7192	2545174	2151003	73.94	35.77	3.34	60.01	11
山　西	13015	1852129	1149850	55.49	24.62	4.48	65.17	82
内蒙古	35752	2927417	1924319	58.35	28.80	3.87	27.27	14
辽　宁	26327	1670496	1247665	49.45	26.75	5.04	9.26	17
吉　林	11122	517102	301183	30.20	16.57	2.16	12.36	11
黑龙江	10901	3510366	2282237	66.76	40.70	4.60	25.73	52
上　海	24627	9621080	6150943	73.05	33.46	7.67	32.91	87
江　苏	33425	7902721	6079984	216.50	109.98	13.21	167.40	59
浙　江	35204	6880540	3144311	139.21	64.59	10.83	80.02	81
安　徽	9799	2144701	1478071	65.52	34.41	5.73	79.56	66
福　建	7950	1295235	573563	50.19	22.68	4.01	51.15	81
江　西	10197	2340766	1220891	57.69	30.33	4.90	153.63	136
山　东	70341	9120573	5436250	233.01	120.53	24.31	231.90	134
河　南	19300	2793063	1720389	102.12	55.61	11.45	80.03	38
湖　北	13503	2648670	1728865	71.26	35.92	7.80	51.67	77
湖　南	19534	2593686	1327114	54.83	23.05	4.61	42.71	74
广　东	33314	3607580	2386056	117.99	46.90	9.93	135.82	40
广　西	17989	1562721	1016697	51.27	29.92	4.73	35.20	22
海　南	1467	198398	136756	5.04	2.18	0.20	1.78	2
重　庆	4855	1662799	980278	52.40	24.57	4.14	33.06	28
四　川	65665	10728361	6823856	142.64	72.73	13.95	84.37	76
贵　州	4840	1104296	378860	30.38	15.20	2.51	15.66	27
云　南	5947	1268310	646673	43.36	19.66	3.34	29.58	11
西　藏	233	20379	17865	5.25	2.09	0.35	7.73	
陕　西	34386	7608732	4244656	121.98	57.39	10.66	674.15	65
甘　肃	24736	2422222	1641226	55.44	28.78	4.89	77.02	55
青　海	7273	184157	172035	8.06	3.04	1.44	6.16	17
宁　夏	89	212201	146264	10.81	5.21	0.73	10.17	7
新　疆	7045	855228	476809	25.84	15.79	1.84	13.22	14

文物保护单位保护维修情况				进行考古发掘情况				国际合作项目数（个）	主办刊物（种）
国保单位保护维修项目数（个）	保护维修面积（平方米）	省保单位保护维修项目数（个）	市、县保单位保护维修项目数（个）	考古发掘面积（万平方米）	出土器物（件/套）	原址保护展示面积（万平方米）	异地保护展示面积（万平方米）		
481	**25523291**	**403**	**408**	**58.13**	**127913**	**6.99**	**0.59**	**117**	**283**
3	5194		1	0.00		0.12		3	7
		5						3	
7	24875	2	1	0.00		0.01			4
20	24956	8	10	0.82	300	0.05			1
7	24531	1		0.12		0.05		2	1
7	20719	4	2						4
6	616547	3	3	0.15		0.02			2
3	14964	3		0.25	14000	0.01		12	6
4	4060	5	1	0.39		0.33		17	31
15	18991413	7	12	10.05	7200	0.70	0.19	3	21
17	194006	31	74	0.64	1100	0.13		3	31
37	253791	20	30	1.25	10503	0.01			7
34	45125	49	35	2.34	1395	0.10		5	9
49	467379	22	100	0.87	60236	0.65	0.03		8
43	726215	38	15	1.02	2700	0.14		12	33
39	1841994	11	5	0.13				1	9
25	816718	34	15	9.88	9722	1.93	0.37		13
19	57029	16	10	24.87	60	0.14		5	6
15	95738	27	22	0.07	426	1.40		1	11
22	55104	15	15	0.12		0.20		2	3
1	118	7	2	0.02		0.01			
14	447322	17	18	1.36	256	0.21		9	9
31	189590	20	10	1.45	7800	0.28		14	20
1	1680	1	3						5
6	481129	15	11	0.27				1	8
26	32044	25	1	0.06	200	0.08		17	21
16	60101	11	11	0.65		0.01			7
4	10000	6							
1	8721								2
9	12228		1	0.47	15	0.22		4	2

2016年全国各地区文物

地区	机构数(个)	从业人员(人)	专业技术人才	正高级职称	副高级职称	中级职称	安全保卫人员	登记注册志愿者(人)
总计	**3024**	**76125**	**28932**	**1158**	**3759**	**11480**	**18754**	**80442**
北京	40	1144	399	8	56	129	284	725
天津	22	760	479	11	67	209	134	989
河北	77	2900	946	40	137	301	775	1089
山西	96	3209	877	7	73	352	928	1956
内蒙古	87	1625	854	41	144	344	354	2270
辽宁	62	2113	1034	60	162	539	400	2766
吉林	77	1218	635	50	133	244	238	2305
黑龙江	90	1585	746	32	160	317	363	966
上海	41	1345	768	36	95	322	199	3559
江苏	201	4832	1830	93	228	731	1398	5835
浙江	111	3284	1337	99	230	538	828	9048
安徽	115	1808	770	16	81	289	520	1897
福建	98	2259	841	47	99	331	603	2515
江西	121	2855	1060	36	101	407	761	2296
山东	209	4359	2135	97	298	863	1033	6788
河南	176	5071	1429	48	170	613	1514	5403
湖北	142	3049	1585	49	179	708	698	2012
湖南	106	2390	744	19	78	313	502	1660
广东	168	3484	1682	35	143	706	830	5376
广西	121	1977	827	31	75	318	519	3628
海南	18	285	101	2	7	35	99	30
重庆	47	1610	601	26	92	190	341	4902
四川	193	5752	1462	48	109	516	1404	3189
贵州	70	1425	427	10	39	112	333	449
云南	76	980	667	15	117	324	247	877
西藏	7	226	62	1	8	15	28	4
陕西	186	7097	1692	55	173	646	1632	3441
甘肃	139	3135	883	11	80	283	889	2868
青海	23	281	172	4	25	68	102	12
宁夏	12	317	132	4	15	49	79	202
新疆	90	1162	299	5	31	129	364	959

系统博物馆基本情况

藏品数(件/套)	在藏品数中(件/套)						本年修复文物数(件/套)		
	一级品	二级品	三级品	本年新增藏品	本年从有关部门接收文物数	本年藏品征集数		一级品	二级品
24204137	**87081**	**709732**	**3306417**	**918649**	**76875**	**188823**	**40539**	**297**	**1153**
1232600	560	5389	67190	4339	2925	1414	938	1	13
635938	1042	5372	134183	1202	935	260	2337	36	162
369887	896	10201	43456	8592	238	1184	392	1	
904625	3099	8190	74758	42567	8023	1142	2436	3	116
645516	2025	6813	12293	134693	2865	5786	497	2	
523947	2081	13853	151252	4387	542	3259	456		8
437300	552	5947	30968	13865	1260	11076	648	1	1
529970	2567	5087	34540	10076	113	7817	508		10
1364856	1171	44723	165618	2594	147	2118	210	2	7
1106716	3428	16839	459909	10722	1838	4345	6836	25	40
912418	2611	10719	71914	70411	15698	26068	932	5	10
526877	1989	4916	45742	8869	6872	1416	600	5	12
496026	1083	2998	99682	7308	454	4664	228	1	
378145	2184	5772	43526	2678	259	1907	384	2	3
2259764	12131	12513	87245	384872	112	9490	3983	15	138
768491	2050	13674	218142	32311	9012	22411	2052	69	68
1317965	2727	8242	101157	34794	289	27679	3765	2	109
532421	1483	5694	52830	22548	10299	5966	2429	9	80
897491	1374	15004	63454	28913	2637	18954	1266	1	1
259944	294	4886	24509	6429	2	5520	190		7
73945	121	446	2212	3935	162	3541			
411353	1298	2510	23865	1762	396	554	1218	7	67
1035797	2921	6210	81742	27856	566	3100	1595	9	31
102367	587	1796	5327	1659	249	1326	369	33	13
1183106	810	2055	16163	8893	515	2932	454	3	11
67961	1127	15808	26928	399	100	120	9		
1006916	6644	12624	71392	27427	5547	9599	3312	42	63
518181	4263	12076	104703	6542	4335	1522	367	7	53
163393	412	670	1143	59		10	232	11	10
47855	302	3068	4713	593		237	71	4	9
192562	619	1281	3887	4287	87	938	596	1	2

续表 1

地区		基本陈列（个）	举办展览（个）	参观人次（万人次）		门票销售总额（千元）	本年完成科研成果	
	三级品				未成年人参观人次		省部级及以上科研课题数（个）	专利（个）
总　计	**9007**	**7990**	**9879**	**68199.82**	**19072.56**	**3351379**	**342**	**260**
北　京	59	97	144	575.26	117.04	12414	8	3
天　津	1935	69	111	1013.38	284.44	13891	2	
河　北	11	173	345	2204.82	684.67	97730	2	
山　西	1349	149	137	1377.72	309.55	204144	1	
内蒙古		277	169	1124.00	315.78	2294	1	
辽　宁	198	202	218	1370.53	362.15	120758	7	
吉　林	3	115	237	942.83	348.08	43351	3	
黑龙江	21	240	281	1321.50	393.64	746	4	
上　海	38	92	258	964.72	152.17	36223	18	2
江　苏	200	621	880	4890.14	1306.64	69906	29	4
浙　江	50	336	981	4396.79	1292.74	14836	16	3
安　徽	263	334	320	2076.29	590.54	4972	5	1
福　建	136	270	639	2545.36	906.76		4	
江　西	75	261	230	2906.58	864.86	378	2	30
山　东	995	780	779	4041.43	1486.55	41481	37	2
河　南	772	365	449	4165.03	1314.91	69646	18	3
湖　北	337	412	388	2388.27	760.05	2410	12	
湖　南	567	183	211	3004.13	1044.63	1075	13	15
广　东	49	686	1007	4373.21	1037.62	202503	4	2
广　西	39	261	229	1761.68	511.50	1666	7	1
海　南		41	71	104.03	15.03			
重　庆	116	131	124	1912.55	597.74	105117	41	11
四　川	293	451	411	5350.21	1425.41	383383	21	13
贵　州	61	141	109	1623.97	448.38		7	168
云　南	55	238	226	1825.84	487.38	663	5	
西　藏	4	11	18	55.18	8.44		2	
陕　西	1232	468	264	4436.53	701.75	856373	22	2
甘　肃	54	324	335	1961.30	605.44	10741	23	
青　海	6	40	25	247.48	52.06			
宁　夏	58	35	61	178.11	44.53			
新　疆	5	152	148	686.32	196.23	236	3	

专著或图录（册）	论文数（篇）	古建维修、考古发掘报告（册）	获国家奖（个）	获省、部奖（个）	本年收入合计（千元）	财政补助收入	上级补助收入	事业收入	经营收入
783	**5341**	**116**	**61**	**214**	**20594413**	**17464156**	**594730**	**1412465**	**542790**
19	179		1	1	774802	737539	260	27664	
2	10				225080	210546	975	10509	
2	112		2	5	444572	343932		90000	7165
9	40				550765	455160	23498	64261	4814
6	82	1		2	574257	561357	3900	3877	
17	129		1	1	471139	470359	124	478	100
11	152		7	4	328056	316467	1045	7427	
7	90	1	2	12	347646	332973	5733	1160	
41	249	1	2	12	1099168	654465	3966	385761	625
84	491	35	5	21	1157687	1039091	17494	66800	15867
129	211	2	8	20	1268720	1144044	35273	37109	3527
14	168	2	2	2	366849	303109	32519	13850	4696
19	146	5		2	548899	487076	18867	10435	2398
3	57	8	1	10	618913	491198	98140	5202	9091
29	283	7	1	38	752479	673391	22732	8436	19824
26	332	6	7	7	625701	537068	15707	56367	1032
26	236	11	1	10	928367	787049	71696	48803	6489
32	277	14	9	23	799002	754023	17086	10206	4121
62	288	2	2	2	1340384	1266987	13534	44442	3449
16	131	3	1	5	439132	402409	6628	8878	3136
	13				72900	68710	2766	1384	
7	417	1	1	2	517391	421834	46010	30762	6388
42	107	5	4	21	1445519	1078497	33725	214183	9058
7	102	1	3	5	252893	207311	23169	277	
9	70	4			242466	227962	7440	1642	449
3					36666	35466	200	200	600
33	239		1	2	1895876	1322580	50730	67498	415111
37	177	4		4	623984	555922	27348	15420	12403
	4			1	96602	92947	1187	1796	
1	20				94047	85211	4807	1740	1279
2	35	2			222165	197364	8171	1431	88

续表 2

地　区	附属单位上缴收入	其他收入	本年支出合计(千元)	基本支出	项目支出	文物征集	馆藏品保护	陈列展览
总　计	**4767**	**575505**	**19478850**	**7781206**	**11128878**	**565709**	**530151**	**1077992**
北　京		9339	766876	239717	527159	2603	9267	39832
天　津	1070	1980	236991	174787	62204	3076	6028	7465
河　北		3475	380609	230003	143939	2747	1120	24991
山　西		3032	472961	194999	272596	11795	12828	12435
内蒙古		5123	607984	182544	425089	36695	15017	11426
辽　宁		78	479794	292936	186708	17481	13289	11960
吉　林		3117	260577	124510	135872	2424	12999	16088
黑龙江		7780	298514	116584	180646	14243	4504	11180
上　海		54351	951992	358300	592834	14090	13780	29268
江　苏		18435	1105772	581335	517948	29836	19117	41683
浙　江		48767	1169690	401150	766585	77882	22634	69504
安　徽		12675	329328	156404	166681	7828	26159	29440
福　建		30123	443299	158847	281945	15275	8355	38737
江　西		15282	497762	247752	241795	6771	10520	25225
山　东	2420	25676	774716	436059	316964	16162	27352	38898
河　南	30	15497	586728	331830	249363	5444	14525	37491
湖　北		14330	1015166	245877	581380	8042	52272	34924
湖　南	50	13516	659277	206265	447843	14233	34477	164237
广　东	1	11971	1257497	546591	704212	86839	23558	94509
广　西	5	18076	359614	116059	240460	8183	23341	35142
海　南		40	74616	20813	53803	6725	2698	14529
重　庆		12397	455322	145020	302295	2343	28849	31329
四　川		110056	1305355	407347	873414	37303	26731	41594
贵　州		22136	248099	74387	171510	887	6274	22087
云　南		4973	248413	93718	153166	4597	5101	24895
西　藏		200	25169	14996	10073			100
陕　西	1188	38769	1779169	708661	825919	10653	34910	51583
甘　肃		12891	624970	223467	390900	6303	23359	33241
青　海		672	95702	34248	61439	240	9071	2341
宁　夏		1010	105226	32806	71611	3961	10048	3916
新　疆	3	15108	204830	86802	112910	3494	12836	17394

本年支出合计(千元)									
		在支出合计中：							
教育与科研	经营支出	工资福利支出	商品和服务支出	差旅费	劳务费	福利费	各种税金支出	对个人和家庭补助支出	抚恤金和生活补贴
264459	**368669**	**4796116**	**8557614**	**220499**	**833863**	**62331**	**58176**	**1316720**	**65410**
11918		118540	446450	1730	4821	1845	696	31728	439
1861		79337	113872	1111	3522	1248	438	32370	133
357	6667	133042	178512	1974	24412	1097	1379	31190	695
1151	5365	148665	196526	2812	17524	447	4097	21214	212
2364	351	100772	133689	7357	18820	300	129	25489	2153
4885	150	143539	227718	3771	32633	211	247	57275	10208
472	195	75216	122682	3031	10445	4	1487	34243	1487
507	1284	68075	101417	2917	13952	52	103	33308	382
16269	858	210392	481038	2924	5197	3516	692	11441	566
89806	6489	349141	528729	19044	60225	3299	2072	105267	1807
18947	1955	264601	470747	8425	55506	8254	1981	50114	956
1268	5247	86447	163560	3333	10809	1354	721	30502	1588
1104	2507	128955	172402	7909	17364	265	307	21435	1076
1140	7825	139974	220934	5124	17443	3023	505	45384	1938
2459	17464	269623	295601	5299	28628	2357	534	76087	2491
13850	5535	196285	273273	9162	31322	2633	974	35133	2240
6670	3098	170876	528566	46672	186498	2479	2060	52249	1230
5670	5169	129386	326864	6788	17263	1434	536	28768	3540
19432	6340	311748	553896	7720	25531	5040	1107	154777	10933
3221	2975	92495	140715	7018	6849	543	958	23524	1092
		16878	31076	1523	2381	58	111	2078	203
9778	8007	97279	217538	9207	18931	782	1306	30225	791
11239	18102	329448	552409	17648	51412	5281	3858	35791	3573
180	826	60799	101297	3463	6360	217	260	16049	835
1093	1228	68936	102472	4524	11889	256	116	12473	214
	100	13101	7489	1239	643	391		706	121
22697	244499	462080	953511	7799	50457	13267	26451	64510	7362
5449	9682	123595	209880	6948	36318	1580	617	31928	3223
		21574	19131	954	1900	427	105	5842	125
	809	20054	16957	1630	1816	31	69	3078	8
1754	5118	55095	97888	3850	12901	295	373	12314	215

续表 3

地区	其他资本性支出	各种设备、交通工具、图书购置费	资产总计(千元)	固定资产原值	实际使用房屋建筑面积(万平方米)	展览用房	库房	实际拥有产权面积(万平方米)
总计	**4318284**	**547859**	**70934505**	**42089231**	**1680.93**	**785.67**	**142.00**	**1892.87**
北京	140975	2699	1886884	1671988	49.74	13.92	1.47	18.01
天津	11412	3591	756529	575629	18.86	8.89	3.07	2.56
河北	37865	6205	1616715	1451727	48.01	26.90	2.77	38.04
山西	101529	13015	1762882	1108204	51.16	20.88	4.27	64.36
内蒙古	347925	35752	2927417	1924319	58.35	28.80	3.87	27.27
辽宁	40098	22879	1591541	1237161	48.83	26.59	5.02	9.26
吉林	28436	11122	517102	301183	30.20	16.57	2.16	12.36
黑龙江	94814	5147	1063833	958892	29.02	19.14	2.02	12.60
上海	243094	18306	4320415	2101932	26.31	9.00	5.53	3.54
江苏	111202	28221	5643846	4341213	163.06	78.52	10.21	116.31
浙江	376017	33288	4058328	1993459	88.08	39.16	7.66	53.07
安徽	43926	5319	740054	529344	43.35	21.41	3.73	41.20
福建	113270	7950	1295235	573563	50.19	22.68	4.01	51.15
江西	85163	8407	2242479	1132604	55.46	28.60	4.74	153.17
山东	126554	22635	5201475	3188338	120.54	66.47	9.30	84.95
河南	77270	15083	1904853	1354596	77.69	40.69	8.68	64.76
湖北	263354	12674	1685131	1009441	60.40	29.28	6.64	46.39
湖南	173489	17243	1857839	741331	45.08	19.37	4.06	35.82
广东	147349	32736	3581721	2370801	113.69	44.69	9.57	135.12
广西	95021	17884	1557409	1012602	50.90	29.65	4.69	35.08
海南	24584	1467	198398	136756	5.04	2.18	0.20	1.78
重庆	107180	3873	1078404	662745	39.11	15.87	2.49	18.43
四川	302230	65240	6693497	3752302	107.89	50.20	8.67	70.84
贵州	37568	4490	1034848	328724	28.41	14.10	2.21	12.78
云南	49297	5785	1204489	585033	38.29	17.38	3.02	28.52
西藏	3873	233	20379	17865	5.25	2.09	0.35	7.73
陕西	288447	30402	6082128	2901653	84.98	36.09	8.96	643.51
甘肃	246684	24253	2074250	1357241	49.92	24.13	4.72	50.08
青海	32194	7273	184157	172035	8.06	3.04	1.44	6.16
宁夏	65137	89	212201	146264	10.81	5.21	0.73	10.17
新疆	39533	7045	855228	476809	25.84	15.79	1.84	13.22

文物保护规划和方案设计(个)	文物保护单位保护维修情况				进行考古发掘情况				国际合作项目数(个)
	国保单位保护维修项目数(个)	保护维修面积(平方米)	省保单位保护维修项目数(个)	市、县保单位保护维修项目数(个)	考古发掘面积(万平方米)	出土器物(件/套)	原址保护展示面积(万平方米)	异地保护展示面积(万平方米)	
1224	**459**	**25402854**	**396**	**393**	**58.12**	**118157**	**6.99**	**0.59**	**65**
3	3	5194		1	0.00		0.12		3
5			5						3
8	6	23123	2	1	0.00		0.01		
80	20	24956	8	10	0.82	300	0.05		
14	7	24531	1		0.12		0.05		2
17	7	20719	4	2					
11	6	616547	3	3	0.15		0.02		
14	3	14964	2		0.25	14000	0.01		
79	2	98	5	1	0.39		0.33		2
59	14	18982913	7	12	10.05	6500	0.70	0.19	2
65	17	194006	31	72	0.64	300	0.13		3
60	34	248395	19	30	1.25	6503	0.01		
81	34	45125	49	35	2.34	1395	0.10		5
132	46	464504	22	100	0.87	60236	0.65	0.03	
92	42	722166	37	14	1.02	2500	0.14		11
30	37	1838213	9	5	0.13				
65	25	816718	34	15	9.87	5922	1.93	0.37	
72	17	53789	16	10	24.87	60	0.14		5
40	14	25738	26	22	0.07	426	1.40		1
22	22	55104	15	15	0.12		0.20		2
2	1	118	7	2	0.02		0.01		
26	10	439940	17	14	1.36		0.21		7
62	31	189590	20	6	1.45	7800	0.28		4
27	1	1680	1	3					
11	6	481129	15	11	0.27				1
57	25	29544	24	1	0.06	200	0.08		7
45	15	53101	11	7	0.65		0.01		
17	4	10000	6						
7	1	8721							
14	9	12228		1	0.47	15	0.22		4

2016年全国各地区文物

地区	机构数（个）	从业人员（人）	专业技术人才	正高级职称	副高级职称	中级职称	库存文物数（件/套）	一级品
总计	**68**	**1364**	**558**	**3**	**50**	**262**	**6997098**	**52**
北京	2	226	32	1		22	2400824	
天津	1	81	48		8	24	348134	
河北	3	11	6			6		
山西	1	16	9		2	4	130147	
内蒙古	1	6					1384	
辽宁	3	46	22		3	7	243568	5
吉林	1	10					30890	
黑龙江								
上海	1	68	51		1	21	1749380	
江苏	8	196	71		6	36	716133	
浙江	9	82	25		1	11	21929	
安徽	1	36	20		2	8	206576	12
福建	1	22	13		1	8	41271	
江西	4	54	27		2	8	26665	
山东	5	54	28		4	13	153228	
河南	5	77	44		5	24	59647	12
湖北	1	65	38	1	6	20	196915	4
湖南	2	57	41		4	15	218944	8
广东	3	71	24		1	14	237089	10
广西	4	32	10			6	38031	1
海南								
重庆	2	18					37206	
四川	2	33	1				63156	
贵州	1	11	1				19683	
云南	2	36	23	1	3	7		
西藏	1	7	6			1	5656	
陕西	1	7					750	
甘肃	1	10	3				20984	
青海	1	10	2			1	7084	
宁夏								
新疆	1	22	13		1	6	21824	

商店基本情况

二级品	三级品	资产、负债、所有者权益(千元)：资产总计	资产、负债、所有者权益(千元)：固定资产原价	资产、负债、所有者权益(千元)：当年提取的折旧总额	资产、负债、所有者权益(千元)：负债合计	资产、负债、所有者权益(千元)：所有者权益合计	资产、负债、所有者权益(千元)：实收资本	资产、负债、所有者权益(千元)：国家资本金	损益(千元)：营业收入
95	**33472**	**2320753**	**367607**	**12344**	**465792**	**1854961**	**221860**	**198430**	**527773**
		455395	126553	5835	61435	393960	16870	16870	81847
		260859	8840	311	14466	246393	25188	25188	42657
		4909	77	7	234	4675	5080		50
		10906	1949	13	2781	8125	424	424	9626
		713	762	46	300	413			2
6	40	74825	4792	187	26004	48821	6940	6940	21854
	30890	4881	513	4	6981	-2100	1931	1931	146
		317655			932	316723	14990	14990	31048
		307402	61197	1902	110160	197242	14260	14260	145675
13	400	90524	21565	503	29476	61048	13258	11178	25519
	439	23878	7119	295	2639	21239	996	996	10041
		12941	6386	228	5019	7922	2552	2552	8176
		9572	7891	374	4200	5372	7368	7368	11499
		131894	12000	339	100104	31790	6593	6374	9732
47	944	26822	7672	79	5176	21646	15977	1016	6648
20	2	204551	17413		1352	203199	3740	3740	11337
7	2	120300	16254	592	24169	96131	12269	12269	20748
		98786	20247	369	11536	87250	18910	18910	49421
		11140	1716	154	5506	5634	5843	4753	2760
		15564	6564	55	2256	13308	9883	9883	4183
		42841	3994	166	23109	19732	6669	6669	14723
		22192	20591	397	1638	20554	6000	6000	1452
		46130	5630	199	15256	30874	14487	14487	8282
2	5	5636	3201		1767	3869	3869	3869	905
	750	3240	382		1159	2081	2105	2105	970
		9363	828	74	6094	3269	1500	1500	1845
		1689	782	70	279	1410	400	400	2408
		6145	2689	145	1764	4381	3758	3758	4219

续表

地区	主营业务收入	营业成本	养老、医疗、失业等各种社会保险费	住房公积金和住房补贴	差旅费	工会经费	营业利润	营业外收入
总计	**475282**	**508776**	**32257**	**14001**	**5286**	**2539**	**18997**	**16053**
北京	79144	75003	11164	3182	188	616	6844	653
天津	42657	43006	3395	2599	117	272	-349	433
河北	50	309					-259	2
山西	8948	9858	-23	177	207	3	-232	339
内蒙古	2	7					-5	
辽宁	21575	15885	1055	627	436	75	5969	1123
吉林	146	2677	202	63	501	15	-2531	917
黑龙江								
上海	29140	26508	3671	1194	4	188	4540	
江苏	137670	142158	5314	2196	1111	357	3517	3198
浙江	22928	17791	975	244	253	83	7728	275
安徽	9400	9717	246	347	188	82	324	137
福建	8176	6963	193	305	201	28	1213	91
江西	11499	11676	661	290	59	50	-177	
山东	7986	11621	371	55	14	22	-1889	358
河南	6561	6214	379	213	321	18	434	460
湖北	4047	19244	297	862	155	339	-7907	100
湖南	17964	23073	385		257	39	-2325	5468
广东	38887	46672	1412	716	541	233	2749	117
广西	2302	3085	269	71	23		-325	584
海南								
重庆	3899	4102	37	3	41		81	278
四川	7652	14116	380	70	28	41	607	32
贵州	346	2178	79	254	28	11	-726	172
云南	6027	6245	360	135	225	38	2037	100
西藏	150	905			150			755
陕西	970	698	31	44			272	4
甘肃	1845	1714	147	20	28		131	
青海	2183	2223	209	109	38	12	185	21
宁夏								
新疆	3128	5128	1048	225	172	17	-909	436

			工资、福利费、税金(千元)						
政府补助(补贴收入)	营业外支出	利润总额	本年发放工资总额	本年支付的职工福利费	本年应交税金总额	实际使用房屋建筑面积(万平方米)	营业用房	库房	实际拥有产权面积(万平方米)
9734	**2951**	**32099**	**128420**	**5665**	**28694**	**15.51**	**5.96**	**7.98**	**11.65**
	1482	6015	31254	1677	6065	3.19	0.64	2.55	2.82
423		84	14225	270	1016	1.23	0.43	0.80	
		-257	121		5	0.14	0.12	0.02	
89		107	1069		164	0.40	0.04	0.24	0.40
		-5	5		2	0.01		0.00	
944	190	6902	4209	241	1200	0.38	0.16	0.18	0.11
	80	-1694	726	84	140	0.01	0.01	0.01	0.07
		4540	9806	580	2615	1.82	0.10	1.53	1.57
792	75	6640	23361	825	7259	2.69	1.71	0.75	2.40
4	16	7987	4519	392	974	0.44	0.33	0.08	0.08
	5	456	2127		553	0.22	0.06	0.12	
91	1	1303	1424	72	459	0.31	0.25	0.05	0.22
	7	-184	1490	285	197	0.75	0.27	0.47	0.73
240	1	-1532	1071	42	712	0.70	0.31	0.16	0.64
		894	2081	53	88	0.39	0.14	0.25	0.14
		-7807	6274	92	121	0.35	0.08	0.26	
4934	6	3137	2642	200	638	0.66	0.05	0.11	0.64
115	1	2865	11480	619	4090	0.75	0.59	0.16	0.69
583	324	-65	1236		28	0.12	0.04	0.02	0.02
274	3	356	771	49	204	0.15	0.05	0.03	0.11
	1	638	2073	281	877	0.10	0.05	0.03	0.57
		-554	543		246	0.16	0.09	0.06	
90		2137	1976	21	631	0.06	0.03	0.03	0.05
755	755		755			0.07	0.07		0.03
		276	316	21	21	0.04	0.02	0.02	
		131	284		61	0.05	0.03	0.02	0.05
		206	660	42		0.03	0.02	0.00	0.03
400	4	-477	1922	-181	328	0.30	0.27	0.04	0.30

主要统计指标解释

1．**藏品**：藏品是文博机构根据收藏品的文化属性、自然属性等情况所划分的文物藏品、标本藏品、模型藏品（含具有收藏、展示价值的雕塑、绘画等艺术作品）和复制品藏品的总和。本指标所统计的藏品是指报告期末，该机构已经整理并登记入账的藏品数。尚未整理或正在整理的藏品，应在整理造册入账后列入下年统计。一级品、二级品、三级品均根据入账情况如实填写。

藏品数：指按历年来以件、套为计量单位统计的藏品数量。即单件藏品编一个号者按一件计算，成套藏品按整体编一个号者，也按一件计算（其组成部分即使有分号，也按一件计）。不易计数的藏品，如粮食、药材及液体等，不论数量多少，均按一件计算。

2．**本年新增藏品数**：指本年从各种渠道获得的新增入库藏品总数。

3．**本年从有关部门接收文物数**：指本年从公安、工商、海关等司法及检查部门移交接收的文物。

4．**本年藏品征集数**：本年从社会上征集为馆藏的文物数量（包括标本数）。

5．**本年修复文物数**：本年运用技术手段进行修复保养的馆藏文物数量（包括标本）。

6．**基本陈列**：指由本馆设计布陈、地点固定、时间较长的展出。

7．**举办展览**：展览指在本机构内设置，由本馆设计布陈、形式比较多样的展出。同一内容的巡回展览，均按一个计算。展览的计量单位不是指每次展出的文物藏品件数。与系统外机构合办的展览，由本馆统计；与系统内机构合办的，由主办馆统计。基本陈列不作为展览统计。

8．**参观人次和未成年人参观人次**：参观人次指本报告期末，向社会开放的文物保护管理机构当年接待的所有参观人次的累计数。

未成年人参观人次是指接待有组织的集体参观人次与零散观众中能够确切统计的未成年人参观人次的总和。

9．**本年承担课题、项目数**：指本机构报告期内承担的课题和项目数量。

10．**专利数**：向中央及地方专利局申请并得到承认的专利数量。

11．**专著或图录**：由本单位人员完成，经过正式出版部门编印出版的科技专著、高等院校教科书、科普著作和论文集。

12．**论文数**：是指由本机构的人员完成，并在省级以上刊物公开发表的论文数之和。

13．**古建维修报告**：地上不可移动文物维修保护工程全过程记录及应用技术研究介绍的综合性技术报告。

7 教育、科技、动漫及其他

2016年文化部门教育

	机构数（个）	从业人员（人）	双师型	专业技术人才	正高级职称
总　计	**125**	**12907**	**1996**	**8870**	**384**
高等院校	18	6183	1558	4237	264
其中：高等职业院校	17	5771	1448	3953	223
中等专业学校	88	6092	388	4207	98
文化干部学校	2	205		59	4
其他教育机构	17	427	50	367	18

续表 1

	就业人数	招生数（人）	在校生数（人）	戏剧类	戏曲类
总　计	**7568**	**28991**	**87946**	**4281**	**6590**
高等院校	7149	17113	49131	2391	2695
其中：高等职业院校	7149	16497	47117	2357	2695
中等专业学校	328	10681	35937	1701	3549
文化干部学校					
其他教育机构	91	1197	2878	189	346

机构基本情况

副高级职称	中级职称	毕业生数（人）	中职生人数	升学人数	就业人数	高职生人数	升学人数
1993	**3639**	**21249**	**8285**	**3456**	**2357**	**10368**	**528**
1024	1669	12673	2042	1054	257	9753	424
965	1575	12395	2042	1054	257	9753	424
895	1791	7832	6036	2297	1998	524	104
13	32						
61	147	744	207	105	102	91	

舞蹈类	音乐类	美术类	其他	在校生中高职生人数（人）	本年收入合计（千元）	财政补贴收入
18756	**18541**	**16520**	**23258**	**32705**	**3868058**	**3184237**
7446	9821	11852	14926	30160	1915149	1528023
7224	8063	11852	14926	30160	1674890	1308808
10401	8260	4358	7668	2390	1645703	1402249
					73607	33199
909	460	310	664	155	233599	220766

续表 2

	上级补助收入	事业收入	经营收入	附属单位上缴收入	其他收入
总　计	**22452**	**484087**	**17008**		**160274**
高等院校	12909	315393	5337		53487
其中：高等职业院校	12909	296302	5337		51534
中等专业学校	8102	117890	11671		105791
文化干部学校		40243			165
其他教育机构	1441	10561			831

续表 3

	劳务费	福利费	各种税金支出	对个人和家庭补助支出	抚恤金和生活补助
总　计	**166209**	**12506**	**3938**	**565246**	**16447**
高等院校	84831	8718	1187	289646	6016
其中：高等职业院校	72772	6436	1183	272439	6016
中等专业学校	71943	3304	1379	248342	10161
文化干部学校	4367	184	1339	11244	88
其他教育机构	5068	300	33	16014	182

本年支出合计(千元)	基本支出	项目支出	经营支出	在支出合计中:工资福利支出	商品和服务支出	差旅费
3702810	**2123064**	**1563146**	**15944**	**1283147**	**927193**	**32387**
1795317	1087467	702770	5080	644427	520156	15358
1560587	944643	610864	5080	550724	444449	13042
1619782	912917	695345	10864	577231	353963	15995
68678	55893	12785		22426	30399	260
219033	66787	152246		39063	22675	774

其他资本性支出	各种设备、交通工具、图书购置费	资产总计(千元)	固定资产原值	实际使用房屋建筑面积(万平方米)	教学用房面积	实际拥有产权面积(万平方米)
902974	**186585**	**8242525**	**3831433**	**283.07**	**181.86**	**179.38**
339886	106157	4634657	1997170	148.29	89.01	94.65
291773	71803	4313707	1803072	112.23	69.64	94.65
417199	73571	3188501	1648529	122.83	83.77	76.21
4608	2411	144944	117000	2.82	2.50	1.39
141281	4446	274423	68734	9.13	6.59	7.13

2016年各地区文化部门

地区	机构数(个)	从业人员(人)						毕业生数(人)
			双师型	专业技术人才				
					正高级职称	副高级职称	中级职称	
总　计	**125**	**12907**	**1996**	**8870**	**384**	**1993**	**3639**	**21249**
北　京	2	517	11	397	18	65	170	415
天　津	3	354	122	289	23	97	133	999
河　北	4	484	105	445	19	97	193	572
山　西	19	1427	214	1113	16	256	454	2581
内蒙古	4	391	22	296	7	67	91	463
辽　宁	5	282		228	13	46	110	363
吉　林	1	6		5	1		4	
黑龙江	6	644	31	340	32	118	185	483
上　海	1	65		22		7	15	
江　苏	13	804	48	660	31	143	274	1178
浙　江	6	1219	312	784	84	186	341	2212
安　徽	5	403	148	255	5	33	86	1423
福　建	10	690	132	420	17	66	129	1414
江　西	3	275	43	233	10	62	71	662
山　东	3	297	27	240	5	56	124	667
河　南	9	368	4	208	4	44	113	684
湖　北	6	693	170	379	14	102	173	1038
湖　南	4	734	158	377	26	96	204	1115
广　东	5	773	102	443	3	101	155	543
广　西	2	183		103	6	23	45	382
海　南	1	143	2	104		18	38	168
重　庆	2	416	67	322	1	38	88	505
四　川	2	857	160	578	29	112	210	2134
贵　州								
云　南	1	246	103	222	13	76	76	638
西　藏								
陕　西	4	160		128		22	35	163
甘　肃								
青　海	1	93		79		20	45	136
宁　夏	1	109	15	83	3	22	33	204
新　疆	1	70		59		7	13	107

教育机构基本情况

中职生人数			高职生人数			招生数（人）	在校生数（人）	戏剧类
	升学人数	就业人数		升学人数	就业人数			
8285	**3456**	**2357**	**10368**	**528**	**7568**	**28991**	**87946**	**4281**
248	203	45	167	12	155	468	1991	119
73	73		926		574	988	3039	33
186	133	53	386	35	340	1052	3666	49
1002	291	245	676	187	489	2570	9538	150
126	69	54				555	1831	54
343	288	55	20		20	635	1968	192
126	38	12	355	42	253	441	1461	15
						22	107	
421	87	311	409	68	307	1533	5629	117
681	181	61	1253	72	1123	2578	7990	604
409	222	87	924	20	810	1476	3795	168
720	104	294	694		60	1523	4555	33
208	200	8	362		362	879	2872	227
667	256	411				659	2373	
404	48	75				924	3255	55
379	320	30	546	6	540	1437	4584	600
156	17	94	959			1919	6283	437
331	91	109	212	4	205	1831	4345	263
382						620	1427	
161	66	95				186	725	
258	258		161	2	159	1831	3586	258
359	223	29	1775		1708	2387	6157	124
113	4	107	525	80	445	920	2774	38
103	43	55				262	767	20
136	43	32				200	614	
186	160	26	18		18	842	2161	725
107	38	69				253	453	

续表 1

地　　区	戏曲类	舞蹈类	音乐类	美术类	其他	在校生中高职生人数(人)	本年收入合计(千元)
总　计	**6590**	**18756**	**18541**	**16520**	**23258**	**32705**	**3868058**
北　京	504	595	282	151	340	441	201650
天　津	171	306	479	1005	1045	1577	131704
河　北	133	404	245	125	2710	2549	136779
山　西	865	2227	2231	1134	2931	2525	256829
内蒙古	67	476	749	203	282		72103
辽　宁	106	934	451	152	133		61906
吉　林							334
黑龙江	94	307	461	384	200	1048	88425
上　海					107		36477
江　苏	640	1463	1206	1453	750	1823	527828
浙　江	427	1031	3470	964	1494	2694	501192
安　徽	157	791	551	1339	789	2389	93120
福　建	439	967	854	854	1408	32	154412
江　西	114	798	473	624	636	1679	50241
山　东	570	805	425	175	398		57373
河　南	531	365	554	97	1653		38113
湖　北	516	1084	967	663	754	2155	234013
湖　南	250	1106	886	865	2739	3831	280771
广　东	137	1145	1052	654	1094		229788
广　西	120	501	320	153	333		50050
海　南	99	302	178	101	45		48243
重　庆	41	615	590	625	1457	2608	202015
四　川	107	923	712	3307	984	4907	167952
贵　州							
云　南	456	340	421	689	830	1863	57184
西　藏							
陕　西	46	218	285	114	84		19544
甘　肃							
青　海		402	115	35	62		29463
宁　夏		376	457	603		584	48078
新　疆		275	127	51			19574

财政补贴收入	上级补助收入	事业收入	经营收入	附属单位上缴收入	其他收入	本年支出合计(千元)	基本支出	项目支出
3184237	**22452**	**484087**	**17008**		**160274**	**3702810**	**2123064**	**1563146**
175321		18094	3587		4648	192658	139709	51209
111705		18970			1029	149308	101497	47811
101639		22927			12213	124471	103083	21388
223015	1087	28786			3941	242359	180361	61997
68916		2833			354	67160	55887	11273
52679	55	8483			689	69968	47303	22665
	334					324	324	
76480	11787	156			2	87084	74730	12354
13952	180	991			21354	35550	7843	27707
493715	1050	12735	947		19381	507332	169286	337099
424076		63283	762		13071	478115	313002	164309
60246	110	31428			1336	96077	73005	22417
119161	3981	17829	7683		5758	133747	65683	59604
33988		16153			100	56939	48690	8249
52920		3942			511	60800	51286	9514
33648	76	3468	63		858	41352	39147	2178
225018	234	6209			2552	229853	100682	129171
237474	691	28274	532		13800	231566	76023	155011
194717	2860	28819	3345		47	220952	140645	76962
49342	7				701	45411	10973	34438
46038		271			1934	51257	17086	34171
116294		43796			41925	162300	55085	107215
105523		57145			5284	154035	86540	67495
35332		20272			1580	77006	43414	33592
16818		1300			1426	19265	16733	2532
24300		2600			2563	27392	17397	9995
41251		5080	89		1658	47255	18524	28642
18180					1394	25471	14108	11363

续表 2

地区							
	经营支出	在支出合计中：					
		工资福利支出	商品和服务支出				
				差旅费	劳务费	福利费	各种税金支出
总　计	**15944**	**1283147**	**927193**	**32387**	**166209**	**12506**	**3938**
北　京	1740	79784	60546	1208	13556	961	72
天　津		49017	26717	461	5294	229	
河　北		50245	33119	1713	3266	85	87
山　西		122858	56831	3049	6686	172	5
内蒙古		31749	15141	653	1430	206	
辽　宁		28548	24847	512	5476	58	
吉　林		323	1				
黑龙江		38838	12426	871	1522	2	
上　海		7515	4872	166	499	107	
江　苏	947	91144	57929	2433	15571	225	8
浙　江	804	200292	163319	4175	37626	7764	20
安　徽		39739	26466	839	8579		
福　建	8460	62522	38117	1568	2344	113	694
江　西		21503	8069	454	805	544	
山　东		24337	13867	452	7635	50	156
河　南	27	21713	9975	465	3622	233	2
湖　北		49202	139830	2059	15399	397	623
湖　南	532	50771	26424	829	2264	31	10
广　东	3345	81371	43061	2193	5702	255	162
广　西		13499	9883	489	2299		15
海　南		14780	10928	763	3113		
重　庆		33460	27838	1465	3647	296	455
四　川		71262	46120	4220	7998	362	290
贵　州							
云　南		32355	12026	624	3446	395	
西　藏							
陕　西		10630	5707	30	1020		
甘　肃							
青　海		12493	5322	213	224	3	
宁　夏	89	12269	11101	197	1443		
新　疆		8589	6534	26	1376	18	

对个人和家庭补助支出	抚恤金和生活补助	其他资本性支出	各种设备购置费	资产总计（千元）	固定资产原值	实际使用房屋建筑面积（万平方米）	教学用房面积	实际拥有产权面积（万平方米）
565246	**16447**	**902974**	**186585**	**8242525**	**3831433**	**283.07**	**181.86**	**179.38**
25130	2903	14349	10479	483465	329828	9.94	3.85	5.34
38127	869	35447		495293	122647	7.31	4.10	4.05
32573	1548	8534	3944	170767	131055	6.28	4.53	6.11
39625	1455	23041	5206	309143	218112	21.02	12.77	10.41
13952	125	6318	299	123553	64160	6.31	4.77	2.64
12978	139	3595	551	112844	90028	5.65	3.83	2.26
				175	154	0.01	0.01	
34423	461	1397	1391	55544	52779	4.52	3.87	3.03
22351	72	812	812	79402	29271	0.58	0.26	0.58
63700	2156	294559	6002	636352	187137	18.64	13.39	11.15
46033	384	67667	50204	929244	704851	64.38	38.45	19.48
23877	357	5995	2038	249884	210344	14.04	9.69	12.84
17267	127	15841	4177	439250	329590	9.85	4.65	10.87
20944	152	6423	2203	88660	69191	5.97	4.24	5.36
17212	218	5384	660	44759	39218	3.86	2.35	2.98
7646	266	2018	670	44101	43159	11.43	6.03	2.41
30123	239	10698	9358	362040	328251	16.83	13.65	10.44
13197	1013	141174	9053	1598021	100494	9.39	8.35	9.12
43077	572	53443	35470	249808	177243	14.86	8.13	13.03
3688	148	18341	7178	120983	78222	2.33	2.19	2.25
1696		23853	3278	263218	61706	10.87	8.98	10.87
11285	69	89717		367219	34708	9.10	4.09	19.07
11882	928	24771	18771	248417	148164	14.42	7.85	3.35
6273	5	26352	3766	235867	52792	2.48	2.23	2.62
2738	1670	190	7	45905	40643	3.95	2.28	3.43
8660	131	917	917	39895	31631	2.10	2.07	1.18
4299	68	8994	7740	261882	30508	3.28	2.28	2.26
1812	284	8536		41890	8547	0.87	0.49	0.87

2016年各地区文化部门

地区	机构数（个）	从业人员（人）					毕业生数（人）
			双师型	专业技术人才			
					正高级职称	副高级职称	中级职称	
总计	**88**	**6092**	**388**	**4207**	**98**	**895**	**1791**	**7832**
北京	1	151	11	114	5	18	45	139
天津								
河北	3	167	14	155	1	31	61	151
山西	16	880	84	676	3	160	293	1255
内蒙古	4	391	22	296	7	67	91	463
辽宁	4	194		148	7	26	75	244
吉林								
黑龙江	5	401	2	164	8	50	101	15
上海	1	65		22		7	15	
江苏	7	603		469	21	120	211	983
浙江	4	335	50	210	14	46	73	572
安徽	3	127	2	43		9	28	124
福建	9	423	25	237	8	37	68	472
江西	1	29	15	28		6	10	93
山东	3	297	27	240	5	56	124	667
河南	6	342	4	196	4	43	105	404
湖北	4	267	40	172	5	39	89	313
湖南	3	146	13	110	1	19	39	156
广东	3	256	52	192	1	39	97	214
广西	1	177		97	5	21	43	382
海南	1	143	2	104		18	38	168
重庆	1	146	10	109		8	23	344
四川	1	120		76		4	36	63
贵州								
云南								
西藏								
陕西	4	160		128		22	35	163
甘肃								
青海	1	93		79		20	45	136
宁夏	1	109	15	83	3	22	33	204
新疆	1	70		59		7	13	107

中等专业学校基本情况

中职生人数	升学人数	就业人数	高职生人数	升学人数	就业人数	招生数（人）	在校生数（人）	戏剧类
6036	**2297**	**1998**	**524**	**104**	**328**	**10681**	**35937**	**1701**
139	119	20				181	739	67
151	98	53				200	666	
917	261	190				1450	5764	133
126	69	54				555	1831	54
244	195	49				317	1168	108
13	1	12					37	
						22	107	
313	75	215	338	68	236	1272	4738	67
469	90	56	103	31	14	739	2315	166
119	2	22	5	5		123	416	
412	104	294	60		60	429	1345	20
93	85	8				127	416	
667	256	411				659	2373	
404	48	75				879	3125	
203	144	30				488	1438	185
156	17	94				296	1062	
214	91	109				335	1165	
382						437	1211	
161	66	95				186	725	
258	258					344	978	148
63	34	29				85	323	8
103	43	55				262	767	20
136	43	32				200	614	
186	160	26	18		18	842	2161	725
107	38	69				253	453	

续表 1

地　区						在校生中高职生人数（人）	本年收入合计（千元）
	戏曲类	舞蹈类	音乐类	美术类	其他		
总　计	**3549**	**10401**	**8260**	**4358**	**7668**	**2390**	**1645703**
北　京		264		151	257		63020
天　津							
河　北	133	183	91		259		39997
山　西	669	1472	1449	245	1796		137765
内蒙古	67	476	749	203	282		72103
辽　宁	106	541	327	32	54		40131
吉　林							
黑龙江		32			5		30841
上　海					107		36477
江　苏	349	1217	1021	1413	671	1668	332738
浙　江	249	393	684	208	615	106	79494
安　徽		276	70	50	20		6021
福　建	238	516	206	97	268	32	75073
江　西	22	268	29	97			6339
山　东	570	805	425	175	398		57373
河　南	476	365	534	97	1653		36797
湖　北	217	290	263	301	182		72680
湖　南		471	82	2	507		22506
广　东	137	270	659	99			97661
广　西	120	366	239	153	333		49082
海　南	99	302	178	101	45		48243
重　庆	41	432	270	72	15		202015
四　川	10	191		59	55		22688
贵　州							
云　南							
西　藏							
陕　西	46	218	285	114	84		19544
甘　肃							
青　海		402	115	35	62		29463
宁　夏		376	457	603		584	48078
新　疆		275	127	51			19574

财政补贴收入	上级补助收入	事业收入	经营收入	附属单位上缴收入	其他收入	本年支出合计(千元)	基本支出	项目支出
1402249	**8102**	**117890**	**11671**		**105791**	**1619782**	**912917**	**695345**
56207		4497	2127		189	66361	41735	24089
39829		168				33029	28187	4842
135068	1007	1478			212	138308	100377	37930
68916		2833			354	67160	55887	11273
35505	55	4571				50906	33779	17127
30665	20	156				30183	30069	114
13952	180	991			21354	35550	7843	27707
302457	50	10045	947		19239	322324	129048	192329
70244		6122	762		2366	78526	53718	24004
4191	110	1340			380	6680	5175	850
56840	3701	2460	7683		4389	73828	46475	18893
3428		2911				6695	6079	616
52920		3942			511	60800	51286	9514
32332	76	3468	63		858	40039	37973	2039
65009	234	5885			1552	70114	37830	32284
17382	691	1669			2764	20090	18217	1873
90376	1978	5300			7	121279	65847	55432
48381					701	44381	10053	34328
46038		271			1934	51257	17086	34171
116294		43796			41925	162300	55085	107215
15666		7007			15	20589	14406	6183
16818		1300			1426	19265	16733	2532
24300		2600			2563	27392	17397	9995
41251		5080	89		1658	47255	18524	28642
18180					1394	25471	14108	11363

续表 2

地　区	经营支出	在支出合计中：工资福利支出	商品和服务支出	差旅费	劳务费	福利费	各种税金支出
总　计	**10864**	**577231**	**353963**	**15995**	**71943**	**3304**	**1379**
北　京	537	22449	19924	355	1396	279	66
天　津							
河　北		15549	8587	171	1193	85	
山　西		70635	25462	1309	4652	47	5
内蒙古		31749	15141	653	1430	206	
辽　宁		20920	20313	346	3706	58	
吉　林							
黑龙江		19873	1334	118	41	2	
上　海		7515	4872	166	499	107	
江　苏	947	69086	42892	1871	12456	126	
浙　江	804	38563	22367	470	7331	1122	
安　徽		4764	976	47	23		
福　建	8460	35950	17862	1138	670	113	559
江　西		2744	1923	152	738	42	
山　东		24337	13867	452	7635	50	156
河　南	27	20787	9820	464	3622	233	2
湖　北		19068	31882	1400	7233	397	99
湖　南		10208	5402	301	1	31	
广　东		46467	25882	928	4778	89	
广　西		13006	9730	451	2268		15
海　南		14780	10928	763	3113		
重　庆		33460	27838	1465	3647	296	455
四　川		11340	8297	2509	1448		22
贵　州							
云　南							
西　藏							
陕　西		10630	5707	30	1020		
甘　肃							
青　海		12493	5322	213	224	3	
宁　夏	89	12269	11101	197	1443		
新　疆		8589	6534	26	1376	18	

对个人和家庭补助支出	抚恤金和生活补助	其他资本性支出	各种设备购置费	资产总计(千元)	固定资产原值	实际使用房屋建筑面积(万平方米)	教学用房面积	实际拥有产权面积(万平方米)
248342	**10161**	**417199**	**73571**	**3188501**	**1648529**	**122.83**	**83.77**	**76.21**
6228	1754	6113	2243	209089	107853	4.60	2.23	
6076	1152	2817	1879	45728	30523	2.47	2.01	2.30
22665	612	19542	2563	108092	84765	9.28	5.96	6.16
13952	125	6318	299	123553	64160	6.31	4.77	2.64
9066	64	607	516	73505	67852	2.96	1.61	1.62
8965	7	11	11	6405	5820	0.68	0.43	0.50
22351	72	812	812	79402	29271	0.58	0.26	0.58
53984	2053	156362	1611	422049	155108	13.85	10.44	5.87
9522	150	7270	5680	264835	169030	16.22	11.61	10.88
460	10	480		14156	9248	1.88	1.17	1.07
8075	103	11941	489	124506	104586	3.10	1.48	4.12
2003		25		11821	6658	0.62	0.62	
17212	218	5384	660	44759	39218	3.86	2.35	2.98
7414	262	2018	670	42735	41793	11.25	5.89	2.31
11288	84	7876	7186	289614	271673	10.70	7.71	6.76
3986	888	494	484	22732	22732	2.08	1.48	2.08
10521	182	38409	29176	112203	105118	4.79	2.67	4.01
3304	148	18341	7178	120687	77956	2.29	2.16	2.25
1696		23853	3278	263218	61706	10.87	8.98	10.87
11285	69	89717		367219	34708	2.78	1.77	
780	55	172	172	52621	47422	1.49	1.06	1.49
2738	1670	190	7	45905	40643	3.95	2.28	3.43
8660	131	917	917	39895	31631	2.10	2.07	1.18
4299	68	8994	7740	261882	30508	3.28	2.28	2.26
1812	284	8536		41890	8547	0.87	0.49	0.87

2016年文化艺术

	机构数(个)	从业人员(人)			
			专业技术人才		
				正高级职称	副高级职称
总　计	**232**	**5482**	**4054**	**438**	**860**
按行业分类					
文化科技研究	75	2163	1426	99	241
综合性艺术研究	108	2610	2132	304	537
地方戏艺术研究	38	449	331	27	53
其他科研机构	11	260	165	8	29
按经费来源分类					
科研经费	17	1262	907	138	230
文化经费	207	3664	2903	287	606
其他经费	8	556	244	13	24
按隶属关系分类					
中央	2	740	560	116	163
省级	35	1215	977	132	229
地级	146	2967	2211	187	449
县级	49	560	306	3	19

续表 1

	获省部级奖	本单位拥有知识产权数量(个)	主导技术标准数量(个)	所办刊物(种)	申请专利数(个)
总　计	**80**	**9**	**2**	**94**	**9**
按行业分类					
文化科技研究	5	9	2	26	5
综合性艺术研究	64			53	4
地方戏艺术研究	11			12	
其他科研机构				3	
按经费来源分类					
科研经费	5	9	2	15	2
文化经费	75			78	7
其他经费				1	
按隶属关系分类					
中央		7	2	13	2
省级	26	2		36	3
地级	53			42	3
县级	1			3	1

科研机构基本情况

中级职称	本年完成科研项目(个)	国家级	省级	文化科研项目	本年度科研项目获奖情况(个)	获国家级奖
1682	**285**	**30**	**99**	**127**	**103**	**14**
610	80	8	34	34	8	2
847	197	22	64	87	82	10
135	8		1	6	13	2
90						
371	51	10	24	17	7	2
1181	234	20	75	110	96	12
130						
229	29	10	12	7		
382	124	18	58	35	28	2
930	128	2	28	85	71	12
141	4		1		4	

论文及资料		本年收入合计(千元)	财政补贴收入	上级补助收入	事业收入
专著数(册)	论文数(省级及以上刊物公开发表)(篇)				
218	**1514**	**1392671**	**1205368**	**26732**	**68805**
91	269	495134	395660	5718	20932
122	1189	770342	695879	14482	43433
5	35	76817	70195	5872	
	21	50378	43634	660	4440
77	685	467374	398115	130	53279
141	823	828279	768267	22371	15526
	6	97018	38986	4231	
67	632	362494	300929		49969
84	606	393302	294838	13174	15598
57	258	591297	567244	12409	3238
10	18	45578	42357	1149	

续表 2

	经营收入	附属单位上缴收入	其他收入	本年支出合计(千元)	基本支出
总　计	**56566**		**35200**	**1369916**	**867131**
按行业分类					
文化科技研究	54353		18471	464333	276130
综合性艺术研究	913		15635	774956	508642
地方戏艺术研究			750	85440	52415
其他科研机构	1300		344	45187	29944
按经费来源分类					
科研经费	913		14937	464069	268845
文化经费	2213		19902	810615	557508
其他经费	53440		361	95232	40778
按隶属关系分类					
中央			11596	362536	206496
省级	54766		14926	378268	212222
地级			8406	584879	414008
县级	1800		272	44233	34405

续表 3

	福利费	各种税金支出	对个人和家庭补助支出	抚恤金和生活补助	其他资本性支出
总　计	**2184**	**2427**	**308191**	**12235**	**118924**
按行业分类					
文化科技研究	819	2073	89153	6268	60382
综合性艺术研究	1139	305	196918	5052	38474
地方戏艺术研究	113	4	19404	477	19602
其他科研机构	113	45	2716	438	466
按经费来源分类					
科研经费	453	329	89347	167	41939
文化经费	1719	1442	195634	8904	75979
其他经费	12	656	23210	3164	1006
按隶属关系分类					
中央	222	183	76356	93	29431
省级	644	933	88305	3136	14579
地级	1253	183	141135	8703	74163
县级	65	1128	2395	303	751

项目支出	经营支出	在支出合计中			
		工资福利支出	商品和服务支出	差旅费	劳务费
445551	**57233**	**463186**	**475140**	**36614**	**59379**
133045	55157	157177	157620	16876	16527
265401	913	253677	281413	15998	38025
32332	693	29557	16877	3409	4076
14773	470	22775	19230	331	751
193616	1607	125685	203175	6973	25533
251031	2076	317431	221019	28344	32168
904	53550	20070	50946	1297	1678
156039		82323	170503	4740	21630
110476	55570	118295	156537	11955	18001
170871		243678	125903	9782	14174
8165	1663	18890	22197	10137	5574

各种设备、交通工具、图书购置费	资产总计（千元）	固定资产原值	实际使用房屋建筑面积（万平方米）	科研房屋面积	实际拥有产权面积（万平方米）
20906	**1814389**	**890133**	**25.76**	**6.14**	**20.84**
4924	551334	184708	5.73	1.27	4.97
12746	1197590	669019	18.04	3.86	14.76
3236	42806	25741	1.23	0.66	0.93
	22659	10665	0.76	0.36	0.18
12966	1102621	598409	11.50	1.04	11.10
6994	547853	231388	12.94	5.10	6.94
946	163915	60336	1.32	0.00	2.79
12646	1034506	569528	10.89	0.70	10.80
3349	380368	194067	7.20	4.23	5.50
4883	383517	111959	6.92	0.88	4.24
28	15998	14579	0.76	0.34	0.31

2016年各地区文化艺术

地区	机构数（个）	从业人员（人）	专业技术人才	正高级职称	副高级职称	中级职称	本年完成科研项目（个）
总计	**232**	**5482**	**4054**	**438**	**860**	**1682**	**285**
北京							
天津	1	23	20	2	4	6	
河北	12	170	144	15	28	60	13
山西	35	1398	817	45	127	351	11
内蒙古	11	138	130	16	29	51	3
辽宁	9	154	123	13	21	62	27
吉林	8	238	217	31	80	72	5
黑龙江	4	74	66	15	18	19	8
上海	2	38	36	3	11	16	22
江苏	8	101	86	16	18	25	36
浙江	6	132	92	22	13	27	11
安徽	11	141	99	6	15	42	2
福建	10	107	87	10	24	37	2
江西	14	327	304	8	43	153	4
山东	7	155	128	12	22	61	12
河南	17	176	142	14	30	55	25
湖北	11	147	116	21	28	41	3
湖南	8	96	73	9	14	34	8
广东	7	101	71	10	22	27	
广西	10	178	155	11	31	68	22
海南							
重庆	1	36	28	2	6	15	2
四川	7	404	262	16	55	109	18
贵州	3	26	23	1	5	8	
云南	10	96	86	6	17	36	1
西藏	1	16	7		1	3	
陕西	9	110	86	3	18	35	14
甘肃	3	60	21	4	3	8	7
青海	1	17	12	1	3	5	
宁夏	2	30	25	7	5	7	
新疆	2	53	38	3	6	20	

科研机构基本情况

国家级	省级	文化科研项目	本年度科研项目获奖情况(个)	获国家级奖	获省部级奖	本单位拥有知识产权数量(个)	主导技术标准数量(个)
30	**99**	**127**	**103**	**14**	**80**	**9**	**2**
2	5	6	3		3		
	10	1	8		8		
1		2					
2	7	14	12		7		
1	4		4	1	3	2	
	8		7		7		
3	6						
	7	27	5	1	4		
1	1	7					
	2		1		1		
		2					
1	1	1					
2	6	4	11	1	10		
2	13	10	8	1	3		
1	2		2	2			
	3	3	22	5	17		
			1		1		
	3	19	3		3		
	2						
	5	13	10	3	7		
		1					
1	1	7	6		6		
3	1	3					

续表 1

地　　区	所办刊物(种)	申请专利数(个)	论文及资料		本年收入合计(千元)		
			专著数(册)	论文数(省级及以上刊物公开发表)(篇)		财政补贴收入	上级补助收入
总　　计	**94**	**9**	**218**	**1514**	**1392671**	**1205368**	**26732**
北　　京							
天　　津			1	15	10151	9108	966
河　　北	6			41	30233	29051	130
山　　西	6		10	75	122442	114646	4101
内 蒙 古	3		8	23	40078	37396	381
辽　　宁	2		4	54	27582	27481	
吉　　林	1			18	61285	59863	100
黑 龙 江	1			30	17660	17658	
上　　海	1		3	67	15520	10799	321
江　　苏	3		5	46	38482	34045	620
浙　　江	6	3	3	23	143023	87712	
安　　徽	2		1	4	22342	20307	703
福　　建	3		4	55	36829	25820	10478
江　　西	2		1	33	49045	48509	11
山　　东	1		8	40	47033	43961	
河　　南	5		16	55	30129	29730	180
湖　　北	4			29	34611	31318	272
湖　　南	2		14	86	38512	35780	1109
广　　东	5		15	44	43561	42108	470
广　　西	7		9	3	50577	43140	6224
海　　南							
重　　庆	1		2	11	21568	19090	
四　　川	3	3	4	22	74175	66927	
贵　　州	3		4	20	6399	6096	
云　　南	4	1	4	9	17996	14827	
西　　藏	2			15	3278	3278	
陕　　西	3		21	35	14902	14221	48
甘　　肃	1		9	12	4089	3771	318
青　　海	1		2	8	8480	8359	
宁　　夏	1		3	3	6926	6731	
新　　疆	2			6	13269	12707	300

事业收入	经营收入	附属单位上缴收入	其他收入	本年支出合计(千元)	基本支出	项目支出	经营支出
68805	**56566**		**35200**	**1369916**	**867131**	**445551**	**57233**
			77	6855	5662	1193	
			1052	30042	28110	1932	
7	2213		1475	129914	98455	28991	2468
			2301	35948	24872	11076	
			101	27331	25066	2265	
40	10		1272	57258	50302	6946	10
			2	17674	15833	1841	
4377			23	16833	11333	5500	
3302			515	37622	27858	9764	
78	53440		1793	142812	29866	59396	53550
1115			217	22293	17249	4742	302
28			503	35546	16888	18658	
354			171	44263	39662	4601	
	500		2572	41799	33747	7552	500
			219	29162	25624	3538	
249			2772	32621	24416	8205	
760	168		695	35761	23394	12199	168
100			883	41763	30027	11736	
114			1099	51231	32657	18574	
2198			280	20085	3687	16398	
6033			1215	75828	45303	30525	
			303	5315	3931	1384	
8			3161	19015	11067	7948	
				2998	2794	204	
71			562	15576	13604	1972	
				3039	3039		
			121	4126	2717	1409	
			195	6441	5762	679	
2	235		25	18229	7710	10284	235

续表 2

地区	在支出合计中：						
	工资福利支出	商品和服务支出	差旅费	劳务费	福利费	各种税金支出	对个人和家庭补助支出
总计	**463186**	**475140**	**36614**	**59379**	**2184**	**2427**	**308191**
北京							
天津	3014	1570	6	149	59		2116
河北	15135	3531	279	333	74		11323
山西	64222	23240	923	1673	90		28923
内蒙古	14488	12400	1264	2571	91		8608
辽宁	12801	4433	423	202	8	10	9886
吉林	25658	7434	481	1095	2	24	22221
黑龙江	5996	2186	231	92	5		9373
上海	7383	8083	384	161	113	25	1272
江苏	11683	13286	356	2476	23	58	12144
浙江	24607	59080	1323	2256	246	656	9266
安徽	7613	6473	268	935	99		7867
福建	11324	11896	621	1096	20		4042
江西	21782	7114	723	658	227	11	15263
山东	18417	13260	128	229	7	35	9739
河南	13290	4880	447	419	79	19	10156
湖北	13158	6279	639	999	51		12331
湖南	8236	18147	10066	5313	110	1111	4185
广东	13232	11858	3857	829	56	100	15496
广西	14857	15912	3641	4507	71		17181
海南							
重庆	2039	16028	799	3212	115		1233
四川	38626	30937	2655	4894	210	158	5702
贵州	2074	1669	165	493			1562
云南	8929	8434	668	1719	6	1	1459
西藏	2377	289	71	6			332
陕西	8156	2878	172	408	92	31	4241
甘肃	1612	166	17		4		1261
青海	1626	665	97	69	1		1835
宁夏	3526	1115	207	159			1665
新疆	5002	11394	963	796	103	5	1153

抚恤金和生活补助	其他资本性支出	各种设备购置费	资产总计（千元）	固定资产原值	实际使用房屋建筑面积（万平方米）	科研房屋面积	实际拥有产权面积（万平方米）
12235	**118924**	**20906**	**1814389**	**890133**	**25.76**	**6.14**	**20.84**
175	155	155	6760	862	0.12	0.12	
37	53	47	13436	6521	0.29	0.16	
929	13529	651	100003	71201	4.50	0.88	3.93
435	452	225	17880	8014	0.53	0.33	0.33
401	211	180	12714	7709	0.28	0.07	
710	1945	390	28674	16451	0.55	0.30	0.51
92	119	71	5848	5006	0.17		0.13
261	95		11320	4120	0.44	0.29	
316	509	39	11096	4428	0.26	0.01	0.06
248	49859	951	311918	52782	0.86	0.10	2.92
95	340	6	5207	3669	0.31	0.07	0.27
366	8284	24	37268	13845	0.30	0.07	
3372	104	11	29398	8589	0.68	0.15	0.29
265	383	52	11619	3219	0.34	0.13	0.05
219	836	105	18687	15480	0.41	0.04	
	853		10114	7915	0.63	0.17	0.23
623	5193	6	5301	4605	0.27	0.01	0.25
104	1177	814	16728	7228	0.32	0.01	0.08
1371	2964	2718	14690	7742	0.27	0.03	
	785	785	27766	27766	1.55	1.55	
1283	563	155	36760	16945	0.37	0.13	0.07
39	10		1166	1166	0.01		
179	193	144	4781	4043	0.03		0.05
			901	901	0.27	0.27	
365	301	151	14662	9497	0.86	0.37	0.82
187			1268	1268			
			8128	800			
	135	135	3518	1718	0.07	0.07	0.07
70	445	445	12272	7115	0.18	0.16	

2016年全国动漫

	机构数(个)	从业人员(人)		资产、负债、所有者权益(千元)			
			具有大专以上学历人员	资产总计	固定资产原价	当年提取的折旧总额	负债合计
总　计	**600**	**28528**	**23568**	**23879798**	**3065802**	**464641**	**9360554**
按城乡分							
城市	576	27541	22633	23029345	2888557	449684	8817168
县城	23	984	932	840948	167740	14957	534085
县以下	1	3	3	9505	9505		9301
按登记注册类型分							
内资企业	593	28244	23323	23243255	2801146	377133	9211681
港澳台商投资企业	2	268	230	628814	263761	87310	147598
外商投资企业	5	16	15	7729	895	198	1275
按部门分							
文化部门	229	8747	7914	7645020	758756	127346	2739839
其他部门	371	19781	15654	16234778	2307046	337295	6620715
按机构类型分							
漫画创作企业	57	1993	1813	3491827	113113	18816	1439409
动画创作、制作企业	430	20643	17105	15915159	2285146	337116	5909850
网络动漫(含手机动漫)创作制作企业	37	1254	1044	1250042	142982	31817	346763
动漫舞台剧(节)目创作演出企业	3	57	48	15597	1424	64	28530
动漫软件开发企业	39	2314	2140	2143054	371595	60041	1279428
动漫衍生产品研发设计企业	34	2267	1418	1064119	151542	16787	356574

续表

	营业总成本						
	工会经费	动漫产品研究开发经费	营业利润	营业外收入	政府补助(补贴收入)	营业外支出	利润总额
总　计	**33044**	**1246094**	**947707**	**1203368**	**370306**	**54334**	**2096741**
按城乡分							
城市	32624	1169081	957994	1150495	333096	52148	2056341
县城	420	77013	-10287	52873	37210	2186	40400
县以下							
按登记注册类型分							
内资企业	33039	1202181	952664	1192337	359283	54319	2090682
港澳台商投资企业		43755	-4381	11024	11023	15	6628
外商投资企业	5	158	-576	7			-569
按部门分							
文化部门	3495	407352	124658	782283	104597	25875	881066
其他部门	29549	838742	823049	421085	265709	28459	1215675
按机构类型分							
漫画创作企业	1718	201081	64302	665780	25322	3190	726892
动画创作、制作企业	28679	784415	1011851	453967	275581	43886	1421932
网络动漫(含手机动漫)创作制作企业	276	34733	45043	18982	13652	811	63214
动漫舞台剧(节)目创作演出企业		4528	-5684	184	183	165	-5665
动漫软件开发企业	1493	154102	-236833	53946	46619	3822	-186709
动漫衍生产品研发设计企业	878	67235	69028	10509	8949	2460	77077

注：动漫企业仅统计经文化部、财政部和国家税务总局三部门联合认定的从事动漫业务的企业

企业基本情况

所有者权益合计	实收资本(股本)		损益(千元)						
		国家资本金	营业总收入	主营业务收入	自主开发生产动漫产品收入	营业总成本	养老、失业等保险费	住房公积金和住房补贴	差旅费
14519244	**18381637**	**1054558**	**9976516**	**9719842**	**6018542**	**9028809**	**232069**	**60096**	**117871**
14212177	18157011	1024558	9456053	9212516	5863299	8498059	226514	58000	112242
306863	217626	30000	520391	507254	155243	530678	5555	2096	5629
204	7000		72	72		72			
14031574	18097586	1054558	9897381	9642914	6012413	8944717	229875	59581	117352
481216	281051		76047	74869	4309	80428	2157	510	516
6454	3000		3088	2059	1820	3664	37	5	3
4905181	3009233	659832	2351389	2300913	1224812	2226731	63914	17025	29413
9614063	15372404	394726	7625127	7418929	4793730	6802078	168155	43071	88458
2052418	1006801	499900	821300	818142	406876	756998	18464	6370	10098
10005309	15713295	497258	6661211	6435742	3934019	5649360	157369	41485	83944
903279	398243		491171	488309	362215	446128	7561	1777	6583
-12933	4433		4159	2981	2781	9843	275		28
863626	900481	57400	1092488	1082023	1031059	1329321	26174	6885	12078
707545	358384		906187	892645	281592	837159	22226	3579	5140

工资、福利费、税金(千元)			经营面积(万平方米)	本单位拥有知识产权数量(个)		原创漫画作品(部)	原创动画作品(部)	网络动漫(含手机动漫)下载次数(次)	动漫舞台剧演出场次(次)
本年发放工资总额	本年支付的职工福利费	本年应缴税金总额			自主知识产权动漫软件				
2047499	**76140**	**4540389**	**72.86**	**56329**	**22285**	**8682**	**3382**	**32458025198**	**2054**
1935145	69190	4518389	67.97	53603	22160	8623	3334	32246274965	2032
112282	6950	22000	2.7	2726	125	59	48	211750233	22
72			2.19						
2014772	74874	4532030	72.37	56269	22251	8678	3376	32458025198	2014
32246	1244	8259	0.46	60	34		2		
481	22	100	0.03			4	4		40
472139	21237	116132	20.84	13216	1339	2315	988	12505018574	1083
1575360	54903	4424257	52.02	43113	20946	6367	2394	19953006624	971
143133	6083	57602	4.23	3945	133	1186	247	8560312463	21
1514623	56931	4381025	56.45	47225	20189	3337	2836	9519051867	1953
67503	2216	34905	2.24	2753	718	1542	112	4686905464	
4622	146	139	0.1	56	30				
171553	7525	36822	4.64	833	479	2539	76	7320392	33
146065	3239	29896	5.2	1517	736	78	111	9684435012	47

2016年各地区动漫

地　区	机构数(个)	从业人员(人)	具有大专以上学历人员	资产、负债、所有者权益(千元)					
				资产总计	固定资产原价	当年提取的折旧总额	负债合计	所有者权益合计
总　计	**600**	**28528**	**23568**	**23879798**	**3065802**	**464641**	**9360554**	**14519244**
北　京	66	2373	2086	2104196	157015	22336	807838	1296358
天　津	15	472	418	605388	87745	4022	254135	351253
河　北	11	484	464	169027	21359	2419	73153	95874
山　西	18	112	103	132408	16715	2675	41090	91318
内蒙古	6	127	125	219613	6092	1314	50471	169142
辽　宁	17	676	566	402261	39522	4668	125835	276426
吉　林	8	382	339	642159	138083	15731	521823	120336
黑龙江	14	654	568	299482	87645	14727	112137	187345
上　海	26	1699	1430	2990504	196654	23231	1381263	1609241
江　苏	77	2077	1595	1249846	316010	18211	522716	727130
浙　江	24	1080	920	1510018	84439	16295	533221	976797
安　徽	21	1203	1139	402630	33058	6866	105340	297290
福　建	40	1820	1530	2857565	388663	51889	1587705	1269860
江　西	20	1414	705	764750	197946	9263	164938	599812
山　东	13	584	451	174238	29846	9656	49449	124789
河　南	23	705	627	347892	55842	24766	122698	225194
湖　北	34	2126	1889	1202851	143236	12135	273641	929210
湖　南	31	1628	1509	1281418	134616	40847	550210	731208
广　东	66	6503	4931	5100312	591584	131062	1695401	3404911
广　西	10	302	289	76941	8149	1928	14387	62554
海　南	1	62	60	34194	843	414	3513	30681
重　庆	5	235	211	169551	19037	2287	56996	112555
四　川	5	319	262	40397	9531	3737	19233	21164
贵　州	4	113	109	40401	8136	616	2851	37550
云　南	9	160	144	128421	18126	4444	77752	50669
西　藏	2							
陕　西	8	269	252	146844	28916	4193	32170	114674
甘　肃	9	284	232	266049	34364	13004	122745	143304
青　海	1	10	10	763	372		172	591
宁　夏	5	323	313	102172	46467	1509	17027	85145
新　疆	10	258	220	114765	12355	5447	25145	89620

企业基本情况

		损益(千元)						
实收资本(股本)	国家资本金	营业总收入	主营业务收入	自主开发生产动漫产品收入	营业总成本	养老、失业等保险费	住房公积金和住房补贴	差旅费
18381637	**1054558**	**9976516**	**9719842**	**6018542**	**9028809**	**232069**	**60096**	**117871**
769690	150802	680451	656180	532342	662105	26280	9898	6593
358285		116961	115809	28239	120074	5057	2699	4901
75088	1900	38289	38283	31538	51285	2105	686	1236
92700		8426	8426	738	10134	162	4	228
124344		41159	40143	3250	39772	392	23	389
10177949		434802	433996	361915	199815	7338	2067	3719
208700	31800	83993	81393	6605	86997	2625	767	792
127107	6056	113827	113569	62084	135182	5031	589	1171
871876	536460	863025	756504	590973	804932	34085	9027	5892
673662	38000	356874	347469	170720	406800	13107	4179	7343
400309		472263	470186	271497	375514	9889	2285	3797
154447	3000	250791	246670	197816	250087	8640	1744	3806
1073917	20500	1501841	1498655	1204484	1531021	13718	4673	10248
252262	3000	674556	674225	41509	576786	13367	2985	2777
89805	7918	114083	112180	73757	108802	5532	486	3436
160068	-4919	125974	120997	88479	98624	4295	509	3354
356680	126500	713502	697452	362018	500734	14270	1515	8164
334078	68000	748936	721659	273052	690454	8009	2616	6912
1523317		2198214	2154432	1507899	1948762	45387	11011	36145
33030		35812	35480	18407	31962	1020	194	671
10000		14518	13386	11201	22310	219	29	146
64500	14950	74572	73493	57283	65563	2054	281	868
15422		34043	34043	8057	33740	1296	26	452
29038		14218	13323	11428	7731	203		139
65060		51306	51306	28011	51615	894	85	690
49000		80198	80198	12394	71866	843	57	345
88000		45460	42697	14557	38341	838	176	1025
591	591	3314	3314		3107	180	100	4
73046		36015	35294	24148	36668	1942	537	1217
79666		36488	36475	24141	42575	1060		1309

续表

地区	营业总成本		营业利润	营业外收入		营业外支出	利润总额	本年发放工资总额
	工会经费	动漫产品研究开发经费			政府补助(补贴收入)			
总 计	**33044**	**1246094**	**947707**	**1203368**	**370306**	**54334**	**2096741**	**2047499**
北 京	1866	45880	18346	36152	25926	4632	49866	154916
天 津	140	21206	-3113	5351	4188	764	1474	39702
河 北	265	15921	-12996	6241	6116	80	-6835	20186
山 西	5	242	-1708	1206	1004	169	-671	4969
内蒙古	37	220	1387	6641	2264	850	7178	3521
辽 宁	18982	30403	234987	3702	2288	458	238231	47226
吉 林	80	7006	-3004	14552	1806	12414	-866	18536
黑龙江	374	10057	-21355	10224	4724	1102	-12233	23770
上 海	3054	155199	58093	786473	48608	2196	842370	216677
江 苏	592	66449	-49926	46326	25803	9258	-12858	140063
浙 江	388	56186	96749	29580	25227	2301	124028	76451
安 徽	72	35954	704	18463	7134	4385	14782	59373
福 建	1307	177128	-29180	39015	36622	509	9326	142572
江 西	744	39091	97770	4017	3628	995	100792	92583
山 东	9	13196	5281	5082	5027	612	9751	27930
河 南	35	22597	27350	9393	8132	208	36535	29778
湖 北	1074	54796	212768	17673	17087	556	229885	109909
湖 南	997	104095	58482	26738	23248	3202	82018	122260
广 东	1967	326586	249452	96591	86033	7818	338225	620616
广 西	25	6244	3850	12759	11088	36	16573	12525
海 南	71	11015	-7792	12627	12545	114	4721	3467
重 庆	147	14052	9009	3318	2921	422	11905	13094
四 川	19	1121	303	1559	1381	352	1510	6626
贵 州	4	1196	6487			16	6471	2478
云 南		5074	-309	817	800	33	475	12532
西 藏								
陕 西	88	6721	8332	856	350	8	9180	10339
甘 肃	292	5945	7119	964	940	290	7793	5567
青 海	20		207				207	1010
宁 夏	193	7829	-653	946	945		293	12506
新 疆	60	4685	-6087	5392	3761	554	-1249	7992

工资、福利费、税金(千元)		经营面积(万平方米)	本单位拥有知识产权数量(个)		原创漫画作品(部)	原创动画作品(部)	网络动漫(含手机动漫)下载次数(次)	动漫舞台剧演出场次(次)
本年支付的职工福利费	本年应缴税金总额			自主知识产权动漫软件				
76140	**4540389**	**72.86**	**56329**	**22285**	**8682**	**3382**	**32458025198**	**2054**
6389	45617	2.66	16485	15567	387	119	1085897124	3
1174	2176	0.67	117	30	201	34	65252161	
642	1692	3.24	132	6	60	15	1260200000	65
116	817	0.37	12		6	5	180	
227	2821	0.27	14	1	133	26	149452	56
317	4010577	1.16	1390	1338	14	54	15000000	1
189	1486	3.24	251	85	147	130	16128	111
613	2277	3.31	3367	15	440	497	12708000	6
8170	34787	2.47	783	57	306	59	269789500	44
5159	21323	10.6	3589	450	56	103	202108000	46
3680	36677	3.34	2672	205	1083	115	9585329217	300
3018	11381	1.96	717	677	21	58	14601074	10
7282	51734	5.44	4793	2284	4446	215	9358533483	23
2610	14483	1.75	114	73	4	63	9737700	6
987	7707	1.74	338	88	14	69	1251200	130
891	3260	1.05	603	159	237	62	30193777	223
3376	43411	2.67	8333	644	46	60	6944481053	8
8412	25716	2.84	4064	50	746	274	1209361347	413
19533	203370	16.1	7009	257	126	1069	1887932255	557
416	916	0.55	53	19	16	155	200000150	3
91	291	0.21	99	99				
429	1714	0.29	111	3	2	3	300000000	
489	1137	0.47	64	7	12	15		1
13	1212	1.11	8	2	7	3		
481	1720	0.31	220	31	35	9	20818	
476	676	0.58	269	23	60	32	30277	40
193	1010	2.18	525	32	26	51	5001014	8
694	1096	1.25	92	27	31	44		
73	2695	0.81	105	56	20	43	431288	

2016年文化行政

	机构数(个)	从业人员(人)	事业编制人员	本年收入合计(千元)	财政补贴收入	文化类经费
总计	**3248**	**80315**	**32040**	**50318096**	**46912562**	**32359342**
中央	1	615	615	1487763	1418204	826852
省区市	31	2438	434	4192700	3920440	3185231
地市	338	13190	2406	10453254	10115740	7342495
县市区	2878	64072	28585	34184379	31458178	21004764

续表 1

	在支出合计中：					
	商品和服务支出	差旅费	劳务费	福利费	税金支出	对个人和家庭补助支出
总计	**21191685**	**499504**	**1277917**	**82508**	**47320**	**3748051**
中央	730474	32604	18086		1551	111367
省区市	2048455	51657	52189	3925	276	238496
地市	4563166	96873	200306	16124	2749	1107281
县市区	13849590	318370	1007336	62459	42744	2290907

主管部门基本情况

在文化类经费中			本年支出合计(千元)			在支出合计中：
行政运行	一般行政管理事务	文化活动等经费		基本支出	项目支出	工资福利支出
8414989	**2704541**	**16393094**	**49498267**	**18256975**	**30935959**	**9367527**
78780	25100	722972	1484164	270022	1214142	121818
500484	89767	1705453	3494776	667415	2575560	339434
2077648	534611	3210039	10526011	3336848	7186503	1502466
5758077	2055063	10754630	33993316	13982690	19959754	7403809

抚恤金和生活补助	其他资本性支出	各种设备购置费	资产总计(千元)	固定资产原价	实际使用房屋建筑面积(万平方米)	实际拥有产权面积(万平方米)
275355	**12394082**	**1064507**	**59892102**	**28079064**	**745.95**	**584.08**
12702	204870	2955	2009949		8.80	
17802	496862	110429	5884659	1595182	57.62	48.16
67274	2883579	152500	14330756	6369506	205.23	190.97
177577	8808771	798623	37666738	20114376	474.31	344.94

续表 2

	本辖区内非物质文化遗产名录					
	国家级项目（个）	保护单位个数	省级项目（个）	保护单位个数	市级项目（个）	保护单位个数
总计	**1372**		**10248**	**10627**	**23213**	**13011**
中央	1372					
省区市	2292	2384	10248	10627		
地市	1692	1415	7675	5225	23213	13011
县市区	2031	1590	8594	5423	24341	12567

续表 3

				辖区内非物质文化遗产生态保护区（个）		
	学徒人数	县级代表性传承人（人）	学徒人数	国家级	省级	市级
总计	**86749**	**70623**	**213039**	**18**	**170**	**212**
中央				18		
省区市				18	170	
地市	86749			26	141	212
县市区	122966	70623	213039	140	292	433

		本辖区内非物质文化遗产代表性传承人				
县级项目(个)	保护单位个数	国家级代表性传承人(人)	学徒人数	省级代表性传承人(人)	学徒人数	市级代表性传承人(人)
69690	**30669**	**1986**		**11946**	**48146**	**24212**
		1986				
		1505	7749	11946	48146	
		909	13991	7345	71839	24212
69690	30669	1089	26579	8116	101394	24947

县级	非物质文化遗产保护专项经费投入(千元)	中央财政投入	省级财政投入	市级财政投入	县级财政投入	其他投入
1108	**4152141**	**1943401**	**1104753**	**253478**	**801679**	**48830**
	1178091	516892	350684	98834	192980	18701
	414459	172308	79943	113531	34634	14043
1108	2559591	1254201	674126	41113	574065	16086

2016年全国文化行政

地　区	机构数(个)	从业人员(人)	事业编制人员	本年收入合计(千元)	财政补贴收入	文化类经费	在文化类经费中：行政运行	一般行政管理事务
总　计	**3248**	**80315**	**32040**	**50318096**	**46912562**	**32359342**	**8414989**	**2704541**
北　京	18	722	8	1969957	1938638	1680572	147819	88916
天　津	17	474	27	699828	699083	543570	130671	36743
河　北	187	4806	2170	1911248	1860117	1355728	401023	55005
山　西	131	2026	532	907110	884946	663454	171301	76787
内蒙古	119	2324	680	1449002	1365684	879479	253312	41132
辽　宁	99	1705	379	1138711	1124835	587806	177118	53677
吉　林	71	1088	240	1158491	1134408	833156	153568	60021
黑龙江	141	2281	992	935401	915736	649229	196837	41675
上　海	17	468	192	1607050	1313262	657568	106471	81597
江　苏	113	3064	806	2111417	2075867	1514829	532979	267764
浙　江	103	2522	596	2600644	2514976	1936034	754404	114840
安　徽	124	2516	857	1307204	1233755	843894	204203	109909
福　建	94	1754	608	2785248	1651413	948499	205177	65151
江　西	115	2588	1104	680676	624145	428623	155953	66828
山　东	160	3530	1547	1675872	1490179	1181860	416126	132091
河　南	173	4452	2076	1326602	1294585	1161548	274051	136201
湖　北	124	2691	848	1671467	1605163	1123748	359546	89655
湖　南	141	3804	1729	1479572	1428744	999766	313434	97186
广　东	151	4914	1085	3727369	3592782	2183070	584498	125260
广　西	124	3063	1075	2084602	1947337	1363538	293982	91850
海　南	29	573	96	767931	756476	486823	63993	47217
重　庆	40	1022	203	1291670	1267254	966682	222819	97457
四　川	207	7115	3469	3551286	3472641	2241405	636581	265588
贵　州	101	4866	3246	1920189	1719017	1112914	349882	127672
云　南	149	3599	1447	1551109	1462539	921893	306939	53160
西　藏	82	819	261	451874	433972	329785	85984	11102
陕　西	120	2557	932	1575529	1475352	1186255	199185	52810
甘　肃	103	4058	2174	1636347	1572535	1125833	282630	102559
青　海	55	700	290	815861	757920	519104	60749	7941
宁　夏	28	722	320	629168	576065	393295	65798	34856
新　疆	111	2877	1436	1411898	1304932	712530	229176	46791

主管部门基本情况

文化活动等经费	本年支出合计(千元)	基本支出	项目支出	在支出合计中:					
				工资福利支出	商品和服务支出	差旅费	劳务费	福利费	税金支出
16393094	**49498267**	**18256975**	**30935959**	**9367527**	**21191685**	**499504**	**1277917**	**82508**	**47320**
1443837	1852201	187193	1665008	113867	854769	848	8594	1563	
276738	656679	159002	497677	67917	356343	1549	13676	2259	23
432300	1816961	647892	1169069	323132	713212	8002	33703	1590	21
381381	891530	307157	581920	139080	409582	6893	42594	3345	519
510339	1365006	648010	716996	184185	589671	19030	56692	1410	14177
167343	989104	306618	681174	135447	348804	4928	17377	123	31
296598	714878	270253	444625	79018	364113	7166	10504	11	39
366192	820547	378324	442223	163281	360746	9076	8633	548	275
441993	1620427	164499	1455928	103204	898643	1599	16998	1882	15
640682	2038486	925281	1112455	383175	1295672	14716	54201	4197	353
1031440	2536662	607778	1928684	388481	1166415	14121	59101	14760	262
448245	1166507	549477	617030	210079	395659	13545	17056	1402	804
587048	1639291	450843	1188448	174565	809303	9413	20643	1230	1228
191957	616782	425770	190389	186345	178254	8975	6281	4370	40
587473	1463376	611659	851717	316560	671417	8925	42064	648	703
416790	1176502	618000	558502	255588	512210	14777	34266	2554	474
665065	1569005	524482	1038135	244502	720004	11180	27280	7510	1329
445584	1377813	664326	711897	282966	733154	23977	30747	4889	1547
1160507	6571007	4045533	2515474	2912343	2087847	54289	228108	6806	1563
551962	1874719	490299	1369322	239083	721526	21495	25825	907	1017
254775	657707	88941	565426	62356	313487	6518	28111	74	251
632157	1268646	272173	996473	97069	713980	30092	54616	1155	78
1019832	3419986	1189504	2228631	680276	1640393	48639	116274	6251	331
508310	1674794	809430	863213	348746	675424	34908	94327	4163	1087
414841	1568329	595247	973046	297384	750161	27799	37807	1560	1143
144337	407006	220723	181822	96679	144110	9051	3496	368	200
596849	1611938	469026	1142912	168029	710861	11615	83595	4334	157
300246	1468890	542341	924021	258856	469769	12189	13946	929	6629
342318	616316	168571	446994	54196	225420	4678	17808	166	9225
210123	1130916	119270	1011646	52832	148633	3672	13939	90	648
202860	1432092	529331	650960	226468	481629	23235	41569	1414	1600

续表 1

地区	对个人和家庭补助支出	抚恤金和生活补助	其他资本性支出	各种设备购置费	资产总计(千元)	固定资产原价	实际使用房屋建筑面积(万平方米)	实际拥有产权面积(万平方米)
总　计	**3748051**	**275355**	**12394082**	**1064507**	**59892102**	**28079064**	**745.953**	**584.075**
北　京	51162	1777	401846	40556	2458754	1054703	5.684	4.078
天　津	49734	3074	63594	16016	459236	99175	5.734	0.02
河　北	150972	17021	561014	35948	1131642	846053	28.68	16.544
山　西	54080	3806	251796	24526	891568	586794	18.159	13.887
内蒙古	114661	13376	453844	27091	1786711	948801	23.046	15.943
辽　宁	109298	8667	360705	11629	1711406	587145	18.141	12.781
吉　林	89460	6001	175608	17403	1837490	471396	4.907	7.68
黑龙江	132567	7550	163953	21932	905782	404526	13.406	6.014
上　海	32587	596	585993	2853	1134940	477945	6.266	5.919
江　苏	237090	8743	108333	24099	1803151	1065766	27.665	22.794
浙　江	145849	5792	609963	27171	1259481	603322	16.4	9.683
安　徽	183406	11380	263289	21379	903163	584949	14.894	8.221
福　建	60154	6575	544979	79645	3463718	1016573	16.121	9.081
江　西	92117	6026	119446	18801	706638	323268	18.798	12.742
山　东	101038	10766	356023	93715	1224152	738849	100.419	88.444
河　南	113520	15581	278782	43507	1541013	888563	19.936	21.598
湖　北	162855	8000	430452	11836	1436322	781580	28.856	23.043
湖　南	113154	15916	221745	20882	977834	548633	16.307	14.974
广　东	537306	9704	617263	47670	6963634	2960308	50.152	36.362
广　西	121271	7069	688069	45468	1635796	787322	26.523	37.115
海　南	24885	5696	225890	23799	1879845	946942	32.966	31.923
重　庆	97755	2907	317688	18692	1059745	376956	12.642	8.087
四　川	182436	23998	701879	137072	8474872	4844237	61.73	52.983
贵　州	193120	14723	242809	33428	2260118	996305	23.957	19.427
云　南	124621	7637	393071	35404	2465413	1325552	45.843	36.448
西　藏	25095	1886	132870	39312	424974	205507	11.628	8.762
陕　西	86340	7229	599123	54752	1214335	581457	19.338	12.668
甘　肃	116372	14360	515490	42231	1588261	766196	24.18	18.068
青　海	22184	2520	270360	18475	617487	198555	4.526	2.35
宁　夏	33660	1998	887275	10767	599102	351238	7.92	3.298
新　疆	77935	12279	646060	15493	3065570	1710448	32.329	23.14

本辖区内非物质文化遗产名录								
国家级项目（个）	保护单位个数	省级项目（个）	保护单位个数	市级项目（个）	保护单位个数	县级项目（个）	保护单位个数	国家级代表性传承人（人）
1372		**10248**	**10627**	**23213**	**13011**	**69690**	**30669**	**1986**
		273				257	232	
		157	189			207	207	
		690	690	1621	547	3002	1123	
		403	723	1745	1458	3133	1829	
		499	499	779	471	2107	374	
		181	106	551	239	453	135	
		4	3	641	238	500	204	
		38	39	521	264	456	95	
		220	291			64	60	
		5	5	405	470	2611	1436	
		886	1076	744	631	7911	5556	
				737	673	2729	1587	
		490	490	765	747	1004	807	
		488	504	474	303	1189	423	
		751	451	2597	1634	7029	3044	
		445	728	1767	886	6001	1808	
		347	546	531	359	2274	536	
		324	324	754	645	2362	856	
		609	609	480	404	1251	605	
		620	620	737	423	2685	1419	
		72	108	7	1	210	86	
		511	511			2434	1204	
		522	711	1333	1069	3312	1793	
		561	92	673	100	2020	586	
		285	374	2055	474	3861	1100	
		40		204	62	502	313	
		520	529	800	274	2635	670	
		8	8	816	134	3370	1073	
				340	268	899	354	
		6	6	190	83	382	190	
		293	395	946	154	2840	964	

续表 2

地区	本辖区内非物质文化遗产代表性传承人							
	学徒人数	省级代表性传承人(人)	学徒人数	市级代表性传承人(人)	学徒人数	县级代表性传承人(人)	学徒人数	国家级
总　计		**11946**	**48146**	**24212**	**86749**	**70623**	**213039**	**18**
北　京		262				182	2457	
天　津		221				89	241	
河　北		619		1427	14637	2652	17089	
山　西		815		2103	4170	3344	5592	
内蒙古		674		1592	2204	2956	5242	
辽　宁		135	385	730	1835	677	1416	
吉　林		20	49	300	3643	317	1215	
黑龙江		42	141	544	3688	317	1803	
上　海		647	350			143	193	
江　苏		25	98	714	894	2600	14666	
浙　江		936	18000	772	1322	4889	18052	
安　徽				1229	1824	2203	4536	
福　建		552	3413	1251	1864	1002	3864	
江　西		478	716	520	1666	1132	5869	
山　东		335	1117	1813	14989	4918	26864	
河　南		641	3200	1730	1985	6182	9334	
湖　北		460	2392	767	1266	3852	6867	
湖　南		247	893	887	7258	2667	10187	
广　东		618	6430	685	5251	1463	14807	
广　西		395		662	2581	1931	5493	
海　南		96	340	67	103	633	3730	
重　庆		563				2471	4804	
四　川		764	1000	1551	3089	3166	6932	
贵　州		402	5000	384	349	2560	5867	
云　南		1016		1675	6326	6057	12652	
西　藏		31		210	106	544	1360	
陕　西		398	1950	488	779	3313	6070	
甘　肃		11	30	897	1503	4367	6908	
青　海				45		663	1237	
宁　夏		6	292	249	747	389	1452	
新　疆		537	2350	920	2670	2944	6240	

辖区内非物质文化遗产生态保护区（个）			非物质文化遗产保护专项经费投入（千元）					
省级	市级	县级		中央财政投入	省级财政投入	市级财政投入	县级财政投入	其他投入
170	**212**	**1108**	**4152141**	**1943401**	**1104753**	**253478**	**801679**	**48830**
		23	60572	10540	41120	6230	2577	105
			5938	200	4192	944	600	2
11		31	81976	61132	15586	4265	993	
3		3	84790	67222	8238	4396	4764	170
13	5	16	308770	303929	2400	1836	595	10
		1	100207	87850	7144	3976	1177	60
		3	7443	2196	4977	140	130	
3	3	23	6985	200	6478	86	211	10
			33712	12590	13920	1981	5221	
10	1	6	75031	30756	17216	6551	19988	520
9	11	71	175713	38354	75763	20503	39617	1476
		3	12899	4880	2773	1589	3547	110
1	30	34	121485	34457	71962	6145	5711	3210
2		37	29713	22416	3037	1410	2755	95
9		10	452842	65592	130520	64620	181275	10835
8		32	91451	58043	25674	2748	4954	32
13	21	131	39798	15603	9821	8103	6051	220
	3	75	171005	71010	26488	19681	29621	24205
8		9	248369	32835	142491	42845	25162	5036
7		17	17170	5734	2893	2648	5766	129
		6	29202	7766	15267	1242	4857	70
1		6	41334	21982	9257	4256	5319	520
	8	296	704441	7612	258017	5447	433038	327
2		40	76076	38076	32755	4155	1090	
66	130	83	107240	52787	27560	16271	10048	574
		49	53857	30899	13550	6442	2527	439
		5	56671	25180	18985	11147	1239	120
		19	16872	7696	5065	3271	814	26
		17	2616	1760	696		160	
		57	866		428	46	391	1
4		5	937097	824104	110480	504	1481	528

2016年文物行政主管

	机构数(个)	从业人员(人)	实有文物从业人员数	编制数(人)	文物从业人员编制数	藏品数(件/套)
总计	**1135**	**14778**	**8060**	**11169**	**6464**	**455029**
中央	**1**	**87**		**95**		
省区市	**31**	**717**	**633**	**737**	**715**	
其中：独立编制文物局	18	644	571	657	653	
行政部门内设机构	13	73	62	80	62	
地市	**202**	**3229**	**2013**	**2643**	**1689**	**109046**
其中：独立编制文物局	90	1724	1399	1516	1232	86749
行政部门内设机构	112	1505	614	1127	457	22297
县市区	**901**	**10745**	**5414**	**7694**	**4060**	**345983**
其中：独立编制文物局	271	4868	3775	3921	2883	203513
行政部门内设机构	630	5877	1639	3773	1177	142470

续表 1

	三级品	本年收入合计(千元)	财政补助收入	文物类经费	行政运行	一般行政管理事务
总计	**155**	**8862966**	**8424957**	**4498735**	**479647**	**244850**
中央		**246141**	**245937**	**203609**	**16628**	**33664**
省区市		**717368**	**601089**	**509113**	**96025**	**35141**
其中：独立编制文物局		596364	479035	435217	94481	33408
行政部门内设机构		121004	122054	73896	1544	1733
地市	**100**	**2323702**	**2175990**	**1132194**	**125119**	**35515**
其中：独立编制文物局	100	1052153	996472	691106	108245	30563
行政部门内设机构		1271549	1179518	441088	16874	4952
县市区	**55**	**5575755**	**5401941**	**2653819**	**241875**	**140530**
其中：独立编制文物局	18	2021270	1855303	869595	87750	27438
行政部门内设机构	37	3554485	3546638	1784224	154125	113092

部门基本情况

			在藏品数中(件/套)					
一级品	二级品	三级品	本年新增藏品	本年从有关部门接收文物数	本年藏品征集数	本年修复文物数(件/套)	一级品	二级品
1196	**3123**	**46850**	**53910**	**7163**	**3859**	**1132**	**5**	**4**
167	**641**	**20311**	**9501**	**6803**	**2387**	**107**		
162	624	20026	2433		2171	100		
5	17	285	7068	6803	216	7		
1029	**2482**	**26539**	**44409**	**360**	**1472**	**1025**	**5**	**4**
442	1394	15799	42767	101	584	239		3
587	1088	10740	1642	259	888	786	5	1

				在支出合计中:				
文物保护等经费	本年支出合计(千元)	基本支出	项目支出	工资福利支出	商品和服务支出	差旅费	劳务费	福利费
2349012	**8213918**	**1835496**	**6245000**	**940390**	**3299007**	**54316**	**137970**	**7902**
133286	**239642**	**33373**	**206268**	**10812**	**212387**	**3693**	**807**	
229955	**687125**	**135302**	**551823**	**81872**	**314489**	**12243**	**15692**	**646**
209431	555036	128498	426538	79484	233460	8645	7900	646
20524	132089	6804	125285	2388	81029	3598	7792	
565423	**2102760**	**435332**	**1667429**	**237872**	**900682**	**19456**	**37237**	**1907**
252069	963542	215121	748421	137206	332141	13250	18953	1461
313354	1139218	220211	919008	100666	568541	6206	18284	446
1420348	**5184391**	**1231489**	**3819480**	**609834**	**1871449**	**18924**	**84234**	**5349**
470199	1779594	475138	1301189	262891	679357	9186	40645	2685
950149	3404797	756351	2518291	346943	1192092	9738	43589	2664

续表 2

	各种税金支出	对个人和家庭补助支出	抚恤金和生活补贴	其他资本性支出	各种设备购置费	资产总计（千元）	固定资产原值
总计	**14031**	**283909**	**28348**	**2258320**	**113532**	**7856244**	**3173920**
中央		**11422**	**23**	**910**	**279**	**300247**	**146933**
省区市	**214**	**30813**	**1169**	**253600**	**6047**	**735950**	**175685**
其中：独立编制文物局	214	29050	1169	211038	4029	693916	154734
行政部门内设机构		1763		42562	2018	42034	20951
地市	**516**	**94649**	**5913**	**635376**	**11989**	**2253889**	**800319**
其中：独立编制文物局	513	44529	3701	329267	5777	1739392	491273
行政部门内设机构	3	50120	2212	306109	6212	514497	309046
县市区	**13301**	**147025**	**21243**	**1368434**	**95217**	**4566158**	**2050983**
其中：独立编制文物局	12935	56411	14925	625138	46266	2420960	1111735
行政部门内设机构	366	90614	6318	743296	48951	2145198	939248

续表 3

	本辖区文物点（处）	全国重点文物保护单位	省级重点文物保护单位	市县级文物保护单位	本辖区对外开放的省级及以上文物保护单位数（个）	本级财政专项安排文物保护经费（千元）
总计	**538576**	**4126**	**16879**	**104827**	**8212**	**2478690**
中央						
省区市	**538576**	**4126**	**16879**	**104827**	**7185**	**1220663**
其中：独立编制文物局	411101	2962	11222	72360	5646	1100708
行政部门内设机构	127475	1164	5657	32467	1539	119955
地市					**451**	**357564**
其中：独立编制文物局					228	171851
行政部门内设机构					223	185713
县市区					**576**	**900463**
其中：独立编制文物局					189	99480
行政部门内设机构					387	800983

实际使用房屋建筑面积（万平方米）	实际拥有产权面积（万平方米）	对外交流情况					本级举办业务培训情况	
		与国外文博机构合作项目数（个）	与国外文博机构签署协议或备忘录数（个）	赴港澳台人员数（人次）	对港澳台交流项目数（个）	参加国际组织活动数（个）	举办业务培训班（个）	培训业务人员数（人）
88.27	**798.42**	**138**	**48**	**114**	**24**	**25**	**1089**	**53786**
7.48	**0.75**	**74**	**5**	**4**	**2**	**8**	**52**	**3517**
3.80	**3.04**	**63**	**41**	**108**	**20**	**9**	**153**	**13638**
3.77	3.03	56	38	98	19	5	124	10804
0.03	0.02	7	3	10	1	4	29	2834
29.93	**766.50**	**1**	**2**			**7**	**229**	**10703**
16.98	3.77	1	2			6	126	6287
12.96	762.73					1	103	4416
47.06	**28.13**			**2**	**2**	**1**	**655**	**25928**
21.56	14.58			2	2		225	7779
25.50	13.55					1	430	18149

本级出台地方性文物业法规、规章（部）	出入境文物审核数（件/套）				文物拍卖标的审核数（个）	
		禁止出境文物数	临时入境文物审核数	临时出境文物审核数		禁止上拍文物标的数
58	**114032**	**1542**	**7874**	**5057**	**472526**	**1604**
9	**114032**	**1542**	**7326**	**5033**	**472279**	**1357**
4	105322	713	5826	4491	289245	991
5	8710	829	1500	542	183034	366
13						
7						
6						
36			**548**	**24**	**247**	**247**
12			548	24	247	247
24						

2016年各地区文物

地　区	机构数(个)	从业人员(人)	实有文物从业人员数	编制数(人)	文物从业人员编制数	藏品数(件/套)	一级品
总　计	**1135**	**14778**	**8060**	**11169**	**6464**	**455029**	**1196**
北　京	17	429	112	394	116	2101	11
天　津	8						
河　北	23	766	371	555	404	5479	17
山　西	77	1691	1081	1481	892	86822	255
内蒙古	5	23	23	23	23		
辽　宁	11	135	114	132	107	3979	42
吉　林	5	8	8	28	10		
黑龙江	3	12	10	2			
上　海	1						
江　苏	41	495	128	107	53	250	
浙　江	53	950	190	775	177	18288	32
安　徽	8	45	29	47	35	827	
福　建	6	28	22	19	18		
江　西	26	400	213	211	160	18443	51
山　东	55	561	454	597	518	4963	
河　南	144	1829	1814	1474	1205	17120	102
湖　北	67	564	357	445	365	158619	194
湖　南	55	683	584	611	537	44037	108
广　东	49	358	95	261	73	36759	15
广　西	7	92	71	48	43	606	
海　南	15	105	40	83	33	1242	3
重　庆	1	25	20	23	19		
四　川	53	210	177	150	128	15289	55
贵　州	36	314	241	332	274	12541	7
云　南	3	15	15	16	16		
西　藏	74	627	191	279	89	2691	28
陕　西	122	2070	802	1331	522	14139	223
甘　肃	99	1671	506	1251	375	449	2
青　海	54	291	122	188	81	10385	51
宁　夏	1	9	9	12	12		
新　疆	15	285	261	199	179		

行政主管部门基本情况

在藏品数中(件/套)					本年修复文物数(件/套)		
二级品	三级品	本年新增藏品	本年从有关部门接收文物数	本年藏品征集数		一级品	二级品
3123	**46850**	**53910**	**7163**	**3859**	**1132**	**5**	**4**
47	449						
57	411						
291	1447	31365	62		92		1
153	1626				208		2
		128		128			
181	1764	549		69	10		
2	183						
194	5611	568		534	20		
2	85	262					
171	4549	332			100		
730	20698	2349	12	2336	119		
431	3596	9928	18	87	50		
80	1264	8032	7058	510	7		
10	188	140		140	2		
104	2081	1	1		28		
79	266	143		39			
131	539	39					
304	1078	38	9	3	267		
41	96						
115	919	36	3	13	229	5	1

续表 1

地区	三级品	本年收入合计(千元)	财政补助收入	文物类经费	行政运行	一般行政管理事务	文物保护等经费
总计	**155**	**8862966**	**8424957**	**4498735**	**479647**	**244850**	**2349012**
北京		1381193	1292015	417696	21140	861	323296
天津							
河北		331415	319704	192533	18026	844	68430
山西	7	864353	797331	361103	52211	4413	110754
内蒙古		15977	15370	13127	392		10555
辽宁	2	25461	25461	10972	156		4330
吉林		37713	40911	40911	831	536	32894
黑龙江		1232	1232	1232	1232		
上海		44562	44562				
江苏		169366	165460	149417	16472	5073	77059
浙江		642911	590977	381803	18498	6667	268903
安徽		41635	40692	15025	1899	806	8697
福建		109511	107360	44033			1189
江西	10	110623	103050	47575	3428	660	36065
山东		239352	230013	150076	27509	18414	77755
河南	100	357504	339798	281784	40094	19132	120624
湖北		270273	228847	142216	15735	3626	49192
湖南		183048	164293	110266	34201	9545	34816
广东		482314	479773	135053	6930	3718	91749
广西		80131	79421	37045	187	22	5958
海南	2	183147	182913	117095	1665	336	10377
重庆		24450	23885	23541	2511	1180	18850
四川	11	74141	66632	53371	1058	351	4700
贵州		154061	144579	86746	16875	6062	35410
云南		4251	4251	3182	135		2840
西藏		925043	906697	803042	111839	101478	545792
陕西		966944	890050	379652	41655	8283	144579
甘肃		613357	636874	114652	21553	4287	63376
青海	23	126307	117812	62764	1528	573	12957
宁夏		4320	4320	4320	84	1100	3136
新疆		152230	134737	114894	5175	13219	51443

本年支出合计(千元)	基本支出	项目支出	在支出合计中：工资福利支出	商品和服务支出	差旅费	劳务费	福利费
8213918	**1835496**	**6245000**	**940390**	**3299007**	**54316**	**137970**	**7902**
1211295	129163	1082132	78623	571481	651	4293	962
257296	67600	189696	35971	64758	1128	3398	233
770560	164113	603280	98315	273656	6474	12933	448
18568	4856	13712	1311	14606	1405	7269	
32495	13782	18713	7719	17733	704	2481	
63713	867	62846	552	12343	78	246	
1211	652	559	184	579			
44562		44562		44562			
137190	26968	110222	20317	84086	1260	1544	8
666665	88934	577576	68618	490244	1838	6818	1430
36923	5894	31029	2912	30746	389	600	13
76541	13010	63531	1245	49323	442	2046	2
85745	21557	64188	14061	23029	514	1473	91
219360	76185	143175	46652	105494	1838	4021	299
314146	138151	175995	85536	109832	3392	9794	586
234565	50037	184528	33352	60661	1993	2446	600
174121	75393	98628	44354	94580	2596	7563	890
479992	91568	388425	47977	187363	1579	5875	471
53427	5468	47959	4623	35279	728	549	
179926	51508	128418	9362	44058	1472	3894	1
26226	2868	23358	1852	23484	704	518	18
64506	17066	47440	14895	16101	662	520	240
100556	43119	57437	23591	24019	1464	1909	104
10311	504	9807	504	9807	36		
1060954	145879	785075	29836	54674	340	398	
827140	316776	510364	125674	466362	12104	48330	1002
544892	204999	339893	97419	105012	4011	4488	331
109543	15335	94208	9332	9093	568	1294	1
4320	851	3469	767	3553	180	200	
167527	29020	138507	24024	60102	2073	2263	172

续表 2

地　　区	各种税金支出	对个人和家庭补助支出	抚恤金和生活补贴	其他资本性支出	各种设备购置费	资产总计（千元）	固定资产原值
总　　计	**14031**	**283909**	**28348**	**2258320**	**113532**	**7856244**	**3173920**
北　　京		36353	1020	415127	30880	1958400	837103
天　　津							
河　　北	38	12205	388	135162	562	155231	51910
山　　西	526	32246	2857	217747	27618	526444	209603
内 蒙 古		122		2529	1510	18697	1333
辽　　宁		3195	6	3848	402	326220	296871
吉　　林		49		35794	34	7393	3161
黑 龙 江		408		40	40	1080	1080
上　　海							
江　　苏		3648		29139	818	62103	24085
浙　　江	86	13067	380	72989	4938	292533	190622
安　　徽		2099	5	1166	60	79733	6328
福　　建	2	411	4	158	58	49496	12864
江　　西		2265	99	46390	100	69836	19386
山　　东		9379	179	55024	489	748828	55069
河　　南	547	13564	907	105214	1944	304672	115281
湖　　北	66	10487	776	128029	1019	158435	54054
湖　　南	10	10765	737	22298	681	119973	72245
广　　东	12149	44206	12970	140047	386	157838	67435
广　　西		1424	1	7754	525	15747	6892
海　　南		3413	1273	122104	29425	274136	136430
重　　庆		192	192	698	698	12126	2611
四　　川		1438	5	28752		46707	25636
贵　　州	93	6497	194	25414	241	279458	222719
云　　南							
西　　藏		3073	36	133335	30	222465	41598
陕　　西	151	20460	4311	148550	1106	565317	235225
甘　　肃	149	37087	1923	272383	4234	571974	207711
青　　海		1737	2	27015	200	28148	22753
宁　　夏						1940	1940
新　　疆	214	2697	60	80704	5255	501067	105042

实际使用房屋建筑面积（万平方米）	实际拥有产权面积（万平方米）	对外交流情况					本级举办业务培训情况	
		与国外文博机构合作项目数（个）	与国外文博机构签署协议或备忘录数（个）	赴港澳台人员数（人次）	对港澳台交流项目数（个）	参加国际组织活动数（个）	举办业务培训班（个）	培训业务人员数（人）
88.27	**798.42**	**138**	**48**	**114**	**24**	**25**	**1089**	**53786**
3.53	1.49	4	5	17	3		29	2155
							1	53
1.18	0.14	2	2	10	2	1	14	740
4.77	3.94			6	3		31	1180
0.06	0.01						7	600
0.50	0.16						20	603
0.51				10	1	3	7	629
0.10	0.10						2	104
1.64	0.11					1	31	1536
7.31	3.76						61	3986
0.04	0.04						7	270
0.12	0.06						8	456
2.72	1.87						16	1310
1.82	0.13	1				3	95	4293
7.19	3.09	6	3	3	3	1	93	3196
5.12	5.43	1	2			3	68	2789
3.01	2.09			1	1	1	34	1844
5.32	0.11			3	2		39	1469
0.17	0.08						9	368
0.96	0.03						9	254
0.10				1			8	600
2.75	0.00	5	2			2	37	1097
4.17	3.57						47	1198
0.02		2	1				5	642
4.73	760.31						8	418
6.85	3.04	42	28	59	7		192	10854
9.78	7.83						94	4169
1.14	0.05						47	2726
0.04							5	300
5.16	0.24	1				2	13	430

续表 3

地　区	本辖区文物点(处)	全国重点文物保护单位	省级重点文物保护单位	市县级文物保护单位	本辖区对外开放的省级及以上文物保护单位数(个)	本级财政专项安排文物保护经费(千元)
总　计	**538576**	**4126**	**16879**	**104827**	**8212**	**2478690**
北　京	3840	126	216	773	372	52850
天　津	2082	28	212	150		
河　北	33943	278	652	2880		109724
山　西	53875	452	487	12491	168	138760
内 蒙 古	3120	141	511	2468	10	24550
辽　宁	2700	126	472	2102	16	5080
吉　林	9153	76	373	2409	451	13000
黑 龙 江	10759	48	361	2000		6000
上　海	4422	29	238	402	150	10642
江　苏	20007	224	833	4000	519	24785
浙　江	73943	231	624	4789	864	324672
安　徽	3828		708	2990	708	6160
福　建	4862	137	674	4051	32	41460
江　西	3577	128	266	3183	19	8967
山　东	10146	196	1711	8239	1417	153833
河　南	65519	358	1231	7409	1192	85813
湖　北	7685	148	850	6687	96	80638
湖　南	20366	183	866	4000	512	82952
广　东	5606	98	613	4895	665	133551
广　西	2359	66	356	1937	12	2177
海　南	678	24	185	469	9	14976
重　庆	25908	55	282	1727	109	40130
四　川	65231	229	969	6565	4	11896
贵　州					9	10530
云　南	14704	132	332	3741	247	20553
西　藏	4277	55	391	978	107	715995
陕　西	49058	235	811	3217	26	298817
甘　肃	16895	131	556	4726	8	3509
青　海	6411	44	415	888	400	3070
宁　夏	3818	35	125	344	51	6500
新　疆	9804	113	559	4317	39	47100

本级出台地方性文物业法规、规章（部）	出入境文物审核数（件/套）	禁止出境文物数	临时入境文物审核数	临时出境文物审核数	文物拍卖标的审核数（个）	禁止上拍文物标的数
58	**114032**	**1542**	**7874**	**5057**	**472526**	**1604**
	74482	669	5103	2993	189213	288
	435	7	28		13746	21
1	4		2	2	5156	
	119			119		
1						
5	96	4	80	12	1062	4
2	68					
	4889	17	808	275	145301	276
	338		29	309	31200	522
4	11486		296	291	31580	103
	2843	800	279	243	8785	41
2						
3	669		548	331	5420	2
3						
10	216		11	195	6106	36
1					2639	271
3	18008	44	385	251	17312	16
				24	2141	
1						
					866	
1	333		297	12	6220	
2						
1	46	1	8		5779	24
9						
3						
4						
2						

2016年文化产业示范(试验)园区和

	机构数(个)	从业人员(人)	具有大学专科以上学历人员	具有中级职称以上人员	技术研发岗位人员	资产总计	固定资产原价
总　　计	**1220**	**1303450**	**558930**	**100931**	**47395**	**773893429**	**364546151**
按机构类型分							
国家级文化产业示范园区	29	317560	226791	45241	12390	77163083	12914829
国家级文化产业试验园区	10	82061	30592	11810	514	19813167	14257085
国家文化产业示范基地(单体企业)	240	127310	51268	10446	9515	201562160	39333601
国家文化产业示范基地(集聚类)	53	93580	42372	12092	7633	75370336	7082661
省级文化产业示范园区	107	311527	126162	4198	1267	98938442	19604557
省级文化产业示范基地	781	371412	81745	17144	16076	301046241	271353418
按隶属关系分							
中央							
省、区、市	191	207059	143812	27324	5262	114525064	28031341
地、市	197	89285	40573	10532	6200	136141862	31295457
县、市、区	832	1007106	374545	63075	35933	523226503	305219353
按部门分							
文化部门	627	834132	363345	62637	23624	373379678	270417815
其他部门	593	469318	195585	38294	23771	400513751	94128336

续表

	差旅费	工会经费	技术研发经费	营业利润	营业外收入	政府补助	营业外支出
总　　计	**1953836**	**371446**	**6056836**	**75353735**	**9820881**	**3654446**	**2907185**
按机构类型分							
国家级文化产业示范园区	873676	139366	1337267	22928579	3136434	268111	419424
国家级文化产业试验园区	100125	31173	22000	8033589	141278	71350	79384
国家文化产业示范基地(单体企业)	342921	89908	791982	10585179	1994644	1628545	358805
国家文化产业示范基地(集聚类)	108201	6511	1004026	4583993	1202773	105214	920437
省级文化产业示范园区	101823	23170	556734	5959078	825121	237908	300692
省级文化产业示范基地	427090	81318	2344827	23263317	2520631	1343318	828443
按隶属关系分							
中央							
省、区、市	798369	176438	571866	15326102	1688108	1394615	283816
地、市	162660	23400	235175	6228021	1290333	859641	344717
县、市、区	992807	171608	5249795	53799612	6842440	1400190	2278652
按部门分							
文化部门	1353307	240613	2917868	43788723	6888123	1648532	2154408
其他部门	600529	130833	3138968	31565012	2932758	2005914	752777

产业示范基地基本情况

资产、负债、所有者权益(千元)					损益(千元)				
当年提取的折旧总额	负债合计	所有者权益合计	实收资本(股本)	国家资本	营业收入	主营业务收入	营业成本	养老、医疗、失业等各种社会保险费	住房公积金和住房补贴
10968421	**350053489**	**423839940**	**154468215**	**55839564**	**348736203**	**317635318**	**273382468**	**4925811**	**1602860**
1270744	25177135	51985948	16786629	3608803	69312555	54531334	46383976	1330368	638795
55910	3685437	16127730	11000810	7225810	19047018	16393799	11013429	115045	46429
2324552	88318164	113243996	31193567	13612349	69165752	67118042	58580573	847321	225635
439214	21188665	54181671	13344059	4029239	30554092	28102561	25970099	1163400	305331
747912	60322977	38615465	17206517	3190112	53649533	49393858	47690455	322812	179470
6130089	151361111	149685130	64936633	24173251	107007253	102095724	83743936	1146865	207200
1074166	41491814	73033250	22164527	9758318	74835749	71311727	59509647	1704126	747323
1642855	67638969	68502893	30433991	18472049	35554708	33177133	29326687	355110	71700
8251400	240922706	282303797	101869697	27609197	238345746	213146458	184546134	2866575	783837
5612640	177685202	195694476	76521699	21023921	186812271	177007722	143023548	2610063	958195
5355781	172368287	228145464	77946516	34815643	161923932	140627596	130358920	2315748	644665

		工资、福利费、税金(千元)							
利润总额	净利润	本年发放工资总额	本年支付的职工福利费	本年应交税金总额	经营面积(万平方米)	获得国家级文化奖项数量(个)	向社会捐赠总额(千元)	获得著作权、发明专利总数(项)	辖区内单体企业数量(个)
82267431	**36455129**	**34573471**	**3420176**	**17133620**	**88006.96**	**12791**	**1169357**	**40447**	**50599**
25645589	11066397	9565948	1235417	3365922	10975.06	279	60745	1671	12066
8095483	4849016	1191435	107722	1057838	2834.16	52	11390	53	1287
12221018	8509707	5378384	325174	4776813	30738.37	349	381818	6825	5087
4866329	2643569	5101459	277180	1634312	5728.26	120	2849	8440	14337
6483507	2452095	1228253	52430	1089682	7505.98	165	516764	6332	7626
24955505	6934345	12107992	1422253	5209053	30225.12	11826	195791	17126	10196
16730394	13583574	8826450	671544	5314453	8005.86	250	298455	4302	10343
7173637	2493496	2375562	129007	1849407	6845.98	10281	33740	13079	5888
58363400	20378059	23371459	2619625	9969760	73155.13	2260	837162	23066	34368
48522438	21711618	19328665	1678838	11390620	50144.23	1544	1015429	16920	19565
33744993	14743511	15244806	1741338	5743000	37862.74	11247	153928	23527	31034

2016年各地区国家级文化产业示范(试验)

地区	机构数(个)	从业人员(人)	具有大学专科以上学历人员	具有中级职称以上人员	技术研发岗位人员	资产总计	固定资产原价
总计	**332**	**620511**	**351023**	**79589**	**30052**	**373908746**	**73588176**
北京	25	7572	4724	385	160	8524961	567249
天津	6	1959	374	42	164	1275708	404979
河北	13	56064	7793	5444	304	3475616	728325
山西	10	17810	9946	3070	3681	2564626	875126
内蒙古	6	1546	592	88		7909012	1097984
辽宁	11	3489	1622	271	11	5072100	2398058
吉林	13	5884	2282	1041	948	2037109	961571
黑龙江	10	38764	19529	5291	411	13646126	10136273
上海	19	30039	24031	2492	6480	97964418	10266020
江苏	15	16379	3576	1498	315	14894669	4089190
浙江	16	11399	3532	361	619	18236852	4872015
安徽	10	4998	1340	544	102	3433068	2039949
福建	9	18992	9909	4913	695	11820355	1237902
江西	13	11869	1844	226	529	4241459	888542
山东	16	23161	13785	3478	140	27080998	6934524
河南	12	72181	57461	11940	11501	13462368	4622189
湖北	5	3436	1112	101	304	3242429	1103142
湖南	13	119947	100871	18079	961	13073215	1476223
广东	25	2137	914	151	240	2588417	472012
广西	8	4598	2354	1016	617	1915781	775571
海南	5	2939	1428	140	157	3473201	1367931
重庆	7	7747	3026	303	780	3302272	287892
四川	14	71618	15460	10428	24	20467098	6648244
贵州	6	1687	488	90	76	5500681	2625954
云南	8	1290	299	45	4	5172275	291134
西藏	3	420	12	80	16	209107	33407
陕西	12	76194	59369	6383	201	73803656	4755400
甘肃	8	699	213	64	16	1265317	688269
青海							
宁夏	7	4311	2434	1461	385	2562409	750925
新疆	7	1382	703	164	211	1693443	192176

园区和产业示范基地基本情况

资产、负债、所有者权益(千元)					损益(千元)				
当年提取的折旧总额	负债合计	所有者权益合计	实收资本(股本)	国家资本	营业收入	主营业务收入	营业成本	养老、医疗、失业等各种社会保险费	住房公积金和住房补贴
4090420	**138369401**	**235539345**	**72325065**	**28476201**	**188079417**	**166145736**	**141948077**	**3456134**	**1216190**
14104	3459720	5065241	537854	292406	2621760	2440664	2652250	90464	30395
25562	482600	793108	206860		1376403	1362158	1313392	14115	1691
70920	1566088	1909528	242680	6000	8785084	8785084	5787994	5286	317
4993	1005287	1559339	121922		304431	249307	242150	4927	509
130561	2800968	5108044	3170496	10000	199505	196051	213758	5192	94
133437	1501990	3570110	1223775	6266	907216	701558	527399	29897	4424
22703	682766	1354343	927510		400290	376705	301978	6017	1401
55331	1513153	12132973	7144855	3805320	10271076	9274573	5383802	118020	43384
447460	22949571	75014847	11474809	2232600	43617445	43400351	37556071	1273728	286168
131286	7026534	7868135	3386946	867689	8905397	8312092	7836539	46562	28936
365426	4501455	13735397	2928059	24841	6246951	5738404	4630360	54181	8969
123282	1967339	1465729	1033380	202274	1777143	1730052	1520973	36434	9573
79282	5856337	5964018	933427		6225475	3718225	4979554	31584	25446
123123	1476760	2764699	1176740		2196327	749472	1949312	14804	1335
414205	10832040	16248958	10295420	6724000	3935378	3765331	2972918	98123	68039
333972	6001192	7461176	3875018	2570724	14827060	13821741	11246394	70583	48097
56339	1175890	2066539	195781		1109566	1072851	728136	27275	1406
265778	3576133	9497082	3737814	679760	28496671	27107647	22792719	1099916	520001
58206	1438295	1150122	330296	2220	1431678	1170402	1161344	9665	2423
31240	771062	1144719	553728		1075957	1061083	735152	28234	8393
19041	923700	2549501	2214502	1673502	845049	828461	599712	32070	9659
15583	595249	2707023	132406	55000	627645	621661	633590	22922	5464
671156	9387124	11079974	4801706	225323	18524170	16805086	11127419	180233	54075
151383	3930091	1570590	1308798	203500	1437202	1435517	1322467	11118	1680
31615	4449069	723206	319777	10180	293225	291642	215044	13579	3659
5775	30149	178958	91801		35229	24085	29634	117	
169182	35673394	38130262	8866280	8451180	20643708	10291391	12752274	111216	48257
7784	863599	401718	200433	56082	234889	103289	232846	1265	508
97174	1584620	977789	449658		352481	345542	287797	7868	587
34517	347226	1346217	442334	377334	375006	365311	215099	10739	1300

续表

地　区	差旅费	工会经费	技术研发经费	营业利润	营业外收入	政府补助	营业外支出	利润总额
总　计	**1424923**	**266958**	**3155275**	**46131340**	**6475129**	**2073220**	**1778050**	**50828419**
北　京	38300	2416	30057	-30490	675809	668399	4266	641053
天　津	3661	423	23222	63011	15631	15583	120	78522
河　北	4637	223	22333	2997090	21015	5808	2457	3015648
山　西	14825	89	14198	62281	7960	6625	6296	63945
内蒙古	1124	995	120	-14253	28402	28147	1695	12454
辽　宁	3879	857	129	379817	27323	18165	14078	393062
吉　林	4309	788	1587	98312	24669	20959	1984	120997
黑龙江	97801	31572	26674	4887274	77676	76889	11967	4952983
上　海	140570	19122	1218950	6061374	435326	309122	8799	6487901
江　苏	24253	8405	29585	1068858	152419	119584	187596	1033681
浙　江	29746	4191	137829	1616591	101880	83819	41106	1677365
安　徽	9013	2168	4014	256170	168899	53489	2397	422672
福　建	13743	5770	185544	1245921	60892	55891	4838	1301975
江　西	5838	385	27407	247015	30091	12261	1020	276086
山　东	43678	13908	63303	962460	101817	20797	74879	989398
河　南	257573	23540	995180	3580666	2909737	128012	160509	6329894
湖　北	5856	2931	29902	381430	46852	12473	2541	425741
湖　南	563967	109310	231802	5703952	103994	64769	41776	5766170
广　东	4559	569	31997	270334	38374	31609	52962	255746
广　西	14978	4108	33975	340805	14050	7015	5699	349156
海　南	1848	3228	25618	245337	9617	3960	5894	249060
重　庆	9479	2362	3500	-5945	39127	37487	27950	5232
四　川	91246	10993	1385	7396751	138013	108753	198541	7336223
贵　州	11661	1772	3420	114735	23094	530	7126	130703
云　南	1496	1329		78181	7640	7520	3426	82395
西　藏	24	50		5595	765	500		6360
陕　西	20879	14474	3745	7891434	1190522	159286	903532	8178424
甘　肃	1903	40	304	2043	7881	7880	45	9879
青　海								
宁　夏	1708	209	7328	64684	8234	1268	3398	69520
新　疆	2369	731	2167	159907	7420	6620	1153	166174

	工资、福利费、税金(千元)							
净利润	本年发放工资总额	本年支付的职工福利费	本年应交税金总额	经营面积(万平方米)	获得国家级文化奖项数量(个)	向社会捐赠总额(千元)	获得著作权、发明专利总数(项)	辖区内单体企业数量(个)
27068689	**21237226**	**1945493**	**10834885**	**50275.86**	**800**	**456802**	**16989**	**32777**
499584	609333	34101	263595	8.52	2	280	20	173
58154	93784	5539	65735	14.87	1	644	102	33
144170	294761	27257	39555	640.05	35	20205	66	596
23996	30259	2551	11965	64.30	62	441	411	250
3199	53537	1440	21011	2430.35	2	1397	71	26
276914	83511	4810	72785	138.52	8	520	218	317
23105	62031	2330	6812	40.14	62	1200	264	334
4850539	1155613	90637	1014177	1629.98	56	12380	1630	988
5242420	4165516	238916	3185252	565.22	18	70	760	6096
619414	1195766	46567	253272	5185.41	132	3063	7131	1723
1300941	519977	35045	499680	150.36	29	2720	722	5167
231092	198018	8812	124254	469.01	7	65464	41	157
113335	504635	157814	134977	151.69	44	5127	476	732
152967	132258	12394	37853	123.49	7	3050	235	118
757229	300175	32164	279319	1237.54	21	4896	181	1337
5009521	1900494	47282	1073876	30011.22	131	30244	316	1426
121492	147188	6674	84183	13.06	1	1020	19	5
4511115	4830884	426299	1714265	269.02	68	223400	2139	1869
153294	111654	17836	51758	38.87	9	21764	193	354
255189	308012	20673	88498	10.84	2	375	48	9
170277	130801	15357	85687	40.72	1	22658	47	6
-162	191533	8879	10800	12.22	8	20	374	904
1751684	2872465	613037	761401	578.78	14	181	977	2122
52020	76620	7060	32109	2.14	5	7327	12	15
53646	84064	4382	38638	9.78	22	2318	5	3
1781	17656	76	1385	0.29	5	25		
635824	1050613	72647	803530	6105.73	26	2555	319	7862
3194	10020	397	2631	5.96	7	20018	28	142
23618	31066	2772	25828	308.30	6	3100	95	10
29137	74982	1745	50054	19.52	9	340	89	3

2016年对外、对港澳台文化交流活动项目基本情况

地　区	合计	按交流活动性质		按交流活动分类				按交流活动范围分类			
		出访	来访	演出	展览	国际会议	其他	国外	香港	澳门	台湾
总　计	**3274**	**1974**	**1300**	**1677**	**447**	**73**	**1077**	**2674**	**270**	**114**	**216**
北　京	112	98	14	63	29	1	19	104	4	4	
天　津	15	15		11	2		2	12	1	1	1
河　北	13	11	2	9	2		2	8			5
山　西	16	16		7			9	13	1		2
内蒙古	18	16	2	5		1	12	15	2	1	
辽　宁											
吉　林	16	11	5	11	2	2	1	14	2		
黑龙江	20	12	8	14		1	5	19			1
上　海	109	65	44	54	40	7	8	88	5	3	13
江　苏	106	89	17	34	37	13	22	82	2	1	21
浙　江											
安　徽	46	28	18	17	6		23	30	8		8
福　建	130	112	18	85	12	3	30	71	23	9	27
江　西	16	13	3	6	2		8	13	1		2
山　东	85	69	16	29	32	3	21	70	3	1	11
河　南	20	19	1	14	3		3	16		1	3
湖　北	33	33		8	9	5	11	27	1	1	4
湖　南	29	25	4	9	3	7	10	26	1		2
广　东	1170	380	790	867	79		224	830	166	81	93
广　西	39	35	4	11		7	21	28	5	1	5
海　南	15	15		10	4		1	13	2		
重　庆	36	36		8	6	3	19	29	2		5
四　川	117	62	55	53	17	5	42	110	3		4
贵　州	25	19	6	4	1		20	22	2		1
云　南	43	34	9	16	2	4	21	37	2	2	2
西　藏											
陕　西	11	10	1	9	2			4	2	1	4
甘　肃	54	51	3	6	9	11	28	49	3	2	
青　海	5	5		2	3			5			
宁　夏	14	13	1	10	4			11		1	2
新　疆	3	2	1	2	1			3			

2016年对外、对港澳台文化交流活动参与交流人员项目基本情况

地　区	合计	按交流活动性质		按交流活动分类				按交流活动范围分类			
		出访	来访	演出	展览	国际会议	其他	国外	香港	澳门	台湾
总　计	**59905**	**34191**	**25714**	**44626**	**5418**	**771**	**9090**	**45768**	**6125**	**2132**	**5880**
北　京	1576	1477	99	1361	98	4	113	1423	84	69	
天　津	368	368		354	8		6	282	80	1	5
河　北	246	216	30	210	19		17	124			122
山　西	276	276		265			11	225	23		28
内蒙古	225	198	27	115		1	109	183	2	40	
辽　宁											
吉　林	412	275	137	345	63	2	2	370	42		
黑龙江	515	320	195	501		1	13	514			1
上　海	5859	1302	4557	2670	2498	571	120	3332	83	81	2363
江　苏	1401	1333	68	1109	186	20	86	1098	23	1	279
浙　江											
安　徽	690	511	179	500	26		164	562	86		42
福　建	3779	3223	556	2888	372	18	501	1233	905	277	1364
江　西	205	190	15	168	10		27	153	1		51
山　东	1131	926	205	480	222	4	425	867	92	6	166
河　南	466	391	75	419	13		34	318		6	142
湖　北	383	383		249	72	24	38	345	1	25	12
湖　南	407	301	106	244	32	14	117	297	76		34
广　东	18737	6860	11877	15826	331		2580	13481	3151	1303	802
广　西	959	398	561	839		50	70	835	81	1	42
海　南	345	345		313	27		5	199	146		
重　庆	338	338		198	30	8	102	278	2		58
四　川	1996	1257	739	1196	529	28	243	1925	38		33
贵　州	304	136	168	83	26		195	205	2		97
云　南	775	481	294	476	15	6	278	633	34	44	64
西　藏											
陕　西	449	378	71	413	36			117	122	95	115
甘　肃	412	404	8	234	49	20	109	404	5	3	
青　海	77	77		55	22			77			
宁　夏	230	203	27	211	19			166		4	60
新　疆	367	67	300	320	47			367			

2016年艺术展览

	机构数(个)	从业人员(人)	专业技术人才	正高级职称	副高级职称	中级职称	藏品(件/套)	文物藏品数
总　计	**651**	**5891**	**3837**	**397**	**697**	**1351**	**472239**	**11935**
其中：免费开放	494	4745	2931	241	489	1038	450717	11920
按登记注册类型分								
其中：国有	635	5780	3768	397	695	1337	466588	11334
集体	5	23	16		1	7	3332	601
其他	11	88	53		1	7	2319	
按隶属关系分								
中央	2	253	149	55	39	43	114953	
省区市	43	1429	882	182	186	301	149165	387
地市	226	2314	1579	132	316	572	79530	3650
县市区	380	1895	1227	28	156	435	128591	7898
按部门分								
文化部门	643	5765	3762	391	684	1347	463869	11935
其他部门	8	126	75	6	13	4	8370	
按机构类型分								
美术馆	380	3544	2148	143	342	759	381183	11105
画院	70	657	508	90	120	167	25623	406
美术馆(画院)	83	1053	648	113	123	215	65336	424
剧目创作室	118	637	533	51	112	210	97	

续表 1

	摄影、多媒体	漆艺	陶艺	年度展览总量(个)	自主办展数量	参观人次(万人次)	未成年人参观人次	专著或图录(册)
总　计	**54013**	**3295**	**3301**	**6202**	**3980**	**3244.32**	**823.57**	**3224**
其中：免费开放	53885	3293	3201	6042	3869	3207.64	810.82	3086
按登记注册类型分								
其中：国有	53609	3295	3301	6048	3899	3196.79	819.16	3192
集体	100			62	32	9.20	2.40	1
其他	304			92	49	38.33	2.01	31
按隶属关系分								
中央	2654	181	251	121	16	104.00	0.50	6
省区市	31438	776	290	661	324	1065.43	200.58	154
地市	5838	26	833	2543	1591	1274.83	411.22	2673
县市区	14083	2312	1927	2877	2049	800.06	211.27	391
按部门分								
文化部门	53758	3295	3295	6084	3904	3195.44	817.49	3221
其他部门	255		6	118	76	48.89	6.08	3
按机构类型分								
美术馆	52121	3237	2122	5014	3302	2801.08	704.96	2976
画院	487		156					62
美术馆(画院)	1395	58	1023	1132	640	435.81	115.68	115
剧目创作室	10			56	38	7.43	2.93	71

创作机构基本情况

藏品(件/套)									
非文物藏品数	非文物藏品数								
	国画	油画	版画	雕塑	水粉、水彩	设计	连环画、漫画	民间艺术	书法
453899	**107189**	**19629**	**37644**	**5788**	**21085**	**7391**	**13684**	**95389**	**54571**
433394	93355	19371	36785	5726	20997	7283	13546	94483	52163
449284	106006	19504	37610	5761	20958	7356	13644	94543	52778
2346	542	32	12	11	72	5	20	41	1511
2269	641	93	22	16	55	30	20	805	282
114953	14311	3376	8287	1705	10145	3000	5731	63820	1485
148705	39864	5606	18323	1933	5454	571	5662	15036	9697
71595	26386	3820	7655	1400	1826	3219	978	2617	11880
118646	26628	6827	3379	750	3660	601	1313	13916	31509
445534	106721	19462	34460	5242	21039	7391	13684	91997	54270
8365	468	167	3184	546	46			3392	301
365173	70859	17019	32422	4989	17784	7276	12412	87820	35363
25112	15619	637	1341	116	177	6	99	358	4405
63527	20699	1973	3856	683	3124	109	1173	7201	14803
87	12		25					10	

学术成果		本年收入合计(千元)	财政补贴收入		上级补助收入	事业收入	经营收入	附属单位上缴收入	其他收入
论文数(篇)	学术活动(次)			收藏专项经费					
1152	**1351**	**2104287**	**1834395**	**129673**	**34800**	**171496**	**30306**	**10**	**33280**
759	1103	1784253	1552445	121673	27249	151693	30020	10	22836
1145	1339	2072691	1808573	129673	34288	170729	26401	10	32690
	4	15386	15059						327
7	8	16210	10763		512	767	3905		263
16	26	287528	197631	5000		84499			5398
380	277	818624	722523	73898	2022	76493	1488		16098
329	527	684073	646319	41507	24050	4737	424		8543
427	521	314062	267922	9268	8728	5767	28394	10	3241
1150	1337	2069823	1800823	124174	34301	171496	30306	10	32887
2	14	34464	33572	5499	499				393
538	717	1428955	1214492	90096	28655	140305	28621		16882
214	206	179280	171773	7480	1344	1687	82		4394
159	275	366870	322908	32097	2655	29315	1603	10	10379
241	153	129182	125222		2146	189			1625

续表 2

	本年支出合计(千元)	基本支出	项目支出	收藏经费	经营支出	工资福利支出	商品和服务支出	差旅费
总　计	**2166358**	**963928**	**1183779**	**197560**	**17986**	**528441**	**1006583**	**28805**
其中：免费开放	1795920	744747	1032628	189123	17880	416290	892325	20498
按登记注册类型分								
其中：国有	2138054	950884	1172305	197560	14200	522262	991863	28716
集体	13578	2727	10851			1028	5740	36
其他	14726	10317	623		3786	5151	8980	53
按隶属关系分								
中央	315660	111657	204003	68077		57738	108113	3687
省区市	875450	284563	590378	75091	509	158475	455085	10503
地市	668786	362365	305209	41169	1212	195500	312882	10276
县市区	306462	205343	84189	13223	16265	116728	130503	4339
按部门分								
文化部门	2134021	952275	1163095	191579	17986	521164	992105	28549
其他部门	32337	11653	20684	5981		7277	14478	256
按机构类型分								
美术馆	1425858	570450	838175	163206	16568	311942	726336	13902
画院	192139	108314	83743	9591	82	66781	84448	3440
美术馆(画院)	419401	182860	235205	24763	1336	94624	168144	8675
剧目创作室	128960	102304	26656			55094	27655	2788

续表 3

					公共教育活动			
	展览用房	库房面积	画室面积	实际拥有产权面积(平方米)	讲座(次)	教育活动(次)	出版物(种)	创作项目数量
总　计	**64.03**	**9.92**	**9.05**	**63.87**	**2503**	**3348**	**2328**	**9619**
其中：免费开放	62.42	9.21	7.93	60.32	2417	3293	2295	4042
按登记注册类型分								
其中：国有	63.08	9.79	8.86	61.02	2453	3273	2321	9563
集体	0.15	0.03	0.05	0.24	11	13	1	3
其他	0.81	0.10	0.14	2.62	39	62	6	53
按隶属关系分								
中央	0.98	0.48	0.77	3.57	32	76	2	2000
省区市	19.74	3.95	1.61	15.16	416	1437	83	1547
地市	25.52	3.10	3.10	29.43	991	897	187	2699
县市区	17.79	2.39	3.58	15.72	1064	938	2056	3373
按部门分								
文化部门	61.16	9.71	8.94	63.56	2442	3284	2315	9616
其他部门	2.87	0.21	0.11	0.31	61	64	13	3
按机构类型分								
美术馆	50.20	7.90	4.86	49.46	1612	2849	2204	
画院	3.16	0.46	1.36	5.29				3230
美术馆(画院)	10.65	1.55	2.82	8.89	842	488	102	4483
剧目创作室	0.02	0.00	0.01	0.23	49	11	22	1906

在支出合计中：劳务费	福利费	各种税金支出	对个人和家庭补助支出	抚恤金和生活补助	其他资本性支出	各种设备、交通工具、图书购置费	资产总计（千元）	固定资产原值	实际使用房屋建筑面积（万平方米）
63048	**9074**	**6235**	**198705**	**5962**	**291261**	**49011**	**5503610**	**3810116**	**162.76**
54334	7429	5665	131564	4086	262160	44175	4984429	3571135	154.58
62973	6332	5585	197878	5957	284683	48911	5465050	3790557	159.19
55			737	5	6073		9830	9830	0.53
20	2742	650	90		505	100	28730	9729	3.05
5235	1135	373	27556	543	8949	3818	1057859	503716	3.80
26873	2387	2058	70953	1810	169520	24878	2758148	1944798	57.54
22152	1631	767	81251	3091	73013	15001	1049495	872687	58.49
8788	3921	3037	18945	518	39779	5314	638108	488915	42.93
62074	9064	6235	195523	5962	283861	47994	5425751	3771513	158.41
974	10		3182		7400	1017	77859	38603	4.36
41504	6158	4859	94747	2662	215130	38580	4092204	2903725	127.71
4343	265	310	29200	724	10767	713	399062	261464	10.47
13044	2253	768	39515	1214	54396	9525	970182	621675	23.25
4157	398	298	35243	1362	10968	193	42162	23252	1.33

创作情况（个）		培训情况		志愿者服务队伍个数（个）	志愿者服务队伍人数（人）	学术研究情况（个）		
参加展览数量	获省部级以上奖项的作品数	组织培训次数（次）	培训人次（万人次）			本年承担课题、项目数	省部级以上课题项目数	结项课题项目数
5137	**805**	**1599**	**5.00**	**610**	**11778**	**169**	**63**	**49**
3302	500	1196	3.69	584	11583	93	33	39
5115	804	1596	4.99	606	11754	169	63	49
12	1			1	4			
10		3	0.01	3	20			
17		40	0.02	1	120	2	2	
854	106	122	0.36	80	3327	48	20	12
1698	414	909	1.73	378	4116	89	26	22
2568	285	528	2.89	151	4215	30	15	15
5134	803	1595	4.94	604	11628	166	60	46
3	2	4	0.06	6	150	3	3	3
				483	10590	61	28	34
2783	251	219	0.73	19	223	22	15	9
2195	443	1144	3.30	103	873	30	9	2
159	111	236	0.97	5	92	56	11	4

2016年各地区艺术展览

地　区	机构数（个）	从业人员（人）					藏品（件/套）	
			专业技术人才	正高级职称	副高级职称	中级职称		文物藏品数
总　计	**651**	**5891**	**3837**	**397**	**697**	**1351**	**472239**	**11935**
	2	253	149	55	39	43	114953	
北　京	1	78	38	16	9	12	9792	382
天　津	4	48	15	1	2	6	925	
河　北	18	213	118	7	24	47	4308	
山　西	31	269	175	10	18	44	32011	652
内蒙古	34	272	176	12	20	57	8593	5
辽　宁	2	15	7	1	3	2	164	
吉　林	21	134	117	12	28	41	3443	1
黑龙江	23	133	102	13	32	26	8548	184
上　海	12	406	232	18	16	59	30369	1321
江　苏	77	734	575	91	117	209	30828	98
浙　江	10	147	69	7	16	30	26875	
安　徽	21	162	87	5	14	34	6727	115
福　建	11	83	52	7	9	20	5850	359
江　西	33	256	155	8	23	57	7206	106
山　东	82	586	487	27	95	183	36469	3142
河　南	8	106	47	7	11	16	6940	
湖　北	12	178	98	25	13	48	10157	31
湖　南	28	144	111	1	22	42	6048	11
广　东	17	402	162	14	34	65	62422	2692
广　西	5	56	37	4	6	21	1708	
海　南								
重　庆	9	100	68	5	18	24	3479	16
四　川	58	304	195	9	25	70	11238	1095
贵　州	2	32	25	4	6	8	55	
云　南	10	67	60	5	18	17	1157	
西　藏								
陕　西	4	123	66	2	4	17	9829	
甘　肃	60	391	253	23	54	97	21067	877
青　海								
宁　夏	1	9	9	2	2	3	1738	
新　疆	55	190	152	6	19	53	9340	848

创作机构基本情况

非文物藏品数	国画	油画	版画	雕塑	水粉、水彩	设计	连环画、漫画	民间艺术	书法
453899	**107189**	**19629**	**37644**	**5788**	**21085**	**7391**	**13684**	**95389**	**54571**
114953	14311	3376	8287	1705	10145	3000	5731	63820	1485
9410	4148	384	655	18	2211		1065	44	715
925	217	34	45	12	9			1	191
4276	936	304	723	120	273	22	51	270	548
30252	3790	557	434	576	106		209	6610	9107
8593	2005	468	446	70	224	300	63	461	2418
164	22	35	44		43				
3442	1002	200	59	16	122			51	1610
8362	512	230	3757	24	61			3586	106
27742	6692	1897	2222	368	443	33	2596	3894	4178
30168	14179	662	2701	90	635	29	197	4028	4699
26875	14288	895	4117	542	834	1050	401	1032	2712
6504	3176	99	130	406	90	2	150	41	1331
5607	1873	142	315	99	145		138	111	593
6749	1530	252	264	43	354		355	611	1489
29161	10636	1233	1557	240	1017	17	128	1305	6103
6940	1244	345	706	116	166	153	5	1328	1024
10123	1434	587	1035	259	849	368	163	1557	914
5989	1627	433	139	5	384	5	128	174	1709
59703	10275	3849	7493	584	1123	2237	1788	847	1767
1708	768	81	47	4	83			2	670
3466	642	179	789	59	183	2	27	246	505
10187	3449	450	142	119	201	6	319	248	2741
55	55								
1157	142	82	575	4	37	4		55	123
9829	798	311	222	34	123			2370	469
20890	5561	897	239	183	853	158	108	1973	5605
1738	821	21	312	11	1				
8931	1056	1626	189	81	370	5	62	724	1759

续表 1

地　区	摄影、多媒体	漆艺	陶艺	年度展览总量(个)	自主办展数量	参观人次(万人次)	未成年人参观人次	专著或图录(册)
总　计	**54013**	**3295**	**3301**	**6202**	**3980**	**3244.32**	**823.57**	**3224**
	2654	181	251	121	16	104.00	0.50	6
北　京	170			20				14
天　津	379		7	68	19	327.83	80.04	
河　北	836		12	142	61	108.01	38.21	8
山　西	690	32	20	263	142	145.64	37.26	24
内蒙古	2026		99	259	162	69.37	18.84	17
辽　宁			20	17	17	5.89	0.82	
吉　林	327		13	123	103	19.55	4.10	11
黑龙江	67		5	81	41	21.72	4.30	9
上　海	3773		30	238	142	369.13	37.70	48
江　苏	456	4	179	551	335	258.38	65.67	51
浙　江	761	4	34	135	91	115.23	15.16	10
安　徽	664	1	99	250	148	102.45	22.64	20
福　建	180	588	3	74	55	26.40	7.34	
江　西	744	1	825	278	227	55.16	18.77	22
山　东	1865	174	380	709	450	279.25	81.65	111
河　南	366	16	33	99	66	67.00	13.50	8
湖　北	1047	200	118	182	97	98.33	26.08	192
湖　南	549		361	154	104	89.55	23.06	2
广　东	28962	59	172	459	346	200.27	64.06	47
广　西	39	1	1	63	44	42.00	5.60	5
海　南								
重　庆	559	12	170	152	111	85.75	18.35	10
四　川	2116	17	35	338	265	352.68	159.60	29
贵　州								
云　南	135			52	32	27.43	6.90	5
西　藏								
陕　西	50			72	34	24.56	1.82	3
甘　肃	2023	2005	431	644	406	120.43	25.02	65
青　海								
宁　夏				21	12	5.00	2.20	2
新　疆	2575		3	637	454	123.35	44.40	2505

学术成果		本年收入合计(千元)							
论文数(篇)	学术活动(次)		财政补贴收入	购书专项经费	上级补助收入	事业收入	经营收入	附属单位上缴收入	其他收入
1152	**1351**	**2104287**	**1834395**	**129673**	**34800**	**171496**	**30306**	**10**	**33280**
16	26	287528	197631	5000		84499			5398
36	20	66710	64220	10000		900	1416		174
		20059	19795						264
20	24	45209	43765	6210	80	1362			2
44	73	52824	51282	304	799				743
10	38	56113	55403	5550	210				500
	3	6487	6487	500					
5	32	26403	26136	3387					267
14	22	28328	27791	5770	537				
52	101	354179	289762	5110		62549			1868
184	119	249872	241689	20115	2279	239	20		5645
3	17	74566	67381	4002	512	5077			1596
44	40	28586	25504	780	1867	680			535
1	67	20252	18075	5000	1540	500			137
27	39	30471	27491	70	1056	674	50		1200
179	237	169469	164731	15190	1771	100	1289		1578
5	14	25320	21823	3500	232	3244			21
112	76	53886	50604	8000	907	1279			1096
3	13	35828	33455	1460	1153				1220
47	79	212521	164828	24306	16313	4350	23544		3486
7	20	18625	17508	70	170				947
5	34	25600	24714	1000		750			136
155	50	64995	61153	386	1364	1326			1152
		7119	7119						
10	17	34648	30343		311	415			3579
18	19	24701	18682	1235		1156	3905		958
135	153	54096	49048	2260	2313	2376	82		277
5	5	2231	1996	200					235
15	13	27661	25979	268	1386	20		10	266

续表 2

地　　区	本年支出合计(千元)	基本支出	项目支出		经营支出	在支出合计中：		
				收藏经费		工资福利支出	商品和服务支出	
								差旅费
总　　计	**2166358**	**963928**	**1183779**	**197560**	**17986**	**528441**	**1006583**	**28805**
	315660	111657	204003	68077		57738	108113	3687
北　　京	74417	24789	49215	1000	413	12029	17106	599
天　　津	19979	16574	3405	1677		3721	15307	49
河　　北	48140	23748	24390	6115	2	12792	19212	279
山　　西	49877	22284	27268	356	40	15165	27749	575
内 蒙 古	62249	39451	22798	5100		17260	27696	819
辽　　宁	5266	3382	1884	500		1785	1788	60
吉　　林	26561	19463	7098	3387		9261	5620	423
黑 龙 江	27469	16801	10618	5889	50	8945	5658	304
上　　海	362092	128098	233994	9608		65957	266620	2104
江　　苏	275509	172995	102494	16100	20	77814	108909	3883
浙　　江	89556	19490	70066	9038		15041	41036	477
安　　徽	27148	12330	14818	661		9039	13930	916
福　　建	18226	7480	10746	1516		6437	7233	269
江　　西	29920	17281	12266	144	373	10926	12366	810
山　　东	174693	84199	89618	17829	876	50125	71484	1443
河　　南	19891	9713	10178	3469		6603	8994	259
湖　　北	50965	20083	29952	8260	930	9387	23783	962
湖　　南	24577	16990	7353	2984	234	8384	9283	771
广　　东	217525	71169	136058	31814	10298	47194	100476	3033
广　　西	17352	6291	11061	148		3363	3721	364
海　　南								
重　　庆	27896	11046	16826	1342	24	7092	15663	1868
四　　川	62861	25359	37456	521	46	17666	35261	1791
贵　　州	6010	4562	1448			2335	1601	38
云　　南	29154	9386	19768			6671	19919	494
西　　藏								
陕　　西	23919	11792	8341	1235	3786	6927	16529	138
甘　　肃	51042	35531	14286	480	845	22490	13418	1538
青　　海								
宁　　夏	2260	1292	968	200		1048	716	21
新　　疆	26144	20692	5403	110	49	15246	7392	831

劳务费	福利费	各种税金支出	对个人和家庭补助支出	抚恤金和生活补助	其他资本性支出	各种设备、交通工具、图书购置费	资产总计（千元）	固定资产原值	实际使用公用房屋建筑面积（万平方米）
63048	**9074**	**6235**	**198705**	**5962**	**291261**	**49011**	**5503610**	**3810116**	**162.76**
5235	1135	373	27556	543	8949	3818	1057859	503716	3.80
1508	97		4599	488	24806	590	224187	176017	1.15
1787	13	90	914		37		769	179	4.21
850	128	72	7564	276	8572	1454	129804	126180	4.77
2112	18	1	4329	6	2534	1661	35025	27380	8.39
2077	240		8470	627	8823	2092	102226	87317	6.01
188			1034	53	659	129	14840	13518	0.20
426	6	41	7540	264	4140	899	41760	38971	1.05
456	1		6743	70	6123	95	41715	39937	1.38
7346	1048	736	3672	430	25843	13969	887021	234086	25.83
6022	163		48996	583	39790	2099	540531	490304	21.79
5394	389	200	1452		32027	1010	650770	580278	7.85
776	49		2878	54	1301	221	30615	24309	2.84
350	1		909		3647	2147	37226	21029	1.68
1719	48	98	4214	52	1471	264	69784	52453	4.38
4126	218	64	19585	440	28502	4456	406872	341548	21.51
253	303	63	1327	1	2967	357	111380	103141	2.70
5460	639	8	7075	105	10720	2141	314912	292859	5.28
815	240	19	3907	75	3003	628	109517	66647	2.00
4842	798	3207	12977	875	56878	9038	290291	287127	11.61
52	14		3130	153	998	165	43760	25541	1.04
4324	291	36	2639	49	2502	140	44804	30371	2.07
2113	189	1	3090	153	6844	470	48204	36383	3.83
291			2060	60	14	14	4342	1766	0.11
1242	12	296	1731	34	833	763	19628	10037	3.68
384	2762	926	358	57	105		103532	82714	3.18
1443	243	1	7827	176	7300	288	102667	85870	6.74
14	1		277		219	17	3692	3169	0.26
1443	28	3	1852	338	1654	86	35877	27269	3.44

续表 3

地　　区				实际拥有产权面积（万平方米）	公共教育活动			
	展览用房	库房面积	画室面积		讲座（次）	教育活动（次）	出版物（种）	创作项目数量
总　　计	**64.03**	**9.92**	**9.05**	**63.87**	**2503**	**3348**	**2328**	**9619**
	0.98	0.48	0.77	3.57	32	76	2	2000
北　　京	0.44	0.02	0.06	1.05	12	20	14	310
天　　津	1.01	0.12	0.02		34	101	1	
河　　北	2.45	0.19	0.24	3.06	78	74	12	6
山　　西	4.57	0.26	0.33	3.99	100	36	24	75
内 蒙 古	2.81	0.24	0.57	3.63	372	101	12	856
辽　　宁	0.05			0.14	9			7
吉　　林	0.54	0.11	0.11	0.16	16	14	11	142
黑 龙 江	0.64	0.14	0.36	0.31	44	45	15	153
上　　海	9.19	2.11	0.17	1.67	154	448	8	31
江　　苏	8.04	1.20	1.30	5.71	138	134	40	1813
浙　　江	2.50	0.47	0.06	3.40	100	119	20	225
安　　徽	1.54	0.10	0.13	0.94	106	67	28	16
福　　建	0.68	0.11	0.19	0.47	18	10	3	18
江　　西	2.35	0.36	0.25	1.97	46	61	19	3
山　　东	7.66	0.97	1.03	8.27	215	544	10	944
河　　南	1.15	0.07	0.04	1.23	85	223		
湖　　北	1.81	0.24	0.73	4.38	103	226	1876	270
湖　　南	1.19	0.19	0.17	0.62	53	53	4	65
广　　东	3.86	0.82	0.51	5.67	211	275	35	59
广　　西	0.29	0.03	0.01	2.43	21	52	16	33
海　　南								
重　　庆	1.46	0.14	0.22	0.56	110	149	4	399
四　　川	1.90	0.29	0.30	1.38	167	182	37	565
贵　　州				0.11			1	75
云　　南	1.51	0.38	0.17	2.44	9	27	3	557
西　　藏								
陕　　西	1.09	0.26	0.02	3.12	49	82	8	
甘　　肃	2.40	0.35	0.93	2.27	126	139	47	971
青　　海								
宁　　夏	0.25	0.01					1	
新　　疆	1.69	0.28	0.38	1.34	95	90	77	26

创作情况(个)		培训情况		志愿者服务队伍个数(个)	志愿者服务队伍人数(人)	学术研究情况(个)		
参加展览数量	获省部级以上奖项的作品数	组织培训次数(次)	培训人次(万人次)			本年承担课题、项目数	省部级以上课题项目数	结项课题项目数
5137	**805**	**1599**	**5.00**	**610**	**11778**	**169**	**63**	**49**
17		40	0.02	1	120	2	2	
50		7	0.02					
				2	85			
51	2	9	0.02	10	336	8	2	8
296	24	48	0.13	28	756	11	9	5
642	69	341	0.54	81	270	10	3	7
	1							
26	15	6	0.01	1	5			
264	77	68	0.17	6	132	3	3	3
87		7	0.00	29	3075	21		
1211	208	140	0.58	24	467	68	19	13
632	4	125	0.03	27	796	2	1	2
37	23	5	0.06	13	653	3	1	1
10		2	0.00	7	62			
30	5	2		22	469	3	3	2
267	71	267	0.75	199	1144	9	9	2
		151	0.92	8	62	3	2	1
329	36	19	0.03	21	147	7	5	2
63	131	33	0.07	14	445			
34		9	0.01	23	768	3		3
8	12	11	0.00	8	81			
120	8	112	0.60	9	182			
261	39	50	0.53	23	558	5	1	
20	4					2	1	
37	10	10	0.04	1	22	6	1	
				12	550			
590	64	82	0.25	18	252	3	1	
					23			
55	2	55	0.21	23	318			

2016年各地区

地　区	机构数(个)	从业人员(人)				藏品(件/套)	
			专业技术人才				文物藏品数
				正高级职称	副高级职称	中级职称		
总　计	**463**	**4597**	**2796**	**256**	**465**	**974**	**446519**	**11529**
北　京	1	78	38	16	9	12	9792	382
天　津	3	44	12	1		6	925	
河　北	15	194	100	6	20	38	4260	
山　西	29	224	136	2	5	34	31329	652
内蒙古	25	235	142	7	18	44	6417	5
辽　宁	1	8	4		1	2	164	
吉　林	10	76	66	6	15	26	3443	1
黑龙江	11	73	50	9	18	9	8428	184
上　海	11	381	215	14	15	56	25304	1321
江　苏	27	411	313	40	58	125	21688	98
浙　江	7	129	65	7	13	29	26677	
安　徽	19	156	82	5	14	30	6727	115
福　建	9	68	37	3	7	16	5113	359
江　西	30	219	126	5	17	43	6567	106
山　东	45	347	274	14	51	89	35344	2737
河　南	6	102	45	7	11	15	6940	
湖　北	11	177	97	25	12	48	9957	31
湖　南	20	98	78	1	14	24	6038	10
广　东	15	368	139	9	26	58	59356	2692
广　西	3	35	20		2	14	1708	
海　南								
重　庆	8	78	60	4	16	21	3479	16
四　川	40	185	104	2	9	38	10415	1095
贵　州								
云　南	6	45	39	5	11	8	1138	
西　藏								
陕　西	4	123	66	2	4	17	9829	
甘　肃	51	322	206	9	46	84	19739	877
青　海								
宁　夏	1	9	9	2	2	3	1738	
新　疆	53	159	124		12	42	9051	848

美术馆基本情况

非文物藏品数	国画	油画	版画	雕塑	水粉、水彩	设计	连环画、漫画	民间艺术	书法
428700	**91558**	**18992**	**36278**	**5672**	**20908**	**7385**	**13585**	**95021**	**50166**
9410	4148	384	655	18	2211		1065	44	715
925	217	34	45	12	9			1	191
4260	936	304	723	120	273	22	51	270	532
29570	3358	557	184	576	106		209	6610	9107
6417	1588	407	390	68	169	297	12	409	1434
164	22	35	44		43				
3442	1002	200	59	16	122			51	1610
8242	422	230	3757	24	61			3586	76
22677	3046	1893	2222	367	443	33	2596	3894	2767
21028	7775	636	2699	90	605	29	151	3842	3707
26677	14098	895	4117	542	834	1050	401	1031	2705
6504	3176	99	130	406	90	2	150	41	1331
4870	1136	142	315	99	145		138	111	593
6110	994	250	264	43	354		355	611	1459
28441	10446	1147	1551	231	1008	17	126	1305	5983
6940	1244	345	706	116	166	153	5	1328	1024
9923	1434	587	1035	259	849	368	163	1437	834
5980	1627	433	139	5	384	5	128	165	1709
56637	8675	3613	6485	480	1094	2234	1788	847	1723
1708	768	81	47	4	83			2	670
3466	642	179	789	59	183	2	27	246	505
9434	2999	450	142	119	201	6	319	248	2439
1138	129	82	575	4	37	4		55	117
9829	798	311	222	34	123			2370	469
19562	4788	755	224	183	799	158	108	1973	5261
1738	821	21	312	11	1				
8655	958	1546	160	81	370	5	62	724	1720

续表 1

地区	摄影、多媒体	漆艺	陶艺	年度展览总量（个）	自主办展数量	参观人次（万人次）	未成年人参观人次	专著或图录（册）
总计	**53516**	**3295**	**3145**	**6146**	**3942**	**3236.89**	**820.64**	**3091**
北京	170			20				14
天津	379		7	68	19	327.83	80.04	
河北	836		12	142	61	108.01	38.21	7
山西	690	32	20	263	142	145.64	37.26	15
内蒙古	1612		19	258	162	68.87	18.57	14
辽宁			20	17	17	5.89	0.82	
吉林	327		13	123	103	19.55	4.10	10
黑龙江	67		5	81	41	21.72	4.30	5
上海	3773		27	238	142	369.13	37.70	48
江苏	456	4	179	550	334	257.97	65.59	22
浙江	761	4	34	135	91	115.23	15.16	9
安徽	664	1	99	250	148	102.45	22.64	20
福建	180	588	3	74	55	26.40	7.34	
江西	744	1	754	278	227	55.16	18.77	22
山东	1825	174	378	696	447	279.25	81.65	53
河南	366	16	33	99	66	67.00	13.50	8
湖北	1047	200	118	182	97	98.33	26.08	192
湖南	549		361	154	104	89.55	23.06	2
广东	28920	59	172	459	346	200.27	64.06	47
广西	39	1	1	63	44	42.00	5.60	5
海南								
重庆	559	12	170	152	111	85.75	18.35	10
四川	2115	17	35	311	245	347.14	157.37	8
贵州								
云南	135			52	32	27.43	6.90	3
西藏								
陕西	50			72	34	24.56	1.82	3
甘肃	2023	2005	431	644	406	120.43	25.02	61
青海								
宁夏				21	12	5.00	2.20	2
新疆	2575		3	623	440	122.36	44.06	2505

学术成果		本年收入合计(千元)	财政补贴收入		上级补助收入	事业收入	经营收入	附属单位上缴收入	其他收入
论文数(篇)	学术活动(次)			购书专项经费					
697	**992**	**1795825**	**1537400**	**122193**	**31310**	**169620**	**30224**	**10**	**27261**
36	20	66710	64220	10000		900	1416		174
		18905	18642						263
20	21	42618	41254	6210		1362			2
29	53	43095	41639	304	799				657
	27	51028	50318	5550	210				500
	3	4149	4149	500					
	24	17578	17571	3387					7
4	19	20267	19730	5770	537				
52	101	340471	277753	5110		62058			660
55	43	167692	162320	17115	1329	50	20		3973
3	8	69764	62946	3503	402	4949			1467
44	40	28205	25123	780	1867	680			535
1	11	16031	14914	5000	740	241			136
27	36	21359	20083	70	1056	170	50		
76	140	125544	121875	15190	705	100	1289		1575
5	14	25199	21702	3500	232	3244			21
112	76	53713	50431	8000	907	1279			1096
3	13	27595	25426	1460	1080				1089
15	52	188394	140801	20335	16213	4350	23544		3486
7	20	14228	13111	70	170				947
5	34	20774	19888	1000		750			136
31	22	22636	19693	386	1364	1326			253
2	15	30613	26978		50	415			3170
18	19	24701	18682	1235		1156	3905		958
116	137	42171	37579	2250	2263	2071			258
5	5	2231	1996	200					235
15	13	22626	20945	268	1386	20		10	265

续表 2

地区	本年支出合计（千元）	基本支出	项目支出	收藏经费	经营支出	在支出合计中：工资福利支出	商品和服务支出	差旅费
总计	**1845259**	**753310**	**1073380**	**187969**	**17904**	**406566**	**894480**	**22577**
北京	74417	24789	49215	1000	413	12029	17106	599
天津	18904	15504	3400	1677		3171	15276	49
河北	45630	21415	24213	6115	2	11063	18669	254
山西	38558	14139	24094	356	40	10901	23941	315
内蒙古	56917	34744	22173	5100		14343	26742	789
辽宁	2928	1144	1784	500		818	1315	32
吉林	17849	10805	7044	3387		5394	5075	359
黑龙江	19354	8819	10485	5889	50	4435	5063	220
上海	343926	119530	224396	9608		60879	254729	1999
江苏	189085	108290	80775	12663	20	45361	87237	2052
浙江	84828	18263	66565	8057		14198	38737	444
安徽	26766	11948	14818	661		8793	13902	913
福建	14017	4999	9018	1516		3894	5891	248
江西	20852	11357	9122	144	373	7665	9836	771
山东	127379	48030	78473	16637	876	28363	57452	1196
河南	19770	9592	10178	3469		6482	8994	259
湖北	50792	20013	29849	8260	930	9326	23680	957
湖南	16260	10113	5913	2984	234	4872	6893	646
广东	193398	60186	122914	27843	10298	40139	85639	2414
广西	12683	4342	8341	148		1871	2103	96
海南								
重庆	22117	9216	12877	1342	24	5368	14192	1514
四川	20815	11131	9638	521	46	7859	11339	866
贵州								
云南	25267	6227	19040			4570	19095	443
西藏								
陕西	23919	11792	8341	1235	3786	6927	16529	138
甘肃	40043	28097	10803	470	763	17842	9449	643
青海								
宁夏	2260	1292	968	200		1048	716	21
新疆	20865	15876	4940	110	49	11217	6767	653

劳务费	福利费	各种税金支出	对个人和家庭补助支出	抚恤金和生活补助	其他资本性支出	各种设备、交通工具、图书购置费	资产总计（千元）	固定资产原值	实际使用公用房屋建筑面积（万平方米）
54548	**8411**	**5627**	**134262**	**3876**	**269526**	**48105**	**5062386**	**3525400**	**150.96**
1508	97		4599	488	24806	590	224187	176017	1.15
1787	2	90	420		37		534	151	4.21
850	120	72	7333	276	8565	1454	129437	126068	4.76
1388	18	1	1082	6	2534	1661	31974	26193	8.26
1969	234		7402	160	8430	1792	96022	81236	5.48
172			166		629	129	14450	13128	0.14
328	6	38	3292	184	4088	855	40916	38578	0.89
384			3787	45	6069	66	40882	39511	1.32
7345	951	545	2751	185	25567	13693	727289	151444	25.25
3663	60		24694	268	31793	2086	478468	438685	18.66
5287	376	168	1404		30489	1010	607759	575198	6.45
769	49		2772	51	1299	221	30489	24252	2.84
348	1		592		3640	2147	22955	7758	1.18
1315	35	11	2381	52	970	264	50083	34926	3.69
3396	212	61	10622	218	25945	4445	393687	333741	20.06
253	303	63	1327	1	2967	357	111380	103141	2.70
5460	639	8	7066	105	10720	2141	314912	292859	5.26
652	150	15	1610	10	2885	535	97420	56925	1.89
3819	779	3207	10861	875	56759	8919	239670	236833	10.87
			1577	78	992	165	41658	24974	0.87
3396	114	24	1855	49	702	133	43137	29703	2.02
1200	90	1	724		893	470	30825	21167	2.92
1090	11	20	776	34	826	763	16709	7384	3.50
384	2762	926	358	57	105		103532	82714	3.18
1171	238	1	5751	125	6994	288	79404	70470	6.03
14	1		277		219	17	3692	3169	0.26
1365	28	3	1227	66	1654	86	33056	25459	3.33

续表 3

地区					公共教育活动			
	展览用房	库房面积	画室面积	实际拥有产权面积（万平方米）	讲座（次）	教育活动（次）	出版物（种）	创作项目数量
总　计	**60.85**	**9.45**	**7.68**	**58.35**	**2454**	**3337**	**2306**	**4483**
北　京	0.44	0.02	0.06	1.05	12	20	14	310
天　津	1.01	0.12	0.02		34	101	1	
河　北	2.44	0.19	0.24	3.06	78	74	12	6
山　西	4.57	0.25	0.29	3.99	100	36	24	70
内蒙古	2.52	0.20	0.45	3.63	372	101	10	642
辽　宁	0.05			0.14	9			
吉　林	0.52	0.11	0.11	0.12	16	14	7	58
黑龙江	0.64	0.14	0.36	0.31	44	45	15	61
上　海	9.11	2.09	0.15	1.29	154	448	8	20
江　苏	7.23	0.99	0.72	4.32	116	129	39	4
浙　江	1.94	0.47	0.04	2.70	100	119	20	169
安　徽	1.54	0.10	0.13	0.94	106	67	28	16
福　建	0.45	0.10	0.14	0.06	18	10	3	3
江　西	2.14	0.36	0.24	1.28	46	61	19	
山　东	7.21	0.87	0.80	8.26	214	544	9	41
河　南	1.15	0.07	0.04	1.23	85	223		
湖　北	1.79	0.24	0.73	4.38	103	226	1876	60
湖　南	1.18	0.19	0.17	0.62	53	53	4	62
广　东	3.74	0.78	0.43	5.03	211	275	35	
广　西	0.29	0.03	0.01	2.43	21	52	15	3
海　南								
重　庆	1.46	0.14	0.22	0.56	110	149	4	2
四　川	1.74	0.29	0.30	0.81	141	177	26	32
贵　州								
云　南	1.42	0.38	0.16	2.37	9	26	2	270
西　藏								
陕　西	1.09	0.26	0.02	3.12	49	82	8	
甘　肃	2.27	0.34	0.77	1.87	126	139	47	629
青　海								
宁　夏	0.25	0.01					1	
新　疆	1.69	0.28	0.34	1.23	95	90	77	25

创作情况(个)		培训情况		志愿者服务队伍个数(个)	志愿者服务队伍人数(人)	学术研究情况(个)		
参加展览数量	获省部级以上奖项的作品数	组织培训次数(次)	培训人次(万人次)			本年承担课题、项目数	省部级以上课题项目数	结项课题项目数
2195	**443**	**1144**	**3.30**	**586**	**11463**	**91**	**37**	**36**
50		7	0.02					
				2	85			
21	2	8	0.02	10	336	8	2	8
36	12	45	0.12	20	748	10	8	4
321	67	330	0.46	80	265	5	3	2
24	3	2	0.01	1	5			
224	74	21	0.16	5	120	3	3	3
60		1		29	3075	21		
43	19	2	0.01	16	324	13	5	9
619	2	122	0.02	27	796	2	1	2
37	23	5	0.06	13	653	3	1	1
10				6	55			
				21	447	2	2	1
56	26	175	0.49	198	1142	1	1	
		146	0.90	8	62	3	2	1
119	36	15	0.01	21	147	7	5	2
52	122	17	0.03	14	445			
				23	768	3		3
8	7	5	0.00	8	81			
120	5	84	0.51	9	182			
30		5	0.06	22	458			
	7	3			10	6	1	
				12	550			
323	36	60	0.22	17	248	2	1	
					23			
25	2	51	0.19	23	318			

附录资料

各地区年末常住人口

单位：万人

地 区	2010年	2011年	2012年	2013年	2014年	2015年	2016年
全 国	**134091**	**134735**	**135404**	**136072**	**136782**	**137462**	**138271**
北 京	1962	2019	2069	2115	2152	2171	2173
天 津	1299	1355	1413	1472	1517	1547	1562
河 北	7194	7241	7288	7333	7384	7425	7470
山 西	3574	3593	3611	3630	3648	3664	3682
内蒙古	2472	2482	2490	2498	2505	2511	2520
辽 宁	4375	4383	4389	4390	4391	4382	4378
吉 林	2747	2749	2750	2751	2752	2753	2733
黑龙江	3833	3834	3834	3835	3833	3812	3799
上 海	2303	2347	2380	2415	2426	2415	2420
江 苏	7869	7899	7920	7939	7960	7976	7999
浙 江	5447	5463	5477	5498	5508	5539	5590
安 徽	5957	5968	5988	6030	6083	6144	6196
福 建	3693	3720	3748	3774	3806	3839	3874
江 西	4462	4488	4504	4522	4542	4566	4592
山 东	9588	9637	9685	9733	9789	9847	9947
河 南	9405	9388	9406	9413	9436	9480	9532
湖 北	5728	5758	5779	5799	5816	5852	5885
湖 南	6570	6596	6639	6691	6737	6783	6822
广 东	10441	10505	10594	10644	10724	10849	10999
广 西	4610	4645	4682	4719	4754	4796	4838
海 南	869	877	887	895	903	911	917
重 庆	2885	2919	2945	2970	2991	3017	3048
四 川	8045	8050	8076	8107	8140	8204	8262
贵 州	3479	3469	3484	3502	3508	3530	3555
云 南	4602	4631	4659	4687	4714	4742	4771
西 藏	300	303	308	312	318	324	331
陕 西	3735	3743	3753	3764	3775	3793	3813
甘 肃	2560	2564	2578	2582	2591	2600	2610
青 海	563	568	573	578	583	588	593
宁 夏	633	639	647	654	662	668	675
新 疆	2185	2209	2233	2264	2298	2360	2398

注：1.全国数据包括中国人民解放军现役军人数，但不包括香港、澳门特别行政区和台湾地区数据；分省数据中未包括中国人民解放军现役军人数。

2.2010年数据为当年人口普查数据推算数，其余年份数据根据年度人口抽样调查推算。

地区生产总值

单位：亿元

地　区	2010年	2011年	2012年	2013年	2014年	2015年	2016年
北　京	14113.6	16251.9	17879.4	19800.8	21330.8	22968.6	24899.3
天　津	9224.5	11307.3	12893.9	14442.0	15726.9	16538.2	17885.4
河　北	20394.3	24515.8	26575.0	28443.0	29421.2	29806.1	31827.9
山　西	9200.9	11237.6	12112.8	12665.3	12761.5	12802.6	12928.3
内蒙古	11672.0	14359.9	15880.6	16916.5	17770.2	18032.8	18632.6
辽　宁	18457.3	22226.7	24846.4	27213.2	28626.6	28743.4	22037.9
吉　林	8667.6	10568.8	11939.2	13046.4	13803.1	14274.1	14886.2
黑龙江	10368.6	12582.0	13691.6	14454.9	15039.4	15083.7	15386.1
上　海	17166.0	19195.7	20181.7	21818.2	23567.7	24965.0	27466.2
江　苏	41425.5	49110.3	54058.2	59753.4	65088.3	70116.4	76086.2
浙　江	27722.3	32318.9	34665.3	37756.6	40173.0	42886.5	46485.0
安　徽	12359.3	15300.7	17212.1	19229.3	20848.7	22005.6	24117.9
福　建	14737.1	17560.2	19701.8	21868.5	24055.8	25979.8	28519.2
江　西	9451.3	11702.8	12948.9	14410.2	15714.6	16723.8	18364.4
山　东	39169.9	45361.9	50013.2	55230.3	59426.6	63002.3	67008.2
河　南	23092.4	26931.0	29599.3	32191.3	34938.2	37010.3	40160.0
湖　北	15967.6	19632.3	22250.5	24791.8	27379.2	29550.2	32297.9
湖　南	16038.0	19669.6	22154.2	24621.7	27037.3	29047.2	31244.7
广　东	46013.1	53210.3	57067.9	62474.8	67809.9	72812.6	79512.1
广　西	9569.9	11720.9	13035.1	14449.9	15672.9	16803.1	18245.1
海　南	2064.5	2522.7	2855.5	3177.6	3500.7	3702.8	4044.5
重　庆	7925.6	10011.4	11409.6	12783.3	14262.6	15719.7	17558.8
四　川	17185.5	21026.7	23872.8	26392.1	28536.7	30103.1	32680.5
贵　州	4602.2	5701.8	6852.2	8086.9	9266.4	10502.6	11734.4
云　南	7224.2	8893.1	10309.5	11832.3	12814.6	13717.9	14870.0
西　藏	507.5	605.8	701.0	815.7	920.8	1026.4	1150.1
陕　西	10123.5	12512.3	14453.7	16205.5	17689.9	18171.9	19165.4
甘　肃	4120.8	5020.4	5650.2	6330.7	6836.8	6790.3	7152.0
青　海	1350.4	1670.4	1893.5	2122.1	2303.3	2417.1	2572.5
宁　夏	1689.7	2102.2	2341.3	2577.6	2752.1	2911.8	3150.1
新　疆	5437.5	6610.1	7505.3	8443.8	9273.5	9324.8	9617.2

注：本表按当年价格计算。

人均地区生产总值

单位：元

地区	2010年	2011年	2012年	2013年	2014年	2015年	2016年
北京	73856	81658	87475	94648	99995	106497	114653
天津	72994	85213	93173	100105	105231	107960	115053
河北	28668	33969	36584	38909	39984	40255	42736
山西	26283	31357	33628	34984	35070	34919	35198
内蒙古	47347	57974	63886	67836	71046	71101	74069
辽宁	42355	50760	56649	61996	65201	65354	50314
吉林	31599	38460	43415	47428	50160	51086	54266
黑龙江	27076	32819	35711	37697	39226	39462	40432
上海	76074	82560	85373	90993	97370	103796	113615
江苏	52840	62290	68347	75354	81874	87995	95257
浙江	51711	59249	63374	68805	73002	77644	83538
安徽	20888	25659	28792	32001	34425	35997	39092
福建	40025	47377	52763	58145	63472	67966	73951
江西	21253	26150	28800	31930	34674	36724	40106
山东	41106	47335	51768	56885	60879	64168	67706
河南	24446	28661	31499	34211	37072	39123	42247
湖北	27906	34197	38572	42826	47145	50654	55038
湖南	24719	29880	33480	36943	40271	42754	45931
广东	44736	50807	54095	58833	63469	67503	72787
广西	20219	25326	27952	30741	33090	35190	37876
海南	23831	28898	32377	35663	38924	40818	44252
重庆	27596	34500	38914	43223	47850	52321	57902
四川	21182	26133	29608	32617	35128	36775	39695
贵州	13119	16413	19710	23151	26437	29847	33127
云南	15752	19265	22195	25322	27264	28806	31265
西藏	17027	20077	22936	26326	29252	31999	35143
陕西	27133	33464	38564	43117	46929	47626	50398
甘肃	16113	19595	21978	24539	26433	26165	27458
青海	24115	29522	33181	36875	39671	41252	43531
宁夏	26860	33043	36394	39613	41834	43805	46918
新疆	25034	30087	33796	37553	40648	40036	40427

注：本表按当年价格计算。

分地区城镇居民人均可支配收入

单位：元

地　区	2013年	2014年	2015年	2016年
全国总计	**26467.0**	**28843.9**	**31194.8**	**33616.2**
北　京	44563.9	48531.8	52859.2	57275.3
天　津	28979.8	31506.0	34101.3	37109.6
河　北	22226.7	24141.3	26152.2	28249.4
山　西	22258.2	24069.4	25827.7	27352.3
内蒙古	26003.6	28349.6	30594.1	32974.9
辽　宁	26697.0	29081.7	31125.7	32876.1
吉　林	21331.1	23217.8	24900.9	26530.4
黑龙江	20848.4	22609.0	24202.6	25736.4
上　海	44878.3	48841.4	52961.9	57691.7
江　苏	31585.5	34346.3	37173.5	40151.6
浙　江	37079.7	40392.7	43714.5	47237.2
安　徽	22789.3	24838.5	26935.8	29156.0
福　建	28173.9	30722.4	33275.3	36014.3
江　西	22119.7	24309.2	26500.1	28673.3
山　东	26882.4	29221.9	31545.3	34012.1
河　南	21740.7	23672.1	25575.6	27232.9
湖　北	22667.9	24852.3	27051.5	29385.8
湖　南	24352.0	26570.2	28838.1	31283.9
广　东	29537.3	32148.1	34757.2	37684.3
广　西	22689.4	24669.0	26415.9	28324.4
海　南	22411.4	24486.5	26356.4	28453.5
重　庆	23058.2	25147.2	27238.8	29610.0
四　川	22227.5	24234.4	26205.3	28335.3
贵　州	20564.9	22548.2	24579.6	26742.6
云　南	22460.0	24299.0	26373.2	28610.6
西　藏	20394.5	22015.8	25456.6	27802.4
陕　西	22345.9	24365.8	26420.2	28440.1
甘　肃	19873.4	21803.9	23767.1	25693.5
青　海	20352.4	22306.6	24542.3	26757.4
宁　夏	21475.7	23284.6	25186.0	27153.0
新　疆	21091.5	23214.0	26274.7	28463.4

分地区城镇居民人均消费支出

单位：元

地　区	2013年	2014年	2015年	2016年
全国总计	**18487.5**	**19968.1**	**21392.4**	**23078.9**
北　京	31632.2	33717.5	36642.0	38255.5
天　津	22306.2	24289.6	26229.5	28344.6
河　北	14970.0	16203.8	17586.6	19105.9
山　西	13762.7	14636.9	15818.6	16992.8
内蒙古	19244.0	20885.2	21876.5	22744.5
辽　宁	19318.4	20519.6	21556.7	24995.9
吉　林	15940.7	17156.1	17972.6	19166.4
黑龙江	15704.1	16466.6	17152.1	18145.2
上　海	32447.2	35182.4	36946.1	39856.8
江　苏	22262.3	23476.3	24966.0	26432.9
浙　江	25253.5	27241.7	28661.3	30067.7
安　徽	14593.6	16107.1	17233.5	19606.2
福　建	20564.7	22204.1	23520.2	25005.5
江　西	13843.0	15141.8	16731.8	17695.6
山　东	16646.5	18322.6	19853.8	21495.3
河　南	15248.8	16184.5	17154.3	18087.8
湖　北	15334.5	16681.4	18192.3	20040.0
湖　南	16867.3	18334.7	19501.4	21420.0
广　东	21621.5	23611.7	25673.1	28613.3
广　西	14470.1	15045.4	16321.2	17268.5
海　南	15833.5	17513.8	18448.4	19015.5
重　庆	17123.8	18279.5	19742.3	21030.9
四　川	16098.2	17759.9	19276.8	20659.8
贵　州	13768.2	15254.6	16914.2	19201.7
云　南	14862.3	16268.3	17675.0	18622.4
西　藏	13678.6	15669.4	17022.0	19440.5
陕　西	16398.6	17546.0	18463.9	19368.9
甘　肃	14411.3	15942.3	17450.9	19539.2
青　海	16223.4	17492.9	19200.6	20853.2
宁　夏	15806.9	17216.2	18983.9	20364.2
新　疆	16858.1	17684.5	19414.7	21228.5

分地区农村居民人均可支配收入

单位：元

地　区	2013年	2014年	2015年	2016年
全国总计	**9429.6**	**10488.9**	**11421.7**	**12363.4**
北　京	17101.2	18867.3	20568.7	22309.5
天　津	15352.6	17014.2	18481.6	20075.6
河　北	9187.7	10186.1	11050.5	11919.4
山　西	7949.5	8809.4	9453.9	10082.5
内蒙古	8984.9	9976.3	10775.9	11609.0
辽　宁	10161.2	11191.5	12056.9	12880.7
吉　林	9780.7	10780.1	11326.2	12122.9
黑龙江	9369.0	10453.2	11095.2	11831.9
上　海	19208.3	21191.6	23205.2	25520.4
江　苏	13521.3	14958.4	16256.7	17605.6
浙　江	17493.9	19373.3	21125.0	22866.1
安　徽	8850.0	9916.4	10820.7	11720.5
福　建	11404.8	12650.2	13792.7	14999.2
江　西	9088.8	10116.6	11139.1	12137.7
山　东	10686.9	11882.3	12930.4	13954.1
河　南	8969.1	9966.1	10852.9	11696.7
湖　北	9691.8	10849.1	11843.9	12725.0
湖　南	9028.6	10060.2	10992.5	11930.4
广　东	11067.8	12245.6	13360.4	14512.2
广　西	7793.1	8683.2	9466.6	10359.5
海　南	8801.7	9912.6	10857.6	11842.9
重　庆	8492.5	9489.8	10504.7	11548.8
四　川	8380.7	9347.7	10247.4	11203.1
贵　州	5897.8	6671.2	7386.9	8090.3
云　南	6723.6	7456.1	8242.1	9019.8
西　藏	6553.4	7359.2	8243.7	9093.8
陕　西	7092.2	7932.2	8688.9	9396.4
甘　肃	5588.8	6276.6	6936.2	7456.9
青　海	6461.6	7282.7	7933.4	8664.4
宁　夏	7598.7	8410.0	9118.7	9851.6
新　疆	7846.6	8723.8	9425.1	10183.2

分地区农村居民人均消费支出

单位：元

地　区	2013年	2014年	2015年	2016年
全国总计	**7485.1**	**8382.6**	**9222.6**	**10129.8**
北　京	13563.9	14535.1	15811.2	17329.0
天　津	12491.1	13738.6	14739.4	15912.1
河　北	7377.1	8248.0	9022.8	9798.3
山　西	6457.7	6991.7	7421.2	8028.8
内蒙古	9079.6	9972.2	10637.4	11462.6
辽　宁	7032.1	7800.7	8872.8	9953.1
吉　林	7523.4	8139.8	8783.3	9521.4
黑龙江	7191.7	7830.0	8391.5	9423.8
上　海	13016.2	14820.1	16152.3	17070.8
江　苏	10759.0	11820.3	12882.5	14428.2
浙　江	12803.3	14497.8	16107.7	17358.9
安　徽	7200.3	7980.8	8975.2	10287.3
福　建	9986.2	11055.9	11960.8	12910.8
江　西	6807.4	7548.3	8485.6	9128.3
山　东	6877.3	7962.2	8747.6	9518.9
河　南	6358.7	7277.2	7887.4	8586.6
湖　北	7849.5	8680.9	9803.1	10938.3
湖　南	7832.6	9024.8	9690.6	10629.9
广　东	8937.8	10043.2	11103.0	12414.8
广　西	6035.3	6675.1	7582.0	8351.2
海　南	6376.2	7029.0	8210.3	8921.2
重　庆	6970.7	7982.6	8937.7	9954.4
四　川	7364.8	8301.1	9250.6	10191.6
贵　州	5291.1	5970.3	6644.9	7533.3
云　南	5246.6	6030.3	6830.1	7330.5
西　藏	4101.6	4822.1	5579.7	6070.3
陕　西	6487.6	7252.4	7900.7	8567.7
甘　肃	5653.9	6147.8	6829.8	7487.0
青　海	7505.9	8235.1	8566.5	9222.2
宁　夏	6739.8	7676.5	8414.9	9138.4
新　疆	7103.1	7365.3	7697.9	8277.0

分地区行政区划（一）

(2016年)

单位：个

区划名称	地 级	#地级市	县 级	#市辖区	#县级市	#县	#自治县
全　国	**334**	**293**	**2851**	**954**	**360**	**1366**	**117**
北 京 市			16	16			
天 津 市			16	16			
河 北 省	11	11	168	47	19	96	6
山 西 省	11	11	119	23	11	85	
内蒙古自治区	12	9	103	23	11	17	
辽 宁 省	14	14	100	59	16	17	8
吉 林 省	9	8	60	21	20	16	3
黑龙江省	13	12	128	65	19	43	1
上 海 市			16	16			
江 苏 省	13	13	96	55	21	20	
浙 江 省	11	11	89	36	19	33	1
安 徽 省	16	16	105	44	6	55	
福 建 省	9	9	85	28	13	44	
江 西 省	11	11	100	24	11	65	
山 东 省	17	17	137	54	27	56	
河 南 省	17	17	158	52	21	85	
湖 北 省	13	12	103	39	24	37	2
湖 南 省	14	13	122	35	16	64	7
广 东 省	21	21	121	64	20	34	3
广西壮族自治区	14	14	111	40	7	52	12
海 南 省	4	4	23	8	5	4	6
重 庆 市			38	26		8	4
四 川 省	21	18	183	52	16	111	4
贵 州 省	9	6	88	15	7	54	11
云 南 省	16	8	129	16	15	69	29
西藏自治区	7	5	74	6		68	
陕 西 省	10	10	107	29	3	75	
甘 肃 省	14	12	86	17	4	58	7
青 海 省	8	2	43	6	3	27	7
宁夏回族自治区	5	5	22	9	2	11	
新疆维吾尔自治区	14	4	105	13	24	62	6
香港特别行政区							
澳门特别行政区							
台 湾 省							

分地区行政区划（二）

(2016年)　　单位：个

区划名称	乡镇级	#镇数	#乡数	#民族乡	#街道办事处
全　国	**39862**	**20883**	**10872**	**989**	**8105**
北京市	331	143	38	5	150
天津市	245	124	3	1	118
河北省	2255	1107	845	49	302
山西省	1398	564	632		202
内蒙古自治区	1014	503	272	18	239
辽宁省	1531	642	212	56	677
吉林省	910	428	182	28	300
黑龙江省	1197	521	365	52	311
上海市	214	107	2		105
江苏省	1287	763	69	1	455
浙江省	1378	655	274	14	449
安徽省	1488	953	289	9	246
福建省	1105	638	288	19	179
江西省	1555	824	579	8	152
山东省	1826	1106	73		647
河南省	2435	1120	682	12	633
湖北省	1234	759	168	10	307
湖南省	1929	1135	401	83	393
广东省	1600	1128	11	7	461
广西壮族自治区	1246	788	330	59	128
海南省	218	175	21		22
重庆市	1028	622	190	14	216
四川省	4633	2105	2182	98	346
贵州省	1379	832	326	193	221
云南省	1389	681	545	140	163
西藏自治区	697	140	545	9	12
陕西省	1295	988	23		284
甘肃省	1352	741	487	34	124
青海省	399	140	225	28	34
宁夏回族自治区	237	102	90		45
新疆维吾尔自治区	1057	349	523	42	184
香港特别行政区					
澳门特别行政区					
台湾省					

注：乡镇级总数包含河北省、新疆维吾尔自治区的各一个区公所。